本书得到"中央高校基本科研业务费专项资金"资助
(supported by "the Fundamental Research Funds for the Central Universities")

网络虚拟财产法律问题研究

LEGAL RESEARCH ON THE INTERNET VIRTUAL PROPERTY

陶乾 ◎ 著

中国政法大学出版社

2024·北京

声 明　1. 版权所有，侵权必究。
　　　　2. 如有缺页、倒装问题，由出版社负责退换。

图书在版编目（CIP）数据

网络虚拟财产法律问题研究/陶乾著.—北京：中国政法大学出版社，2023.8
ISBN 978-7-5764-1084-6

Ⅰ.①网… Ⅱ.①陶… Ⅲ.①互联网络－个人财产－法律－研究－中国 Ⅳ.①D922.174

中国国家版本馆CIP数据核字(2023)第162796号

书　名	网络虚拟财产法律问题研究 WANGLUOXUNICAICHAN FALÜWENTI YANJIU
出版者	中国政法大学出版社
地　址	北京市海淀区西土城路25号
邮　箱	bianjishi07public@163.com
网　址	http://www.cuplpress.com（网络实名：中国政法大学出版社）
电　话	010-58908466(第七编辑部) 010-58908334(邮购部)
承　印	固安华明印业有限公司
开　本	720mm×960mm　1/16
印　张	20
字　数	370千字
版　次	2023年8月第1版
印　次	2024年6月第2次印刷
定　价	88.00元

目　录

引　言 | 001

第一章　网络虚拟财产的一般性法律问题 | 004
第一节　网络虚拟财产的内涵与外延 | 004
第二节　特殊的网络虚拟财产：虚拟货币与 NFT | 020
第三节　网络虚拟财产的法律争议 | 037
第四节　国内外网络虚拟财产法律制度 | 056

第二章　用户网络账号及账号内虚拟财产的保护 | 068
第一节　用户网络账号的性质与归属 | 068
第二节　用户网络账号的买卖与租赁 | 088
第三节　平台用户协议对账号内虚拟财产的约定 | 104
第四节　我国网络虚拟财产的司法保护现状 | 109
第五节　对我国保护网络虚拟财产的建议 | 121

第三章　平台对网络用户账号的管理与处置 | 127
第一节　网络服务提供者对用户账号的管理 | 127
第二节　司法裁判对平台处置措施合法性的认定 | 148
第三节　对互联网行业完善用户账号管理与处置措施的建议 | 169

第四章　网络用户数字遗产的继承问题　　｜ 176
　　第一节　数字遗产继承问题的法理分析　　｜ 177
　　第二节　国内外数字遗产的处理方式　　｜ 189
　　第三节　中外司法涉及数字遗产的实务案例　　｜ 202
　　第四节　数字遗产继承的现实困境　　｜ 213
　　第五节　对数字遗产继承问题的处理建议　　｜ 218

结　　语：网络虚拟财产的六个核心法律问题　　｜ 228

附　　录　　｜ 240
　　附录一　NFT 铸造行为的法律争议及发展进路调研报告　　｜ 240
　　附录二　平台用户协议涉及账号内虚拟财产的条款节选　　｜ 251
　　附录三　平台用户协议涉及账号管理的条款节选　　｜ 272
　　附录四　与用户账号管理与处置相关的法律规定节选　　｜ 303
　　附录五　我国互联网平台对于数字遗产的处理方式　　｜ 306

后　　记　　｜ 312

引 言

在数字经济和技术的推动之下,社会交互空间逐渐向虚拟空间深入,数据虚拟世界不断向现实世界扩展。新的交互方式、交互场域、交互目的层出不穷,生活的数字化也不可避免地对数字环境下的权利保障提出了新的要求。随着信息网络技术的进步,新兴商业模式的不断出现,数字资源的财产价值被不断放大。虚拟财产作为数字时代由技术所催生出的一种新事物,随着微信公众号如何分割、游戏装备如何继承、网络平台用户账号归谁所有、平台管理的合法界限如何确定等实务中的法律问题的出现,如何对网络虚拟财产进行规制和保护成为迫切需要研究的话题。目前司法实务中的纠纷主要聚焦于虚拟货币、网络游戏账号及其账号内虚拟权益、主播账号、网络店铺账号这几个方面。在纠纷类型上,侵权纠纷、合同纠纷和物权纠纷均有。

《中华人民共和国民法典》(以下简称《民法典》)第127条规定,"法律对数据、网络虚拟财产的保护有规定的,依照其规定",但该条文仅对网络虚拟财产进行了抽象规范,对网络虚拟财产的定义、法律性质、权属、权利保护、继承,以及网络虚拟财产与数据的关系、与个人信息保护的关系等诸多内容并未予以明确,现有法律体系无法为司法裁判解决现实问题提供明确的指引。定性问题是权利保护的关键,在理论界,围绕虚拟财产的性质,物权说、知识产权说、债权说、新型权利说等理论众说纷纭,司法实践中也存在诸多不同裁判思路。在产业界,大体来看,各个网络平台的治理规则已经大致形成了数字资产管理方式,对于用户账号以及账号内的虚拟权益,多将所有权归属于平台,用户仅享有使用权。但是,这种方式是否有损用户利益、平台如何管理才有助于实现多元主体利益的平衡、如何才能维持良好产业生态等问题仍有待进一步探讨。

网络虚拟财产的样态多元，对其性质与权利归属的讨论应当采取类型化的思路。首先，网络用户账号与账号内的虚拟权益有所差别。网络用户账号的所有权归属于网络服务提供者，对于账号内的虚拟权益归属，需要根据用户协议中的约定来决定用户获取的是使用权还是所有权。通常来说，具有代币性质的虚拟财产，所有权归属于用户，而其他类型的虚拟财产，用户仅享有使用权。其次，这两类对应的虚拟财产支配和处分权能亦有所不同。对于非代币性质的网络虚拟财产，依据获取方式可将其进一步区分为支付金钱获得、通过劳动投入而获得以及通过网络服务提供者赠与而获得。再次，在网络服务提供者终止服务的情况下，对这三种网络虚拟财产的处理亦有所不同。当网络用户实施了用户协议所禁止的行为时，网络服务提供者有权依据用户协议来对网络用户的账号采取处置和封禁措施。相关处置措施是否合法、合理，账号封禁后虚拟财产的处理等问题需要引起关注。

本书围绕网络虚拟财产的法律问题展开分析，全书共分为四个部分，分别涉及网络虚拟财产的范围、保护、管理与继承。第一章阐述网络虚拟财产的概念界定、内涵与外延、基本类型，继而指出了用户账号与用户账户内的虚拟财产之间的关系，分析了网络虚拟财产的法律争议，介绍了网络虚拟财产的立法。第二章、第三章与第四章分别搭建网络虚拟财产保护场景、互联网平台管理场景和数字遗产继承场景。第二章就网络用户账号及账号内虚拟财产的保护问题展开分析。对用户账号进行了法理分析，介绍网络虚拟财产司法保护现状、行业现状，并就我国应如何保护网络虚拟财产问题给出完善建议。鉴于互联网服务提供者通过对用户账号进行管理来维持网络空间秩序，其采取的对账号的处置措施直接影响了网络用户对其账号内虚拟财产的支配，因此，第三章介绍互联网平台账号封禁的一般性问题、用户账号处置管理现状、域内外因账号管理问题所引发的争议等。通过对上述问题的分析，从平台管理的维度，与第一章和第二章的内容进行呼应。第四章步入数字遗产继承问题视域，数字遗产的范畴更宽，逝者的网络虚拟财产是一种重要的数字遗产类型。归纳总结行业内主要网络平台的数字遗产处理办法以及中外相关法律规范与实务案例，阐述数字遗产的可继承性与继承方式，指出现阶段网络虚拟财产继承面临的法律困境。本章中的内容是从如何处理逝者的网络虚拟财产这一角度，与前三章进行呼应。

本书通过对涉网络虚拟财产民事和刑事案件的实证分析、域外网络虚拟财产发展及司法实践的比较研究，探索网络虚拟财产相关权利变动规则以及网络平台对于用户账号的封禁与管理规则，为我国涉及网络虚拟财产保护的相关立法和司法解释的制定提供实证研究支撑，为我国互联网平台及行业组织的自治性规则的形成提供智力支持。

本书的内容是在对中外互联网行业和司法实践的广泛调研的基础上完成的。在研究方法上，主要采用实证分析与比较分析的方法，归纳展示国内外相关领域的制度设计与立法情况及主要学术理论；通过引用国内外典型司法裁判案例，类型化梳理出司法实践在不同法域、不同场景中对网络虚拟财产具体问题的裁决异同；此外，还在网络游戏、网络社区、电子商务、内容储存、在线音乐、网络直播、短视频等常见的细分领域中选取具有代表性的数十个网络平台，对各个平台的用户协议中关于网络虚拟财产处理的关键内容进行归纳分析，并总结出产业界的普遍做法。针对上述实证分析与比较分析所得出的结论，给出相应的对策建议。全文中所摘选的用户协议，选取时间多为 2022 年下半年，个别用户协议在本书出版时进行了内容更新。囿于调研时限，可能本书收录的个别协议文本与平台最新文本有所差异。

需要说明的是，为了论述的便利，本书将我国的所有法律法规中的"中华人民共和国"7 个字省略。书中，网络平台、平台、网络服务提供者、网站、网络运营者、网络运营商这些称谓均指向我国立法中所规定的"网络服务提供者"。用户协议、服务协议、服务条款、使用协议、terms of service、end user license agreement、terms and conditions 均指向的是用户在注册使用网络服务提供者提供的服务时，需要点击确认的格式条款。

Web3.0 时代进程下，网络虚拟财产的形态不断推陈出新，对新兴事物进行法律定性、权属认定以及权利保护的现实需求也愈渐急切，网络用户账号在元宇宙空间中对于用户的重要性加大，账号也可以作为数字人的身份标识。对数字资产、数字人、数字内容等新兴领域产权归属问题的讨论离不开对网络虚拟财产的探讨。本书通过对学术理论、司法实践以及产业常见做法的分析，基于广泛调研基础上的研究成果有助于明确网络虚拟财产的法律定位，展示目前国内外司法裁判情况与行业实践状况。本书通过调查和研究，立足于现有技术发展阶段与本土实践，为网络虚拟财产的体系化、全面化、合理化保护提出对策建议。

第一章

网络虚拟财产的一般性法律问题

互联网信息技术的蓬勃发展及广泛应用推动了人类的现代生活由实体世界扩展至虚拟世界，人类的财产形式也由有形财产扩展至以虚拟形式存在的无形财产，尤其是依存于特定的网络空间存在的虚拟财产。一些网络虚拟财产不仅具有较高的商业经济价值，同时还具有一定的社会治理价值；不仅是国内发展的新动能、新业态、新产业，也是国际竞争与合作的重要客体和行为对象。[1]在网络虚拟财产成为人们在数字社会享有的网络空间里的重要资产的同时，在司法实践中，与网络虚拟财产相关的法律纠纷也逐渐出现。我国《民法典》第127条虽对网络虚拟财产作出了规定，但仅明确了网络虚拟财产是受法律保护的合法权益，而网络虚拟财产的定义、法律属性、权利归属等问题仍不明朗，现有法律规定并不能很好地为司法裁判提供指引，无法有效解决虚拟财产所带来的法律问题。本章将阐述网络虚拟财产的概念和特征等基本问题，在此基础上对网络虚拟财产存在的法律争议进行分析，归纳总结我国产业实践中规制和保护网络虚拟财产的做法，并结合域内外的现有规范、典型案例，对我国网络虚拟财产的法律保护与规制提出相关建议。

第一节 网络虚拟财产的内涵与外延

网络虚拟财产作为数字技术催生的新事物之一，其相关的法律问题一直是理论界讨论的热点，但目前网络虚拟财产尚未有明确的定义、分类及界定标准。厘清网络虚拟财产的基本法律问题是讨论虚拟财产民事保护的前提，

---

[1] 陈兵："网络虚拟财产的法律属性及保护进路"，载《人民论坛》2020年第27期。

相关内容的不明确将会导致诸多法律争议。不论采取何种继承方式，前提都是先明确数字遗产的定性、归属和可被继承的范围，再在此基础上平衡继承人、被继承人以及数字遗产所在平台等多方主体的成本与利益。本节通过阐述网络虚拟财产的概念、特征及类型，明确虚拟财产的内涵与外延，并结合理论界的不同观点，对网络虚拟财产及其相关概念进行辨析。

一、网络虚拟财产的概念与特征

（一）网络虚拟财产的概念与类型

网络虚拟财产是互联网环境下以数字化形式存在的民事财产权客体的总称。在当下的数字时代，大量的数字资产以虚拟的形式储存于各种电子服务媒介中，网络虚拟财产广泛地存在于各种类型的互联网产业当中。有学者给虚拟财产作出了以下定义："虚拟财产是指虚拟的网络本身以及存在于网络上的具有财产性的电磁记录，是一种能够用现有的度量标准衡量其价值的数字化的新型财产"，[1]这一定义在很多司法判决书中被采用。[2]从虚拟财产的概念本身而言，其指向的是财产权客体，故不应当包括虚拟的网络，网络仅仅是虚拟财产存续的环境。

网络虚拟财产的认定标准是虚拟财产法律研究的前提，虚拟财产的认定标准不清将会导致虚拟财产的内涵不明。目前行业中尚无对"网络虚拟财产"一词的统一认定标准，我国学术界也存在广义与狭义两种观点。广义的网络虚拟财产更加强调该客体的虚拟性，即数字化的、非物化的财产形式，一切存在于网络虚拟空间内的、由持有人随时调用的专属性数据资料都被纳入网络虚拟财产的范围，而不管其是否具有交易价值。[3]狭义的网络虚拟财产强调该客体的价值性，即具有财产价值的以网络为依存空间的无形财产，最典型的是网络游戏中的虚拟财产，即指以网络游戏为载体，存在于网络游戏的空间内，由玩家所控制的虚拟货币、虚拟装备、点数、道具、游戏皮肤、游戏角色等。此类网络虚拟财产与真实的社会空间产生了联系，具备一定交易

---

[1] 杨立新：《中国民法总则研究》，中国人民大学出版社 2017 年版，第 562 页。

[2] 例如：北京互联网法院（2021）京 0491 民初 48041 号民事判决书；重庆市江北区人民法院（2022）渝 0105 民初 25868 号民事判决书；河南省许昌市魏都区人民法院（2019）豫 1002 民初 6528 号民事判决书。

[3] 马一德："网络虚拟财产继承问题探析"，载《法商研究》2013 年第 5 期。

价值，因此，具有现实财产的意义。有观点将网络虚拟财产区分为两类，一类是纯粹由运营商创制和设计的结果，如域名、网站、账号、宠物、虚拟货币等，用户可以通过注册使用或购买取得；另一类是由用户在参与游戏或者其他使用网络行为过程中产生的，如某些土地、装备、服饰等，是用户通过消耗时间、金钱、体力、脑力而形成的。[1]国外有学者给虚拟财产的定义是"虚拟财产是具有竞争性、持久性和相互关联性的模仿真实世界特征的代码"。[2]

鉴于网络虚拟财产的概念本身包含了对该客体具有财产属性的要求，对虚拟财产的认定应当兼具虚拟性与价值性两个方面，即存在于网络上的具有财产属性的数字化新型财产。网络虚拟财产具有多元性、开放性、动态性和技术性，所以其表现类型较为复杂。

依据网络虚拟财产的产生环境，可以将网络虚拟财产区分为以下类型。第一，是实务中引发纠纷最多的网络游戏虚拟财产，具体包括游戏账号、游戏中的虚拟角色、虚拟物品、装备道具、游戏皮肤、游戏币、点数等。第二，社交媒体平台、自媒体平台的用户账号以及账号内的虚拟权益，包括虚拟礼物、积分、虚拟币等。也有观点将"网民在网站上发表的帖子、照片等"纳入虚拟财产的范畴。[3]这样并不合适，会混淆网络虚拟财产与数据之间的界限。用户发布的内容是用户账号价值的组成部分，从而使得账号作为虚拟财产得以增值，但这些内容本身并不是虚拟财产。第三，电子商务平台上的店铺、企业号。第四，以比特币为典型代表的同质化虚拟货币以及依托于区块链技术而产生的非同质化权益凭证（NFT），在我国被称为数字藏品。鉴于此类网络虚拟财产的特殊性，故下文将做专节进行分析。第五，网络域名。第六，电子邮箱账号、访问版权内容的账号，如访问数字音乐、视频、文字等数字化内容的账号。

在上述网络虚拟财产中，网络账号比较特殊。网络账号是网络用户在数字虚拟世界中的一种身份标记，是一种用户获取网络服务的凭证。用户通过

---

〔1〕 高富平、杜军："虚拟社区之用户创制物的财产法界定"，载《福建师范大学学报（哲学社会科学版）》2008年第5期。

〔2〕 J. Fairfield, "Virtual property", 85 Boston University Law Review 1047（2005）.

〔3〕 徐国栋："现代的新财产分类及其启示"，载《广西大学学报（哲学社会科学版）》2005年第6期。

账号名和密码登录到特定的网络平台，进行网络活动。一般情况下，普通的用户账号本身的初始价值很低，除非具有特殊意义的"靓号""情侣号"等因其具有稀缺性而具有经济价值。普通账号的经济价值是在用户使用过程中不断得以增加，依托于粉丝数、等级、荣誉值、流量等来体现。除了普通账号，还有用户经注册时付费或者经付费升级而获得的特殊账号，也就是所谓的 VIP 账号，此类账号注册主体能够享受到网络平台提供的区别于普通账号的增值服务。比如，爱奇艺 VIP 会员权益包括热剧抢先看、广告特权、帧绮映画、杜比、下载加速、音频模式等。

网络虚拟财产的外延还包括自媒体空间内的用户生成内容等一切存在于网络空间的电子数据与信息。随着信息网络技术的不断发展，新型的网络虚拟财产不断出现，如生成式人工智能所自动生成的具有经济价值的衍生数据产品。在这种背景之下，网络虚拟财产的外延不断地得以扩大。在《民法典》将网络虚拟财产与数据并列规定的情况下，这些数据信息不属于本书所探讨的网络虚拟财产的范畴，但可以落入比网络虚拟财产范围更广的数字资产概念之中，从而可以在自然人死亡后成为一种数字遗产。

（二）网络虚拟财产的特征

网络虚拟财产存在于互联网环境中，以电磁记录为其载体，是一种虚拟的财产性存在。虚拟财产具备虚拟性、价值性、私有性、占有主体的双重性、同种类的虚拟财产可行使权利的差异性等几个方面的特征。

虚拟性是网络虚拟财产最显著的特征，网络虚拟财产并未占据真实的物理空间，而以数字信息的形式存在于网络或网络硬盘中。第一，网络虚拟财产依附于互联网而存在，存在于网络空间，用户通过互联网进行"访问"。与此同时，网络虚拟财产也具有通过交易转移占有的可能。第二，网络虚拟财产具有经济价值，其价值性能够在该类财产的用户群体中得到认同。第三，网络虚拟财产具有私有性，存在于网络用户的私人账号之下，由该用户进行支配，由其决定是否将该虚拟财产的状态与形态对外可见。第四，网络虚拟财产具有占有主体的双重性。网络虚拟财产是网络平台在为用户提供服务的过程中用户所持有的一种权益，而这种权益的存续与平台经营状态是绑定的，所以，对于用户来说，通过账号和密码进行支配、使用和处分其账号内的网络虚拟财产，而对于平台来说，其是通过网络服务器进行管理、控制网络虚拟财产，并提供账户安全保障服务、认证服务等。网络虚拟财产具有财产性价值，但能否流通，则取决于网络服务平台是否允许。第五，同种类的网络虚拟财产可行使的权利存在差异，因网络虚拟财产是在网络运营商搭建特定的服务平台的基础上产生的，故不同平台上的网络虚拟财产可行使的权利会因平台管理规则的不同而存在差异。国外有学者提出了界定虚拟财产的五个指标因素，分别是竞争性、持久性、互联性、在二级市场的可交易性以及用户使用产生的附加价值。[1]

在网络虚拟空间中，一些种类的网络虚拟财产能够成为使用人的一种情感寄托，从而具有一定人格利益；账号类的网络虚拟财产还会具备社交属性，从而承载着使用人的社交利益。一般来说，虚拟货币、网络域名、账户内的积分等网络虚拟财产本身仅具有财产价值，不具有人身属性。但是，对于社交媒体账号而言，账号内有其享有著作权、隐私权、个人信息权益的内容存在，所以，此时，账号就具有了一定程度的人身属性。比如，一些网络用户倾注大量时间和情感来打造其在数字空间的虚拟形象或者游戏角色。有学者指出，判断财产是否具有人格利益的标准包括事实判断和法律评价两个层面。从事实判断上来看，具有受法律保护的人格利益的财产与特定的人身之间的联系必须达到一定的紧密程度；从法律评价层面来看，要承认个体特质、体验和感受的差异，给予那些因特定财产毁损或灭失而遭受精神损害的权利人以法律救济。[2]

值得一提的是，数字货币、比特币等虚拟货币也属于一种网络空间的虚拟财产，但是，虚拟货币与其他类型的虚拟财产有较大区别，具有金融监管方面的特殊性，故不在本书的主要讨论范畴之内。

"在Web3.0时代，我们不但可以在互联网上读取、交换信息，还可以传递资产，也可通过通证（Token）拥有互联网本身，并以此衍生出了'通证经济。'"[3]在这种经济样态下，网络虚拟财产的形式和权属，将更加多元。用户数字权利、数字分身权利等概念也应运而生。"用户在通证平台制定和执行通证经济规则下形成基于其数字分身与通证财产的复合性数字权利，数字分身权利为实现通证权利服务。"[4]这些新兴权利的基础，均离不开对《民法

---

[1] Charles Blazer, "The five indicia of virtual property", 5 Pierce Law Review 137 (2006).
[2] 易继明、周琼：“论具有人格利益的财产”，载《法学研究》2008年第1期。
[3] 杜雨、张孜铭：《WEB3.0：赋能数字经济新时代》，中译出版社2022年版，第5页。
[4] 李晶：“Web3.0时代通证平台的法律之治”，载《东方法学》2023年第3期。

典》所规定的网络虚拟财产的讨论。

二、用户网络账号与账户内虚拟财产

(一) 用户网络账户与账号

用户网络账号是用户进入网络虚拟世界中的特定网址的一种资格、一种身份的凭证,账号的命名需要符合平台的要求。可以说,账号是真实世界的民事主体在网络空间内的身份标识。通过账号、用户名、邮箱、手机号等登录信息,再加上用户设定的密码,网络用户能够登录到其在特定网络平台的账户之下,并进而享受平台提供的服务、在账户内发布内容、查看账户内的虚拟财产。所以,严格来说,账户不等于账号,账户是用户与特定网络服务提供者之间基于服务协议而形成的私人网络空间,而账号则是这个账户的标记或者称谓。鉴于账号与账户之间的指代关系,在产业实践中,这两个称谓存在混用的现象。

当用户违反服务协议时,网络服务提供者就会对该账号进行处置,从而限制该账号的控制主体访问其账户,禁止或限制该用户享有平台提供的服务。

根据账号所能享受的服务多少,可以将账号区分为普通账号与特殊账号。根据互联网平台所提供的服务内容的不同,可以将用户网络账号大致分为以下几类:

第一类是社交工具账号。社交账号是用户用于登录社交工具,与他人进行通信、交流等具备社会交往功能的网络账号,如微信账号、QQ 账号。第二类是网络游戏账号。在网络游戏中游戏账号代表着用户的身份,只有通过输入账号、密码,游戏用户的身份才能被游戏运营商确认。第三类是自媒体平台账号。自媒体是指网络用户通过自媒体平台向外发布他们本身的事实和新闻的传播方式,目前我国比较活跃的自媒体平台有抖音、微信、快手、哔哩哔哩以及微信公众平台等。自媒体用户在经营自媒体平台的网络服务商处进行注册登记,登录账号后就可以在自媒体平台浏览观看、发布视频或直播。自媒体平台账号与社交账号经常存在重叠交叉关系。经过用户对账号个性化使用、经营,账号会积累很多粉丝、流量、等级和荣誉,从而使得该账号具有超出原始价值之外的更高经济价值。第四类是电子商务平台账号。此类账号大多注册于各大电商平台,如淘宝、京东商城、当当网、eBay、亚马逊等国内外知名的线上电子商务交易网站。电子商务账号因账号主体不断的经营而会积累粉丝和信誉，账号等级不断上升。第五类是第三方支付平台账号。第三方支付平台主要包括支付宝、PayPal 以及财富通等平台，用户通过登录第三方支付平台账号，接受第三方支付平台提供收付款的中介服务以及金融业务、信用卡支付业务和小额贷款等业务。第六类是内容及信息聚合平台账号。这一类平台具有综合性特征，一般既提供内容，也提供信息存储空间等服务，如爱奇艺、腾讯视频、腾讯音乐、58 同城等。

基于账号的特殊性，本书将在后文设专章进行讨论。

（二）账号下的网络虚拟财产

在网络服务提供者所经营的各类网络服务产品中，用户网络账户内的虚拟财产是在价值上独立于账号的权益客体。有观点将虚拟财产具体化为"虚拟入口"和"虚拟资产"两类财产。[1]

账号下的网络虚拟财产既包含网络用户通过使用法定货币按一定比例直接或者间接购买的网络虚拟物品，如游戏币、数字藏品等，也包括该账号经过用户使用后添附的财产性权益，即网络用户通过付出时间和精力在使用平台服务过程中所获取的积分、经验值、成长值等虚拟权益以及由网络平台免费提供的礼物、卡券、优惠券、代金券、福利券等虚拟产品。一般来说，这类虚拟权益具有使用期限。至于粉丝数、流量，并不属于此处所指的账号内的虚拟权益，而是属于账号本身价值的体现因素。账号下的网络虚拟财产不用于账号下的数据信息。比如，电子邮箱账号是虚拟财产，使用该账号的用户付费购买的 VIP 权益也是一种虚拟财产。但是，该账号下的电子邮件内容的性质则属于数据，与网络虚拟财产并列。

随着互联网的发展和普及，我国网络游戏市场飞速发展，游戏玩家数量巨大，网络游戏中的虚拟财产是网络游戏的重要组成部分，也是游戏中玩家的主要资产。网络游戏中的虚拟财产可以分为货币型游戏虚拟财产和物品型游戏虚拟财产。货币型游戏虚拟财产是指由网络游戏运营商发行、游戏用户使用法定货币按一定比例直接或间接购买、存在于游戏程序之外、以电磁记录方式存储于网络游戏运营企业提供的服务器内，并以特定数字单位表现的一种虚拟兑换工具，也就是指以各种形式存在的游戏币。[2]此类游戏币可以

---

[1] 梅夏英、许可："虚拟财产继承的理论与立法问题"，载《法学家》2013 年第 6 期。
[2] 《文化部、商务部关于加强网络游戏虚拟货币管理工作的通知》，2011 年 11 月 16 日发布。

用于兑换游戏运营商所提供的具体服务，表现为网络游戏的预付充值卡、预付金额或游戏点数等形式。物品类虚拟财产指具有外在图像的虚拟财产，该类虚拟财产一般是对现实世界中的有形物品的数字化模拟，以虚拟化的形态表现在网络环境中的电磁记录。最为常见的表现形式就是网络游戏中的游戏装备、角色、饰品、宝物等。用户想要获得更好的游戏体验离不开对上述物品型游戏虚拟财产的使用。在网络游戏中游戏账号代表着用户的身份，只有通过登录游戏账号，用户的身份才能被游戏运营商确认。网络用户通过在时间、金钱等方面的消耗来换取积分以提升游戏账号的价值，并取得运营商所提供的不同等级与质量的服务。因此游戏账号也可以说是网络游戏中虚拟财产持有者的一种身份标识。随着网络游戏产业的不断发展与成熟，网络游戏用户数量大幅增长，网络游戏用户之间进行虚拟财产交易的行为以及侵犯他人网络游戏虚拟财产的纠纷屡见不鲜，也成为司法实践中的常见案件。

NFT数字藏品也属于一种物品类虚拟财产。NFT的全称是Non-Fungible Tokens，表现为区块链上一组加盖时间戳的元数据，其与存储在网络中某个位置的某个数字文件具有唯一的且永恒不变的指向性。[1] NFT本质上是一种依托于网络区块链技术而产生的新型交易凭证，交易客体主要是数字资产化的文化艺术作品，该凭证代表了以数字化形态存在的图片、视频、音乐、美术作品等内容的所有权，属于一种新类型的虚拟财产。在Web3.0的热潮之下，国内知名互联网公司自2021年以来纷纷"试水"发售NFT产品。阿里、京东、网易等多家企业纷纷开始搭建自己的NFT平台，并发行了相应的NFT产品。下文将对NFT进行专门的论述。

三、网络虚拟财产与数据

我国《民法典》第127条将数据与网络虚拟财产并列，说明二者并不存在包含与被包含关系，二者并不相同。我国《数据安全法》将数据定义为"任何以电子或者其他方式对信息的记录"。数据是数字经济时代最为重要的资源，海量数据推动数据产业快速发展。《民法典》及司法判决均认可数据具有财产性利益，但我国现行法律尚未明确给予数据专门的赋权保护。

---

[1] 陶乾："论数字作品非同质代币化交易的法律意涵"，载《东方法学》2022年第2期。

（一）网络虚拟财产与数据的区别

由于虚拟财产和数据都是依托于互联网而产生的财产，因此二者容易产生混淆。二者的主要区别在于：数据是计算机系统中记录和存储信息的工具，是信息的载体；而虚拟财产是由算法创造后，以计算机数据为载体并以数字化形式呈现的信息，具有一定的经济价值。[1]虚拟财产在表现形式上与数据具有相似之处，但是网络虚拟财产与数据不能相互涵盖。

虚拟财产与数据的价值体现也有所不同，虚拟财产以计算机数据为载体记录在运营商服务器之中，其价值体现依赖于运营商的服务器。而数据并不依赖于服务器环境，它的价值源于其所承载的信息本身。与虚拟财产不同的是，数据的价值产生于数据的集合效应。比如，游戏运营商收集的游戏用户的账号信息集合、游戏用户使用游戏装备的信息记录、游戏用户所持有的游戏道具数据等均属于原始数据，游戏运营商还可以在原始数据基础上通过数据分析和处理生成衍生数据。在一起案件中，法院指出，"微信公众平台通过经营活动吸引用户积累数据，并利用数据获得商业利益与竞争优势，相关文章数据具有可集成、可交互的特点，与阅读数、点赞数、文章评论等其他数据共同构成整体数据资源"。[2]

《个人信息保护法》中还有个人信息的概念。数据、网络虚拟财产、个人信息这三个概念分处不同的维度。数据财产是平台持有的通过经营活动所获取的数据集合，其中包含了每个用户在平台上留存的个人信息、个人行为数据、个人社交关系、个人上传的内容。而网络虚拟财产指向的是用户在网络空间中留存的有财产性价值的虚拟权益的客体。

（二）数据权利的保护

在司法实践中，围绕数据而引发的法律纠纷层出不穷。例如，平台之间因数据爬取而引发的不正当竞争纠纷，未经平台经营者许可，在平台方设置了禁止访问的标识或者设有robots协议的情况下，其他市场主体不得通过爬虫技术抓取平台上的数据。再如，流量劫持也引发了一些法律纠纷。流量劫持是指行为主体利用网络链接技术强制网络用户或欺骗网络用户进入其指定的

---

[1] 瞿灵敏：“虚拟财产的概念共识与法律属性——兼论《民法总则》第127条的理解与适用”，载《东方法学》2017年第6期。

[2] 杭州互联网法院（2021）浙8601民初309号民事判决书。

网页，以此获得流量收入、广告收入、佣金收入等经济利益的行为。典型的是"DNS劫持"，即通过修改路由器、浏览器设置、锁定主页或者弹出新窗口等技术手段，强制网络用户访问指定网站的行为。[1]在此类案件中，相关网络数据被有的法院认定为网络虚拟财产，将流量劫持的流量数据视为一种虚拟财产予以保护。若以网页访问量为代表的网络数据被认定为虚拟财产，网络数据作为数据最重要的表现形式，是否所有网络数据都能作为虚拟财产加以保护？数据与虚拟财产的识别标准不清，将会导致二者的边界模糊、虚拟财产的范畴过大等问题。未来将有赖于数据领域的专门立法来划定数据与网络虚拟财产的界限。

有别于传统的物权客体，数据具有形态无体性、内容杂糅性、权益复合性的特征。尽管在日常商业和经济活动中数据被视为商品，但是，人们拥有的实际上的虚拟财产权益，与理论上的所有权具有明显差异。[2]《民法典》总则编第127条规定，"法律对数据、网络虚拟财产的保护有规定的，依照其规定"，这说明法律肯定了数据具有财产属性，属于民法上需要保护的权益，但排除了"物权编"对于数据、虚拟财产的直接适用，而应由其他法律来进行专门规定。在现行法之下，对数据的赋权仍停留在学术讨论阶段。理论界存在很多提议，如数据资源权、准财产权、数据经营权等。这些不同的提议反映出学者们对数据权的构建路径、客体范围与权利边界存有争议。

将数据作为一项财产权的客体，其重要性在于对数据领域的投资予以激励。功利主义理论的集大成者边沁认为，财产这个概念存在于一种确定的期望中，存在于根据事物本质可以从所占有的物中取得这样一种好处的信念。这种期望，这种信念，只能是法律的产物。对财产权的法律保护激励了人们有效地使用资源。[3]当法律赋予人们某种排他性的财产权利时，才会促使人们进行创造、生产和利用资源。从数据的角度来看，数据资源的实际控制者

---

[1] 刘佳欣："反不正当竞争法视角下的流量劫持——以流量劫持典型案例为分析样本"，载《法律适用（司法案例）》2019年第18期。

[2] Swinnen K., "Ownership of Data: Four Recommendations for Future Research", *Journal of Law, Property, and Society*, 5 (2020), pp. 139-177.

[3] [美]理查德·A·波斯纳：《法律的经济分析（上册）》，蒋兆康译，中国大百科全书出版社1997年版，第40页。

需要衡量激励措施的创建是否有助于生成新的或更好的数据。[1]从数据的生成过程来看，数据采集、加工和处理环节需要耗费一定的投资。此处的投资，既包括持有者以获取数据为目的而进行的直接投资，也包括其以提供网络服务或其他商业服务为目的而进行的投资。也就是说，数据既可以是投资的直接结果，也可以是投资其他商业模式所产生的附属结果。投资者基于其投资而获得相对于其他人的排他性权利，这符合劳动自然权学说。以平台型企业为例，个人在使用企业的商品或服务过程中，被记录上传存储在企业系统中的数据产权归属企业，符合法经济学的产权赋予规则。[2]产权激励能够对投资给予回报，提高大数据产品开发者的创造积极性，从而使得更多对社会公众有价值的数据得以生成，由此起到激励创新的效果。与数据作为商业秘密进行保护所能实现的对内激励效果相比，数据赋权既能实现对内的激励，也能发挥对整个社会的对外激励效果。所以，在促进数据流动这一价值的实现上具有明显优势。

反对意见认为，赋予数据内容更广泛、更强的专有权并不是为激励数据生产者所必需的，相反，这会建立一种反竞争环境，使数据产品变得更加昂贵，从而损害消费者和整个社会的利益。[3]但是，从当下数据产业的发展现状来看，海量原始数据是数据商业化模式的核心所在。如果对数据权利保护不足，则持有数据所需要的技术和经济成本将无法得到足够的效益回报。若没有政策的推动与法律的保护，没有经济回报机制对原始数据采集者和衍生数据生产者给予激励，数据生产的驱动力将不足。

更为重要的是，数据产权制度能够为数据交易提供法律保障。数据的应用前景十分广阔，数据赋权能够使其在市场上被估价和交易，实现对稀缺资源的配置，使得数据产生更大的效用。[4]这从整体效果来看，能够增加社会的总体福利。数据赋权立法能够基于数据特性，系统化地设计数据交易规则，

---

[1] Gervais D., "Exploring the Interfaces between Big Data and Intellectual Property Law", *Journal of Intellectual Property, Information Technology and Electronic Commerce Law*, 10（2019），pp. 3-19.

[2] 张玉屏："个人数据产权归属的经济分析"，载《江西财经大学学报》2021年第2期。

[3] Yu P., "Data Producer's Right and the Protection of Machine-Generated Data", *Tulane Law Review*, 4（2019），pp. 859-929.

[4] 许可："数据保护的三重进路——评新浪微博诉脉脉不正当竞争案"，载《上海大学学报（社会科学版）》2017年第6期。

设计权利保护机制与权利限制机制，根据公共政策，在利益天平的两端进行相应的衡平。我国目前的数据市场尚处于发展初期，存在数据不能交易、持有主体不敢交易、数据交易无法可依的情况。在目前企业数据交易市场失灵与既有相关制度失灵的困境下，在现实交易需求与信息自由目标的共同作用下，数据赋权模式具有重要的存在意义。[1]诚然，如果数据权利过于膨胀，个体数据专有权会给其他主体造成负担，抑制数据竞争与创新，侵蚀公有领域。所以，制度在为数据提供法律保护的同时，也需要设置必要的权利限制制度，以防止数据领域的集中与垄断现象产生。[2]

四、网络虚拟财产与其他相关概念

网络虚拟财产储存于特定的网络空间或服务器之中，是使用者在网络空间中可由其随时进行调用的具有排他性的数据资料，并且在网络环境下体现出财产价值属性的信息载体，许多虚拟财产若脱离指定的网络空间后将无法使用或丧失其价值。我国《民法典》第127条规定，"法律对数据、网络虚拟财产的保护有规定的，依照其规定"，其中"网络"一词限定了虚拟财产的认定条件，使一些并非依托于网络环境存在的虚拟财产无法落入该条规定的范畴内。

（一）网络账号与手机号码

具有经济价值的手机号码属于一种虚拟财产，如"靓号""情侣号""生日号"等，这些手机号码之所以具有经济价值，主要是基于其数字排列组合上的稀缺性。2003年《电信网码号资源管理办法》明确禁止电信运营商向用户收取选号费之后，用户入网选号时不再根据号码组成而带来的附加价值来支付费用。但实践中，具有稀缺性的"靓号"私下交易仍然存在。而且，司法实践中，也有法院在执行被执行人财产时，拍卖其名下拥有的手机"靓号"。

手机号和手机是两个可以分离的客体，手机号不一定要搭载在特定的手机上，手机号可以于不同时间使用在不同的手机上，而一个没有手机卡的手机也可以用来上网、下载应用等。手机号码不同于该号码下的话费、积分或

---

[1] 黄细江："企业数据经营权的多层用益权构造方案"，载《法学》2022年第10期。
[2] 陶乾："赋权模式下数据权利的保护与限制"，载《江西财经大学学报》2023年第1期。

上网流量。话费和上网流量是经使用人支付金钱对价、对手机号码进行充值之后获得，积分是根据用户的消费金额和号码使用年限而不断累计获得。

根据《电信网码号资源管理办法》，手机号码是移动通信网码号，依托于电信网而获得使用，所以，从广义上讲，也属于一种网络虚拟财产。实务中大多数与手机号码相关的纠纷，并非出于不同手机号之间效用之差异，而是出于该手机号码本身所存在的价值。我国司法实践中也倾向于将手机号码认定为虚拟财产来解决相关纠纷。

手机号码属于电信网码号资源，国家对电信资源统一规划、集中管理、合理分配，实行有偿使用制度。电信业务经营者可以通过协议向电信用户让渡网码号使用权，为用户提供电信服务并收取通信服务费用。手机号码也可以称为是一种账号，是电信用户获取电信业务经营者提供的通信服务的账号。在一些行政处罚决定书中，公安机关对于那些将自己手机号码出借给他人用于电信诈骗的行为，依据《反电信网络诈骗法》进行行政处罚。此类案件被称为"违法转租、转借用户账号案"。

由于劳动者经常会在工作关系中使用自己的手机号码来联系客户，当劳动关系解除后，围绕手机号码的使用权归属也会产生纠纷。[1]法院从该手机号码的初始办理目的、实际使用用途以及手机话费支付主体等方面来分析手机号码使用权的归属。

手机号码经过使用人的长期使用，与使用人之间产生了一定程度的依附性。有学者提出了"号权"这一概念，并将其定义为属于一种新兴人格权的"通信社交利益的权利表达"。[2]有法院也关注到了手机号码上所附载的使用人社交利益，并在判决中指出，手机号码在当下社会生活中作为验证和识别个人身份的重要手段，与使用人的日常生活密切相关，具有一定的人

---

[1] 广东省广州市天河区人民法院（2010）天法民一初字第2631号民事判决书；湖南省益阳市中级人民法院（2011）益法民一终字第52号民事判决书。手机号码相关纠纷还包括：广东省广州市中级人民法院（2006）穗中法民二终字第1512号民事判决书；山东省青岛市中级人民法院（2011）青民二终字第102号民事判决书；江苏省新沂市人民法院（2007）新民一初字第1608号民事判决书；上海市第二中级人民法院（2009）沪二中民一（民）终字第2853号民事判决书；江西省九江市修水县（2004）修民初字第975号民事法判决书。

[2] 王红霞："号权初论：通讯社交利益的形成脉络与设权逻辑"，载《法商研究》2013年第5期。

身属性。[1]

与网络账号不同的是，手机号码并不依赖互联网进行使用，手机号码的使用人依赖电信运营商的网络进行通话。手机即便没有互联网，一样可以实现其拨号和通话的功能，也即手机靓号不通过网络便可以实现"靓号"之价值。因此，有经济价值的手机号码是一种虚拟财产，但并非狭义的依托于互联网的网络虚拟财产。

手机号码与用户网络账号的差异还有很多，网络账号所对应的网络用户在特定网站上享受的各种网络服务，而手机号码仅对应通信服务和上网服务。网络用户通过用户名和密码登录到特定的网站，可以设置个性化的用户昵称，而手机号码对应的则是自然人的真实姓名。

（二）商品或服务的会员积分

会员积分指的是购买商品或服务的消费积分，如线下店铺的会员积分、航空公司的里程积分、酒店会员积分、手机话费积分、商场消费积分等。积分可用于兑换商品、服务或享有折扣优惠，具有一定的价值属性。一些商家还设置了积分的兑换期限，如年末清零。积分存储于管理者的计算机系统之中，具有虚拟性。持有积分的消费者可以支配该积分，所以，积分属于消费者的一项虚拟财产。

当发生商家与消费者之间的民事法律争议时，一般可以依据商场与会员之间的会员协议来处理。实践中，法院会根据个案情况进行裁判。比如，如果积分的获取没有合理依据，那么，积分作为一种无形的财产利益，适用不当得利返还制度。再如，在傅某与凯悦酒店管理（上海）有限责任公司服务合同纠纷中，法院指出，会员积分属于会员预订客房之后，酒店对会员做出的奖励行为，目的是激发会员的消费热情。傅某在注册酒店会员时签署同意了《凯悦天地细则及条款》，其中已经明确约定会员账户的积分不属于会员的个人财产，禁止转让，如果会员实施转让行为，酒店一方有权罚没积分，终止会籍资格。

对于与积分相关的刑事案件，司法裁判呈现出两种做法。第一种做法是按盗窃罪判处。在童某某等盗窃案中，法院指出"消费积分是经营者在顾客消费之后赠与顾客的一种财产权利凭证，消费者可凭获赠的积分直接换取一

---

[1] 安徽省宣城市中级人民法院（2021）皖18民终220号民事判决书。

定的财物或者兑换积点、优惠券等在消费时可直接使用的折扣",因此,积分属于一种财产性权利(利益)凭证。[1]被告利用工作上的便利,盗用同事的密码和工号,进入本单位局域网的积分调整系统,为各自亲友的手机账户内虚增积分,并指使或诱骗这些亲友办理积分兑换,构成盗窃罪。第二种做法是按非法获取计算机信息系统数据罪进行判处。在赵某某、王某盗窃案中,赵某某利用软件违规进入公司积分管理系统,非法为多个移动手机号码调增积分,将调增的积分进行兑换变现获利,一审法院判定盗窃罪成立[2]。随后,该案发回重审,法院改判"非法获取计算机信息系统数据罪"[3],原因是"被调增的积分系虚拟财产,其法律属性应为计算机信息系统数据,将积分解释为盗窃罪中的'公私财物'缺乏法律依据"。

与网络虚拟财产有所不同的是,线下店铺会员积分的取得与使用并不受网络环境的影响,即使不在网络环境之下也可以通过购物、消费等方式来取得积分,通过兑换的方式使用积分来享受会员权益。线下店铺会员积分作为虚拟财产并不依托于网络环境而存在,但需要依托商家的记录。

(三) 无形财产与虚拟财产

无形财产是相对于有形财产而言的概念,强调的是该财产在物理意义上不具有有形的形态。在民法中,最重要的一种无形财产权即为知识产权。有学者建议在民法学研究中建立一个大于知识产权范围的无形财产权体系,以包容一切非物质形态的财产。[4]还有观点提出依照财产的外在表现形态,将财产分为物质财产和信息财产。[5]

网络虚拟财产也属于一种无形财产。首先,网络虚拟财产具有客观非物质性。网络虚拟财产的载体是特定的网络服务器,形式表现为保存在服务器上的一串字符或数据,具有非物质性。其次,网络虚拟财产具有经济价值。网络虚拟财产以服务器为载体得以储存、呈现,能够为用户使用并且能够成为交易标的,和现实中的货币互相联系,与现实产生了社会关系,具有交换

---

[1] 上海市第二中级人民法院(2007)沪二中刑终字第531号刑事判决书。
[2] 河南省郑州市金水区人民法院(2017)豫0105刑初778号刑事判决书。本案上诉后,河南省郑州市中级人民法院(2018)豫01刑终144号刑事裁定书将一审判决撤销,发回重审。
[3] 河南省郑州市金水区人民法院(2018)豫0105刑初876号刑事判决书。
[4] 吴汉东:"无形财产权的若干理论问题",载《法学研究》1997年第4期。
[5] 徐祖林:"财产及财产权的概念与分类",载《经济与社会发展》2005年第4期。

价值及使用价值。综上所述，网络虚拟财产具有客观非物质性和财产属性，符合无形财产的特征，属于无形财产的一种。被称为我国"网络虚拟财产第一案"的李某某诉北极冰公司案中，法院认为，丢失的网络虚拟装备是有价值的，虽然它是无形的并存在于特定的网络虚拟环境之中，但是这并不影响它作为一种无形财产获得法律的保护和救济。

（四）数字资产、虚拟资产与虚拟财产

与虚拟财产相对应，数字资产、虚拟资产这两个概念也被广泛使用。在汉语的语境之下，资产一词主要是产业实践中的用语，是经济学上的概念。

网络虚拟财产与数字资产相比，数字资产的内涵更为宽泛，包含的权益更多。网络虚拟财产强调其财产价值属性，在我国司法实践中满足虚拟性、价值性、可支配性等性质的电磁记录可以被认定为网络虚拟财产。而数字资产是指任何以电子资料形式存在的被授权使用的文字或媒体资源，而不管其是否具有交易价值。数字资产包括网站及其内容、域名、应用软件、代码、电子文件、图片内容、媒体内容、电子邮件、加密货币、非同质化代币、账号及其内容、社交网络账户及其关系和内容等。有观点指出，自然人数字资产涉及的民事权益的范围广泛，既有资金账户债权、数字作品著作权、商业秘密、虚拟财产等财产性权益，也有自然人针对其个人信息享有的姓名权、肖像权、隐私权、个人信息权益等人格权益。[1] 可以认为，数字资产的范围包含了网络虚拟财产。从各国的立法上来看，数字资产不仅包含网络虚拟财产，也包含数据。以美国特拉华州为例，在其颁布的《数字资产和账户受托使用法》（Fiduciary Access to Digital Assets and Digital Accounts Act）第5002条第7项将数字资产定义为："信息、文字、邮件、文件、影片、图片、声音、社群媒体内容、社群网站内容、密码、健康记录、医保记录、计算机源代码、计算机程序、软件；软件授权码、数据库等。以及其他借由使用人名称和密码以数字形式所创作、制造、传送、传输、分享、接收或储存于数字载体上的相类似信息。"

对于虚拟资产这一概念，反洗钱金融行动特别工作组（FATF）所发布的《虚拟资产与虚拟资产服务提供商风险基础方法指引》中指出，虚拟资产系指能够被以电子形式交易或转移，可用于支付或投资目的的数位价值代表，但

---

[1] 程啸："论死者个人信息的保护"，载《法学评论》2021年第5期。

不包括FATF建议已经涵盖的法定货币、证券和其他金融资产。虚拟资产与网络虚拟财产相比，更加强调其所具有的金融属性。中国香港特别行政区金融管理局在2022年1月发布的《关于加密资产和稳定币的讨论文件》中遵循了国际清算银行（BIC）对于虚拟资产的分类，将虚拟资产分为以下几大类：稳定币（包括演算法稳定币、资产关联代币和电子钱代币）；非稳定币（如比特币）；证券型代币和效用型代币。

第二节 特殊的网络虚拟财产：虚拟货币与NFT

与其他网络虚拟财产有所不同，代币类的虚拟财产的提供平台，通常会在用户协议中约定代币的所有权归属于用户。尽管都属于代币，但是，虚拟货币与NFT在性质上却有较大差异。下文将分开进行分析。

一、网络虚拟货币

（一）虚拟货币的法律属性

虚拟货币是非国家机关发行的，以区块链或类似技术为支撑并以电子化方式记录的加密数字交易工具，主要包括比特币、以太币、莱特币、泰达币等。在法律属性上，一种观点认为，虚拟货币既不是《民法典》第115条中的物，也不同于《民法典》第127条规定的数据，而应当属于网络虚拟财产。[1] 另一种观点认为，虚拟货币虽具有类货币属性，但不属于"财产"，应认定为计算机信息系统数据。[2]

虚拟货币具有数字化、价值性、可交易性、可支配性等特点，虚拟货币符合网络虚拟财产的特征。作为虚拟财产的一种重要类型，虚拟货币与账号、账号内虚拟权益相比，虚拟货币的持有者具有更完整的支配权。每一位交易者都拥有独一无二的地址，且会自动生成一对密钥，因此，所有者就可以通过该私钥对虚拟货币进行支配。虽然比特币可进行分割，但在分割后的份额上却只能存在一个所有权，具有排他性，也符合"一物一权"

---

[1] 齐爱民、张哲："政策与司法背景下虚拟货币法律属性的实证分析"，载《求是学刊》2022年第2期。

[2] 张春莉："虚拟货币的刑法属性及保护路径"，载《浙江社会科学》2022年第11期。

的基本法理。[1]将其作为物权甚至所有权对象受到民法的保护不存在法理障碍。[2]

虚拟货币不同于其他网络虚拟财产,虚拟货币还具有去中心化、非实名和可离线交易等特点,尤其是其作为交易工具,关乎国家金融秩序,需要更多的监管。

虚拟货币的取得有以下方式:第一种是持有人在没有支付法定货币的情况下,通过挖矿、空投或接受赠与等方式取得"虚拟货币";第二种是持有人通过支付法定货币从其他持有人处取得虚拟货币;第三种是持有人通过支付一种虚拟货币而从其他持有人处取得另一种虚拟货币。

广义的网络虚拟货币等同于电子货币,指的是一切以电子化的形式存在的货币。根据虚拟货币发行方的不同,可以将其分为法定虚拟货币和非法定的虚拟货币。法定虚拟货币是指中央银行发行的、以代表具体金额的加密数字串为表现形式的法定货币。它本身不是物理实体,也不以物理实体为载体,而是用于网络交易和储存、代表一定量价值的数字化信息。非法定的虚拟货币是由开发者发行和控制、不受政府监管、在一个虚拟社区的成员间流通的虚拟货币,如比特币等。[3]非法定的虚拟货币对一国金融安全带来影响,存在监管上的难度。狭义的虚拟货币,仅指非法定的虚拟货币。21世纪初,网络游戏公司发行的游戏币,曾被称作虚拟货币,但并非本节所述的虚拟货币。

(二) 各国及地区对虚拟货币的监管

对于非法定的虚拟货币,2017年中国人民银行、中央网信办、工业和信息化部、工商总局、银监会、证监会、保监会公布了《关于防范代币发行融资风险的公告》,其中指出代币发行融资是指融资主体通过代币的违规发售、流通,向投资者筹集比特币、以太币等所谓"虚拟货币",本质上是一种未经批准非法公开融资的行为,涉嫌非法发售代币票券、非法发行证券以及非法集资、金融诈骗、传销等违法犯罪活动。任何组织和个人不得非法从事代币

---

[1] 参见赵磊:"论比特币的法律属性——从HashFast管理人诉Marc Lowe案谈起",载《法学》2018年第4期。

[2] 参见赵天书:"比特币法律属性探析——从广义货币法的角度",载《中国政法大学学报》2017年第5期。

[3] 姚前、汤莹玮:"关于央行法定数字货币的若干思考",载《金融研究》2017年第7期。

发行融资活动。2021年国家发展和改革委员会等11部门公布《关于整治虚拟货币"挖矿"活动的通知》，进一步明确虚拟货币相关业务活动属于非法金融活动，严禁新增虚拟货币"挖矿"活动。2021年中国人民银行、中央网信办、最高人民法院以及最高人民检察院等多个部门联合下发《关于进一步防范和处置虚拟货币交易炒作风险的通知》，明确虚拟货币不具有与法定货币等同的法律地位，不应且不能作为货币在市场上流通使用，另规定虚拟货币相关业务活动具有违法性及法人、非法人组织和自然人投资虚拟货币及相关衍生品，违背公序良俗的，相关民事法律行为无效。

从世界上其他国家和地区来看，监管机构对于虚拟货币的态度不尽相同。在虚拟货币方面，德国是世界上第一个认可作为虚拟货币的比特币具有合法地位的国家，欧盟也于2015年决定将比特币作为不含增值税的常规货币。很多德国学者对虚拟货币也持较为积极的肯定态度，在银行法领域对虚拟货币加以研究。[1] 在监管方面，法国财务部和法国金融市场管理局已经作出尝试。《法国契约法案》也被称为是建立法国加密资产制度的主要监管工具。该法案规定了两种不同的制度，一种是监管初始代币发行（ICO），另一种是监管数字资产服务提供商（DASP），对运营商施加了强制性和可选要求的组合。[2]

2022年6月12日，中东场外加密货币交易所称，在迪拜市中心开设了第一家实体比特币商店，并允许用户使用各种加密货币兑换现金或进行银行转账，包括BTC、ETH、BCH和LTC等。事实上，在2021年迪拜世界贸易中心管理局、阿联酋监管机构以及证券和商品管理局已达成协议，支持在迪拜经济自由区进行加密货币资产的监管和交易。这一新举措建立了一个框架，使迪拜世界贸易中心管理局能够为加密货币相关的金融活动颁发必要的批准和许可证。由此，确立了迪拜加密货币的合法地位。

在美国，不同部门对虚拟货币持不同态度，包括"商品说""货币说""期货说""货币等同说"等观点，并且不同的政府部门为比特币制定了不同的政策。2013年5月，美国财政部金融犯罪执法系统FinCEN发布了《美国虚拟货币个人管理条例》，阐述了具备"可转换性"的虚拟货币，这种类型的

---

[1] 刘俊杰："网络上漂着的虚拟财产怎么办？虽'无形'却可'入刑'"，载中国新闻网，https://www.chinanews.com.cn/sh/2022/05-12/9752296.shtml，最后访问时间：2022年7月23日。

[2] "A comparative analysis of EU homegrown crypto-asset regulatory frameworks", *E. L. Rev.* 2, 5 (2020), pp. 639-659.

虚拟货币具有与实际货币同等的价值，或是实际货币的替代品。但也有观点认为比特币和其他加密货币是商品而非证券，受美国商品期货交易委员会（CFTC）管理。根据美国国内税收署 2014 年的通知，比特币等虚拟货币是"财产"而非"货币"。随着美国比特币和其他加密货币的买卖交易的增多，美国国税局（IRS）开始关注如何对"虚拟货币"征税。另外，根据美国商品期货交易委员会 2017 年对比特币 ETF 申请的决定，比特币既不是"财产"，也不是"货币"，而是一种"期货"。[1]美国证券交易委员会（SEC）已公开宣布比特币不是一种证券，对在美国的比特币交易不进行监管。但在 2022 年 6 月 7 日，美国正式发布了"加密监管法案"，该法案推动美国 CFTC 对虚拟货币交易进行监管，并消除用户使用加密货币购买商品的税收担忧。该法案是美国两党首次尝试为数字资产建立全面监管框架，旨在为加密货币市场带来稳定性和清晰度并对客户权益进行保护。按照新法案的要求，稳定币发行者须持有与所有流通稳定币相等的高流动性资产，且要公开披露所持资产。此外，该法案规定对低于 200 美元的加密交易全部免税，将为稳定币、小额支付税和监管机构的管辖范围制定新的联邦法律。美国对于虚拟货币的不同态度和政策定性，使公众对虚拟货币持保守态度，这不仅影响了虚拟货币相关产业的发展，而且，这些相互矛盾的政策也给司法带来了困惑。

2014 年 2 月 27 日，日本监管机构开始研究比特币监管问题。2017 年 4 月 1 日《日本支付服务修正法案》生效，承认虚拟货币的合法支付地位，并同时予以严格监管。

在俄乌争端中，加密货币也"加入"了战争。一方面，俄罗斯利用加密货币突破金融制裁。2022 年 3 月 24 日，俄罗斯杜马国家能源委员会主席帕维尔·扎瓦尔尼（Pavel Zavalny）表示，俄罗斯愿意接受比特币作为其自然资源出口的支付方式。据公开数据显示，俄罗斯是全球第三大比特币挖矿国，占全球加密货币市场的份额约为 12%。俄罗斯政府的一份报告估计，有超过 1200 万个由俄罗斯公民开设的加密货币钱包，涉及资金总额约 2 万亿卢布。这意味着加密货币在俄罗斯金融体系中占有显著的比例。另一方面，乌克兰在战争中通过加密货币获得捐助，充分体现了加密货币在特殊时刻快速反应

---

[1] "Legal Issues Surrounding Cryptocurrency", freemanlaw.com, https://freemanlaw.com/legal-issues-surrounding-cryptocurrency/, last visited at 23th July, 2022.

的重要性。乌克兰总统泽连斯基于2022年3月16日正式签署《乌克兰虚拟资产法》，将比特币等加密货币合法化，明确了外国和乌克兰的加密货币交易所将合法运营，银行也将为加密公司开设账户。

受全球疫情扩大的影响，资金持续从新兴市场国家流出。在此背景下，货币持续贬值的国家对加密资产（虚拟货币）的需求不断高涨。在阿根廷、尼日利亚、巴西、印度等因受金融管制而难以获得外汇的国家，作为替代美元的资金"避风港"，虚拟货币不断被买入。加密货币市场数据平台Coin Dance的数据显示，从目前虚拟货币的交易额出现激增的地区来看，巴西和智利等中南美、埃及和南非等非洲国家较为突出。移动应用数据公司Sensor Tower发布的《2022年金融与加密货币应用热门市场洞察》中指出，区块链技术与加密货币在全球范围热度与日俱增，相关移动应用下载量在2021年也呈现出爆发性增长，如东南亚头部加密货币应用下载量从2020年的600万次快速增至2021年的2100万次，东南亚地区正在成为全球加密货币应用新兴市场。

比特币目前是一种在全球范围内认可度较高的虚拟货币。网络空间中的非法定虚拟货币具有匿名性、隐蔽性强等特点。由于缺乏官方机构的监管，虚拟货币容易成为违法交易中支付价款的手段，从而使得相关犯罪行为人逃避法律的追究。比如，在谢某等贩卖毒品案中，2020年5月，被告人谢某和叶某某在云南省租赁土地种植大麻。2020年9月至10月，二人收获大麻后，由谢某通过telegram软件联系毒品买家，以比特币的形式收取毒资，由叶某某使用虚假姓名将大麻邮寄给浙江等地的毒品买家。二人贩卖大麻约10次，非法获利4万余元。后公安人员将二人抓获，并从叶某某处查获大麻3332.96克。[1]随着互联网技术和物流业的发展，犯罪分子利用网络、物流实施毒品犯罪的情况日渐增多，毒品交易手法更趋隐蔽、多样化。本案就是一起犯罪分子使用"互联网+虚拟货币+物流寄递"手段贩卖毒品的典型案例。

同样，在韩国也发生过利用虚拟货币来实施犯罪的案例。比如，虚拟资产投资者A某从2020年开始，在1年内以本人和熟人的名义开设了7家幽灵

---

[1] "最高人民法院发布2021年十大毒品（涉毒）犯罪典型案例之四：谢彭等贩卖毒品案——利用网络联系订单，以比特币形式收取毒资，通过物流寄递毒品"，载最高人民法院网，https://www.court.gov.cn/zixun-xiangqing-310731.html，最后访问时间：2022年7月23日。

公司（虚设公司）。他以进口化妆品为名，分 1116 次向事先说好的海外皮包公司汇去了 5000 亿韩元。皮包公司用这笔钱在海外虚拟资产交易所购买了比特币等虚拟资产。在海外购入的虚拟资产立即转账到了 A 某的电子钱包里。他在国内交易所重新出售这些虚拟资产，获得了约 50 亿韩元的差价。这就是瞄准了韩国国内虚拟资产价格高于海外的"辛奇（韩式泡菜）溢价"。韩国关税厅首尔本部海关表示，抓获了为赚取国内外虚拟资产行情差价而非法交易外汇的 16 人。他们的非法外汇交易规模达到了 2.0715 万亿韩元，涉嫌违反《韩国外汇交易法》。

（三）我国司法实践对虚拟货币的态度

对于虚拟货币，需要从虚拟货币的性质以及涉诉行为的性质进行分情况讨论。第一，虚拟货币本身是一项网络虚拟财产；第二，虚拟货币不得作为货币在市场上流通使用，虚拟货币及相关衍生品投资行为违背公序良俗的，相关民事法律行为无效。司法机关在裁判中需要区分涉案纠纷是涉及对虚拟货币本身的权利保护还是对虚拟货币的交易行为。

首先，需要肯定的是，虚拟货币具备虚拟商品的属性。但是，是否将虚拟货币作为一项受法律保护的网络虚拟财产，存在两种意见。第一种意见认为，我国法律、行政法规亦并未禁止虚拟货币的持有，并未否定虚拟货币可以作为一般法律意义上的财产受到法律的平等保护，也未禁止其作为普通虚拟商品进行交易流转。故应当将虚拟货币作为网络虚拟财产进行保护，该思路在诸多案件中得以体现。[1] 例如，在胡某某与王某某买卖合同纠纷案[2]中，胡某某与他人在境外平台上进行 TBToken、USDT、比特币等虚拟货币的交易，法院认为这不属于"代币发行和融资"，也不属于代币融资交易平台从事"法定货币与代币、'虚拟货币'相互之间的兑换业务"或"提供定价、信息中介等服务"，亦未违反金融机构和非银行支付机构关于代币发行融资的各项规定，故上述交易行为并未被我国法律所禁止，应属合法有效，权利主

---

[1] 参见北京市海淀区人民法院在其 2019 年发布的 8 个涉互联网商事典型案；上海市宝山区人民法院（2020）沪 0113 民初 23704 号民事判决书，该案被最高人民法院评为全国法院系统 2021 年度优秀案例；上海市第一中级人民法院（2019）沪 01 民终 13689 号民事判决书，该案被最高人民法院评为全国法院系统 2020 年度优秀案例；北京市第四中级人民法院（2021）京 04 民终 743 号民事判决书。

[2] 北京市通州区人民法院（2019）京 0112 民初 37191 号民事判决书，本案判决书被评为北京法院 2021 年优秀裁判文书。

体将其合法持有的虚拟货币出售后，理应有权获得相应的交易对价。再如，在丁某与翟某某返还原物纠纷案〔1〕中，丁某向翟某某出具借条，向其借莱特币 5 万个，随后，翟某某向丁某指定收币地址转入莱特币。因丁某未及时返还引发纠纷。法院指出，并无法律、行政法规或部门规章等规定否定虚拟货币本身作为虚拟财产的可保护性，故支持了翟某某的诉讼请求。在一些刑事案件中，对于窃取他人虚拟货币的行为，公安机关按照盗窃进行侦查。第二种意见认为，虚拟货币交易本质上是一种法定货币与虚拟货币之间的兑换或买卖业务，属于未经国家批准的、不受法律保护的行为，不属于法律评价范畴，故不属于人民法院受理民事诉讼的范围。〔2〕例如，在徐某与林某要求归还比特币民间借贷纠纷案〔3〕中，法院认为双方当事人作为比特币投资者，双方之间借用比特币之交易行为不受法律保护，虚拟货币不具有种类物的属性，不具有现实的可返回性。故当事人起诉要求返还比特币，不符合法律规定的人民法院受理民事诉讼的范围，人民法院应当驳回起诉。

其次，如果涉案纠纷涉及《关于防范代币发行融资风险的公告》《关于防范比特币风险的通知》《关于整治虚拟货币"挖矿"活动的通知》等文件所禁止的行为，那么，涉案合同会因违反法律强制性规定而无效。在李某某与吴某等委托理财合同纠纷案中，当事人实施了监管部门明令禁止的虚拟货币委托理财，违反了国家金融监管的强制性规定，由此造成的投资风险及损失，应由投资者自行承担。〔4〕在韦某等与章某等网络侵害虚拟财产纠纷案中，认定 XIN 币为一种加密虚拟"货币"。2019 年 7 月，韦某、姜某、章某分别组建三个团队，共同投资 XIN 币获取收益，其中韦某团队投入的 XIN 币是向散户募集所得，委托、募集行为均发生在中国境外。2020 年 3 月，章某将本团队保管的私钥删除，导致三个团队投资的 XIN 币无法取出。韦某等诉请章某等赔偿 XIN 币丢失的经济损失 1190 万元。广州互联网法院经审理认为，XIN 币不具备法定货币的合法性，投资者通过境外募集获取 XIN 币并进行投资获

---

〔1〕 北京市第一中级人民法院（2022）京 01 民终 5972 号民事判决书。类案包括：上海市第一中级人民法院（2021）沪 01 民终 16047 号民事判决书；北京市朝阳区人民法院（2021）京 0105 民初 40469 号民事判决书。

〔2〕 陕西省高级人民法院（2022）陕民申 432 号民事裁定书；辽宁省葫芦岛市中级人民法院（2022）辽 14 民申 97 号民事裁定书。

〔3〕 江苏省常州市中级人民法院发布 2021 年度十大典型案例之九。

〔4〕 福建省厦门市中级人民法院（2021）闽 02 民终 1300 号民事判决书。

取收益的投资交易行为,危害公众财产安全,扰乱社会经济秩序,损害社会公共利益,违背公序良俗,不受法律保护,由此引发的损失应自行承担,故驳回韦某等的全部诉讼请求。[1]

最后,2021年前后,司法机关对于"矿机"买卖纠纷的态度存在变化,这主要是因为2021年《关于整治虚拟货币"挖矿"活动的通知》将虚拟货币"挖矿"活动列为禁止投资的淘汰类产业,所以,在2021年之后"矿机"交易被司法机关认定为无效。而在此之前,并无法律法规禁止买卖比特币"挖矿机"。在陈某诉浙江某通信科技有限公司网络购物合同纠纷案[2]中,原告通过网络向被告购买比特币挖矿机并全额支付价款,随后原告以《关于防范代币发行融资风险的公告》要求"停止比特币等各类代币发行融资活动"为由,主张设备交易涉嫌违法,认为合同无效,要求被告退款。法院认为,比特币具有商品属性。"矿工"通过"挖矿"生成比特币的行为类似于劳动生产行为,"矿工""挖矿"生成的比特币凝结了人类抽象的劳动力,根据劳动价值理论,具有商品属性。虽然不能使用比特币作为货币购买商品,但比特币作为商品可以被接受者依法使用货币购买。我国法律、行政法规并未禁止比特币的生产、持有和合法流转,也未禁止买卖比特币"挖矿机"。故本案案涉合同依法成立、有效,当事人应当遵循诚实信用原则,依约履行生效合同确定的义务。该案入选杭州互联网法院2020年发布的服务保障数字经济发展十大典型案例之一。

随着2021年之后我国行政机关对于虚拟货币监管力度的加强,司法机关处理此类案件的态度发生了变化。在上海某实业公司诉北京某计算科技公司委托合同纠纷案[3]中,当事人双方签订《云计算机房专用运算设备服务协议》,约定上海某实业公司委托北京某计算科技公司对案涉比特币"挖矿机"提供机房技术服务,北京某计算科技公司应保证供电并确保设备正常持续运行。因案涉服务期间机房多次断电,上海某实业公司以北京某计算科技公司违约为由,诉请人民法院判令北京某计算科技公司赔偿比特币收益损失。法

---

[1] 广东省高级人民法院发布2021年度全省法院涉互联网十大案例之十:韦某等与章某等网络侵害虚拟财产纠纷案。类案还包括江苏省苏州市中级人民法院(2022)苏05民终11895号民事判决书。
[2] 杭州互联网法院(2018)浙0192民初2641号民事判决书。
[3] 最高人民法院发布十一起司法积极稳妥推进碳达峰碳中和典型案例之一。

院认为该协议应属无效。双方当事人对合同无效均有过错,相关损失后果亦应由各自承担。判决驳回上海某实业公司的诉讼请求。与此案类似,在胡某某诉王某买卖合同纠纷案[1]中,胡某某向王某购买了三台在网络上挖比特币的专用计算机设备,随后二人因为合同履行产生争议,胡某某诉请解除合同并返还设备款。本案的审理法院认定,双方就"矿机"买卖形成的合同无效,设备款和设备由双方互相返还。该案被最高人民法院选为2022年全国法院十大商事案件。

上述案件表明,如果市场主体违反国家有关金融监管的法规和规章,相关交易合同的效力应当依据《民法典》第153条第2款关于"违背公序良俗的民事法律行为无效"的规定认定为无效。

二、NFT 与 NFT 数字作品

近年来,艺术界和产业界对 NFT 的关注度急速升温。NFT 的英文全称为 Non-Fungible Token,被翻译为非同质化权益凭证、非同质化代币或者非同质通证。NFT 在网络游戏、艺术收藏、粉丝经济等领域得以流行,充分展现出科技对艺术品交易和数字内容商业化利用的助力。在公法领域,区块链、智能合约、钓鱼网站的安全性风险可能导致虚拟财产被盗的情况发生。在私法领域,也存在一些涉及著作权、数据权益、个人信息权益、肖像权等方面的侵权风险。下文将对 NFT 的基础法律问题进行分析。

(一)非同质化权益凭证(NFT)[2]

在现有的产业实践中,以代币化形式交易的标的物包括实体油画、照片、黑胶唱片、数字美术图像、动图、短视频、电子游戏角色形象、虚拟头像、数字音乐专辑、3D 模型等,这其中,既包括有物理载体的实体物品,也包括以数字化形态存在的内容。当交易对象为实体物品时,NFT 交易与普通的"线上支付、线下交付"的电子商务模式无异。

NFT 可以说是区块链技术下的一个新兴应用场景。区块链,又称为分布

---

[1] 类案包括:新疆维吾尔自治区巴音郭楞蒙古自治州中级人民法院(2022)新 28 民终 540 号民事判决书;北京市东城区人民法院(2021)京 0101 民初 6309 号民事判决书,该案判决书被评为北京法院 2022 年优秀裁判文书;江苏省徐州市中级人民法院(2020)苏 03 民终 394 号民事判决书。

[2] 陶乾:"论数字作品非同质代币化交易的法律意涵",载《东方法学》2022 年第 2 期。

式账本，本质上是一个存储信息的共享数据库。由于其具有不可篡改、可溯源留痕、公开透明的特点，将其应用于数字资产交易的存证能够解决交易主体之间的信任缺乏与安全顾虑。NFT 表现为区块链上的一组加盖时间戳的元数据，其与存储在网络中某个位置的某个数字文件具有唯一的且永恒不变的指向性。该元数据显示为存储特定数字内容的具体网址链接或者一组哈希值。点击链接或者使用哈希值进行全网检索，就能够访问被存储的特定数字内容。将特定交易内容以 NFT 的形式进行交易，被称为非同质代币化。

NFT 本质上是一张权益凭证，该凭证指向的是有交易价值的特定客体。该凭证与区块链上的智能合约相关联，能够记录关于该特定客体的初始发行者、发行日期以及未来的每一次流转信息。每一个 NFT 都是独一无二的，一个 NFT 与另一个 NFT 不可相互交换，一个 NFT 也不能拆分成若干个子单位，这即为 NFT 的"非同质化"的内涵。与之相反，比特币、以太币等同质化代币易于交换和拆分，功能近似于一种货币工具。尽管 NFT 的英文名称中有"代币"（token）一词，但其本质上不是数字货币，而是为了使待交易的数字内容产生稀缺性、实际交易产生客体流转性效果而设计的"工具"。NFT 虽然也是基于区块链构建，但是其价值所依托的是其所唯一指向的具有交换价值的特定知识产品、权利等客体，因此，具有一定程度的稳定性。

（二）NFT 数字作品

根据 NFT 所指代的交易客体的性质，可以将其分为资产型 NFT 和权利型 NFT 两种样态。资产型 NFT 是指代各种实物或数字化资产的 NFT。权利型 NFT 是持有人拥有股权、债券等权利或者享有使用特定商品或服务的权利，如演出的入场资格、网络游戏的登录资格等。资产型 NFT 是当下最为普遍的样态。其中，通过 NFT 进行交易的数字内容以文学艺术领域的作品为常见形态。数字音乐、数码照片、数字图像、视频动画等数字作品，在交易平台上以代币化的形式作为一个 NFT 出售，实践中称为"NFT 数字作品"或"NFT 数字藏品"，其本质是以数字化形态存在的、被独一无二地标记了的、内容具有独创性的一份文件。

以体育产业为例，受疫情的影响，相伴于体育赛事而发售的实体藏品线下交易受阻，以 NFT 形式发行的数字藏品在无国界的网络空间向全球发行。第一类是数字徽章、数字吉祥物。在东京夏季奥运会上，国际奥委会在其官网发售 NFT 形式的奥林匹克数字徽章，在北京冬季奥运会上，国际奥委会官方授权 nWayPlay 公司发行 NFT 冰墩墩数字盲盒,还上线了一款区块链网络游戏《Olympic Games Jam：Beijing 2022》,玩家代表自己所在国家出战,赢者可以获得奥林匹克数字徽章。第二类是数字绘画,包括运动员卡通图案、有一定寓意的纪念图画等。英国奥运代表队与宾舍曼公司合作,发行艺术家绘制的卡通图片,画面的寓意是单项运动的运动员的夺金时刻。2021 年中国某个 NFT 加密艺术品交易平台在东京奥运会期间推出女排运动员动漫形象。2022 年中体数科公司联合国家体育总局冬运中心共同发布的中国冰雪吉祥物"冰娃、雪娃"3D 数字藏品在支付宝平台发售。第三类是运动员赛事照片和赛事视频。腾讯公司采用抽奖形式,抽中腾讯公司发售的数字藏品的用户,可以将自己的名字与中国四位冬奥会世界冠军的闪耀瞬间一起永久保存在"元宇宙"中。美国职业篮球联盟（NBA）向粉丝们以 NFT 形式发售包含赛季标志性动作的比赛短视频。

NFT 数字作品是指在交易平台上以非同质代币的形式进行出售的数字作品,包括数字音乐、数码照片、数字图像、视频动画等,其本质是以数字化形态存在的、被独一无二地标记了的、内容具有独创性的一份文件。NFT 数字作品属于资产型 NFT,主要在网络平台上进行交易,通过 NFT 进行交易的数字内容以文学艺术领域的作品为常见形态。数字作品的 NFT 交易模式使得每一个数字文件均有唯一的标记,一部数字作品的每一个复制件均被一串独一无二的元数据所指代,产生了"准有形性""唯一性"和"稀缺性"的效果。当一件数字作品复制件以 NFT 形式存在于交易平台上时,其被特定化为一个具体的数字商品。

NFT 数字作品是一种数字文化商品,作为一种新类型的民事法律关系客体,这种数字文化商品具有数字无体性、文化价值性和可支配性。[1]但在载体与支配权的行使两个方面,其与实体的藏品有明显不同。一方面,以数字徽章与实体奥运纪念币的区别为例,实体纪念币是以金属等材料为物理载体,而数字徽章是通过 NFT 模式进行交易,每一枚体育数字徽章都由一串独一无二的元数据所指代,不存在有形载体,而具有独一无二的数字化凭证。另一方面,实体纪念币需要交付才能变更所有权,而数字徽章的财产权变更仅需通过交易平台的智能合约,因为区块链会记载所有的交易信息,包括权利人

---

［1］ 齐爱民:"数字文化商品确权与交易规则的构建",载《中国法学》2012 年第 5 期。

信息、发行日期、流转信息等。

数字时代来临之后,新兴商业模式频出。NFT 数字作品作为一种以数字化形态存在的商品,是一种新兴的数字资产,为传统的财产法律制度带来了挑战。作为交易对象的数字藏品,本质上是发行方将其移动终端中的数字化原始文件通过上传至网络发行平台而产生的复制品。随后发行方设定发行数量,尽管从事实层面并没有产生对应数量的复制品,但是,从效果层面来看,相当于产生了对应数量的复制品,因为这些对应数量的复制品被同样数量的 NFT 所指代。每个 NFT 记载着的哈希值不同,所以,每个 NFT 与其指代的网络空间内存储的数字藏品具有唯一的指向性。NFT 的本质属性是商品权益凭证,NFT 交易模式可应用到各类数字藏品上,代表着具有交易价值的特定客体,使每个数字藏品或者其每一个复制件都具有唯一性。

为了保证 NFT 数字作品的稀缺性价值,NFT 数字作品的发行一般是限量发行。举例来说,当一个冰墩墩数字盲盒以 NFT 形式被放置在交易平台上时,便产生了一件特性化的 NFT 数字作品以及 NFT 数字作品背后附带的受法律保护的财产性权利。通过合法渠道购买了冰墩墩数字盲盒的人,享有访问、控制、使用、收益和处分等权利。比如,国际奥委会授权发行的 500 个冰墩墩数字盲盒,每一个盲盒都被一个 NFT 所指代,每一个 NFT 所对应的元数据均不相同。每一个盲盒的购买者信息都被记录在不可篡改的区块链上。因此可以说,数字藏品具有财产属性,其以二进制的电子数据为载体,以图片、照片等为外在表现形式,属于我国《民法典》所规定的网络虚拟财产。

在我国涉及 NFT 的第一案中,法院也认可了 NFT 数字作品的虚拟财产属性。[1]

(三) NFT 数字作品的交易

在 NFT 模式之下,体育数字藏品购买者通过支付对价获得的是数字藏品的所有权,而非许可访问权或者使用权。消费者购买数字藏品后,区块链上所记录的数字藏品的权属记录即刻发生变更,消费者即刻获得自由处分 NFT 数字收藏品和享受商品溢价收益的权利。比如,在 NFT 发行方 nWayPlay 提供

---

[1] 浙江省高级人民法院发布 2022 年度十大知识产权案件之一:深圳奇策迭出文化创意有限公司与杭州原宇宙科技有限公司侵害作品信息网络传播权纠纷案,浙江省杭州市中级人民法院 (2022) 浙 01 民终 5272 号民事判决书。

的官方交易平台上,购买者支付对价购买某一款的冰墩墩 NFT 之后,购买者可以在原交易平台或者其他交易平台转售其购买的数字化的冰墩墩,财产权的转移通过区块链上的智能合约及权属信息变更来实现。转售时的溢价收益属于转售它的人。购买者还可以将其购买的 NFT 冰墩墩转赠他人,在奥委会官方上线的网络游戏中将其兑换成游戏中的高级道具。所以,购买者购买数字奥林匹克藏品时,形成了类似于实体奥运纪念品的交易效果,"目标物品"的所有权已发生转移。

从实践来看,无论是国际奥委会合作机构还是第三方交易平台,网页上呈现给消费者的都是"购买""所有人"字样,交易双方所认知的是交易目标是 NFT 数字作品的财产权转移。比如,奥林匹克数字徽章 NFT 产品的用户协议中写明,购买者从合法来源购买或者通过其他方式合法获取 NFT 形式数字藏品之后,购买者即完全拥有了对其的所有权。这表明,购买者从发行方那里通过支付对价,获得了数字藏品的财产权。也就是说,这项虚拟财产的权利从发行方转移至购买者。当购买数字藏品的财产权人死亡时,该项数字商品财产权作为数字遗产可被继承、遗赠。如果因系统漏洞、钓鱼网站、黑客攻击、账号被盗等原因造成体育数字藏品在网络服务器上的灭失、被非法转移,可适用侵权法的规则进行救济。

借助区块链的线上交易虽然能够保证交易记录的不可篡改,但是,其依然无法从技术层面完全避免虚假身份、机器作弊等违法行为。[1]鉴于此,数字藏品发行方会在其官方发行平台的用户协议中包含禁止性条款,如果购买者实施了协议中的禁止行为,则买卖合同关系自始无效。比如,在冰墩墩数字盲盒的发行方 nWayPlay 交易平台上,用户协议中明确写明,禁止以虚假或欺骗手段创设用户账户;禁止冒充他人身份进行交易;禁止侵入禁止使用自动运行程序模拟人的行为进行交易;禁止盗取他人信用卡账户或其他网络支付账户进行交易。一旦这样的行为发生时,数字藏品发行方会依据用户协议对该购买者的服务账号进行限制登录、封禁等处罚。当购买者从事用户协议中规定的禁止行为,发行方有权冻结或没收该购买者账户下的数字资产,删

---

〔1〕 Akash Arora, Kanisk Shailender Kumar, "Smart Contracts and NFTs: Non-Fungible Tokens as a Core Component of Blockchain to Be Used as Collectibles", in Khanna, Kavita, Estrela, Vania Vieira, Rodrigues, Joel J. P. C. Eds., *Cyber Security and Digital Forensics*, Singapore: Springer, 2021, pp. 401-422.

除其账户内的数字收藏品图片和描述信息。但是,发行方无法修改区块链上记载的 NFT 权属信息,所以,如果某购买者购买了一款数字奥运徽章,但其行为构成了用户协议中所列举的违法行为,那么,在发行平台上,该购买者账户中的该数字奥运徽章将被删除或者该账号将被封禁,尽管名义上区块链上仍将其记录为该数字奥运徽章的所有者,但是,其实际上已经失去了对该数字徽章的控制权。

(四) NFT 数字作品交易中的知识产权问题

NFT 数字作品本质上是作品的数字化复制件,因此,以 NFT 形式进行交易的数字音乐、数码照片、数字图像、视频动画等数字作品之上的著作权受法律保护。著作权人对 NFT 数字作品享有发表权、署名权、修改权、保护作品完整权、复制权、发行权、出租权、表演权、放映权、广播权、信息网络传播权等权利。数字作品的 NFT 交易涉及了对作品的复制、发行和信息网络传播。未经著作权人许可,将著作权人的数字作品复制至网络服务器,产生了一个新的作品复制件,这一上传作品的行为侵犯了著作权人的复制权。在交易平台上以出售为目的呈现他人数字作品,使公众可以在其选定的时间和地点获得作品,侵犯了著作权人的信息网络传播权。将他人享有著作权的 NFT 数字作品进行线上交易,本质是以出售的方式向公众提供作品的复制件,侵犯了著作权人的发行权,有必要突破发行权仅限于作品有形载体的传统观点。对于著作财产权依然在保护期内的作品,著作权人有权阻止未经其允许将作品以 NFT 形式进行交易。对于已经进入公有领域的作品,虽然不涉及著作财产权,任何主体均能够将其进行数字化并获益,但是若将他人作品冒充自己的数字作品,则构成侵犯作者的署名权,对作品进行修改后以 NFT 形式出售,还可能侵犯作者的修改权和保护作品完整权。

根据著作权法的相关规则,作品原件或者复制件作为物被转让时,所有权发生转移,但作品著作权的归属并不发生改变。所以,如果数字藏品以摄影作品、视听作品、音乐作品、美术作品等为内容,则该数字藏品的交易仅是作品载体作为"虚拟资产"的交易,而作品的著作权始终没有发生转让。所以,NFT 数字作品在交易之后,著作权不发生转移,除非有明确的著作权转让约定,否则依然属于其原始的著作权人所有。在产业实践中,多数 NFT 交易平台在用户协议中有版权保留条款,明确写明 NFT 数字作品的版权由发行方或原作创作者拥有,买方无权复制、发行、改编、表演、展览数字作品。

因此，从数字藏品的购买者的角度来说，在交易完成后，应注意合理使用其购买的数字藏品中的版权内容。购买者不得修改藏品上的图案，如修改美术作品的颜色、形状、比例等，否则侵犯作者的修改权；不得歪曲篡改藏品上的图案，如将作品与暴力、色情、仇恨等违法信息相关联使用致使作品中的思想表达被歪曲，这将侵犯作者的保护作品完整权；不得将数字藏品用于任何商业用途，如使用其进行广告宣传或者将其作为商业标识等；不得以直接或间接的商业目的复制和通过信息网络传播该数字藏品；不得在商业性的短视频中展示该数字藏品。但是，购买者个人目的的非商业使用行为，一般不构成侵权。[1]比如，将购买的数字收藏品中的美术作品，作为其个人社交媒体账号的头像，可以将其归入"为个人欣赏目的"的合理使用行为。为了明晰购买者的权利边界，体育数字藏品的发行方一般会在用户协议中明示其许可用户使用其购买的数字藏品中的作品的具体方式。考虑到数字藏品交易的无国界性，这项许可应为世界范围的无偿的普通许可。当数字藏品的购买者通过转售、互换、赠与、放弃等方式不再享有数字藏品的所有权时，发行方曾给予他的著作权许可即刻终止。

通过合法渠道购买了 NFT 数字作品的购买者，可以将其进行二次转售，此时并不侵犯数字藏品的著作权人的权利。这是当数字藏品交易借助 NFT 能够产生与实体藏品交易相同的转移财产权的效果时，著作权法理论上的"发行权的穷竭"和"展览权的例外"两项规则在互联网情境下的延伸。这两项规则均能够平衡知识产权的专有性与有著作权的商品的自由流通。[2]"发行权的穷竭"指的是，当包含著作权的商品经著作权人或者其授权的人发行售出之后，著作权人就无法禁止该商品的进一步流通。"展览权的例外"则是基于作品著作权归属不因载体所有权的转移改变这一基础法理，赋予美术作品或摄影作品的原件所有人向他们展示作品的权利。此外，一些 NFT 数字作品能够在第三方网站或者应用中使用。比如，将数字奥运徽章使用于国际奥委会上线的多人网络游戏中，在此情形下，持有人的展示行为，亦不构成侵权。

随着元宇宙概念的流行，虚拟世界与现实世界将在经济系统、社交系统

---

〔1〕 Fisher Katya, "Once upon a Time in NFT: Blockchain, Copyright, and the Right of First Sale Doctrine", *Cardozo Arts & Ent. L. J.*, 3 (2019), pp. 629–634.

〔2〕 郑成思："私权、知识产权与物权的权利限制"，载《法学》2004 年第 9 期。

和身份系统上实现一定程度上的融合。考虑到一些数字藏品是实体商品的数字化，在某一类实体用品上注册并使用了特定商标的人，有权阻止他人使用该商标发售同一类数字商品。近年来，一些体育品牌、消费品品牌等开始在元宇宙领域进行商标布局。比如，耐克公司在美国专利商标局和欧盟知识产权局新提交了多个商标申请，涉及的是第9类"以虚拟商品为特色的零售服务"，第35类"可下载的虚拟商品"以及第41类"提供在线的虚拟鞋、运动设备，供虚拟环境使用"。与此同时，一些公司也开始对未经授权使用其商标的行为进行维权。2022年2月，耐克公司在美国纽约南区地区法院提起诉讼，诉称某运动鞋交易平台将耐克运动鞋的图片作为NFT出售的行为侵犯其商标权。

（五）NFT数字作品涉及的其他权利

如果数字藏品中包含了自然人形象，那么，就会涉及肖像权保护问题。肖像是在一定载体上所反映的特定自然人可以被识别的外部形象。根据我国《民法典》第1019条的规定，未经肖像权人同意，肖像作品权利人不得以发表、复制、发行、出租、展览等方式使用或者公开肖像权人的肖像。NFT模式下的数字藏品发行，即涉及了以发表、复制、发行、信息网络传播方式使用自然人的肖像。鉴于数字藏品的经济属性与流通价值，这种对肖像的使用行为，明显属于商业性的使用行为。此外，有的数字藏品中包含了多个自然人在一起的形象，如就女排集体形象所绘制的卡通图案。对于群体性项目，整个队伍的集体肖像权应该来自队员对自己肖像权的使用、收益权的让渡。以我国国家队为例，国家队运动员的肖像权由国家体育总局或下属的体育行业协会及国家队在有限的范围内统一使用和获得收益。[1]因此，含有运动员形象的体育数字藏品在发行前，应当与运动员或者群体性项目的管理机构签订肖像许可使用合同。

对于以自然人卡通图案为画面内容的数字藏品，如果卡通图案所反映的是具有可识别性的自然人外部形象，与特定的自然人之间具有明确的指向性，那么，亦应当获得该自然人的明确许可。此外，《民法典》规定"对自然人声音的保护，参照适用肖像权保护的有关规定"，所以，以自然人声音为内容发

---

[1] 郭发产："'集体肖像权'的法律问题——析姚明与可口可乐公司肖像权纠纷案"，载《法学》2003年第6期。

行音频数字藏品,如果该声音是具有可识别性的特定自然人的声音,那么,未经自然人许可则构成侵权。

如果体育数字藏品中展示的图片未包含可识别的自然人外部形象,但展现了身体轮廓,尤其是该自然人的标志性动作时,还会涉及自然人的形象权。"形象权是一项独立的无形财产权,它是因保护形象的财产权益而发展起来的。作为一种与真实自然人相关的财产权,形象权法律将会对自然人身份中的形象商业性价值及财产权益提供保护。"[1]虽然我国《民法典》未明确规定形象权,但是,该权利在其他一些国家或地区存在,并被产业实践认可。在我国司法实践中,曾有判决认可了 NBA 一方的权利人提出的"识别特征元素集合",认定被告使用与 NBA 集体有关的运动员卡通形象、球队名称的行为构成不正当竞争。[2]在商标行政案件中,法院将商品化权作为一项在先权益,能够阻止他人将相同或相似的图案或文字进行商标注册。因此,具有识别特征的元素是自然人形象权的组成部分。比如,某跳水运动员的标志性动作。任何主体不得未经运动员同意,将该元素制作成数字藏品进行发售。市场经营者擅自使用运动员有一定影响的具有识别特征的形象,足以引人误认为是与该运动员存在特定联系的混淆行为,将受到我国《反不正当竞争法》的规制。

体育类的数字藏品还会涉及专有标志权问题。全国性或者是国际性的体育活动所使用的由文字、图形组成的名称及缩写、徽记、吉祥物等标志,是专属于赛事组织者的特殊标志。以奥林匹克标志为例,奥林匹克标志是一种反映体育文化特质的专门记号,其能够被作为一种无形资产进行市场运营并获得经济效益。[3]奥林匹克体育标志权受法律的保护。奥林匹克标志在其商品化的过程中展现出多重属性,这些属性在不同的法律法规之下可获得的保护的前提条件、救济机制、保护方式、保护成本等方面有所不同。[4]奥运会特许经营,是奥林匹克市场开发的主要手段,是为获得奥林匹克标志会徽等在

---

〔1〕 李江、李金宝:"运动员形象权的确立、实质及其争议焦点",载《体育与科学》2017 年第 6 期。

〔2〕 广东省高级人民法院(2017)粤民终 1395 号民事判决书。

〔3〕 张春燕、张厚福:"体育知识产权的研究进展",载《成都体育学院学报》2005 年第 1 期。

〔4〕 裴洋:"奥林匹克标志的法律保护",载《华东政法大学学报》2008 年第 3 期。

被特许人某类产品宣传使用奥林匹克标志的经营方式。[1]虽然一些机构可以发行非官方性质的自己独立创作的数字藏品，该藏品的创作灵感与发行背景与奥运有关，如卡通漫画、雪花图案等，但在藏品之上以及在商业活动中，均不得未经允许使用奥林匹克标志。根据我国2018年修订的《奥林匹克标志保护条例》，奥林匹克五环图案标志、奥林匹克徽记、吉祥物、火炬造型等均为法律保护的奥林匹克标志。国际奥林匹克委员会、中国奥林匹克委员会和中国境内申请承办奥林匹克运动会的机构、在中国境内举办的奥林匹克运动会的组织机构之间的权利划分，依照《奥林匹克宪章》和相关奥林匹克运动会主办城市合同确定。所以，任何机构未获得国际奥委会或者其授权机构特许的情况下使用奥林匹克标志发行数字藏品，属于以营利为目的在网络环境下将奥林匹克标志用于数字化的商品之上的行为，侵犯了权利人对奥林匹克标志享有的专有权。

第三节 网络虚拟财产的法律争议

网络虚拟财产作为一种新型财产，我国《民法典》第127条确认了网络虚拟财产是受法律保护的民事权益。但虚拟财产的定义、法律属性、权利归属等问题尚未予以明确，虚拟财产的保护范围以及界定标准的模糊导致司法实践虚拟财产的保护尺度难以统一。现有规范不足以解决虚拟财产的相关纠纷，实践中仍存在不少的问题与困惑。本节通过结合理论界的各种观点、司法实践以及产业实践，总结虚拟财产存在的法律争议，并对相关问题展开分析。

一、网络虚拟财产的法律属性定位模糊

（一）网络虚拟财产定性的学说分歧

关于网络虚拟财产的法律属性，学术界有各种观点。总结而言，可以归纳为五种学说。

第一种是物权说，该学说认为虚拟财产可以作为物权的客体。随着科技

---

[1] 林小爱、计华："奥林匹克运动会特许商品知识产权的特殊性"，载《北京理工大学学报（社会科学版）》2012年第5期。

进步以及社会生活的多元化，物的范围早已不限制在有形、有体的范围内，只要具有法律上的排他支配可能性或管理的可能性、独立性、客观性等"物"的基本属性，都可以认定为"物"。显然，虚拟财产具有在法律上排他支配与管理的可能性。比如，网络运营商或用户可以登录账号查看、编辑或删除其虚拟财产。虚拟财产也具有经济上的独立性，不同用户所拥有的虚拟财产是相互独立的，具有独立的交易价值。有观点认为"由于虚拟财产权所具有的习惯物权特色，对这一新型物权的立法确认，亦为民法如何回应时代变迁以及如何审视社会习惯提供了可资参考的范例。"[1]当初在民法总则制定过程中，《民法总则草案》（一审稿）曾提及"法律规定虚拟财产为物权客体的，依照其规定"。随后，《民法总则草案》（一审稿）的修改稿的规定是"民事主体对收入、储蓄、房屋、生活用品、生产工具、投资、网络虚拟财产等享有的财产权利受法律保护"。由此可见，立法机关曾有意将虚拟财产纳入物权体系中。

在物权说之下，对于网络虚拟财产的具体定性，存在特殊物权说、准物权说、所有权说。持物权说的学者也注意到网络虚拟财产的存在依赖于网络服务提供者，"在虚拟财产上所表现的网络用户的直接支配性及对网络服务提供者的依赖性特征，是物权与债权相互渗透、物权债权化的产物"。[2]物权说与债权说相比，在网络虚拟财产权利的变动上，尤其是在无权处分及多重让与的场合，物权说的解释力明显强于债权说。[3]但是，物权说的缺憾在于，无法去解释网络用户对网络虚拟财产支配权的受限性。网络虚拟财产一般储存于运营商的服务器之中，用户对于网络虚拟财产的支配依赖于运营商的运营行为。网络用户虽然可以对其拥有的网络虚拟财产进行查看、编辑、删除等操作，但用户想要实现上述操作需要运营商的技术配合，在运营商维护或停止运行服务器时，用户就无法实现对虚拟财产的支配与管理。为此，有学者提出，从请求权的配置来看，网络用户针对网络虚拟财产所享有的权利是一种不同于物权的新型支配性财产权，应当获得独立的保护，具体而言，请求权包括三个方面，第三人实施侵害行为时的请求权、网络平台运营商不提供

---

〔1〕 许可："网络虚拟财产：一个习惯权利的进路"，载《学术交流》2016 年第 11 期。

〔2〕 钱颖萍："论虚拟财产的法律属性"，载《重庆工商大学学报（社会科学版）》2005 年第 6 期。

〔3〕 沈健州："从概念到规则：网络虚拟财产权利的解释选择"，载《现代法学》2018 年第 6 期。

技术支持服务时的请求权、网络平台运营商违反安全保障义务时的请求权。[1]

第二种是债权说,基于网络服务提供者与用户之间的服务合同关系,游戏道具、账号等虚拟财产属于服务商。当网络用户注册账户、同意网络服务协议之后,就与网络服务提供者之间成立了服务合同关系。此时,网络服务提供者将其所有的网络虚拟财产许可给用户进行使用。用户与网络服务提供者之间的权利义务规范系依照双方之间的用户服务协议,故储存于运营商服务器上的网络虚拟财产应属于用户与服务提供者之间的债权契约。[2]每一个虚拟物品就是一张合同,由虚拟物品持有者占有后即视为合同签订并转变为虚拟财产。网络用户根据网络服务协议享有虚拟财产的使用权、收益权等,网络服务提供者负有保障虚拟财产安全的义务。在债权说之下,有观点进一步指出,"网络虚拟财产权虽然在法律性质上属于债权,但其特殊性使其更类似于票据权利。一方面,在权利形成后即可获得一定的独立性;另一方面,网络虚拟财产权的让与应符合必要的形式要件,还可借助具有公示性的权利凭证在网络用户群体中获得对世性效力"。[3]有观点指出,虚拟财产权虽然本质上表现为网络用户的一种债权请求权,但是,其又不同于普通的债权,网络用户的债权呈现一种动态扩张的趋势,随着账户使用时间的增多与用户精力和金钱投入的增加,其对虚拟财产的使用权相应地得到扩张,其所享有的债权外延也随之扩大。网络虚拟财产包含有物权的一定特征而向物权渗透,与无记名有价证券颇为相似。[4]债权说可以用来解释用户账号的法律属性,但是,却不完全适用于用户账号项下的虚拟权益。比如,短视频博主通过不断上传优质内容而积累的虚拟权益。

第三种是知识产权说。该学说认为,虚拟财产是一种智力劳动成果,是一种无形财产。无形财产是知识产权法律制度保护的对象,因此可被纳入知识产权的规制范畴。[5]在该学说之下,对于虚拟财产的归属问题也存在两种

---

[1] 孙山:"网络虚拟财产权保护中的请求权配置",载《河南社会科学》2019年第3期。
[2] 参见王雷:"网络虚拟财产权债权说之坚持——兼论网络虚拟财产在我国民法典中的体系位置",载《江汉论坛》2017年第1期。
[3] 参见刘明:"网络虚拟财产的价值单边性特征及其启示",载《经贸法律评论》2019年第6期;刘明:"网络虚拟财产权权利客体研究",载《社会科学研究》2015年第2期。
[4] 石杰、吴双全:"论网络虚拟财产的法律属性",载《政法论丛》2005年第4期。
[5] 参见房秋实:"浅析网络虚拟财产",载《法学评论》2006年第2期;黎淑兰、范静波、陈蕴智:"大数据产业发展背景下数据信息的知识产权司法保护",载《人民司法》2020年第13期。

观点。第一种观点认为,虚拟财产应当归属于用户,用户在游戏过程中付出了大量时间和精力,在取得虚拟财产的过程中进行了创造性活动,付出了智力劳动,因此虚拟财产属于用户的独创性智力成果。第二种观点认为,虚拟财产应当归属于计算机程序开发者,开发者对网络虚拟财产进行开发设计,属于开发者的智力成果,开发者享有著作权,用户只能取得使用权。在该学说之下,仍有必要厘清知识产权载体与知识产权的关系,也就是说,版权内容可以享有知识产权保护。包含版权内容的虚拟财产,是承载知识产权的载体,是一种虚拟"物",而非知识产权本身。

第四种是新型财产权说,虚拟财产无法纳入现有财产权类型,应属另一种新型财产权。在知识经济背景下民法制度的反思和重构是必要的,突破传统民法债权物权二分的体系逻辑来设计网络虚拟财产权利的表达尤为重要。[1]

第五种是复合型财产权说,网络虚拟财产具有多元的权利客体,具有物权、债权等多重属性。有学者指出,"虚拟财产是多种权益形态的混合体"[2],"网络虚拟财产并非严格意义上的法律客体,其本质上乃是网络用户意志作用于网络服务运营商抑或第三人过程中所产生的,兼具物、债属性的新型无形财产利益"。[3]

此外,还有商品说,该学说认为,虚拟财产与现实社会的财产有所联系,既有价值,也有使用价值,具有商品的一般特性,应当将虚拟财产直接作为一种商品进行法律保护。商品说并没有将网络虚拟财产放在民法现有权利体系中进行界定。而且,也不能将购买平台附加服务的权益涵盖其中。

在上述学说中,目前物权说和债权说逐渐占据上风,但是究竟哪种学说最为合适目前尚无定论。因为无法确认网络虚拟财产的范围以及对于网络虚拟财产的界定标准,导致法院对于网络虚拟财产的保护尺度难以统一,从而使相应虚拟财产所有人的利益无法得到明确保障。

(二)刑法学界对于网络虚拟财产属性的观点

从刑法层面,对于网络虚拟财产的财产属性,学者们呈现出三种学说。

---

[1] 李国强:"网络虚拟财产权利在民事权利体系中的定位",载《政法论丛》2016 年第 5 期。

[2] Mario Martini, "Der digitale Nachlass und die Herausforderung postmortalen Persönlichkeitsschutzes im Internet", *Juristen Zeitung*, 12(2012).

[3] 谢潇:"网络虚拟财产的物债利益属性及其保护规则构造",载《南京社会科学》2022 年第 9 期。

第一种是否定说。该学说认为，网络虚拟财产不具有现实财产所具有的价值性、可支配性和稀缺性特征。首先，网络虚拟财产作为存储于运营商服务器之中的电磁记录，用户并不能对网络虚拟财产进行排他性地控制，用户对虚拟财产的支配受限于运营商。其次，网络虚拟财产的本质是电磁记录，脱离了特定的网络空间，在现实世界并没有使用价值，不具有价值性。最后，网络虚拟财产可以无限复制，不具有稀缺性。持否定说观点的学者认为，虚拟财产从本质上来讲是一种网络技术服务而非财产。

第二种是肯定说。该学说认为，满足数字性、价值性、稳定的专属流通性、相对稀缺性四个要素的网络虚拟财产具有财产属性。[1]首先，网络虚拟财产其形式上满足数字化的特点，是在网络环境下以数字化形式存在的电磁数据。其次，网络虚拟财产具有价值性，包括主观价值与客观价值。主观价值是指虚拟财产使用者在使用其虚拟财产过程中所获得的精神享受，客观价值来自计算机程序开发商生产、设计虚拟财产以及用户使用虚拟财产所付出的时间、金钱、精力等创造性劳动。有学者认为，"虚拟财产只要具备主观价值或者客观价值，就拥有了交换价值，即可认定该虚拟财产的价值性"。[2]再次，网络虚拟财产具有稳定的专属流通性。网络虚拟财产与现实社会产生了一定的联系，许多用户之间通过交换或购买的形式获得虚拟财产，虚拟财产交易平台已经形成了较为完备的虚拟财产交易机制。最后，网络虚拟财产具有相对稀缺性。虚拟财产在特定时间空间里的总量应当是限定的，相反，若虚拟财产可以无限量供给，就不能认定其具有财产属性。

第三种是区分说。该学说认为，要将网络虚拟财产放置于不同的空间维度和应用场景中进行分析。以游戏装备为例，若网络虚拟财产始终处于网络游戏账号之中，未与现实世界发生任何关联，则认为其不具有财产属性。网络虚拟财产是以一段段电磁记录的形式存储于计算机信息系统之中，这些网络游戏元宝、武器等虚拟物品并不能与现实生活中的一般等价物货币和真实的武器弹药进行比拟，无法实现后者的效用。但是当虚拟财产在现实社会中被作为有价物交易，如行为人将窃取的网络虚拟财产通过交易平台获取非法

---

[1] 参见陈兴良："虚拟财产的刑法属性及其保护路径"，载《中国法学》2017年第2期；张明楷："非法获取虚拟财产的行为性质"，载《法学》2015年第3期。

[2] 陈罗兰："虚拟财产的刑法意义"，载《法学》2021年第11期。

收益，此时的虚拟财产便具有了财产属性，可将其作为侵犯财产类犯罪行为的对象。[1]

二、网络虚拟财产的归属问题存在争议

(一) 网络虚拟财产归属的理论分歧

网络虚拟财产的归属问题涉及用户可以进行交易和继承、平台是否可以采取处置措施这两个后续问题。本书第四章所讨论的数字遗产继承问题就离不开对网络虚拟财产归属和可流通性的讨论。对于现实中的动产与不动产，现行民事法律规则已经完备且合理地明确了现实财产所有权的归属规则。但对于网络虚拟财产而言，现有的民事法律规范并无明确规定。

由于网络虚拟财产的特殊属性，其依存于网络运营服务商提供的服务器中，当网络运营服务商将服务器关闭或暂时停止运行时，网络虚拟财产将无法显现，用户也无法实现对其账号内的网络虚拟财产的有效控制。故学术界在该类虚拟财产归属于网络运营服务商还是网络用户的问题上产生了分歧。如杨立新教授认为，把网络虚拟财产归属于网络运营服务商较为合适，这样可以更加有利于平衡用户和网络服务运营商之间的利益。前述观点是以用户对虚拟财产仅享有使用权为基础，将网络虚拟财产视为网络运营服务商向用户提供服务的一种工具或手段。网络运营服务商对于虚拟财产的存续付出了更多的技术和经济投入，网站中的数据内容实际上是网络运营服务商向网络用户提供的服务的组成部分，因此，用户只是在一定期限内实现对网络虚拟财产的控制，享有的权利和承担的责任相较于网络运营服务商来说更少，综上，该观点认为把网络虚拟财产的所有权归属于网络运营服务商，能够更好地平衡平台与用户之间的利益。无论是游戏账号还是网络店铺，价值由谁创造和控制，所有权就应归谁所有。

相反观点则认为，依据功利主义理论、劳动理论和人格理论等传统的财产法理论，论证网络虚拟财产权利归属于网络用户。[2]"因为虚拟财产由用户使用金钱对价或劳动时间创造于网络运营商的平台上，故所有权理应属于用

---

[1] 李佩遥：" 侵犯网络虚拟财产行为之定性研究——以 73 份判决书为样本的分析"，载《大连理工大学学报（社会科学版）》2020 年第 4 期。

[2] 余俊生：" 试论网络虚拟财产的财产属性——从传统财产法理论的视角"，载《首都师范大学学报（社会科学版）》2012 年第 1 期。

户"。将网络虚拟财产归属于网络运营服务商在实践中难以操作，且不符合公平原则。有观点主张，在网络公司与用户之间，理解为买卖合同关系可能更为恰当。一旦用户支付了对价，虚拟财产的所有权也应当相应地归用户所有，基于该财产产生的收益，自然也应归用户所有。将网络虚拟财产归属于用户，更有利于促进网络虚拟财产交易，发挥其流通价值。还有观点提出了"权利正当性依据说"，某项虚拟财产并非当然地属于某一方，核心在于认定何者对该虚拟财产具有"自主意思与排他性的控制权"，也即"虚拟财产支配权"。[1]还有观点从网络虚拟财产的实际交易需求的角度出发，认为用户协议无法有效解决平台与用户之间的权益争议，有必要通过更加精细化的法律规则来认可用户对虚拟财产的所有权，并且对这项权利设置适当限制。[2]

（二） 网络服务提供者通过服务协议约定权属

从实践来看，目前的做法是依照互联网平台提供的用户协议来确认权属。不同类型的网络运营者，其所关注的重点亦不同。

对于游戏运营者而言，游戏虚拟物品的权属问题是其关注的重点。用户协议会先对游戏虚拟物品进行定义，设定其范围。比如，《梦幻西游服务条款》[3]中写明：游戏虚拟物品（或称虚拟物品）包括但不限于游戏角色、资源、道具（包括但不限于游戏币、装备、武器、坐骑、宠物、召唤兽等）等。《腾讯游戏许可及服务协议》[4]中写明：游戏虚拟道具：指腾讯提供的以电磁记录方式存储于游戏程序运行的服务器内，可实现游戏程序设定的特定功能或体现游戏程序运行的特定结果的一种服务，其可以以文字、图形化或其他数字形式进行表现。游戏虚拟道具是游戏服务的一部分。常见的游戏虚拟道具包括但不限于：（1） 游戏代币及其他各种游戏币。其中游戏代币，指用户使用法定货币按一定比例直接或者间接购买的，存储于该特定游戏服务器内，并仅能用于换取该特定游戏中指定的其他虚拟道具等增值服务的一种游戏虚拟道具；（2） 游戏装备，如武器等；（3） 英雄、皮肤及其他各种游戏虚拟

---

[1] 杨勤法、季洁："数字遗产的法秩序反思——以通信、社交账户的继承为视角"，载《科技与法律》2019年第2期。

[2] Justin M. Ackerman, An Online Gamer's Manifesto: Recognizing Virtual Property Rights by Replacing End User Licensing Agreements in Virtual Worlds, 6 *PHOENIX L. REV.* 137 (2012).

[3] https://xyq.163.com/introduce/newcomer/qt002.html，更新日期：2022年11月1日。

[4] https://game.qq.com/contract.shtml，更新日期：2022年12月23日。

道具。

　　行业惯常的做法是在用户协议中约定游戏虚拟物品的所有权归属于游戏运营者，游戏运营者可以对虚拟物品的设计、性能及相关数值设置等进行调整、更新或优化。游戏用户在合乎法律规定和游戏规则的情况下，享有使用权。该使用权是游戏用户通过签署用户协议，经游戏运营者许可而获得的权利。有的虚拟物品设定了使用期，超过有效使用期的，虚拟物品将无法使用。有的虚拟物品没有使用期的限制，那么，其使用期限为用户获得该游戏虚拟物品之日起至该游戏终止运营之日止。

　　对于电子商务平台的店铺域名，《京东开放平台子域名管理规则》写明：京东所有子域名归京东所有。商家通过子域名申请仅获得通过该域名跳转至其京东开放平台店铺的使用权，并不意味着域名权属的变更。京东对于已经使用或将来可能使用的京东子域名享有绝对的所有权和使用权。任何商家已经申请成功并使用的子域名如果与京东自身的用途相冲突，京东有权立即停止商家对该子域名的使用。商家对子域名的使用权不得出租、出借或以其他任何形式对外转让。京东与商家的合作终止的，商家对该子域名的使用权亦随之终止。[1]

　　对于以用户生成内容为主的平台，其用户协议较为关注对用户生成内容的权属约定。一般来说，平台约定用户对其上传的内容享有著作权并承担因内容违法所涉及的法律责任。比如，知乎协议写明：用户在知乎上发表的全部原创内容（包括但不仅限于回答、文章和评论），著作权均归用户本人所有。用户可授权第三方以任何方式使用，不需要得到知乎的同意。知乎上可由多人参与编辑的内容，包括但不限于问题及补充说明、答案总结、话题描述、话题结构，所有参与编辑者均同意，相关知识产权归知乎所有。[2] 上述约定实则是对数据权益的归属的约定。对于虚拟赠品、积分等，平台倾向于将其作为用户账号的衍生物，与账号一样归属于平台。比如，人人网的用户协议写明："您理解并认可人人平台享有如下权利，人人平台行使如下权利不视为违约，您不追究或者豁免人人平台的相关法律责任：您使用人人平台网

---

[1] https://rule.jd.com/rule/ruleDetail.action?ruleId=2541&type=0&btype=1，更新日期：2023年7月12日。

[2] https://www.zhihu.com/term/zhihu-terms，最后访问时间：2023年7月1日。

站或人人平台账户所获得的经验值、等级、关注、订阅、虚拟赠品及奖励、下载以及人人平台运营过程中产生并储存于人人网络数据库的任何数据信息（包括但不限于账户数据信息、人人游戏数据信息等）等衍生物，您确认对其不享有所有权（除非人人平台另有公告说明），人人平台许可您按照人人平台规则在符合法律规定的情形下进行使用，人人平台对上述衍生物不承担任何赔偿责任。"[1]

在虚拟货币方面，网络运营服务商并没有像游戏平台或网络店铺平台那样作出很多权属方面的规定，仅为用户进行交易提供平台。平台既无法代替金融机构对交易进行监管，也无法代替司法机构对用户的损失进行救济，其仅能通过技术手段实现对网站运营中出现的错误进行修改、对网站服务者提供的内容进行准确性处理、对网站交易环境的安全性作出保证。"币安""火币""欧易"等交易平台的用户协议写明，由交易方个人对虚拟货币负责，平台方就交易成功后抽取相应服务费用。在虚拟货币交易平台进行交易中存在的风险由货币所有人自行承担。前述交易平台对于货币的价值、价格波动、交易秩序并不提供保障。

总结来看，网络虚拟财产的权利分配将在很大程度上取决于用户协议。互联网用户需要点击同意用户协议才能访问平台服务。目前，存在两种用户协议模式来分配虚拟财产的权利。第一种是在用户协议中约定由开发者所享有虚拟财产，这是一种传统模式的财产分配关系。例如，Project Entropia 的用户协议中的所有权条款为"游戏玩家放弃对虚拟财产的所有权利，允许 Mind-Ark（游戏开发人员）任意终止角色的账号"。第二种是由平台允许用户享有其使用服务期间产生的虚拟财产的财产权。例如，"第二人生"游戏的服务条款指出：该服务的用户可以在游戏开发者（Linden Lab）的服务器上以各种形式创建内容。游戏开发者承认并同意，根据本协议的条款和条件，用户将保留其使用本服务创建的任何内容的任何和所有适用的版权和其他知识产权，前提是用户根据适用法律拥有此类权利。[2]

在当下生成式人工智能产品不断涌现的情况下，对于生成式人工智能所

---

[1] http://renren.com/donewsrenren/protocol.html，更新日期：2021年11月10日。

[2] "Intellectual property considerations and challenges in the metaverse", *E. I. P. R.*, 2 (2023), pp. 80-84.

产生的内容，产品提供者倾向于将内容之上的财产权约定由用户享有。比如，ChatGPT 的用户协议中指出："用户拥有对其使用 ChatGPT 时的输入内容（Input）享有权利。OpenAI 将其输出内容（Output）的全部权益（right、title and interest）转让给用户。这意味着用户可以以任何目的包括出售、发表等商业目的来使用上述输入内容和输出内容。"[1]

三、网络虚拟财产的可流通性存疑

（一）网络虚拟财产可流通性问题的观点分歧

对于网络虚拟财产可流通性的讨论，本质上离不开上文对于权属问题的解决。在网络虚拟财产所有权与使用权分别归属于平台与用户的情况下，网络虚拟财产的所有权转让和继承无法实现。

网络虚拟财产的流通包括两种。第一种是用户账号的流通，从而使得该账号及账号内的虚拟权益整体上发生控制权转移的效果。第二种是账号内虚拟权益的流通，如游戏道具、点卡、代币等，此时，账号控制主体不变，虚拟权益的控制主体发生变更。

一般来说，网络服务提供者的服务协议约定，禁止用户赠与、出租或者转让用户账号及其账号下的网络虚拟财产。比如，知乎协议写明：知乎币是专供知乎用户在知乎平台使用的虚拟币，知乎币可用于知乎平台上赞赏、购买和消费内容产品。除此之外，不得用于其他用途。知乎币一经充值成功，除法律法规明确规定外，在任何情况下都不能兑换为法定货币，不能转让他人。如果用户间交易知乎币构成对本协议的违反，知乎则有权不通知用户而采取适当措施，以确保知乎不为违规用户提供知乎币交易的平台服务。知乎币不支持提现功能。再如，人人网用户协议写明：您同意并保证，不得利用人人平台服务或其衍生物（经验值、等级、关注、订阅、虚拟赠品及奖励、下载以及数据）进行倒卖、转手、置换、抵押有价交易等方式非法牟利。您不会利用人人平台服务或其衍生物侵犯他人的合法权益，禁止通过网络漏洞、

---

[1] 英文原文：Subject to your compliance with these Terms, OpenAI hereby assigns to you all its right, title and interest in and to Output. This means you can use Content for any purpose, including commercial purposes such as sale or publication, if you comply with these Terms. 载 https://openai.com/policies/terms-of-use，最后访问日期：2023 年 3 月 14 日。

恶意软件或其他非法手段窃取、盗用他人的账户等。[1]

有观点认为，上述格式条款的规定存在一定程度的不合理之处。即便认为虚拟财产的所有权属于网络平台，用户仅具有使用权，但是，用户也应当享有一定程度的对其使用权的支配和处分。用户没有任何处置权限是对用户权利的一种不当限制。有观点认为，相关法律关系可以解释为部分财产权的一种委托管理，在委托的过程中，所有者并不对自己的财产完全占有，即持有人虽无力掌控网络虚拟财产的产生和消亡，但是仍可以依法对网络虚拟财产进行处分，向网络公司提出要求将自己投入的社会必要劳动时间转化为财富。网络公司可以在要求获得一部分佣金的情形下为用户提供帮助，但不得对用户的处分行为在技术上设置阻碍。若网络公司基于技术垄断优势对用户应有的权利设置诸多阻碍，既不利于用户利益的保护，也不利于市场正常交易的进行。[2]

(二) 司法机关对于网络虚拟财产交易的态度

在实务中，关于虚拟财产的交易问题也已经产生了一些法律纠纷，主要由网络游戏领域买卖游戏装备所引发。对于网络游戏装备的交易，一种观点认为，既然游戏运营者禁止用户私下进行此类交易，那么，买卖双方的交易行为不产生法律效力。另一种观点认为，买卖双方只要意思表示一致，即可达成对游戏装备的买卖法律关系，合同不存在法定无效情形。例如，在戚某某、陈某某买卖合同纠纷一案中，原被告双方采取线下交易的方式私下转让网络游戏《梦幻西游》中的虚拟财产，并通过契约锁平台签订《虚拟财产转让合同》。后因被告游戏账号被盗，通过找回的方式将 ID 找回，从而导致原告的账号和交易物品无法正常使用，原告起诉至法院要求被告返还交易款项并支付违约金及经济损失。一审法院认为，原告和被告所交易的游戏装备具备客观非物质性、可支配性及交易性等特征，在一定条件下可以转化为现实中的财产，属于网络虚拟财产。根据该游戏的《服务条款》以及《玩家守则》明确，游戏装备所有权归属于广州网易计算机系统有限公司，用户仅有使用权，不具备任何现金及流通价值，且交易应遵守相关协议。原被告双方

---

[1] http://renren.com/donewsrenren/protocol.html，更新日期：2021 年 11 月 10 日。
[2] 阿迪力·阿尤甫、秦文豪："虚拟财产保护路径之探析——基于对已公布案件的实证研究"，载《重庆邮电大学学报（社会科学版）》2021 年第 4 期。

私下交易游戏装备的行为违反了《服务条款》以及《玩家守则》中禁止在非官方平台交易虚拟物品的相关条款，属于双方恶意串通损害游戏公司利益的行为，合同应属无效。[1]但二审法院认为，上述格式条款排除了玩家的合法权利，不应作为否定线下交易行为效力的理由。原告对其账号内的游戏装备享有财产权，其自愿处分虚拟财产以获取收益的权利应受法律保护。[2]从本案的判决可以看出，对于禁止用户处分虚拟财产条款的效力判定，在司法实务中也存在争议。从合同相对性的角度来看，即便游戏运营者通过用户协议限制游戏用户之间单独进行游戏装备交易，但该用户协议并不能作为否定游戏用户之间交易行为效力的理由。本案中，两级法院的意见分歧，体现出了司法实践中的两种处理思路。

（三）行政机关对虚拟货币与NFT交易的监管

2009年《文化部、商务部关于加强网络游戏虚拟货币管理工作的通知》中，对游戏虚拟货币交易进行了规定。该通知旨在规范发行和交易行为，防范市场风险。通知中要求"除利用法定货币购买外，网络游戏运营企业不得采用其他任何方式向用户提供网络游戏虚拟货币"。网络游戏运营企业不支持网络游戏虚拟货币交易的，应采取技术措施禁止网络游戏虚拟货币在用户账户之间的转移功能。网络游戏虚拟货币交易服务企业应禁止违法交易。在明知网络游戏虚拟货币为非法获取或接到举报并核实的，应及时删除虚假交易信息和终止提供交易服务。网络游戏虚拟货币交易服务企业不得为未成年人提供交易服务。网络游戏运营企业不得在用户直接投入现金或虚拟货币的前提下，采取抽签、押宝、随机抽取等偶然方式分配游戏道具或虚拟货币。

2010年文化部办公厅发布的《网络游戏虚拟货币监管和执法要点指引》中规定，不支持网络游戏虚拟货币交易的，应采取措施禁止网络游戏虚拟货币在用户账户之间的转移功能，即禁止用户在达成交易协议后随意转移网络游戏虚拟货币，通过间接交易的方式达到完成交易的目的。

对于比特币这一类虚拟货币的监管，已在本书第一章第二节进行了阐述。故在此不再赘述。对于非同质化代币（NFT），考虑到其存在金融安全风险，避免出现洗钱、炒作投机、非法金融等行为，监管层出台相关文件对其进行

---

[1] 河南省禹州市人民法院（2020）豫1081民初6274号民事判决书。
[2] 河南省许昌市中级人民法院（2021）豫10民终1284号民事判决书。

规制。中国互联网金融协会、中国银行业协会和中国证券业协会发布的《关于防范 NFT 金融风险的倡议》中，只将 NFT 称为"非同质化通证"，未将其定义为"虚拟货币"或"代币"。在该倡议中，强调"坚持行为底线，防范金融风险"，对行业提出了六项规范要求，包括去金融化、去证券化、计价和结算方式的去代币化、投融资限制、禁止集中交易、实名认证与反洗钱义务。国内的数字藏品市场交易尚未形成行业规范。从域外的监管情况来看，一般未采取限制流通或禁止二级市场流通的措施。一些国家将 NFT 纳入反洗钱的监管规则中使其能够有序发展。

四、平台处置网络虚拟财产缺乏规范性指引

（一）网络用户违规时的虚拟财产处置

行业实践中平台常常将虚拟财产归属与处置事宜置于用户注册账号时所勾选的格式条款中。平台是否有处置权限的关键在于厘清使用者在注册账号时所勾选的格式化的用户协议中对于权属问题的条款效力问题。此外，处置事宜还会涉及当用户存在违规行为时，平台对用户账号进行封禁之后，用户账号内虚拟财产应如何处理。

一般来说，既然虚拟财产的所有权归属于平台，那么，平台可以根据用户协议中所约定的方式依法对用户账号内的虚拟权益进行处分。以网购生活类服务平台为例，该类平台向用户提供在平台上享受商品及/或服务的浏览、收藏、购买与评价、交易争议处理、信息交流分享等服务，平台用户主体分为消费者和商户两类。

网络服务提供者依照服务协议来处置主要可能涉及的法律问题包括：用户账号内虚拟资产的处分，商户账号的转让与继承。这其中，既涉及网络用户协议条款效力问题，也涉及用户违规行为的认定以及平台采取处置措施的合理性与正当性问题。下文将在第三章、第四章就此问题进行详细论述。

（二）网络服务终止时的虚拟财产处置

网络虚拟财产处置事宜还存在于网络服务提供者终止服务的情形下，由于格式条款中"所有权和使用权的分离"的约定使虚拟财产的处置变得复杂，尤其在网络游戏停服后的玩家权益保护中体现得尤为明显。游戏停服后，玩家在游戏中充值所得的道具、充值之后尚未使用的代币、尚未过期的会员权益以及已积累的荣誉排名或社交关系等一并灭失。在特殊托管机制、迁移机

制、停服正当性审查等制度缺位的前提下，解决此类争议往往只能付诸司法救济。

近几年，实践中不乏因网络服务运营商停止服务而引发的网络虚拟财产纠纷，主要涉及网络游戏中的虚拟财产。根据网络游戏平台的用户协议可知，网络游戏平台主要向用户提供电子游戏软件及其他增值服务的娱乐服务。由于游戏市场更迭迅速，大量网络游戏因生命周期或运营权等因素导致运营方选择停止服务。2022年11月16日动视暴雪发表声明称，由于同网易的现有授权协议将在2023年1月23日到期，将暂停在中国大陆地区的大部分暴雪游戏服务。1月24日零时，暴雪中国正式结束在中国地区的运营，《魔兽世界》《守望先锋》等系列产品在中国大陆地区市场的所有运营正式终止。为此，也引发了舆论对游戏停服后玩家在游戏中所拥有的游戏货币、游戏道具、游戏角色等虚拟财产的处置问题的关注。

游戏运营者与用户之间是服务合同关系，一些游戏平台的用户协议中写明"如果发生服务的中断、中止、终止，用户不得要求游戏运营者赔偿或补偿其游戏虚拟物品。"比如，《网易云游戏平台使用许可及服务协议》中[1]写明：网易公司保留在其认为有必要的情况下，终止或部分终止提供本服务的权利，终止前将提前予以公告。用户不得因全面终止本服务而要求网易公司承担除用户已经购买但尚未使用的增值服务代用币外任何形式的赔偿或补偿责任，包括但不限于因不能再继续使用用户账号、素材等而要求的赔偿。但是，对用户已经购买但尚未使用的增值服务代用币，游戏运营者应当进行退换。

2009年《文化部、商务部关于加强网络游戏虚拟货币管理工作的通知》中明确，网络游戏运营企业计划终止其产品和服务提供的，须提前60天予以公告。终止服务时，对于用户已经购买但尚未使用的虚拟货币，网络游戏运营企业必须以法定货币方式或用户接受的其他方式退还用户。事实上，在当时的语境下，此处的虚拟货币指向的是游戏币，与现在我们谈的虚拟货币不属于同一概念。虽然《文化部、商务部关于加强网络游戏虚拟货币管理工作的通知》的法律效力层级较低，但对网络游戏运营商在游戏停服后应当如何处理用户账号下的虚拟财产问题具有一定的指引作用。原文化部曾发布《网

---

[1] https://public.webapp.163.com/license/yyx_agreement，更新日期：2022年3月29日。

络游戏暂行管理办法》(已失效),其中第 22 条规定,"网络游戏运营企业终止运营网络游戏,或者网络游戏运营权发生转移的,应当提前 60 日予以公告。网络游戏用户尚未使用的网络游戏虚拟货币及尚未失效的游戏服务,应当按用户购买时的比例,以法定货币退还用户或者用户接受的其他方式进行退换"。2019 年,为贯彻落实《深化党和国家机构改革方案》的有关要求,进一步推进"放管服"改革,根据《文化和旅游部职能配置、内设机构和人员编制规定》,文化和旅游部决定废止《网络游戏管理暂行办法》。

上述通知仅涉及用户经充值取得的游戏虚拟货币,并未涉及非充值方式的虚拟货币以及游戏道具、游戏角色等虚拟财产的处理问题。在司法实践中,一般对于用户经充值取得的游戏虚拟财产,司法机关要求游戏运营者退还,但对于用户并无实际消费、免费获得的道具等,用户无权要求游戏运营者赔偿。若充值时间远远早于停止服务时间,则可以推定用户已经通过游戏中的虚拟财产获得了感官上的满足和精神上的愉悦,则法院会在退还金额上进行一定程度的酌减。[1]

在司法实践中,对于上述虚拟财产经济价值是否保护以及如何保护,有多种做法。以网络游戏中的虚拟财产灭失所引发的赔偿问题为例,法院有下列四种处理态度。第一种做法是,要求游戏平台按玩家充值总金额予以全部赔偿[2];第二种做法是,要求游戏平台按照玩家充值未消耗金额予以退还,至于未消耗部分的认定,法院往往参考涉案虚拟财产的具体类型,结合获取方式、取得难度、已使用时间、可预计使用时间以及停服原因等进行综合判断;第三种做法是,基于玩家在游戏中的虚拟财产有继续使用的价值,游戏平台应酌情予以一定补偿;第四种做法是,鉴于玩家在游戏运营期间已经享受到游戏乐趣,合同目的已经实现,游戏中的虚拟财产在关服后便失去价值,不具备法定货币的价值,不可转换为法定货币。有的法院援引 2016 年《文化部关于规范网络游戏运营加强事中事后监管工作的通知》第 10 条中"网络游戏运营企业不得向用户提供虚拟道具兑换法定货币的服务"的有关内容为这种做法提供了支撑。[3]

---

[1] 北京市第三中级人民法院(2019)京 03 民终 10897 号民事判决书。
[2] 四川省成都市高新技术产业开发区人民法院(2018)川 0191 民初 4867 号民事判决书。
[3] 江西省南昌市中级人民法院(2019)赣 01 民终 482 号民事判决书。

在缺乏规范性指引的情况下，虚拟财产的价值认定标准等问题尚未明确，网络游戏运营商很难提供有效的补偿方案来对游戏用户进行赔偿。我国目前未有专门的刑事或民事法律、司法解释对虚拟财产价值进行准确计算，司法实践中对于虚拟财产价值的认定方式呈现多元化的趋势，对于何种网络游戏虚拟财产应当进行赔偿、游戏中的虚拟财产应当适用何种价值认定标准以及不同的网络游戏虚拟财产是否应适用不同的认定标准等问题并没有明确规定。因此，网络游戏运营商在终止服务后不能明确网络虚拟财产的价值，难以提供令游戏用户满意的补偿方案来妥善赔偿其在游戏中所拥有的虚拟财产，实务中也存在网络游戏用户因不满网络游戏运营商停止运营后网络游戏内虚拟财产的补偿方案而引发的法律纠纷。

五、网络虚拟财产的价值认定无统一标准

(一) 网络虚拟财产价值认定困难的原因

虚拟财产本质上所具有的客观实在性、经济价值、稀缺性、可支配性，这些特征与传统财产的本质特征保持一致。但是，虚拟财产的价值认定虽然具有可行性，在实践操作中却难以形成统一的计算标准。由于虚拟财产是一种新型财产，尚无统一的虚拟财产价值认定标准和成熟的虚拟财产价格鉴定机制，因此司法实践中虚拟财产的价值认定成了一个困境。目前，我国尚未有专门法律条文、司法解释或者行业惯例对网络虚拟财产价值的准确计算提供思路。

尤其在涉及网络虚拟财产的刑事司法实践中，网络虚拟财产的价值认定问题至关重要。对比大量判决书可以发现，法院对此类案件的犯罪数额认定并没有统一标准，确定虚拟财产价值的方式呈现多元化的趋势。

此外，司法实践中虽暂未出现将网络虚拟财产的精神价值纳入经济价值认定的案例，但实务界提出，《民法典》第1183条第2款关于民事主体有权就具有人身意义的特定物主张精神损害赔偿的规定，该"特定物"没有当然地排除网络虚拟财产。以网络游戏为例，游戏中形成的社会关系、荣誉、排位等给玩家带来精神利益，若对应的网络虚拟财产发生灭失，可将相关精神利益作为游戏账号虚拟财产价值认定的范围，就游戏账号进行赔偿或补充时予以考量。但网络虚拟财产的特殊精神意义是否足以纳入法律保护范围并为社会所接受，以及具体如何定损，还需积累更多司法实践经验。

在理论层面，关于无形资产的价值评估，还存在重置成本法、收益法等价值判断方式，但由于对应方法的学理性及技术性门槛较高，在司法实践中适用范围较为有限。

（二）司法实践认定网络虚拟财产价值的方式

第一种方式是以虚拟财产所有人投入的成本来计算。持有人的投入成本主要包括购买虚拟财产的费用、投入的时间以及获取虚拟财产过程中所花费的网费、电费等，在出现纠纷时持有人通过计算投入的成本等就可确定损失金额。此种确定虚拟财产价值的方式比较简单快捷，但缺点是由于持有人个体因素差异将产生较大价值差异，无法形成统一计量标准，并且以这种方式所确定的网络虚拟财产价值无法将游戏玩家在游戏中投入的时间成本涵盖进来。

第二种方式是以行为人违法所得或销赃数额来计算。在刑事司法实践中，在对网络虚拟财产开展价值认定时，常见的做法是，法院以行为人违法所得或销赃数额作为计算依据。这种方式被认为是有利于降低案件侦破难度、节省司法资源，而且遵循了存疑有利于被告人原则。有法院在判决中指出，网络虚拟财产价值的认定与传统实物财产价值的认定方法不尽相同，不宜以网络运营商的定价认定，可以其销赃数额认定犯罪数额。[1]在刑事附带民事案件中，有的法院按照公安机关在刑事犯罪侦查阶段中被告犯罪获利的实际金额作为认定原告财产损失数额的依据。[2]但是，此方法的缺点是行为人为了尽快出售以非法手段获取的网络虚拟财产，可能会以极低的价格出售，此时以销赃数额来认定犯罪数额则无法对被害人的财产权益进行充分保护。[3]

第三种方式是根据网络服务运营商的销售价格来计算。以网络游戏为例，网络游戏运营商会将虚拟财产以人民币明码标价，玩家想要获得网络游戏中的虚拟装备、虚拟货币、道具、皮肤等虚拟财产，通常需要花费现实货币向游戏运营商购买。游戏运营商作为开发方，综合考虑投入成本等各方面因素进行定价，因此游戏运营商的销售价格对虚拟财产的价值认定具有参考价值。但网络游戏中的虚拟财产具有一次产出、无限销售的特点，游戏运营商搭建

---

[1] 北京市第三中级人民法院（2014）三中刑终字第66号刑事判决书。

[2] 广西壮族自治区北流市人民法院（2021）桂0981民初3108号民事判决书。

[3] 李佩遥：“侵犯网络虚拟财产行为之定性研究——以73份判决书为样本的分析”，载《大连理工大学学报（社会科学版）》2020年第4期。

完毕游戏系统，仅在系统内修改少量代码，就可以近乎无限地产出虚拟财产，运营商的销售价格难以反映其对虚拟财产的成本投入。并且游戏运营商出售虚拟财产的目的是盈利，虚拟财产价格的高低完全取决于游戏运营商的运营策略和手段，游戏运营商对虚拟财产的市场定价带有一定程度的主观性，无法准确反映出网络虚拟财产的真实价值。[1]

第四种方式是通过网络虚拟财产交易平台价格来确定其价值。我国的网络虚拟财产交易平台已经具有非常大的规模，许多虚拟财产的持有人在交易平台上交易其网络账号、网络游戏虚拟装备等。一些虚拟财产交易平台已经形成了较为完备的交易机制和较为稳定的市场定价机制。[2]因此法院可以根据交易平台的市场价格来确定虚拟财产的价值。但交易平台的市场价格存在不稳定性和主观性，市场价格不一定能准确反映网络虚拟财产的价值。另外，不少网络虚拟财产没有在交易平台进行交易，此评估方法的适用范围有限，并不能适用于所有虚拟财产。

第五种方式是委托第三方中立机构开展价值鉴定。第三方机构基于中立的立场会综合考虑虚拟财产交易市场的交易价，游戏运营商售卖价，持有人获取虚拟财产过程中所投入的时间、金钱以及其他成本等因素，较为客观地认定虚拟财产的具体价值。但这种方法的适用范围有限，无法适用于所有类别的网络虚拟财产。一些网络虚拟财产不便引入第三方机构进行评估。此外，虽然评估技术相对而言较为精细化，但是评估效率普遍较低，成本较高。

除上述较为直接的虚拟财产价值判断方式，还有以下几种价值认定方式：

表 1-1　虚拟财产价值认定判断方式及相关观点

虚拟财产价值认定方式	相关观点
根据犯罪数额与犯罪情节综合判断	犯罪行为是否具有社会危害性是对其进行的实质判断，需要通过分析全案进行综合判定
以签订相关协议时约定的价格及实际交易价格来计算	网络用户在使用平台服务的过程中，虚拟财产数量会随之增加，按最初约定无法充分保护被害人的财产权利

---

[1] 唐震："网络虚拟财产研究"，武汉大学 2015 年博士学位论文。
[2] 张元："谈网络游戏虚拟财产价值之确定"，载《人民司法》2006 年第 11 期。

续表

虚拟财产价值认定方式	相关观点
以虚拟财产持有人（如游戏玩家等）之间的线下交易价格来计算	主观随意性大，价格浮动大
以可参考的同类型产品的市场价格来计算	适用范围有限，无法适用于所有类别的网络虚拟财产，对"独一无二"的虚拟财产无法适用
以双方当事人协商价值计算	适用范围有限，无法适用于所有类别的虚拟财产且主观随意性大，价格浮动大
以法院拍卖的实际价格计算	适用范围有限，无法适用于所有类别的网络虚拟财产
由法院直接认定	当双方当事人不能就案涉虚拟财产的价值协商一致，又无可供参考的市场价格，且不便于引入第三方评估机构进行评估时，遵循效率原则，由法院综合考虑相关因素后直接对该虚拟财产的价值进行认定；评估技术相对粗糙，但评估效率相对较高

当虚拟财产的价值由法院直接认定时，法院会考察个案所涉及的具体因素。比如，在"优惠券价值"案中，涉案优惠券价值可参照以下三种标准：一是标注价值。涉案优惠券标题为"满299减299优惠券"，按照文义解释，即购买商品价格超过299元，即可享受299元的减免优惠。根据标注信息，其价值可认定为299元。二是超级币对价。涉案优惠券是原告使用某电子商城发放的19 999超级币兑换而得，因此涉案优惠券价值即19 999超级币价值。根据北京某电子商务公司提供的《情况说明》，超级币与某豆的对价标准为2000超级币可兑换"幸运宝箱"内含500某豆（价值5元），可推算出19 999超级币价值约为49.9元，因此涉案优惠券价值可认定为49.9元。三是订单价格。原告提供的订单截图显示，使用该优惠券下单购买的短袖T恤券后价69元，因此根据订单商品价值，可认定涉案优惠券价值为69元。最终法院从最大限度地保护消费者合法权益的角度出发，参照涉案优惠券标注金额，酌定涉案优惠券价值为299元。[1]

---

[1] 孙某诉北京某电子商务公司网络服务合同纠纷案，北京互联网法院（2019）京0491民初35776号民事判决书。

第四节　国内外网络虚拟财产法律制度

一、我国有关网络虚拟财产的法律规范

（一）民事规范中与虚拟财产保护有关的规定

我国《民法典》对数据和网络虚拟财产的保护作出了原则性规定。在此之前，在《民法总则》的制定过程中，2016年6月27日十二届全国人大常委会第二十一次会议审议的《民法总则草案》为适应互联网和大数据时代发展的需要，对网络虚拟财产、数据信息等新型民事权利客体作出了规定。《民法总则》于2017年3月15日公布，同年10月1日起开始施行。《民法总则》第127条规定："法律对数据、网络虚拟财产的保护有规定的，依照其规定。"最终，这一条文也被我国《民法典》所沿用。

《民法典》第126条规定，民事主体享有法律规定的其他民事权利和利益。紧随其后，第127条将网络虚拟财产纳入民事权利的保护范畴，明确了网络虚拟财产是受法律保护的合法权益，他人不得随意侵害。但该条文并没有对网络虚拟财产的概念、性质、权利属性予以明确，导致网络虚拟财产的定位依旧十分模糊，并不能很好地从实际上解决虚拟财产所带来的法律问题。

（二）刑事规范中与虚拟财产保护有关的规定

目前，我国刑事立法中尚无专门针对网络虚拟财产保护的条款，但有一些相关性的法律条文。实践中，在虚拟财产刑事案件中涉及的法律条款主要规定在侵犯财产罪和计算机犯罪中（见下表）。

首先，我国《刑法》在第92条第4项中规定公民的私人财产范围是指"依法归个人所有的股份、股票、债券和其他财产"，在《刑法》分则第5章规定了侵犯财产罪，主要包括盗窃罪、诈骗罪等罪名。在司法实践中，法院将网络虚拟财产解释为《刑法》第92条第4项中的"其他财产"，将网络虚拟财产视作财产或财产性权益，故将侵害他人虚拟财产的行为，认定为侵犯财产罪。

其次，《刑法》第285条规定了非法侵入计算机信息系统罪，非法获取计算机信息系统数据、非法控制计算机信息系统罪以及提供侵入、非法控制计算机信息系统程序、工具罪；第286条规定了破坏计算机信息系统罪。在司法实践中，法院认为虚拟财产不具备财产性特征，应当将其认定为计算机数

据，属于计算机犯罪保护的法益，因此根据《刑法》第 285 条和第 286 条规定将侵犯他人虚拟财产的行为认定为计算机犯罪。

最后，虚拟货币还会在非法集资、网络赌博、电信诈骗等犯罪活动中成为犯罪分子的工具。根据《关于办理网络赌博犯罪案件适用法律若干问题的意见》的规定，对于将资金直接或者间接兑换为虚拟货币、游戏道具等虚拟物品，并用其作为筹码投注的，赌资数额按照购买该虚拟物品所需资金数额或者实际支付资金数额认定。

表 1-2　对虚拟财产法律问题可能适用的《刑法》相关条款

《刑法》相关条款
第 92 条【公民私人所有财产的范围】本法所称公民私人所有的财产，是指下列财产：（一）公民的合法收入、储蓄、房屋和其他生活资料；（二）依法归个人、家庭所有的生产资料；（三）个体户和私营企业的合法财产；（四）依法归个人所有的股份、股票、债券和其他财产。
第 264 条【盗窃罪】盗窃公私财物，数额较大的，或者多次盗窃、入户盗窃、携带凶器盗窃、扒窃的，处三年以下有期徒刑、拘役或者管制，并处或者单处罚金；数额巨大或者有其他严重情节的，处三年以上十年以下有期徒刑，并处罚金；数额特别巨大或者有其他特别严重情节的，处十年以上有期徒刑或者无期徒刑，并处罚金或者没收财产。
第 266 条【诈骗罪】诈骗公私财物，数额较大的，处三年以下有期徒刑、拘役或者管制，并处或者单处罚金；数额巨大或者有其他严重情节的，处三年以上十年以下有期徒刑，并处罚金；数额特别巨大或者有其他特别严重情节的，处十年以上有期徒刑或者无期徒刑，并处罚金或者没收财产。本法另有规定的，依照规定。
第 271 条第 1 款【职务侵占罪】公司、企业或者其他单位的工作人员，利用职务上的便利，将本单位财物非法占为己有，数额较大的，处三年以下有期徒刑或者拘役，并处罚金；数额巨大的，处三年以上十年以下有期徒刑，并处罚金；数额特别巨大的，处十年以上有期徒刑或者无期徒刑，并处罚金。
第 285 条【非法侵入计算机信息系统罪】违反国家规定，侵入国家事务、国防建设、尖端科学技术领域的计算机信息系统的，处三年以下有期徒刑或者拘役。 【非法获取计算机信息系统数据、非法控制计算机信息系统罪】违反国家规定，侵入前款规定以外的计算机信息系统或者采用其他技术手段，获取该计算机信息系统中存储、处理或者传输的数据，或者对该计算机信息系统实施非法控制，情节严重的，处三年以下有期徒刑或者拘役，并处或者单处罚金；情节特别严重的，处三年以上七年以下有期徒刑，并处罚金。 【提供侵入、非法控制计算机信息系统程序、工具罪】提供专门用于侵入、非法控制计算机信息系统的程序、工具，或者明知他人实施侵入、非法控制计算机信息系统的违法犯罪行为而为其提供程序、工具，情节严重的，依照前款的规定处罚。 单位犯前三款罪的，对单位判处罚金，并对其直接负责的主管人员和其他直接责任人

续表

《刑法》相关条款
员,依照各该款的规定处罚。 **第286条【破坏计算机信息系统罪】**违反国家规定,对计算机信息系统功能进行删除、修改、增加、干扰,造成计算机信息系统不能正常运行,后果严重的,处五年以下有期徒刑或者拘役;后果特别严重的,处五年以上有期徒刑。 违反国家规定,对计算机信息系统中存储、处理或者传输的数据和应用程序进行删除、修改、增加的操作,后果严重的,依照前款的规定处罚。 故意制作、传播计算机病毒等破坏性程序,影响计算机系统正常运行,后果严重的,依照第一款的规定处罚。 单位犯前三款罪的,对单位判处罚金,并对其直接负责的主管人员和其他直接责任人员,依照第一款的规定处罚。

除表格中列举的罪名,实践中,个案还会涉及侵犯公民个人信息罪、侵犯通信自由罪、侵犯商业秘密罪、帮助信息网络犯罪活动罪、非法经营罪等。

(三) 其他规范性及政策性文件中的相关规定

最高人民法院、国家发展和改革委员会于2020年发布的《关于为新时代加快完善社会主义市场经济体制提供司法服务和保障的意见》要求加强对数字货币、网络虚拟财产、数据等新型权益的保护,充分发挥司法裁判对产权保护的价值引领作用。最高人民法院于2021年发布的《关于人民法院为海南自由贸易港建设提供司法服务和保障的意见》中指出:"妥善审理互联网交易纠纷案件。准确把握互联网交易合同订立的特殊规则,依法认定互联网交易中电子合同、预约合同、格式合同的成立生效要件。准确界定电子商务平台运营者、平台内经营者、消费者及知识产权权利人的权利义务关系,依法保障各方当事人的合法权益,促进电子商务平台经营活动规范有序、健康发展。加强对数字货币、网络虚拟财产、数据等新型权益的保护,充分发挥司法裁判对新型权益保护的价值引领作用。"

在部门规章方面,各个行政管理机关较为注重对虚拟货币的监管。2009年《文化部、商务部关于加强网络游戏虚拟货币管理工作的通知》明确了网络游戏虚拟货币的内涵、表现形式,规范了网络游戏虚拟财产发行及交易行为;2008年国家税务总局《关于个人通过网络买卖虚拟货币取得收入征收个人所得税问题的批复》中表明,个人通过网络收购玩家的虚拟货币后加价向他人出售取得的收入,属于个人所得税应税所得,应按照"财产转让所得"

项目计算缴纳个人所得税。上述游戏虚拟货币，不同于当前语境下从金融层面定义的虚拟货币。

在虚拟货币方面，中国人民银行、中央网信办、最高人民法院、最高人民检察院、工业和信息化部、公安部、国家市场监管总局、银保监会、证监会、外汇局联合发布《关于进一步防范和处置虚拟货币交易炒作风险》；中国人民银行、中央网信办、工业和信息化部等发布了《关于防范代币发行融资风险的公告》；中国人民银行、工业和信息化部、中国银行业监督管理委员会、中国证券监督管理委员会、中国保险监督管理委员会发布了《关于防范比特币风险的通知》。这些规范性文件明确了我国金融监管部门对于虚拟货币的定性，即虚拟货币不是货币，不具有与法定货币等同的法律地位，不应且不能作为货币在市场上流通使用，与虚拟货币相关的金融活动属于非法活动。最高人民法院、最高人民检察院、公安部联合下发的《关于办理网络赌博犯罪案件适用法律若干问题的意见》中表明，对于将资金直接或间接兑换为虚拟货币、游戏道具等虚拟物品，并用其作为筹码投注的，赌资数额按照购买该虚拟物品所需资金数额或者实际支付资金数额认定。在区块链技术方面，国家互联网信息办公室于2019年颁布了《区块链信息服务管理规定》，该规定要求区块链信息服务提供者履行备案义务，明确了区块链信息服务提供者的信息安全管理责任，规范和促进区块链技术及相关服务健康发展，规避区块链信息服务安全风险，为区块链信息服务的提供、使用、管理等提供有效的法律依据。

从对上述规范的梳理中可以看出，我国在规章及规范性文件层面涉及对虚拟财产保护的法规较为有限，主要集中在网络游戏以及虚拟货币等领域，注重对虚拟货币的非流通货币属性以及维护金融市场秩序等问题作出规范和指引。且上述规范大多为国家各部委发布的规范性文件，法律效力层级较低，并不能有效解决司法实践中有关虚拟财产的纠纷。

表1-3 我国规章及规范性文件涉及虚拟财产的相关条款

名称	相关条款
2009年《文化部、商务部关于加强网络游戏虚拟货币管理工作的通知》	一、严格市场准入，加强主体管理 （一）本通知所称的网络游戏虚拟货币，是指由网络游戏运营企业发行，游戏用户使用法定货币按一定比例直接或间接购买，存在于游戏程序之外，以电磁记录方式存储于网络游戏运营企业提供

续表

名称	相关条款
	的服务器内,并以特定数字单位表现的一种虚拟兑换工具。网络游戏虚拟货币用于兑换发行企业所提供的指定范围、指定时间内的网络游戏服务,表现为网络游戏的预付充值卡、预付金额或点数等形式,但不包括游戏活动中获得的游戏道具。 二、规范发行和交易行为,防范市场风险 (十)用户在网络游戏虚拟货币的使用过程中出现纠纷的,应出示与所注册的身份信息相一致的个人有效身份证件。网络游戏运营企业在核实用户身份后,应提供虚拟货币充值和转移记录,按照申诉处理程序处理。用户合法权益受到侵害时,网络游戏运营企业应积极协助进行取证和协调解决。 (十一)网络游戏运营企业计划终止其产品和服务提供的,须提前60天予以公告。终止服务时,对于用户已经购买但尚未使用的虚拟货币,网络游戏运营企业必须以法定货币方式或用户接受的其他方式退还用户。 网络游戏因停止服务接入、技术故障等网络游戏运营企业自身原因连续中断服务30天的,视为终止。
2008年《国家税务总局关于个人通过网络买卖虚拟货币取得收入征收个人所得税问题的批复》	一、个人通过网络收购玩家的虚拟货币,加价后向他人出售取得的收入,属于个人所得税应税所得,应按照"财产转让所得"项目计算缴纳个人所得税。
2019年国家互联网信息办公室《区块链信息服务管理规定》	第2条 在中华人民共和国境内从事区块链信息服务,应当遵守本规定。法律、行政法规另有规定的,遵照其规定。 本规定所称区块链信息服务,是指基于区块链技术或者系统,通过互联网站、应用程序等形式,向社会公众提供信息服务。 本规定所称区块链信息服务提供者,是指向社会公众提供区块链信息服务的主体或者节点,以及为区块链信息服务的主体提供技术支持的机构或者组织;本规定所称区块链信息服务使用者,是指使用区块链信息服务的组织或者个人。 第10条 区块链信息服务提供者和使用者不得利用区块链信息服务从事危害国家安全、扰乱社会秩序、侵犯他人合法权益等法律、行政法规禁止的活动,不得利用区块链信息服务制作、复制、发布、传播法律、行政法规禁止的信息内容。 第11条 区块链信息服务提供者应当在提供服务之日起十个工作日内通过国家互联网信息办公室区块链信息服务备案管理系统填报服务提供者的名称、服务类别、服务形式、应用领域、服务

续表

名称	相关条款
	器地址等信息,履行备案手续。 区块链信息服务提供者变更服务项目、平台网址等事项的,应当在变更之日起五个工作日内办理变更手续。 区块链信息服务提供者终止服务的,应当在终止服务三十个工作日前办理注销手续,并作出妥善安排。

二、其他国家和地区对网络虚拟财产的保护模式

(一) 美国对网络虚拟财产的规制模式

立法方面,美国1986年出台了《计算机欺诈和滥用法案》(The Computer Fraud And Abuse Act)。该法案是美国最重要的一项规制网络犯罪和与黑客相关的计算犯罪行为的联邦单行立法。该法案规定禁止非法访问计算机并获取信息、利用计算机网络实施电信诈骗、故意非法侵入并放任破坏计算机、故意非法侵入计算机过失导致破坏或损失以及对非法贩卖计算机网络访问密码等行为。但该法案并没有以专条专项的形式对虚拟财产犯罪进行规定,更侧重于对计算机数据的保护。

美国目前没有专门针对虚拟财产的联邦统一法律,但从州法层面,在2005年之后,美国康奈狄格州、爱达荷州、印第安纳州、内华达州、俄克拉荷马州、弗吉尼亚州等七个州陆续通过了虚拟财产继承的相关法案,明确了虚拟财产的可继承性。2014年特拉华州通过了《数字资产和账户受托使用法》(Fiduciary Access to Digital Assets and Digital Accounts Act),根据该法案,信息、文字、邮件、文件、社交媒体内容、社交网站内容以及其他借由使用人名称和密码以数字形式所创作、制造、传送、传输、分享、接收或储存于数字载体上的相类似信息皆可受该法案管辖,遗产管理人、代理人、监护人与信托受托人均被赋予请求访问虚拟财产的权利。该法案不仅明确了虚拟财产的可继承性,并将用户服务协议中禁止受托人访问或控制持有人的虚拟财产及数字账号的格式条款认定为无效,为虚拟财产的继承提供了法律依据。由于各州间就虚拟财产立法所涉及的财产类型、受托人种类、权利范围皆有所差异,2014年7月美国统一州法委员会在第123届年度会议上通过了关于虚拟财产继承的示范法——《统一受托人访问数字资产法》(Uniform Fiduciary

Access to Digital Assets Act），对受托人访问委托人数字资产的一系列问题予以了规定，如数字资产的定义、法律适用范围、受托人的权限等，希望以一个统一的立法为联邦国会和各州的立法机关提供可资参考的虚拟财产处理方式。

在美国的判例法方面，长期司法实践中形成的判例是法官进行司法裁判的重要依据。虽然美国目前并没有针对虚拟财产的联邦统一法律，但美国法官通过解释现有法律，扩展现有法律的适用范围和对象，将虚拟财产纳入财产权体系来予以保护。在 CompuServe Inc. v. Cyber Promotions, Inc. 一案中，原告 CompuServe 互联网在线服务公司对一家向 CompuServe 公司数十万用户发送大量商业广告性质的垃圾邮件的公司 Cyber Promotions 提起诉讼。法院经审理后认为，被告通过发送大量广告性质的电子邮件入侵原告的计算机系统，构成了非法入侵他人动产的侵权行为。[1] 类似地，1998 年加利福尼亚州州法院的法官认为，英特尔公司的几名前雇员向在职员工发送了数千封电子邮件的行为，不被美国宪法第一修正案中的言论自由权所保护，并颁布了禁止被告发送邮件的永久禁令。被告是英特尔公司的前雇员，在遭到解雇后，从 1996 年 12 月至 1998 年 9 月通过公司的内部邮箱群发大量抗议公司剥削、实行不平等待遇的邮件。法院经审理后认为，在职员工的电子邮件地址并没有对外公开，英特尔公司的内部邮箱系统也并非公共论坛，因此被告不受美国宪法第一修正案中的言论自由权所保护，被告的寄送方式已构成非法侵入他人动产的侵权行为。[2] 从以上两个案件我们可以看出，法官将电子信箱和电子邮件系统当作动产加以保护，网络系统也属于动产，侵入网络系统就构成非法入侵他人动产。而在 EarthLink Network v. Cyber Promotions 一案中，被告 Cyber Promotions 公司向互联网服务提供商的用户发送大量商业广告性质的电子邮件，有时还盗用互联网服务提供商的名义来发送垃圾邮件，导致用户抱怨不已。原告表示，Cyber Promotions 公司向 EarthLink Network 的用户发送数千封未经请求的电子邮件导致系统崩溃，其修复成本约为 70 万美元，并且影响了用户使用其提供的正常服务。洛杉矶高等法院经过审理后认为，电子信箱和电子邮件系统属于私人领地，私人领地不允许他人非法侵入。Cyber Promotions 公司发送大量垃圾邮件的行为构成了非法侵入私人领地，侵害了他

---

[1] CompuServe Inc. v. Cyber Promotions, Inc., 962 F. Supp. 1015.
[2] Intel Corp. v. Hamidi, 94 Cal. App. 4th 325.

人的不动产权益。法院最终判决禁止 Cyber Promotion 公司向 EarthLink Network 的用户发送任何垃圾邮件。从上述的案例我们可以看出，美国法院明确地承认了网络虚拟财产的价值性以及私有性，且将其纳入财产权体系中对其采取保护措施。

而在网络游戏虚拟财产相关纠纷中，特别是用户与网络运营商之间的纠纷，美国法院倾向于根据网络服务商所提供的用户协议来调整虚拟财产纠纷。一些学者也强调合同法应当是解决网络虚拟财产纠纷的首要路径，而非通过财产法的路径。[1]此类案件最为典型的案例是"布拉格诉林登公司案"，该案涉及网络游戏中虚拟财产的所有权争议。本案中的原告马克·布拉格是被告林登公司运营的网络游戏《第二人生》的用户。在《第二人生》中用户创建代表自己的虚拟化身，与其他虚拟化身进行互动，在虚拟世界中建立和获得虚拟财产。林登公司声称用户可以保留其在游戏中所创造的虚拟内容的财产权，也因此吸引了众多玩家。在《第二人生》的虚拟世界中，用户可以购买虚拟土地，并被允许将土地改造、租用或出售给他人以获取利润。本案的争议源于游戏中的一次虚拟土地售卖活动，原告以 300 美元的价格购买了一块虚拟土地，林登公司以原告的购买手段不正当为由冻结了原告的游戏账号，并收回了账号中所有的虚拟财产，造成了原告的损失。原告向宾夕法尼亚地区法院提起诉讼，被告则以《最终用户许可协议》中约定的若游戏公司与玩家产生争议时须适用仲裁条款为由提起管辖权异议。本案中法院认为，原被告签订了用户服务协议，但该服务协议中所规定的强制仲裁争议条款对于用户来说有失公平，因此应当排除强制仲裁争议条款的适用。[2]虽然本案并没有对网络虚拟财产的性质等问题作出裁判，但为美国解决用户与运营商的虚拟财产纠纷提供了思路。法院会依据相关合同制度对用户服务协议作出合理性分析，从而来判断是否需要排除适用损害用户权利或对一方当事人显失公平的条款。

从产业实践来看，在游戏账号、游戏设备等方面，以美国游戏网站 Steam

---

[1] Cifrino, Christopher J., Virtual Property, Virtual Rights: Why Contract Law, Not Property Law, Must Be the Governing Paradigm in the Law of Virtual Worlds, 55 BCL REV. 235 (2014); Dan E. Lawrence, Note, It Really Is Just a Game: The Impracticability Of Common Law Property Rights In Virtual Property, 47WASHBURN L. J., 518-519 (2008).

[2] Bragg v. Linden Research, Inc. Cite as 487 F. Supp. 2d 593.

为例，在《Steam 用户协议》中，网站强调"Steam 网站可以提供与游戏用户相关的账户余额（Steam 钱包）"。Steam 钱包既不是银行账户，也不是任何一种支付工具。它作为订购内容和服务的预付余额，游戏用户可以使用 Steam 钱包内的金钱来订购订阅，包括在启用了 Steam 钱包交易的游戏内下单以及购买硬件。除协议中另有规定的情况，游戏用户置入 Steam 钱包的金钱无法退换。并且，Steam 钱包中的金钱无法体现个人财产权利，无现金价值，不能兑换成现金。由于 Steam 网站在全球游戏用户数量庞大，游戏种类繁多，其在网络游戏行业影响较大。网络游戏行业对于游戏账号和游戏设备的态度与美国政府部分对虚拟货币态度存在相似之处，虚拟账号在网络游戏行业中可以视为具有财产价值的身份，而非商品，其不可以退换、交换或与现实世界中的货币置换。而游戏装备可以视为网络商品，可以在网站制定的交易规则下被购买。

（二）日本对网络虚拟财产的保护

日本没有专门针对虚拟财产进行立法，法院在处理纠纷时通常依据《日本民法典》《日本刑法典》等法律和相关判例来裁判。在《日本刑法典》有关财产类的犯罪规定中，对财产的概念理解是基于民法物权中的有体物，那么，网络虚拟财产由于其无形性的特征被排除在刑法意义的财产概念范畴之外。对于虚拟财产，日本使用了"电磁记录"这一概念，《日本刑法典》第7条第2款规定："本法所称电子记录，是以电、磁方式和其他不能为人的知觉所认识的方式制作的供计算机进行信息处理的记录。"对于侵犯虚拟财产的行为，《日本刑法典》第168条规定了"不正当制作和提供电磁记录罪"，该条规定，"行为人以非法占有的目的，采取不法的计算机技术手段，使受害人产生错误的认识，导致个人权益受到损害，构成犯罪，对行为人处以有期徒刑或者罚金的处罚"。第246条规定了"电子计算机使用诈骗罪"，该条规定，"向他人处理事务使用的电子计算机输入虚假信息或者不正当的指令，从而制作与财产权的得失或者变更有关的不真实的电磁记录，或者提供与财产权的得失、变更有关的虚假电磁记录给他人处理事务使用，取得财产上的不法利益或者使他人取得的，构成犯罪"。日本创设电磁记录的概念，以保护计算机系统数据的方式对侵犯虚拟财产的行为进行规制。

对于侵犯他人账号、密码的行为，2012年修订的《日本关于禁止非法访问的法律》中新设非法取得他人账号、密码等相关罪名予以规制。该法第3

条第 1 项规定，禁止他人通过网络连线，对于有设定账号密码等限制使用者的设备，输入他人的账号密码，违法登入取得授权。

对于虚拟货币，2017 年修订的《日本资金结算法》明确了虚拟货币的定义、规范了虚拟货币交易业、虚拟货币交易业者、外国虚拟货币交易业者的设立与监管。根据该法第 2 条第 5 款规定，虚拟货币依据其特性可以被归纳为两种：一种虚拟货币是指在购买商品或接受他人提供劳务的情形下，能够为清偿前述行为的对价而对不特定人使用，具有向不特定人买入或售出的财产价值且可以用电子信息处理系统进行转移；另一种虚拟货币是指以前述记载的虚拟货币为对价，具有相互交换的财产性价值且可以用电子信息处理系统进行转移。[1]

（三）韩国对网络虚拟财产的保护

韩国游戏产业较为发达，围绕网络游戏所产生的虚拟财产问题引发立法关注。在网络游戏中的物品型虚拟财产和游戏账号的保护方面，韩国制定了《韩国游戏产业振兴法》。该法案明确规定网络虚拟财产具有独立的财产价值，受到法律保护。网络游戏中的虚拟角色和虚拟物品虽然处于游戏服务提供商的服务器中，但虚拟财产的所有权属于玩家。除此之外，该法案同时明确了玩家之间的网络虚拟财产交易或交换行为的合法性。虚拟财产的性质为具有财产价值的物，等同于银行账户内的财产。并且，游戏运营商仅提供载体即财产存放场所，无权继续对玩家账号内的任何信息数据进行清除或删改。

实践中也出现了网络游戏虚拟财产相关纠纷，如 2009 年，他人盗用游戏账号登录游戏是否构成姓名的欺诈性使用。[2]法院认为平台有验证游戏用户真实信息的义务，考虑到大量的在线游戏服务使用者随时通过互联网进行交易，服务提供商不容易单独调查每个用户的实际服务使用状态。在该案中，发生欺诈性使用姓名时，被告公司通过实时搜索申请人的实名信息并将其与包含实名的数据库进行比对，执行了验证程序，因此被告公司作为在线服务提供商履行了验证真实姓名信息的职责，被告公司设计了各种计划来防止欺诈性使用名称，并采取了移动认证等适当措施。

---

[1] 杨东、陈哲立："虚拟货币立法：日本经验与对中国的启示"，载《证券市场导报》2018 年第 2 期。

[2] 韩国最高法院，第 2008Da75676，75683 号判决。

在另一起案件中，韩国最高法院对于游戏中获得财产的行为是否正当作出回应。自 2007 年以来，被告 Kim 和 Lee 一直在购买和转售"Aden"获利。"Aden"是一款大型多人在线角色扮演游戏（MMORPG）Lineage 的游戏资金。两名被告的交易总额估计为 2000 万韩元。检方指控两人违反了《韩国游戏产业促进法》第 32 条第 1 款和第 44 条第 1 款，该法限制了任何扰乱游戏软件分销顺序的行为。原审法院认定被告有罪。[1]然而，上诉法院发现，上述条款不适用于 MMORPG 交易。[2]被告的行为并不属于非法行为，MMORPG 与赌博或博彩游戏没有关系，因此《韩国游戏产业促进法》第 32 条第 1 款"禁止无限交换赌博游戏资金"不适用于将 MMORPG 货币兑换成现金的行为。所以 MMORPG 和其他在线游戏的游戏币是一种可以兑换成真实现金的私有财产。[3]该决定在确认游戏资金或物品为私人资产方面是有意义的。

在虚拟货币方面，2018 年韩国最高法院在一起刑事案件的判决中曾提出"虚拟货币应被视为具有财产属性的无形财产"。Block Media 新闻在 2019 年曾报道，韩国法务部提出要"严肃应对虚拟货币犯罪"，相关司法职能部门还创设"虚拟环境管理系统"以对虚拟财产进行价值评估。[4]根据《韩国特定金融交易信息报告和使用法》，在韩国运营的加密货币交易所应于 2021 年 9 月 24 日前向韩国金融监管机构注册。韩国专门通过了《韩国加密税法》，该法的实施日期经过了几次推迟，预计于 2024 年实施。该税法对加密交易收入超过 250 万韩元的部门征收 20%的税收，并重点打击利用数字货币偷税漏税行为。韩国在"因拖欠税款而查获的最大规模虚拟货币"案件中，从被控逃税的 1.2 万人手中没收了逾 530 亿韩元（约合 4700 万美元）的比特币、以太坊和其他加密货币资产。[5]

其他与虚拟财产相关的立法包括，《韩国关于促进和保护信息通信网等的法律》第 49 条规定，任何人不得损毁或者盗用，泄露通过信息通信网处理，保管或者传送他人信息。《韩国刑法》第 347 条第 2 款规定，在计算机等信息

---

[1] 韩国釜山地区法院，第 2008GoJung1583 号判决。

[2] 韩国釜山地区法院，第 2009No99 号判决。

[3] "Massive Multiplayer Online Role Playing Game Cyber Money Exchange: Supreme Court of Korea, 2009Do7237, 2009Do7238", *Asian Bus.* 6 (2010), 77.

[4] 吕辉、陈大鹏："韩国虚拟财产保护与公证对我国的启示"，载《中国公证》2019 年第 11 期。

[5] "韩国'924'之后，半数以上加密货币交易所彻底关停运营"，载新浪财经网，https://finance.sina.com.cn/roll/2021-09-27/doc-iktzqtyt8318067.shtml，最后访问时间：2022 年 7 月 25 日。

处理装置中输入虚假或者不正当的命令，或者未经权限将信息输入或者更改，获取财产利益，或者使第三人取得信息的，处十年以下有期徒刑或者 2000 万元以下罚金。盗取虚拟财产构成非法取得财产利益，可能触犯韩国刑法所规定的计算机等使用欺诈罪。

第二章
用户网络账号及账号内虚拟财产的保护

网络虚拟财产是具有一定经济价值的以虚拟样态存续于互联网空间的权益,其范围较为广泛,种类也较为丰富。网络虚拟财产既包含网络用户通过使用法定货币按一定比例直接或者间接购买的网络虚拟物品,如游戏币、数字藏品等,也包括网络用户通过付出时间和精力在使用平台服务过程中所获取的积分、经验值、礼物等虚拟权益。鉴于网络虚拟财产的法律属性定位模糊、价值认定无统一标准、网络虚拟财产的归属和可流通性存疑、平台处置网络虚拟财产缺乏规范性指引等法律争议的存在,有必要分析国内网络虚拟财产司法保护现状,结合当下互联网平台的做法,为我国规范和保护网络虚拟财产提供建议。

第一节 用户网络账号的性质与归属

互联网服务提供者通过对用户账号进行管理来维持网络空间秩序,其采取的对账号的处置措施直接影响到网络用户对其账号内虚拟财产的支配。用户网络账号是一组由账号名称与密码组成的电磁数据,是用户进入其在网络虚拟世界的账户的一种资格,也是用户在网络空间的身份识别标记。用户网络账户内的内容不仅与用户个人的日常生活息息相关,还可能在用户投入大量时间与精力后具有较高的商业价值。除此之外,当用户通过账号与其他用户建立网络社交关系,账户中将记录并存储大量具有人身属性的数据信息,如用户个人信息、通信记录等。对于用户账号的性质,目前学术界尚无统一定论,主要存在物权说、债权说、新型财产说等多种观点。实践中,尽管法律法规及平台用户协议对用户账号的注册、归属、交易等行为有着相应规定,但由于缺乏明确的统一标准，不同法院在认定账号时会基于不同的考虑因素作出个案判断。在信息技术广泛普及、自媒体高度发达的当下，对用户账号的性质、属性、权利归属等问题的探讨具有重要意义，下文将结合平台的用户协议与司法判例，探讨用户账号与账号内虚拟财产之间的关系、互联网平台账号封禁的一般性问题、封禁管理现状、域内外因账号管理问题所引发的争议等。

一、用户网络账号的功能与性质

（一）用户网络账号的基本功能

互联网平台的用户网络账号在技术上表现为一串二进制字符串，就用户的网络身份而言，是其在网络空间的专属身份识别标记，就用户与平台间的权利义务关系而言，是用户按照与平台的约定登录和使用平台功能的载体（以下简称用户账号）。

用户账号具有多重功能。第一，账号是用户在网络空间的身份识别标记，其表现为字符串。第二，账号代表着一种登录某一平台或者使用平台服务的权限，通常与密码搭配使用。第三，账号是网络用户使用特定平台的网络服务的入口。

互联网用户账号与互联网用户账号信息是两个概念。后者是指互联网用户在互联网信息服务中注册、使用的名称、头像、封面、简介、签名、认证信息等用于标识用户账号的信息。根据互联网平台提供的服务的不同，相应的平台的用户账户也具有不同的作用。第一种是社交媒体平台的账号，这种账号的目的是与平台上其他用户进行沟通和交流，如微信账号。第二种是获取某种服务的功能账号，这种账号的目的是获得平台提供的服务，如视频网站的登录账号或者游戏账号。第三种是电子商务平台账号，是用户进行网络经营活动所需的账号，如淘宝的店铺账号。

用户账号使用权的权利主体包括自然人、法人和非法人组织。基于不同类型主体的不同需求，以及互联网实名制等法律法规规定，许多平台采取区分自然人账号、法人账号和非法人组织账号的做法，并在用户注册账号时分别要求提供自然人的身份证号、法人统一社会信用代码等身份信息。其中，对于从事经济、教育、医疗卫生、司法等领域信息内容生产，向社会公众生产发布文字、图片、音视频等信息的公众账号，平台还要求用户在注册时提供与其专业背景相关以及依照法律、行政法规获得的职业资格或者服务资质等相关材料，并进行必要核验。

账号不等于昵称。一般来说，用户账号具有唯一性，与注册用户的真实身份相绑定，从账号实名制注册管理的角度，账号不可变动。但是昵称是用户对其账号内信息的编辑，可多次更改。

(二) 用户网络账号的法律属性

对于用户账号的法律性质尚无定论，理论界主要有物权说、债权说、新型财产权说等观点。物权说认为，物权客体并非必须满足有形有体条件，只要具有法律上的排他支配可能性或管理的可能性都可以认定为"物"，用户账号的非实体性并不意味着其被排除在物权客体之外。用户通过输入正确的账号与密码实现对用户账号的支配和排除他人利用，用户账号完全符合物权客体的要求。在一些地区，账号归属纠纷被作为物权确认纠纷。例如，在青岛末那识文化传媒有限公司与李某物权确认纠纷案中，法院指出，抖音作为一款短视频网络社交软件，抖音用户所注册的账号应视为一种网络虚拟财产，其亦有物权形式，应当受到法律保护。注册用户对该抖音账号所享有的财产权益客体包括两部分，一是账号本身即具有的使用权属性；二是经过抖音用户对账号的个性化使用、经营等所产生的账号上添附的财产性内容，如粉丝、流量、商务合作等能够产生的收益或反映其财产性的各类收益权。[1]相反观点认为，物权的直接支配性是指"只需物权人依照自己的意思行使物权，无须他人意思或行为的介入或者辅助"，但是用户在使用账号时，必须得到网络运营商的技术配合才能实现账号的功能服务。而且用户使用账号行为也受到运营商的监督与限制，一旦用户出现违规行为，就可能面临删除内容或账号被封等封禁措施。这种行使方式上的特殊性无法使得账号上升为支配权的物权。账号具有非独立性特征，不能脱离于网络环境和网络运营者提供的服务。

债权说认为，用户能够使用个人账号是基于服务商与用户之间的服务合同关系，账号是用户接受商家服务的债权性凭证。用户不管是基于自己的网络游戏劳动获取的网络虚拟财产，还是基于网络运营商或者其他网络用户之间的网络虚拟财产买卖合同而获取的网络虚拟财产，在行使权利时都必须通过网络服务合同和软件授权才能实现。但相反观点认为，债权的客体是民事

---

[1] 山东省青岛市中级人民法院（2023）鲁02民终3845号民事判决书。

主体的"行为",不是其他任何形式的客观存在。账号作为独立于人主观之外的客观存在,并不是民事主体的行为,也不能是债权客体。[1]此外,还有学者认为,如果将用户账号认定为债权客体,那么根据债权相对性原则,当用户账号被第三人盗窃时,用户只能向平台主张权利,而无法向第三人索取赔偿,这一推论显然不符合实践经验。一些平台的用户协议中将账号的性质约定为用户接受平台服务的凭证或者数字标识。

新型财产说认为,用户账号具有物权、债权等多重属性,是一种多元的权利客体,无法纳入现有的财产权类型,而应作为一种复合性新型财产予以法律保护。但反对意见指出,设立一种新型财产权利将会打破我国对财产二元保护的法律体系,需要重新构建一套新的保护机制,这种方式将耗费大量成本,且无法及时回应与解决现实中已存在的争议纠纷。

本书认为,用户账号与账号内虚拟财产二者之间具有不同的法律性质。账号是基于服务协议而产生,账号信息需要经过网络平台的核验通过方可使用。账号本身是一串字符,并非所有的账号都具有经济价值。账号的经济价值来源于三种情况。第一种是该账号属于在字符组成和编排上具有稀缺性的"靓号"或者其他具有特殊含义的字符。第二种是用户通过支付对价使得该账号能够享受到比普通账号更多更好的服务,如 VIP 账号。第三种是该账号经过用户使用后得以增值,这种价值增加是体现在账号内的内容的价值性之上。例如,一些电子商务平台上的店铺因为经营情况较好使其等级较高,能够位居搜索结果前列;一些直播账号发布了很多优质内容,有较多的粉丝关注,这样一来,该账号进行广告带货就可能会带来收益;一些游戏账号,使用者投入很多时间和精力使其在游戏里的级别较高,但是,在这种情况下,离开了账号内的内容,账号本身只不过是一串字符。

举例来说,在原告某公司与被告侯某特许经营合同纠纷案[2]中,原告通过合同授权被告为加盟商,原告向被告提供工作微信号,并约定其所有权归原告所有,合同终止后,原告有权收回工作微信号,且未经同意,被告不得转让微信号的使用权,不得解绑微信号的手机号码。在合作期内,该微信号添加了 5000 位客户为好友,组建微信群一百余个。该微信号下的聊天记录与

---

[1] 杨立新:"民法总则规定网络虚拟财产的含义及重要价值",载《东方法学》2017 年第 3 期。
[2] 江苏省徐州市中级人民法院发布 10 起 2022 年知识产权司法保护典型案例之四。

朋友圈内容均为与工作有关的内容。合同终止后，被告擅自将账户提供他人使用，解绑手机号，擅自删除好友，这使得该微信工作号的价值贬损。法院认为，案涉微信号及其好友信息是其流量基础，而好友的添加亦需要付出相应的劳动成本，并最终体现为微信好友的数量，因此案涉微信号具有明显的财产属性。双方明确约定合同终止后，原告有权收回运营账号，被告应当按照约定履行返还义务。但是，鉴于涉案工作微信号已经不在被告控制之下，不具有返还条件，原告据此要求被告赔偿相应损失。符合法律规定。因原告未提交证据证明涉案微信号及其好友数量对应的价值，考虑到好友数量及其添加成本，酌定被告赔偿原告 8500 元。

　　账号内虚拟财产指的是账号持有主体通过投入经济成本、时间成本或者智力投入等方式获取的虚拟权益，这种虚拟权益虽然依附于账号而存在，但是，其在价值上独立于账号。具体而言，包含三种类型，第一种是网络用户通过使用法定货币按一定比例直接或者间接购买的网络虚拟物品，如游戏币、数字藏品等；第二种是网络用户通过付出时间和精力在使用平台服务过程中所获取的积分、经验值、成长值等虚拟权益；第三种是由网络平台免费提供的礼物、卡券、优惠券、代金券、福利券等虚拟产品。

　　一般情况下，账号本身并不具有人身属性，但账号内的内容会具有人身属性，从而使得账号与用户之间产生了一定程度的依附关系。账号人身属性的具体程度依平台账号性质和用户账号与用户间的联系有所不同。用户账户内有着公开、半公开和私密的个人信息，同一平台内不同用户账号间建立和维持着平台社交关系，网络社群和现实社会的评价也在用户账号中有所承载，这些相关要素均带有潜在的人身属性，但这种人身属性的具体程度大小则取决于平台性质和用户账号与用户间的联系。

　　就平台性质而言，网络社交、游戏主播、电子商务卖家、个性内容存储与记录等类型的用户账号具有较强的人身性，消费、储蓄、投资等类型的用户账号的人身性则相对较弱。就用户账号与用户的内部联系而言，网络空间实名制的推广表现为要求用户在注册账号时绑定手机号或真实姓名与身份证号等身份信息，产生用户账号与个人紧密绑定、"一人一号"的效果。

　　就用户账号与用户的公开联系而言，微信、微博、知乎等平台采取了对提供相关个人信息的用户予以官方认证标记的政策，或公开出生地、居住地、学历等与其他信息结合可以识别特定自然人身份的个人信息，继而在公众认知层面建立和维持用户账号与用户真实身份间的联系。除自然人主体外,许多平台对法人和其他组织也有相似的身份认证制度,并且平台会对账号身份信息进行必要监督,对提供虚假信息、冒用身份信息等违规行为采取封禁措施,以提高账号注册身份信息的真实性与准确性。另外,没有认证需求的用户也可以自愿通过用户账号主动公开自己的姓名或其他个人信息。继要求用户在注册账号时提供真实姓名、手机号码等信息后,于2022年8月1日起施行的《互联网用户账号信息管理规定》还规定了IP地址附属地显示制度。尽管用户账号IP地址的造假难度并不高,且本身不足以识别用户身份,但真实的IP地址属于与其他信息结合可以识别特定自然人身份的个人信息,即IP地址附属地显示制度的施行进一步强化了用户账号与用户间的联系。

每个用户账号都与现实生活中的个体紧密相连,尤其是实名认证的用户账号就像是用户在网络空间的代表。[1]当用户通过账号在平台上与其他用户展开交往或公开发布信息时将产生对用户的社会评价,进而延伸至现实中对用户的名誉与社会评价。基于用户账号与用户之间不同程度的联系,针对用户账号的社会评价将相应地投射到用户身上,这种投射关系构成用户账号人身属性的重要基础,典型的例子有网络社交、游戏主播、网红等用户账号类型。另外,有的用户账号存储有高度个性化的文字、图片、音视频等内容,或因为用户本人的使用而寄托有用户亲人对用户本人的喜爱、思念或缅怀等个人感情,具有个性内容存储功能的账号具有这种潜在特征。

总而言之,作为一串二进制字符串的账号本身并不具有财产属性与人身属性,仅是一种用户获取网络服务的凭证。但是,账号会在两种情形下成为有价值的虚拟财产。第一种情形是账号内内容的财产属性与人身属性使得账号产生了超越其本身的价值;第二种情形是个别账号因其具有稀缺性而产生了经济价值,且这一经济价值并非来源于账号内内容的价值。

二、用户协议对用户账号性质与归属的约定

网络平台的用户协议会对账号注册、账号的使用权、账号封禁、账号交易、变更和注销等事宜作出约定。本书的附录二中做了节选,下文对节选的

---

〔1〕 刘晓纯、黄沁蕊:"论网络社区账号的法律属性及规则构建",载《天津大学学报(社会科学版)》2014年第4期。

用户协议进行总结。

（一）用户账号的注册条件

账号注册条件方面，各平台服务条款均对账号注册的积极和消极条件作出列举性规定，常见约定有不得恶意注册，不得频繁、批量注册，不得冒用他人姓名或名称，不得实施混淆的不正当竞争行为等。有的平台服务条款还援引用户账号注册相关法律法规来确定账号注册的消极条件范围。

平台要求用户提交的注册信息真实、完整、准确，禁止盗用、冒用他人身份信息，或者捏造、编造虚假信息以注册账号。当个人信息有所变更时，用户应当更新以确保信息的准确性。此外，部分平台还会设置注册账号所需条件（如苹果账号的注册，要求用户年满13周岁），严禁不满足条件的用户注册账号。用户提交的名称、头像和简介等注册信息中不得出现违法和不良信息。

部分平台甚至对用户账号数目进行一定规制，原则上只允许一名用户使用一个账号，严禁用户频繁或者批量注册账号、恶意滥用多个账号。如果有证据证明或平台有理由相信用户存在不当注册或不当使用多个账号的情形，平台可将相关账号信息进行合并或采取其他合理措施。

并且，用户还有妥善保管义务，用户有责任维护个人账号、密码的安全性与保密性。当用户账户未经授权被他人使用时，用户应当立即通知平台，否则未经授权的使用行为均视为用户本人的行为，用户将自行承担所有由此导致的损失及后果。

在实践中，有的账号注册主体与商业机构进行合作，开展账号运营活动。此时，账号注册主体与商业机构会签订协议，约定分成事宜、账号使用事宜以及双方终止合同后的账号归属事宜。当该协议中的约定违反了平台对账号的管理规则时，协议条款的效力问题就成为双方争议的焦点。比如，在胡某与大屯子公司合同纠纷案中，胡某注册抖音个人账号，随后，胡某与大屯子公司开展合作，签订《主播协议》，其中约定"如果胡某提出终止合同，大屯子公司有权收回胡某抖音账号的经营和运营权"。后双方在合作期间产生分歧。大屯子公司提起诉讼要求收回胡某抖音账号运营权。法院认为，用于商业经营的抖音账号当拥有一定的粉丝数量时具有商业价值，有财产属性，属于网络虚拟财产。但抖音账号的运营与账号注册人存在较为密切的联系，具有一定的人身属性。虽然本案双方签订的协议中约定了运营权的收回事宜，但基于抖音账号与主播的人身关联属性，且抖音账号上有部分胡某个人的生活视频，为了保护胡某的个人敏感信息和人格尊严，即使其存在违约，也不宜强制继续履行。而且，该约议突破了平台规则，故对大屯子公司要求收回胡某抖音账号运营权的诉讼请求，不予支持。考虑到胡某单方不再履行合同、违反独家合作的约定开设"小号"发布商业视频已经构成根本违约，故法院判决合同解除，考虑到网络直播这一新兴行业的特点，兼顾合同的履行情况、胡某的过错程度、公司前期投入给胡某带来的影响力、胡某的收益情况、发展前景以及大屯子公司预期收益等多种因素，判定胡某支付大屯子公司违约金15万元。[1]

（二）用户账号的权属

账号权属方面，平台服务条款的主流实践是明文约定和强调账号所有权由平台而非用户享有，用户享有使用权且该使用权仅属于初始申请注册人所有。其他平台服务条款虽未在文本层面作出上述明确约定，但也通过对用户使用、收益和处分账号的限制产生实质上由平台保留账号所有权的效果。账号仅限个人使用，未经平台同意，禁止赠与、借用、租用、转让、售卖或者以其他方式许可非初始申请注册人使用账号。禁止盗用、冒用他人账号。

但是，也有部分平台，如苹果公司在《Apple媒体服务条款和条件》所载明的，仅限制了未经账号持有人的同意使用他人账号的行为，并未明确限制基于当事人约定的账号出借行为。而且有平台针对初始申请注册人以及非初始申请注册人，规定了不同的权益，如严禁非初始申请注册人通过继承等方式使用平台账号，如微信平台在《腾讯微信软件许可及服务协议》所载。

对于上述用户协议中约定的账号归属条款效力问题，一般而言，司法机关认为属于平台与用户意思自治的范畴，认可其效力。在腾讯QQ诉王某某、淘宝网站侵犯著作权纠纷案[2]中，法院认为，原告作为腾讯QQ软件的著作权人或有权使用人，依法享有腾讯QQ软件的著作权，有权决定许可使用腾讯QQ软件的对象，并以向用户发放QQ号码的方式选择授权对象。QQ号码由若干位阿拉伯数字组成，是原告对用户进行识别的标志。用户凭QQ号码和与

---

[1] 新疆维吾尔自治区高级人民法院伊犁哈萨克自治州分院（2023）新40民终737号民事判决书。

[2] 广东省深圳市中级人民法院（2008）深中法民三终字第20号民事判决书。

之对应的密码可以使用原告提供的腾讯QQ软件。用户通过获得QQ号码从而获得对腾讯QQ软件的使用权，因此，QQ号码的性质属于原告向用户发放的使用腾讯QQ软件的权利凭证，原告作为腾讯QQ软件的著作权人，依法有权禁止转让、继受、售卖QQ号码。

在陈某某诉腾讯QQ软件著作权许可使用合同纠纷案中，原告陈某某主张其拥有12个号码及关联软件的使用权，但这些号码被腾讯计算机公司收回，故提起诉讼，要求腾讯继续许可自己享有这12个QQ号码和QQ群号及关联软件的使用权。法院认为，腾讯计算机公司系腾讯QQ软件的著作权人。QQ号码属于腾讯计算机公司向用户发放的许可使用腾讯QQ软件的权利凭证。腾讯计算机公司在许可用户免费使用腾讯QQ软件的同时，约定包括禁止用户自行转让QQ号码在内的限制性条件。用户在申请注册QQ号码以及安装腾讯QQ软件的过程中，已经达成合意，接受腾讯计算机公司拟定的《软件许可及服务协议》的约束，并未违反法律、行政法规的强制性规定，应属合法有效，具有法律约束力。用户与腾讯计算机公司之间的权利义务应依据《软件许可及服务协议》确定。对于陈某某是否享有涉案QQ号码及关联软件的合法使用权，依照涉案《软件许可及服务协议》的约定，QQ号码使用权归属于初始申请注册人，禁止转让、售卖，如果腾讯计算机公司发现使用者并非账号初始注册人，有权在未经通知的情况下回收该账号而无须向该账号使用人承担法律责任，由此带来的包括但不限于用户通信中断、用户资料和游戏道具清空等损失由用户自行承担。陈某某主张其享有涉案QQ号码及关联软件的合法使用权，依法应对此承担相应的举证责任，证明其系涉案QQ号码的初始申请注册人。但是，陈某某明确宣称其系自他人处购买到涉案QQ号码。换言之，陈某某已经明确自认其并非涉案QQ号码的初始申请注册人。因此，陈某某应就其自认承担相应的不利法律后果，因此陈某某不是涉案QQ号码的合法使用权人。又依照涉案《软件许可及服务协议》的约定，QQ号码的所有权属于腾讯计算机公司。陈某某以其曾向案外人支付对价为由提出善意取得的主张，既不符合上述协议的约定，也有悖于QQ号码系获得许可使用腾讯QQ软件的权利凭证的性质，显然不能成立。[1]

在上述涉及账号权属的纠纷中，争议焦点指向用户服务协议的效力。法

---

[1] 广东省深圳市中级人民法院（2013）深中法知民终字第22号民事判决书。

院认为,用户在注册账号的过程中,已经与运营商达成合意,接受运营商拟定的用户服务协议的约束,并未违反法律、行政法规的强制性规定,应属合法有效,具有法律约束力。

有观点基于账号中所含有个人信息的权利而提出了账号注销权,即账号初始注册主体有权自主决定注销其账号。"账号注销权的行使基于个人信息权的合法化,是删除处理行为的样态体现,更是个人信息数据控制与信息删除之冲突的一种平衡。"[1]这也是维护空间社会秩序,捍卫公序良俗,彰显科技伦理和人文关怀的社会责任之所在。初始注册用户对其账号进行注销,这是其单方解除用户协议的意思表示。一般情况下,网络用户提供者应当予以允许,除非该账号存在欠款、未解绑业务等情形。当账号持有主体去世之后,其继承人能否申请注销该账号是需要讨论的问题。逝者账号的处理关乎账号注册与使用主体的个人信息保护。网络服务提供者有必要在网站服务功能设置上,提供相应选项,允许用户在生前对其死亡后个人账号的处置问题进行事先安排。

基于账号内包含着数据,数据作为一种财产,持有者对其亦有流通需求。从数据权属的角度,网络用户对于其账号下所有权归属于其个人的版权内容、个人信息,可主张进行数据迁移。但是,网络虚拟财产的使用权是否也能随之迁移,则取决于用户协议中的约定。

对于用户向网络服务提供者提出的变更账号主体、换绑手机号等请求,网络服务提供者需要判断该请求的合理性。当其无法对账号使用权归属作出判断时,应建议用户通过司法程序进行确权,网络服务提供者依司法裁判进行相应操作。

三、用户账号性质的司法认定

(一) 用户账号的财产属性

对于用户账号的虚拟财产属性,司法判决多从稀缺性、经济价值性、可支配性和合法性几个角度进行分析。

在陕西吾友文化传播有限公司与丁某某侵权责任纠纷案中,法院认为:第一,抖音账户具有可支配和排他性。抖音账户需要进行注册,并使用账号、

---

[1] 阮晨欣:"大数据时代账号注销权的保护实践——以《个人信息保护法》'删除'处理为视角",载《东南法学》2021年第2期。

密码进行登录。该登录行为受登录密码保护，故抖音账户具有可支配性与排他性，权利人基于账号、密码及实名制认证，可以进行排他的占有、支配和使用。第二，抖音账户具有一定经济价值。具体而言，抖音账户粉丝数量增长需要投入劳动，一般用户分享自己的日常生活片段投入的时间精力较少，而作为产品运营的抖音账户，其视频的拍摄要求更高，这样才能够吸引更多的粉丝关注。这种拍摄过程是产品生产过程，此种劳动投入具有一定的可交换性。例如，本案被告在职期间的工作内容即运营该抖音账户。被告投入劳动，原告支付劳动报酬，粉丝数量在运营过程中增长。也即粉丝增长的过程是劳动价值凝聚到产品价值的过程。经济价值还体现为广告价值。抖音账户作为自媒体，属于信息发布平台。该信息发布平台在具有一定数量粉丝后，使用人可以进行广告发布或直播带货。此类行为均可产生经济价值。第三，抖音账户具有稀缺性。拥有大量粉丝的抖音账户是稀缺的，粉丝的数量是不可任意复制的，这种不可复制就是一种稀缺性。第四，抖音账户在网络空间客观存在。区别于现实财产的物理属性，抖音账户本身是一种存在于网络上的具有财产属性的电磁记录，其账户客观的以数据电文等形式存在于网络。第五，抖音账户合法设立，合法申请，合法使用。在不存在敏感内容的情况下，其产生和取得均符合法律规定，具有合法性。综上，应认定抖音账户属于虚拟财产。[1]

与之类似，微信公众号作为个人或法人、其他组织在微信公众平台上申请的应用账号，存在于特定网络虚拟空间内，借助终端来管理和运营。在赵某某与尹某某、袁某某等合伙协议纠纷案[2]中，二审法院从微信公众号的独立性、支配性和价值性三个方面展开分析，认定微信公众号构成虚拟财产。具体来说，法院认为：第一，微信公众号账号具有独立性。微信公众号作为个人或企业在微信公众平台上申请的应用账号，可以因用户设置名称、构建栏目框架等行为，使账号有区别于其他网络资源或现实财产的独立性。涉案公众号有自己的标识、栏目架构、运营理念与文化，从而使其区别于其他用户，具有独立性。此处，法院所说的独立性，其实更像是独特性，指向的是

---

[1] 陕西省高级人民法院发布 2020 年度陕西法院十大审判执行案件之十：陕西吾友文化传播有限公司诉丁某某侵权责任纠纷案，陕西省西安市碑林区人民法院（2020）陕 0103 民初 9632 号民事判决书。

[2] 上海市第二中级人民法院（2019）沪 02 民终 7631 号民事判决书。

财产法意义上的稀缺性。第二，微信公众号具有支配性。尽管公众号存在于网络空间中，具有虚拟性，但用户可通过对账号设置密码来控制微信公众号的运营，防止他人对公众号上的资料进行修改、增删。第三，微信公众号具有价值性。微信公众号作为一种新型的电子商务模式，已不再是简单的通过流量渠道直接提供产品或服务获取费用，而是作为与用户沟通互动的桥梁，为品牌与用户之间构建深度联系的平台，具有较大价值性。用户可以通过发布引人关注的内容，吸引粉丝关注获得传播力和影响，从而提高公众号的流量收入和广告投放价值。此外，还可以通过发表软文或撰写笔记宣传商品，获取广告收入、导流收入，或通过小程序商店直接提供产品或服务获取费用，集多种盈利模式于一体，有商业盈利价值。综上，法院认为微信公众号是网络虚拟财产。[1] 基于微信公众号的这一虚拟财产属性，实务中可以用来作为无形资产进行入股。一般来说，网络服务提供者会在用户协议中约定注册主体仅享有账号的使用权，但注册主体可根据该使用权合法控制和运营相关账号并取得收益。

在一起就大众点评店铺账号引发的侵权纠纷中，法院认为大众点评店铺账号是商户基于与网络平台之间的商户入驻服务合同获得的。大众点评平台为商户于网络空间搭建虚拟交易平台，商户在使用账号过程中开设线上店铺，公布线下店铺相关信息，消费者参与相关店铺消费点评，聚合舆论力量塑造口碑，影响潜在消费者，为商户实现线上引流，促进线下交易。随着对线上账号的使用及线下店铺的经营，商户积累口碑，增加业界影响力，以创造更大的经济价值。综上，大众点评店铺账号具有一定的交易价值。故大众点评店铺账号属于网络虚拟财产的一种，应当受到法律保护。该账号的价值系通过账号使用人持续经营而积累的，其对于案涉账号上添附的虚拟财产的形成作出了关键性的贡献，故账号使用人享有案涉账号使用权的合法权益，其中应包含案涉账号的财产权益。对于互联网消费者的点评，点评添附于案涉账号，已构成混同，即使二者权利主体非同一，也不可将账号剥离点评。点评的内容一般为消费者针对相关店铺的消费反馈，就大众点评平台而言，点评

---

[1] 上海市第二中级人民法院（2019）沪02民终7631号民事判决书。类案包括：河南省新乡市中级人民法院（2019）豫07民终3460号民事判决书，本案被最高人民法院评为全国法院系统2020年度优秀案例。

一个线上店铺的核心内容，是一个线上店铺的经济价值的基础。[1]

在上述裁判中法院认定用户账号具有财产属性，用户账号因账号内的内容而产生的经济价值。用户账号是基于服务协议而产生的一串字符，除字符排列具有特殊性或稀缺性的少数情况外，账号本身通常并不具备价值性。在账号使用和经营过程中，用户通过投入经济成本、时间成本等使账号产生价值，如抖音账号具有经济价值是因为用户通过拍摄视频、吸引粉丝关注，以较高的流量吸引广告商或者通过直播带货等方式产生经济效益。类似地，微信公众号也是因为用户发布了优质内容吸引粉丝，从而通过广告或者小程序商店盈利，是微信公众号里的内容具有价值性，脱离了内容的账号只是一串没有财产价值的字符。

在王某与广州晶鹏文化传媒有限公司损害公司利益责任纠纷案中，法院认定快手账号作为网络虚拟财产符合"可估价""可转让"的特点，可作为股东的出资标的。如果股东将涉案快手账号转移至其所出资的公司进行使用后，未经法定程序，变更账号绑定的手机号为自己的手机号，使得快手账号为其个人控制和使用，那么，该公司由此丧失了对快手账号的有效使用，公司权益亦遭受损失，故股东擅自取回快手账号的行为，应依法认定为抽逃出资。[2]

上述案件中，账号的实际经营主体和注册主体不同，法院注意到账号价值的产生源于经营主体的贡献，结合当事人约定等其他相关案情，将案涉用户账号的使用权判归注册主体之外的第三人。

（二）有的用户账号具有人身属性

除认可用户账号的财产属性，司法裁判也认可其人身属性，尤其是社交媒体账号以及通信工具账号。第一，用户账号与注册人身份密切关联。在实名注册的情况下，账号与手机号、身份信息相绑定。第二，用户账号内的信息可能会涉及用户的个人信息权益与隐私。在胡某与大屯子公司案[3]中，法院指出，基于抖音账号与主播的人身关联属性，且抖音账号上有部分胡某个人的生活视频，为了保护胡某的个人敏感信息和人格尊严，即使其存在违约，

---

〔1〕 广州互联网法院（2021）粤0192民初22734号民事判决书。
〔2〕 广东省广州市中级人民法院（2022）粤01民终6665号民事判决书。
〔3〕 新疆维吾尔自治区高级人民法院伊犁哈萨克自治州分院（2023）新40民终737号民事判决书。

也不宜强制继续履行。此外，还有其他案件采取类似观点。微信账号中不仅包含着用户、平台及其他相关方的经济利益，还包含着使用者个人信息、隐私等人格权益。特别是在微信账号中的信息无法与账号进行分离的情况下，这种人身属性尤为显著。〔1〕

第三，账号内的信息还涉及"共同隐私"问题，即数个自然人共同享有一个隐私权。在社交媒体平台和社交通信工具中，"共同隐私"的现象常常存在。比如，在一起案件中，法院认为，案涉快手账号由被告注册使用，并涉及部分被告或其亲友相关信息，具有一定人身属性。〔2〕

在殷某某与王某离婚案中，法院认为微信公众号在使用过程中与注册人有着较为密切的联系，具备一定的人身属性，继而使微信公众号本身与基于运营微信公众号所得的收益相区别。法院认为：第一，微信公众号是基于腾讯公司微信公众平台注册的一项应用账号，其实质是注册人基于与腾讯公司的协议获得在微信公众平台上发布信息的服务，并非属于注册人享有所有权的财产，自然也不属于夫妻共同财产；第二，虽然微信公众号不能按照夫妻共同财产进行分割，但是在夫妻关系存续期间，基于运营该微信公众号所得的收益，属于夫妻共同财产，离婚时可予以分割。〔3〕

四、司法裁判对用户账号归属的认定

涉及用户账号归属认定的法律纠纷主要发生于财产分割、账号交易、劳动关系解除、平台与用户之间服务关系解除等案件中。

（一）用户账号所有权与使用权的分离

在互联网行业，对于用户账号的权属规则，网络服务提供者多在用户协议中将账号所有权与使用权分开进行权属约定。一般来说，司法机关尊重平台与用户之间基于意思自治而达成的用户协议中的约定。

在一起就QQ号码归属产生的纠纷中，原告通过其他方式从他人手中私下交易了某个QQ号码，原告主张其对该号码享有所有权。法院认为，根据

---

〔1〕 北京市朝阳区人民法院（2019）京0105民初63009号民事判决书，二审时，一审原告申请撤回原审起诉，故本判决书被二审裁定撤销。类案：江苏省宿迁市中级人民法院（2019）苏13民终4102号民事判决书。

〔2〕 辽宁省沈阳市苏家屯区人民法院（2020）辽0111民初2748号民事判决书。

〔3〕 辽宁省沈阳市中级人民法院（2016）辽01民终13122号民事判决书。

《软件许可协议》和《QQ用户协议》的规定，QQ号码使用权属于第一次申请注册的用户，如果发现使用者并非号码原注册人，被告有权收回号码。腾讯QQ号码是被告提供的一种即时通信服务，原告称该号码是一种虚拟财产，具有财产属性。但实质上，财产是具有法律上排他的支配可能性或管理性，且权利人可以以自己独立的意志进行支配、使用的物质或非物质，在被告提供即时通信服务的前提下，QQ号码才能进行正常发挥其使用价值。原告主张其对QQ号码享有所有权，但离开被告的服务，该QQ号码无法体现其相应的功能和作用，QQ号码的实质价值在于被告的服务，原告主张其对QQ号码当然享有所有权不能成立。[1]

在一起就电子邮箱账号引发的纠纷中，电子邮箱账号是经用户注册申请，由各平台服务商向用户分配的唯一电子地址。本案中，原告要求确认其对涉案电子邮箱账户享有所有权，实为要求确认其以账号"用户"身份使用平台提供的服务。用户与平台之间因用户服务协议形成合法有效的合同关系，原告作为用户基于与被告之间的服务协议享有案涉电子邮箱账户的使用权，故对于原告要求确认所有权的主张不予支持。[2]

(二) 仅具有财产属性的账号使用权归属

网络账号归属的问题涉及账号初始申请人、账号实际使用人、约定权属人等多方主体，法院往往综合平台性质与服务条款、当事人相关约定、其他有关案情等因素作出个案判断，主要有基于实际经营管理、注册主体是否提出异议等因素的实质分析与基于初始申请注册主体身份等形式要素的两种分析模式，前者如彭某某诉朱某所有权纠纷案[3]、广州狮之谦服装有限公司与杨某某合同纠纷案等[4]；后者如延边天宇文化传媒有限公司与王某某合同纠纷案[5]、南京经纶数字科技有限公司与钱某某等占有物返还纠纷案[6]、杭州宣言科技有限公司与陈某某合同纠纷案[7]、沭阳构美信息技术有限公司与

---

[1] 广东省深圳市福田区人民法院（2004）深福法民一初字第2085号民事判决书。
[2] 王某诉某技术公司、某信息服务公司网络服务合同纠纷案，北京互联网法院网络权益保护典型案件。
[3] 上海市第一中级人民法院（2015）沪一中民一（民）终字第2090号民事判决书。
[4] 广东省广州市中级人民法院（2018）粤01民终10473号民事判决书。
[5] 吉林省延吉市人民法院（2019）吉2401民初5123号民事判决书。
[6] 江苏省南京市中级人民法院（2020）苏01民终6865号民事判决书。
[7] 浙江省杭州市滨江区人民法院（2019）浙0108民初5743号民事判决书。

李某演出合同纠纷案[1]、卢某某与宋某网络侵权责任纠纷案[2]等。

在彭某某诉朱某所有权纠纷案中，法院首先确认淘宝网店账号属于虚拟财产，账号所有人的合法权益应受法律保护。在确定案涉淘宝店铺的所有权人时，法院并未依赖账号注册身份信息等形式因素，而是依据实际的经营管理人、用户所付出的人力物力、账号注册主体是否提出异议等实质因素进行认定。尽管案涉淘宝网店账号是以朱某的身份证注册，但由于其并未参与网店的实际经营，且未对第三人用自己的身份证信息开网店提出异议，因此淘宝店铺所有权应当归实际投资经营人彭某某所有。[3]

在广州狮之谦服装有限公司（以下简称狮之谦公司）与杨某某合同纠纷案中，甲方是一家集广告营销、内容策划、风格塑造为一体，同时通过供应链完全系统化整合资源，在交易平台上实现"网红"价值变现和"粉丝"消费的闭环模式的企业。乙方具有一定的网络知名度并拥有一定数量的粉丝群，有意接受甲方提供的专业服务，使自身的影响力形成品牌效应。新浪微博账号"芝柚cheese"和淘宝店"狮子小木"由乙方使用，双方合作运营。双方的《合作协议》中约定"如杨某某擅自终止本协议，本协议限定的品牌、店铺及社交媒体账号，所有权和使用权全部归狮之谦公司所有"。狮之谦公司在诉讼中提交了"cheeseY芝柚"的商标注册申请受理通知书，用以证明自己是该商标的所有权人，还提交了其为上述两个账号进行网络推广的证据。本案中，由于杨某某单方终止合作，法院判定新浪微博账号"芝柚cheese"的所有权和使用权归狮之谦公司所有，杨某某停止使用该社交媒体账号。[4]

然而，亦有延边天宇文化传媒有限公司与王某某合同纠纷案[5]、南京经纶数字科技有限公司与钱某某等占有物返还纠纷案[6]、杭州宣言科技有限公司与陈某某合同纠纷案[7]、沭阳构美信息技术有限公司与李某演出合同纠纷

---

[1] 江苏省宿迁市中级人民法院（2019）苏13民终4102号民事判决书。
[2] 重庆市第一中级人民法院（2019）渝01民终8536号民事判决书。
[3] 上海市第一中级人民法院（2015）沪一中民一（民）终字第2090号民事判决书。
[4] 广东省高级人民法院（2019）粤民申1475号民事裁定书。
[5] 吉林省延吉市人民法院（2019）吉2401民初5123号民事判决书。
[6] 江苏省南京市中级人民法院（2020）苏01民终6865号民事判决书。
[7] 浙江省杭州市滨江区人民法院（2019）浙0108民初5743号民事判决书。

案〔1〕、卢某某与宋某网络侵权责任纠纷案〔2〕等更重视初始申请注册主体身份等形式要素的司法裁判。

在南京经纬数字科技有限公司（以下简称经纬公司）与吕某、钱某某占有物返还纠纷案中，法院认为根据《微信公众平台服务协议》账号管理规定，微信公众账号的所有权归腾讯公司所有，用户完成申请注册手续后获得微信公众账号的使用权，该使用权仅属于初始申请注册主体。"钱某某工作室"微信公众号由吕某以其个人名义申请，且经纬公司安排员工维护平台行为也无法推定经纬公司享有使用权，因此微信号使用权应当归吕某所有。尽管经纬公司再次主张"吕某注册微信公众号的行为系职务行为，经纬公司享有案涉微信公众号使用权"，法院以证据不足驳回了经纬公司的请求。〔3〕

在杭州宣言科技有限公司（以下简称宣言公司）与陈某某合同纠纷案中，虽然法院认为陈某某曾出具《信息确认单》，明确"微博账号'About 宁生'为宣言公司资产，宣言公司对该账号拥有所有权"，且宣言公司为提升微博账号知名度投入一定劳动并且在合同有效期内由其运营使用，但法院最终还是认定既然该微博账号是以陈某某的名义开设，且原本由其长期使用，应当归还陈某某。〔4〕

（三）具有人身属性的账号使用权归属

账号属于网络虚拟财产，具有较强的人身属性，故对于账号的使用权归属问题，需要根据相关法律规定，并结合双方协议约定、账号注册使用情况、平台规则等因素予以判断。

对于具有人身依附性的账号，如主播账号、社交媒体账号，纠纷较多出现于网络主播与MCN机构、劳动者与用人单位之间。法院在处理时秉持不同的态度。

一种处理方式是，法院会考虑到一些平台的用户账号具有人身属性，账号注册主体对该账户的使用、管理权利已属于具有人身专属性的权利，不宜通过诉讼的方式强制其进行实名认证信息的变更。在延边天宇文化传媒有限公司（以下简称天宇公司）与王某某合同纠纷案中，法院认为，由于快手平

---

〔1〕 江苏省宿迁市中级人民法院（2019）苏13民终4102号民事判决书。
〔2〕 重庆市第一中级人民法院（2019）渝01民终8536号民事判决书。
〔3〕 江苏省南京市中级人民法院（2020）苏01民终6865号民事判决书。
〔4〕 浙江省杭州市滨江区人民法院（2019）浙0108民初5743号民事判决书。

台账号已绑定王某某的个人身份证,且账号登记注册实行实名制的前提下,不宜更换,也不得随意变更,且返还账号不具有可操作性,因此尽管天宇公司与王某某约定天宇公司帮助王某某申请或王某某单独申请的网络平台账号(包括但不限于如抖音、快手、美拍、火山、微博、秒拍等)一切账号归天宇公司全权所有,法院还是驳回了天宇公司关于王某某立即返还快手网络平台账号的诉讼请求。[1]在这类案件中,法院还兼顾考虑了平台对账号仅限本人使用的规则。在很多平台上,账号的使用者会使用具有特色的昵称,在司法审判中,曾有法院将账号昵称作为主播的艺名进行保护的情形。[2]

还有的法院通过评价 MCN 机构与主播的协议是否存在因显失公平而无效来达到保护主播权益的目的。MCN 机构与主播在协议中约定,主播注册账号并进行实名认证,但账号的使用权归属于 MCN 机构。当主播向法院主张涉案合同属于显失公平的合同,应为无效时,法院应结合案件事实对合同效力进行评价。在沭阳构美信息技术有限公司(以下简称构美公司)与李某演出合同纠纷中,法院认为淘宝直播账号带有明显的人身属性,以李某名义申请开通就应由李某控制账号密码。即使构美公司与李某约定所申请的账号所有权、使用权、收益权归构美公司,但从构美公司提供的签约合同书整个内容来看,约定的大部分内容均是李某的义务,李某明显处于缔约的弱势地位,因此构美公司无权要求李某交付直播账号密码。对于淘宝直播账号所得利润,当事人可以约定一定比例的分成,但在此案中由于合同约定"因李某原因影响构美公司控制使用账号的,构美公司将终止合作,淘宝全部佣金归构美公司所有并赔偿构美公司 500 万元",法院认为该约定排除了李某的主要权利,加重了李某的合同责任,因此构美公司主张李某返还佣金的诉讼请求依法不能成立。[3]在另外一起案件中,涉案快手账号系王某于双方合作协议签署前自行申请注册,当时即存在一定粉丝基础,法院认定王某与沈阳大汉名车汽车信

---

[1] 吉林省延吉市人民法院(2019)吉 2401 民初 5123 号民事判决书。类案包括:江苏省苏州市中级人民法院(2020)苏 05 民终 9441 号民事判决书;浙江省杭州市滨江区人民法院(2019)浙 0108 民初 5743 号民事判决书;安徽省蚌埠市蚌山区人民法院(2020)皖 0303 民初 3330 号民事判决书。

[2] 在重庆天权星文化传媒有限公司与游某、浪胃仙(重庆)文化传媒有限公司不正当竞争纠纷案中,法院认为"浪胃仙"是天权星公司之前签约的艺人李某的艺名,艺名具有人身属性,不可转让、放弃、继承,应由艺人独享。参见重庆市高级人民法院(2022)渝民终 859 号民事判决书。

[3] 江苏省宿迁市中级人民法院(2019)苏 13 民终 4102 号民事判决书。

息咨询有限公司之间的直播销售艺人合作协议中关于账号归属于 MCN 机构的条款为无效的格式条款。[1]

另一种处理方式是，法院根据主播与 MCN 公司之间就账号归属、合同解除后的账号处理的实际约定来进行裁判，约定优先。账号使用权归属应当按照主播与 MCN 机构之间的协议进行处理。[2]如果合同约定了账号归属于公司，那么，主播负有变更义务。如果合同未对此进行约定，当劳动关系或者合作关系解除之后，应综合账号注册的目的和过程、账号的初始注册主体、账号运营和运营结果等情况，按照诚信原则和公平原则，合理确定账号的归属。如果根据诸多因素，账号使用权应当归属于主播的，那么，企业一方要求实际注册账号的用户移交管理权限的，一般不予支持，但是，用户一方继续使用该账号的，负有不作为义务，即不得利用该账号曾与企业一方的关联而实施损害企业利益的行为。例如，在一起案件中，双方《合作协议》约定：乙方（主播）的抖音号自本协议生效起，就属于甲方（MCN 机构）拥有，不再属于个人（包括协议结束或解除后），甲方有权将乙方备案抖音号转入甲方指定的企业号蓝 V，转入时间由甲方确定和操作，与乙方抖音号相关的资产（包括但不限于音浪收入）均属于甲方，乙方不再享有该号的任何权益。虽案涉抖音账号已由乙方以其个人身份信息等完成实名认证程序，但不能因此排除甲方依据《合作协议》约定对账号享有的权益，且抖音账号的实名认证信息并非不可更改。故最终法院判定乙方向甲方返还抖音号，并协助甲方办理上述抖音账号的企业号实名认证程序。[3]

在双方对账号归属没有约定的情况下，法院会结合案件所涉及的多个因素进行裁判。在重庆天权星文化传媒有限公司（以下简称天权星公司）与游某、浪胃仙（重庆）文化传媒有限公司不正当竞争纠纷案[4]中，天权星公司与李某（艺名为浪胃仙大胃王）签订《艺人独家经纪合同》，约定天权星公司全权代理李某涉及但不限于网络平台主播、摄影模特、出版等与演艺有

---

[1] 沈阳市中级人民法院（2021）辽 01 民终 2578 号民事判决书。

[2] 广东省广州市中级人民法院（2020）粤 01 民终 19618 号民事判决书；湖南省张家界市中级人民法院（2022）湘 08 民终 617 号民事判决书；辽宁省沈阳市中级人民法院（2022）辽 01 民终 1889 号民事判决书。

[3] 湖南省张家界市中级人民法院（2022）湘 08 民终 617 号民事判决书。

[4] 重庆市高级人民法院（2022）渝民终 859 号民事判决书。

关的商业或非商业活动。合同到期后,李某决定不再延长续签《艺人独家经纪合同》,李某告知天权星公司不得以其名义对外承接商业活动、招揽艺人等。但天权星公司认为案涉"浪胃仙"抖音、快手账号系公司资产,向法院起诉请求确认相关抖音、快手账号归属天权星公司所有。法院认为,账号权属之争,本质上就是账号所代表市场经济价值的归属之争。对于抖音、快手账号而言,注册行为本身并不当然产生市场经济价值,账号只有通过使用而吸引了一定的粉丝和一定的市场影响力,才具有市场价值。在本案双方对账号归属没有约定的情况下,法院从案涉账号注册过程、账号使用情况、双方交流账号归属和管理情况、账号运营的结果等多个角度确定账号归属。首先,从案涉账号注册过程来看,由于企业申请抖音账号认证,必须先使用手机号注册,因此天权星公司在注册相关账号时才让公司法定代表人、执行董事兼总经理游某某注册账号;其次,从账号使用情况来看,案涉账号中发布的内容均系李某的商业或非商业活动的视频,并无游某某的个人生活视频;再次,从双方交流账号归属和管理情况来看,游某某就如何经营账号、如何开展艺人管理工作等问题与天权星公司其他工作人员进行了沟通并且也明确表示账号归属于公司,而且公司为李某的抖音直播活动、视频拍摄、粉丝维护等投入了资金和人力;最后,从账号运营的结果来看,经过天权星公司的经营,案涉账户积累了数千万粉丝,已经在全国范围内形成了一定知名度,具有非常高的商业价值。综合上述几个因素判断,法院最终认定游某某对案涉账号的注册、使用、管理,均属于其履行天权星公司经营业务的职务行为,所以案涉账号应属于天权星公司的虚拟财产。此外,若账号的名称中包含了公司的注册商标、商号等信息,法院可能会倾向于保护公司即商业标识专有权人的利益。

如果双方对于账号使用权归属并无约定,因个案中的情况不同,带来的结果也会有所差异。对于社交媒体账号,法院也可能会基于账号的人身属性,在双方合作关系解除之后,判决账号归个人所有。在张某与创客公司案[1]中,就案涉账号的注册使用而言,创客公司明确表示案涉账号非由其注册,系由张某注册;张某认可账号系由其本人实名注册。因创客公司与张某签订

---

[1] 北京市第三中级人民法院(2022)京03民终8800号民事判决书。类案包括:北京市海淀区人民法院(2022)京0108民初19051号民事判决书;浙江省杭州市中级人民法院(2020)浙01民终5899号民事判决书。

涉案协议，故张某基于合作协议安排将相关权利让渡给创客公司。应该看到，网络直播经济具有自身的特点，创客公司通过对网络账号的运营、投入，可积累大量粉丝，实现流量变现，并与主播共享收益，这是网络账号最核心的财产价值。因此，创客公司基于其投入对账号享有一定的财产利益。但结合双方关于创作过程的陈述可知，相关账号的内容创作亦高度依赖于主播，账号所产生的经济价值与主播本人的创作、形象和用户喜爱密不可分，故创客公司并非独立享有账号的财产利益。在双方协议对于账号权属并无明确约定的情况下，考虑到案涉网络账号已与主播个人身份信息相绑定，具有一定的人身属性，在合同解除或终止时，相关网络账号的使用权宜归属主播个人，但张某应就其违约行为向创客公司承担相应的违约责任。

当账号注册主体与账号实际适用主体不一致时，应当考量谁对账号的经济价值作出贡献。在广州互联网法院审理的全国首例借名直播案——王某诉广州繁星互娱信息科技有限公司等网络侵权责任纠纷案[1]中，法院认为：尽管涉案账号最初以王某的身份信息进行注册，但是，该账号上添附的财产内容是张某多年直播、经营的劳动成果，其对该部分财产权益的形成作出了重要的、无可替代的贡献。此种情况下，将相关财产权益分配给创造者，符合劳有所得的价值导向，也符合公平原则的实质要求。此外，从效率角度衡量，王某注册新的账号的成本较低，而要求张某舍弃该账号，则其多年直播的付出和投入将付诸东流，可能会造成账号上添附的虚拟财产及资源的浪费，不符合效率原则。法院明确了实际使用人劳动创造的网络虚拟财产受法律保护，该案对于推动构建良好的虚拟财产保护与经济发展秩序有典型意义。

第二节　用户网络账号的买卖与租赁

关于账号交易行为的争议，在司法实践中屡屡发生。在网络服务提供者用户协议已经明令禁止账号转让时，用户个人之间签订的转让合同效力该如何认定？账号转让行为对非合同方的平台是否有效？下文将围绕账号交易的类型与成因、产业实践和司法实践的处理态度等问题展开分析。

---

[1] 广州互联网法院（2020）粤0192民初38173号民事判决书，该案被最高人民法院评为全国法院系统2021年度优秀案例。

一、用户账号交易的类型与成因

(一) 用户账号的买卖与租赁

用户账号交易是指网络用户以赠与、出借、租赁、售卖等各种形式,许可他人使用该网络账号的行为,通常以告知账号与密码等形式完成账号交易。无论是账号租赁,还是账号买卖,其本质上都是网络用户对账号使用权的转让或出租,而非财产的买卖或者所有权的转移。

用户账号交易行为可以分为永久性转让与暂时性租赁行为。账号转让并不等同于账号内的内容转让,账号交易产生了账号持有人变化的结果。账号内的内容转让,并不涉及账号实际持有人的改变,是指通过复制粘贴等形式将一个账号内的信息搬运到另一账号内,账号内的内容转让常见于创作型平台。

根据交易行为是否有中立的交易第三方为分类标准,账号交易行为可以分为私下交易与平台交易。私下交易,是指用户并未借助第三方交易平台,而是通过微博、贴吧、微信群等社交媒体或其他途径完成用户网络账号转让,由于并不存在可靠的第三方,交易风险较大,一旦发生欺诈等不良行为,用户难以获得有效救济。而且,在账号私下交易的情形下,受让方仅在获取密码后,在后台变更账号内的基本信息,但账号未进行实名认证,其并不享有对该账号的完整控制权,账号初始注册主体依然可以通过"密码找回"等途径重新登录账号。

平台交易是指通过专门的账号交易平台实现账号转让,如一些新媒体交易平台主要提供电子商铺的转让服务,还有一些平台用于发布小红书、快手号、微博账号等社交媒体账号的转让信息。在这一类交易平台上,可以详细看到出售价格、粉丝数量、认证主体、账号类目等详细信息。一些账号交易平台并未获得官方授权,安全性、保密性难以确定。除网络运营者指定第三方交易平台、网络用户私下在平台外进行交易这两种情形外,有的网络服务提供者还在自己的平台内开通赠送功能或者支持变更实名认证。

对于网络账号买卖,现有纠纷主要集中在微信账号上。对于网络账号租赁,现有纠纷主要集中在两种类型的用户账号上。第一类是网络游戏账号租赁,有些平台大规模地从事租号经营活动。在网络游戏行业,"一人一号"是行业惯例,游戏平台均会在其服务协议中明确禁止游戏账号交易行为。第二类是视频平台账号租赁，主要涉及的是视频平台的需要付费获得的 VIP 账号。实践中，存在共享会员和分时出租两种样态。

（二）用户账号交易行为的出现原因

在实践中，账号转让行为层出不穷。究其原因，主要有如下几点：第一，出让人通过账号交易来获取经济利益。账号的财产价值，与账号的等级、账号内的内容、粉丝数等多维度因素相关。例如，游戏账号，等级越高、拥有的武器装备越稀有，账号的经济价值就越大；又如微博、京东店铺等账号，拥有的粉丝数量越高，财产属性也就越高。大数据时代的平台经济是流量经济，数据量相当于客流量，决定了营业额，也推动了资金流和物流的高速运转。而流量与资本的投入与产出往往呈现出正相关性，高流量需要巨大的资本投入，也能带来巨大的资本效应。[1]流量越高，意味着有更大的概率被更多的人看见、被更多的人关注，商品就有更大的概率被售出，用户有更大的概率拿到品牌推广。这类账号在被转让时也能售出更高的价格。除了账号转让，还存在账号租赁，有专门的从业者通过将一个账号反复租赁给不同用户牟利，虽然单笔交易额并不高，但是交易数量可以达到上万次。账号租赁不仅给网络服务提供者管理其平台带来困难，也为个人实施违法犯罪活动间接地提供了便利。在北京微播视界科技有限公司（以下简称微播公司）诉四川海爪传媒有限公司不正当竞争案中，被告为"抖音"短视频账号买卖提供交易平台、发布交易信息、进行交易担保和账号估值等服务，并按照账号实际成交金额的比例收取服务费用。法院认为，被告利用"抖音"既有的用户资源和市场成果为自己谋取交易机会，其行为规避了互联网用户账号实名制管理规范，违反了商业道德；损害了微播公司和其他"抖音"用户合法权益，构成不正当竞争。[2]

第二，一些账号持有主体为了减少或收回其付出的成本，将账号出租。这里的成本包括但不限于用户的时间、金钱、精力等。现在多数平台都有会员制度，即用户在充值一定金钱后可以在一定时间内获得平台的增值服务，会员通常以月或年为单位进行充值。以腾讯视频 VIP 会员为例，连续包月

---

[1] 刘丽、郭苏建："大数据技术带来的社会公平困境及变革"，载《探索与争鸣》2020 年第 12 期。

[2] 成都铁路运输中级法院（2022）川 71 民终 234 号民事判决书。

VIP价格为一个月25元，连续包季为68元一季，连续包年为238元一年，会员可以专享VIP影片、免看广告、抢先看新剧等特权。[1]对于部分用户而言，其并非想要长期使用某一平台，可能只是想看某部特定影片，在使用频率与时长较低的情况下，用户可能会更倾向于用更低的价格临时租赁一个账号。除此之外，相较于新注册一个账号，受让他人账号可以在短时间内获得较高的服务体验。例如，用户为了追求更顺畅的游戏体验，可能会选择购买等级较高、拥有精良武器装备的账号。

第三，一些网络用户为了绕开网络服务提供者的一些限制条件而使用他人账号。有些平台会对用户使用平台服务作出一定的限制，如未成年人防沉迷制度。个别未成年的网络游戏用户为了能够顺利不受限制地使用平台服务，会选择租赁或者购买他人账号。

二、产业实践与司法实践对账号交易的态度

（一）网络服务提供者对于账号交易的态度

对于用户交易账号行为，一部分网络服务提供者完全禁止，而另一部分网络服务提供者则持附条件允许的态度。行业通常做法为在用户协议中明确约定："账号的所有权归公司所有，用户完成申请注册手续后，仅获得账号的使用权，且该使用权仅属于初始申请注册人。同时，初始申请注册人不得赠与、借用、租用、转让或售卖账号或者以其他方式许可非初始申请注册人使用账号。非初始申请注册人不得通过受赠、继承、承租、受让或者其他任何方式使用账号"，同时也会约定"长时间未登录的账号，平台有进行收回或删除注销的权利"。比如，《人人网用户协议》写明"仅当有法律明文规定、司法裁定或经人人同意，并符合人人平台规则规定的用户账户转让流程的情况下，您可进行账户的转让。您的账户一经转让，该账户项下权利义务一并转移"。再如，《微博服务使用协议》中规定，未经微博运营方同意，用户不得擅自买卖、转让、出租任何微博账号或微博昵称。用户不应将其账号、密码转让或出借于他人使用。《快手服务协议》中也约定未经快手书面同意，用户不得以任何形式出借、出租、赠与、转让、售卖或以其他方式许可他人使用

---

[1] "腾讯视频会员价格调整通知"，载腾讯客服网，https://kf.qq.com/faq/181226UZ7VnU181226eqaYNJ.html，最后访问时间：2022年7月27日。

快手账号。

用户协议还进一步约定，在用户违约情形下对用户账号实施包括停用、封禁或注销账号在内的权利。如果平台发现用户实施了上述买卖、转让、出租、出借等账号交易行为，平台有权不经通知注销、冻结或收回账号，且不承担由此造成的虚拟财产损失。

相关约定还起到过对用户使用、收益和处分账号的限制产生实质上由平台保留账号所有权的效果。从制度完善的角度，建构账号流转、继承和救济的系统规则，对于保护网络用户及利害关系人的合法权益具有十分重要的意义。[1]

对于电子商务平台上用户开设的网络店铺而言，一般来说，平台方允许店铺变更经营主体，但必须履行平台规定的转让程序。比如，自然人店铺升级变更为企业店铺、因婚姻关系变动或者因继承，可向平台申请亲属关系变更。淘宝平台服务协议写明，"由于用户账户关联用户信用信息，仅当有法律明文规定、司法裁定或经淘宝同意，并符合淘宝平台规则规定的用户账户转让流程的情况下，您可进行账户的转让。您的账户一经转让，该账户项下权利义务一并转移。除此之外，您的账户不得以任何方式转让，否则淘宝平台有权追究您的违约责任，且由此产生的责任及后果均由您自行承担"。[2]

在个案中，法院认可平台用户协议中禁止账户转让条款的效力，认定用户之间未经平台允许的私下账户转让行为不能产生账户转让的法律效果。在浙江淘宝网络有限公司与李某买卖合同纠纷案[3]中，李某与姚某某在自愿、平等和协商一致的基础上签订《淘宝网店转让合同》。合同约定由姚某某向李某转让其注册的淘宝店铺"燕子浦东机场日上免税代购化妆品"。2015年2月，淘宝公司根据《淘宝规则》，以姚某某系淘宝工作人员为由，查封诉争淘宝店铺账户。原告李某认为被告浙江淘宝网络有限公司关停诉争淘宝店铺侵犯其合法权利，请求法院判令原告与被告姚某某签订的《淘宝网店转让合同》合法有效。法院生效裁判认为，网络店铺店主通过与网络平台经营者签订服

---

[1] 刘晓纯、黄沁蕊："论网络社区账号的法律属性及规则构建"，载《天津大学学报（社会科学版）》2014年第4期。

[2] https://terms.alicdn.com/legal-agreement/terms/TD/TD201609301342_19559.html，更新日期：2022年12月31日。

[3] 上海市闵行区人民法院（2015）闵民一（民）初字第10711号民事判决书。

务协议而享有网络店铺的经营权，服务协议内容经双方认可，且不存在违反法律行政法规强制性规定、损害社会公共利益等情形，故双方之间形成合法有效的合同关系。例如，店主将网络店铺转让给他人，相当于将其与网络平台经营者之间合同关系项下的权利义务一并予以转让，属于本案当时所适用的 1999 年《合同法》规定的权利义务的概括转让，须经对方当事人即网络平台经营者的同意。现姚某某与李某未征得淘宝公司同意，私自转让系争淘宝店铺，该转让行为不发生法律效力。此外，2014 年 1 月 10 日修订版的《淘宝平台服务协议》载明："您的登录名、淘宝昵称和密码不得以任何方式买卖、转让、赠与或继承，除非有法律明确规定或司法裁定，并经淘宝同意，且需提供淘宝要求的合格的文件材料并根据淘宝制定的操作流程办理。"据此协议中有关禁止账号转让的相关规定，李某主张《淘宝网店转让合同》合法有效，缺乏法律依据。

淘宝店铺均存在一定程度之信用等级，该信用等级与店主的经营能力及信誉息息相关，是消费者网络购物时的重要参考因素。在缺乏必要、有效公示手段的情形下，店主私自转让淘宝店铺，确会导致经营能力及信誉与信用等级不匹配之状况，对网络交易安全带来不可知、不可控的影响，故淘宝平台服务协议中限制淘宝店铺私自转让的相关条款具有合理性。[1]

从平台治理与网络安全的角度考虑，网络平台禁止用户未经其许可从事账号交易活动，这具有合理性。基于公共利益的考虑，互联网行业的监管方对于网络内容与数据安全、网络管理秩序、互联网金融发展、未成年人保护等各个方面实施监管。网络平台的合规治理要求其对账号流转施加必要限制。以直播行业为例，网络直播平台需遵守《网络表演经营活动管理办法》《互联网直播服务管理规定》《关于加强网络表演管理工作的规定》《关于加强网络直播服务管理工作的通知》等直播活动的相关规定。根据要求，平台要进行备案及许可、对主播进行实名制认证、建立黑名单管理制度等。如果用户之间进行私下账号交易，这为平台的自治与管理工作带来困难。《互联网用户公众账号信息服务管理规定》第 11 条明确禁止网络用户私下转让公众账号，要求平台发现生产运营者未经审核擅自转让公众账号的，应当及时暂停或者终止提供服务。

---

[1] 上海市第一中级人民法院（2015）沪一中民一（民）终字第 4045 号民事判决书。

网络虚拟财产的"禁止交易"与账号内数据信息的迁移是两个维度的问题。考虑到账号的财产价值，当网络用户有转移账号下包含虚拟财产、数据、版权内容等请求时，有的网络服务平台采取了变通性规则。平台虽然不支持账号变更主体，但是，平台推出账号迁移功能，可将一个账号内的粉丝、文章素材、微信号、违规记录迁移至另一账号。[1]从数据要素的重要性及用户对数据流通的现实需求来看，账号迁移服务具有必要性，能够协同实现维护网络安全和平台运营管理秩序这一目标和保障用户数据与信息权益这一目标。

（二）当事人之间账号转让合同效力的司法认定

关于当事人之间账号转让合同效力的认定，一般来说，应为有效，只是账号转让合同有效并不意味着账号转让行为发生效力。在叶某某与韦某某合同纠纷案中，法院认为原被告之间签订的《账号转让合同》系双方当事人的真实意思表示，且不存在法律规定的无效情形，属合法有效的合同。[2]所以，如果一方未按约履行交付网店及变更注册人和支付宝账户的义务，则构成违约。[3]在王某某与于某某买卖合同纠纷案中，双方当事人就QQ账号买卖合同履约情况产生争议。法院查明，双方当事人通过交易猫平台签订了《账号转让协议》，约定被告将其QQ账号转让给原告且被告不得找回，并约定了相应的违约金；被告后来找回了QQ账号，并向原告退款。法院认定双方订立的上述合同有效，并判决被告向原告支付约定的100%违约金。[4]与此类似，有的法院也认可夫妻双方在离婚协议中约定婚姻关系存续期间双方共同经营的网络账号的归属。[5]

在卢某某与宋某网络侵权责任纠纷案中，法院既讨论了账号权属问题，又讨论了用户转让账号行为效力问题。法院认为，尽管平台限制用户对账号进行转让，但依据合同相对性原理与案涉平台未对使用权转让作限制的事实，转让案涉微信账号使用权的行为有效。该案中，法院认为，卢某某将用自己

---

[1] 参见《公众账号迁移指引》，https://kf.qq.com/touch/wxappfaq/170120a6rqEN170120ZVVrU7.html?scene_id=kf3414，最后访问时间：2023年3月1日。

[2] 广西壮族自治区北海市海城区人民法院（2022）桂0502民初1524号民事判决书。

[3] 上海市静安区人民法院（2013）静民二（商）初字第1123号民事判决书。

[4] 江苏省连云港市连云区人民法院（2018）苏0703民初2412号民事判决书。类案包括：上海市浦东新区人民法院（2021）沪0115民初91689号民事判决书；广东省吴川市人民法院（2021）粤0883民初1156号民事判决书。

[5] 重庆市涪陵区人民法院（2021）渝0102民初3408号民事判决书。

个人信息注册的微信账号使用权转让给自然客公司是基于双方当事人的真实意思，行为有效，自然客公司能够取得案涉微信的账号、密码以及绑定的手机号码并可以实际使用。自然客公司实际占有、使用案涉微信账号并运用于同公司客户的沟通交流、业务拓展以及财务收支等用途，赋予了微信账号商业价值，其属于一种无形资产。尽管《腾讯微信软件许可及服务协议》约定初始申请注册人不得赠与、借用、租用、转让或者售卖微信账号或者以其他方式许可非初始申请注册人使用微信账号，非初始申请注册人不得通过受赠、继承、承租、受让或者其他任何方式使用微信账号，但是，《腾讯微信软件许可及服务协议》系腾讯公司与微信软件用户之间订立的民事合同，其相关内容仅能约束签署该协议的双方当事人。根据合同的相对性原则，该协议内容并不能对微信软件用户之间转让微信账号使用权等行为产生对抗效力。而本案中自然客公司员工宋某成功更改微信账号实名认证信息的事实也表明腾讯公司并未对此行为进行限制，客观上也促成了用户之间对微信账号使用权的交易，因此自然客公司获得案涉微信账号的使用权具有合法性，自然也可以授权其员工宋某更改微信账号的实名认证信息。[1]

司法机关倾向于认可用户协议对账号附条件转让使用权的约定，未经权利相关方完成账号控制权转让、实名认证，不发生账号转让的效力。在一起案件中，法院认为，涉案账号的绑定手机号码和个人邮箱均为原告实名注册持有且长期使用，而且，原告的充值记录最早于 2016 年开始。在涉案游戏账号数据继承发生争议时，虽然涉案账号的绑定身份证号与原告身份证号不同，但第三人述称其在购买账号后将涉案账号绑定姓名、身份证号进行了更改。综上，结合现有证据，可以认定原告为涉案账号的初始申请注册人，享有涉案账号使用权。虽然第三人购买涉案账号并支付了一定对价，但本案原告或是平台均并非出卖方，且《网络游戏用户协议》明确约定账号使用权禁止售卖，因此，涉案账号使用权主体不因第三人的账号购买行为而发生变更。故，涉案账号使用权仍归属原告所有。[2]

但是，在有的案件中，司法机关认为账号转让合同无效。账号转让还涉及账号本身的人身性和账号内个人信息的法律问题。平台的用户账号并非简

---

[1] 重庆市第一中级人民法院（2019）渝 01 民终 8536 号民事判决书。
[2] 北京互联网法院（2021）京 0491 民初 44088 号民事判决书。

单的数据合集，而是具有一定的人身属性与财产属性，"一人一号"可以确保网络空间社会活动的一致性。此外，账号不仅是其用户个人信息的体现，同时还含有许多其他平台用户的个人信息，账号转让还涉及个人信息转让的问题。

在江苏省高级人民法院 2021 年度参阅案例"程某某诉赵某某买卖微信账号合同纠纷案"中，法院认为，"买卖微信账号行为的实质是买卖微信好友的个人信息，违反法律的强制性规定，应当认定为无效"。本案的裁判推理简单地将买卖账号等同于买卖个人信息并不妥当。

在程某与赵某合同纠纷案中，法院认为，程某和赵某均从事医疗美容行业，他们转让的涉案 9 个微信账号，实际上是为了转让其中的客户资源。程某作为"网红"医美顾问，通过微信账号向客户提供医美咨询服务，为医美机构介绍客户并抽取佣金，在此过程中程某添加了许多意欲做医美的客户并获得其住址、医疗记录等个人信息，目标客户的集聚更易促成交易的完成。[1]事实上，利用微信账号联络客户与利用手机号码联络客户并无本质上区别。与微信账号类似，手机号码也承载着用户社交功能，是用户构建、保持和拓展外部联系的重要渠道，以及维系或变更社交网络关系的重要工具。号码一旦由消费者使用就与其个人利益结合，或是具有高度的商业价值，或是带有浓厚的情感因素，而不再只是通信上的识别单位。[2]当用户以商业身份开展商业活动时，相应的客户资源和商业信誉也就随之产生和积累，体现为微信账号好友列表或手机号码通讯录列表的变化。二者在平台媒介上的不同不改变这种客户资源属性，但影响其可转让性：微信好友列表依托微信账号存在，而手机通讯录可以选择存储在手机中或者手机号码中。客户通讯录列表的转让对于前一种情况从属于手机机体的转让；对于后一种情况则从属于手机号的转让，此时转让手机号与转让微信账号都属于转让客户资源。

本案中，程某之前取得自己客户的相关个人信息获得了客户的同意，而他之所以能获得这些信息，是以自己提供的商品、服务、咨询、商誉乃至人格作为信誉担保的。而通过购买方式获得这些信息的赵某则不同，一方面，

---

〔1〕 江苏省江阴市人民法院（2020）苏 0281 民初 7297 号民事判决书。

〔2〕 王红霞："号权初论——通讯社交利益的形成脉络与设权逻辑"，载《法商研究》2013 年第 5 期。

他在没有明示的前提下就以之前程某积累的商誉为基础推销产品或服务，使潜在的消费者产生错误的主体认同；另一方面，他获取并利用这些个人信息也没有以信息主体的知情和同意作为正当性基础。不同于微博、小红书等开放式内容平台，微信作为个人社交账号具有更强的私密性与个人色彩。

对于此类平台，用户账号间好友关系的建立和保持具有很强的人身性，往往受商业声誉或工作、生活交往需求驱动，如本案中，程某之所以能够与其微信好友列表中的客户建立和维持好友关系，很大程度上是基于客户对账号主体的身份认识，即该账号由具有相应商业信誉和个人声誉的程某使用。相应的，程某秘密向赵某转让账号的使用权限，将使得其账号好友列表中的客户陷入错误的交易主体认知，对用户的交易产生欺骗性、误导性的影响，有违商业道德和市场秩序。另外，既然账号的转让还涉及其中客户个人信息的转让，那么程某作为经营者的有关行为还应符合《消费者权益保护法》等法律对于消费者个人信息转让的规定。此时，在未经其他用户同意的情况下向第三人转让个人信息，构成侵犯消费者个人信息权利的违法行为。

（三）用户协议禁止账号私下交易的条款效力

用户协议是我国《民法典》第496条规定的一种典型的格式条款。在互联网环境下，网络用户并未参与到用户协议的制定环节，而是由服务提供者单方面制定。用户点击同意用户协议注册账号，获得平台服务，从这一角度来看，用户协议是意思自治的产物。与此同时，格式化的用户协议也与消费者利益保护密切相关。对于用户协议中的条款效力，在爱奇艺超前点播案中，法院对于网络服务格式合同的效力采用"订入控制"和"内容控制"的二阶判断方法，依据《民法典》第496条和第497条的规定进行审查。[1]

针对禁止账号转让条款的效力，一般来说，法院认可该条款的效力。例如，在涉及淘宝店铺的案件中，有法院认为，"淘宝店铺均存在一定程度之信用等级，该信用等级与店主的经营能力及信誉息息相关，是消费者网络购物时的重要参考因素。在缺乏必要、有效公示手段的情形下，店主私自转让淘宝店铺，确会导致经营能力及信誉与信用等级不匹配之状况，对网络交易安全带来不可知、不可控的影响"，因此有关限制淘宝店铺的私自转让条款具有

---

[1] 参见最高人民法院民二庭发布2020年全国法院十大商事案例之一：吴某某与北京爱奇艺科技有限公司网络服务合同纠纷案，北京市第四中级人民法院（2020）京04民终359号民事判决书。

合理性。由此可见，法院为了确保网络交易安全的可知性与可控性、保障消费者知情权，认同平台禁止账号转让条款的正当性。

对于网络游戏账号而言，用户协议对账号交易的禁止，是网络服务提供者对用户不当使用账号行为的约束和管理。服务协议中的格式条款实质内容为"未经平台授权禁止用户自行转让账号"，该限制条款系运营商为符合网络游戏实名制监管规定要求而采取的必要措施，且未排除用户享受服务及其他对游戏账号的合法处分权利，不存在违反法律法规效力性强制性规定或公序良俗的情形，对其效力应予认可。[1]

在腾讯QQ诉王某某、淘宝网站侵犯著作权纠纷案[2]中，用户在申请注册QQ号码以及安装腾讯QQ软件的过程中，必须接受原告拟定的《腾讯QQ用户服务条款》，原告在该条款中已经明确禁止转让、继受、售卖QQ号码。用户完成QQ号码的注册或安装腾讯QQ软件即表明用户已经接受了该条款，该条款不具有合同法下的无效情形，亦未损害社会公共利益，应属合法有效。同时，用户获得QQ号码以及使用腾讯QQ软件均不需要支付任何对价，原告在许可用户免费使用腾讯QQ软件的同时限制用户自行转让QQ号码亦属合理。故原告依法有权禁止用户转让、继受、售卖QQ号码。针对禁止账号转让的相关条款，法院认为，用户注册账号及使用软件服务的过程中均不需支付任何对价，服务商在许可用户免费使用软件服务的同时限制用户自行转让账号具有合理性。

在盛某某诉北京空中信使信息技术有限公司等返还原物纠纷案中，双方当事人就被告是否有义务向原告返还游戏账号产生争议。一审法院查明，被告运营的坦克世界游戏平台的《空中网用户注册协议》有"账号使用权仅属于初始申请注册人，禁止赠与、分配、转让、继受或售卖。如果您并非账号初始注册人，我们有权在不事先通知您的情况下收回该账号，由此带来的包括并不限于用户游戏中断、个人资料和游戏道具丢失以及无法登录网络游戏等损失均由您自行承担"等约定；原告向第三人购买账号和密码后修改了游戏密码、游戏角色名、邮箱，2015年12月30日再次登录时发现密码错误，

---

[1] 上海市嘉定区人民法院发布10个数字经济司法研究及实践（嘉定）基地首批典型案例之三：王某诉上海某网络科技有限公司、夏某网络服务合同纠纷案。

[2] 广东省深圳市中级人民法院（2008）深中法民三终字第20号民事判决书。

被告客服拒绝辅助原告重新取得对账号的控制权。法院认为，原告作为坦克世界游戏平台的实名玩家，应当知晓《空中网用户注册协议》有关账号权属和禁止转让的规定；虽然原告购买账号支付了一定对价，但被告并非出卖方亦非买卖平台提供方，对此不应承担相应责任，亦不负有向原告返还账号的义务。[1]

如果网络用户通过非官方途径获得原本由其他人注册的账号，并通过掌握账号登录密码的方式对账号进行实际控制，也未在平台办理账号的实名注册变更登记，那么，当网络用户因账号封禁等原因起诉平台构成违约或侵权时，原告较大可能被认为是诉讼主体不适格。这一方面是因为用户协议约定了账号只能由注册人进行使用；另一方面，从社会公共秩序的角度来看，为了防范可能的违法违规行为，有必要落实和遵守《网络安全法》等法律法规关于网络实名制的要求，使义务、责任的承担者与权利的享有者相一致。另外，网络实名具有权利公示公信的作用和效果，在与账号有关的盗号、代练、私下交易、代为充值等行为导致实名注册人和实际登录人不一致的情况易发多发、账号可能关联多个主体的复杂权益的情况下，明确实名注册人权益的公示公信效力，有利于定分止争、降低社会成本、增强权利的稳定性和可预期性，同时亦有助于引导民事主体规范有关行为，促进网络虚拟财产交易健康有序。[2]

三、与账号使用权有关的不正当竞争

（一）用户账号交易平台与不正当竞争

多数网络服务提供者禁止用户账号交易，但实践中个别网络用户有账号转让或者租赁需求，也有用户希望能够逃避网络实名制的要求，于是产生了"租号""养号""批量注册账号""一键上号""虚假认证账号"等生意。一些互联网行业经营者围绕账号转让、账号交易来开展经营活动。

从事账号买卖或租赁是指账号注册人将注册的账号以有偿方式提供他人使用或者于一定期限内使用以谋取利益的行为。第三方交易平台在账号交易中扮演着中介服务提供者的角色。被交易账号的所属平台认为组织大规模账

---

[1] 北京市海淀区人民法院（2016）京0108民初11200号民事判决书。
[2] 广州互联网法院（2021）粤0192民初35834号一审民事裁定书。

号交易、具有经营性质的账号交易平台构成不正当竞争行为。

我国《反不正当竞争法》第 12 条是互联网专条，规定了互联网领域的几种常见的不正当竞争行为。但是，账号交易平台的此项业务无法落入第 12 条的规制范围。此时，就需要考量能否依据《反不正当竞争法》第 2 条 "一般条款"来评判该业务是否属于不正当竞争。为此，需要考察的因素有二：第一，被诉行为是否属于违反诚实信用原则和商业道德的行为，具有不正当性或可责性；第二，其他经营者利益或者消费者利益是否因被诉行为而遭受损害。

首先，网络账号交易平台为违规的账号交易行为提供了条件。从各个互联网平台的用户协议中可知，用户账号实名注册，注册后用户享有使用权，账号所有权归属于网络服务提供者。禁止账号转租、转借、转让是现阶段互联网行业进行账号管理的基本商业规则。而且，对于游戏平台而言，亦是为落实未成年人防沉迷的网络监管要求。网络账号交易平台明知账号所有权人禁止账号交易，仍为用户交易账号提供条件，其具有主观故意。

其次，网络账号交易平台通过账号交易获得不正当利益。此类平台在提供服务时，在每笔订单中都收取了一定比例的手续费，直接获取经济效益。

再次，账号所归属的网络服务提供者的利益受到损害。从游戏账号交易的角度，账号交易中介服务的存在导致普通用户无须注册即可获得游戏资源，不仅减少了相关游戏注册用户的数量、降低了用户使用黏性，而且破坏了游戏网站的运营模式，严重影响相关增值服务等交易收入。这将使得游戏运营者无法准确掌握游戏玩家的真实身份和注册数量，影响了算法精确度及优化，不当增加了运营难度和成本。账号交易中介服务的存在也干扰了游戏账号实名认证机制，导致游戏防沉迷系统难以有效发挥作用。从视频账号交易的角度来看，被交易的账号较多为 VIP 账号，这是账号归属平台向付费会员提供的特殊权益，账号租赁行为损害了账号归属平台基于经营自主权对会员账号所作的限制，使得普通用户可以不支付 VIP 会员费用即可享受 VIP 会员服务，这破坏了账号归属平台的盈利方式，减少账号归属平台出售增值服务的交易机会，减少了用户流量。而且，账号的肆意买卖和租赁现象，降低了普通用户对账号归属平台的产品服务的评价，对商业信誉产生不利影响。账号交易平台宣称其为新兴商业模式，为消费者带来福利，但是，这种业务模式并不能达到促进行业新发展的效果。相反，从长远来看，这种业务模式破坏竞争秩序和机制，对互联网行业平台经营者通过合法经营和规范管理获得竞争优势的行业生态环境产生负面影响，并最终造成消费者福祉的减损。

最后，这种业务模式会带来违法后果。一方面，促使出租方为了扩大租号收益而出现一人利用不同身份注册、囤积多个会员账号的情形，违反国家对于互联网用户账号的管理规定。我国互联网行业主管部门对互联网信息服务中用户账号的注册采取了"后台实名、前台自愿"的实名制管理。账号交易业务将导致平台对账号的实名制管理目的落空。另一方面，规模化的账号行为对网络数据真实性及数据安全产生不良影响，也为网络诈骗等违法犯罪行为的发生提供了便利。增加用户的使用风险，危害信息安全，损害用户合法权益。对于网络游戏用户而言，账号租赁行为将影响游戏公平匹配机制、降低用户游戏体验。而且，账号交易平台将账号租赁或出售给未成年人的行为违反法律规定、规避防沉迷通知，导致防止未成年人沉迷网络的监管法规形同虚设，损害了社会公共利益。

总之，为网络用户账号买卖、租赁提供交易平台的行为构成不正当竞争，不仅损害账号运营主体的合法权益，也扰乱了互联网行业市场竞争秩序。我国多个法院的司法判决支持了账号归属平台针对账号交易平台发起的不正当竞争诉请。[1]国家互联网信息办公室2020年施行的《网络信息内容生态治理规定》要求"网络信息内容服务使用者和网络信息内容生产者、网络信息内容服务平台不得通过人工方式或者技术手段实施流量造假、流量劫持以及虚假注册账号、非法交易账号、操纵用户账号等行为，破坏网络生态秩序"。

（二）账号昵称相同或近似导致的商业混淆

用户的账号能够在使用过程中不断增值，体现为流量、粉丝数、关注度等的增加，从而使得该账号具有一定影响。在该账号使用在商事活动中时，

---

[1] 北京市高级人民法院（2022）京民申5838号民事裁定书。类案包括：广东省深圳市南山区人民法院（2020）粤0305民初20834号民事判决书；北京知识产权法院（2022）京73民终597号民事判决书；北京知识产权法院（2021）京73民终3599号民事判决书；北京知识产权法院（2022）京73民终3270号民事判决书；北京知识产权法院（2019）京73民终3570号民事判决书；北京知识产权法院（2019）京73民终3263号民事判决书。湖南省长沙市开福区人民法院（2021）湘0105民初11329号民事判决书；上海市浦东新区人民法院（2020）沪0115民初15598号民事判决书；江苏省南京市中级人民法院（2020）苏01民初2728号民事判决书，该案入选江苏省高级人民法院2021年知识产权司法保护十大典型案例。

其构成了一种商业标识。此时,可以成为《反不正当竞争法》第6条所规定的有一定影响的商业标识获得保护。根据《反不正当竞争法司法解释》第4条的规定,具有一定的市场知名度并具有区别商品来源的显著特征的标识,人民法院可以认定为《反不正当竞争法》第6条规定的"有一定影响的"标识。人民法院认定《反不正当竞争法》第6条规定的标识是否具有一定的市场知名度,应当综合考虑中国境内相关公众的知悉程度,商品销售的时间、区域、数额和对象,宣传的持续时间、程度和地域范围,标识受保护的情况等因素。

但是,需要注意的是,《反不正当竞争法》保护商业标识具有两个前提条件,一是该标识具有显著性,且已经产生了一定影响,可以围绕该账号的关注数、使用时间、活跃度以及带货的销售区域、销售对象、销售额等因素进行综合评判;二是被告的使用行为容易使得消费者产生混淆。在具体的个案中,用户账号能否成为《反不正当竞争法》所保护的标识,则需要原告举证证明其影响力。对于显著性不强或者不具有显著性的标识,获得《反不正当竞争法》第6条保护的难度较大。对于混淆的判断,需要结合该标识的具体使用场景来判断标识的使用与具体的商事经营行为之间的关联度。

围绕用户账号而产生的商业混淆纠纷主要存在于以下几种情形中,且主要涉及的是账号的昵称使用问题:第一,是不同的主播使用相近似的账号昵称进行直播带货;第二,在主播与MCN机构之间发生的就有一定影响的账号昵称的使用问题产生的纠纷。比如,主播违反其与MCN机构之间的约定,擅自更换直播平台并使用其在原直播平台上的昵称进行用户导流;主播与MCN机构解除合同后,主播仍使用原昵称、将账号昵称授权其他公司使用或者注册新账号并沿用原昵称进行直播带货。

在"杜子一"案[1]中,原告是一家MCN公司,提供抖音账号"杜子一"给被告雷某进行使用。法院从账号的功能、性质、保护范围等方面进行综合分析来认定该账号能否落入《反不正当竞争法》所保护的商业标识的范围内。第一,从功能上看,涉案抖音账号在电子商务领域开展对商品的直接经营,承载了市场商誉,且其粉丝数更直观体现了达成较固定买卖或预期买卖关系的受众群体范围,故账号昵称的功能与传统市场的经营主体名称、姓

---

[1] 浙江省高级人民法院(2023)浙民终295号民事判决书。

名相同。第二，从性质上看，法律和行政法规对于经营主体称呼的命名方式允许当事人意思自治，本案抖音账号昵称所用拟人化的"杜子一"自然在合法有效的命名范畴之内。第三，就保护范围而言，直播账号作为市场经营主体的经营场所存在，其账号昵称中的显著识别部分，如本案的"杜子一"，对消费者起到主要识别作用，而主播则在此层面之下起到表演作用。最终，法院认为本案的直播账号昵称属于经营主体市场活动的一种商业标识。

在"小欣大嗓门"案[1]中，原告自2021年8月开始在抖音平台持有"小欣嗓门有点大"抖音账号，为其抖音店铺引流带货。被告小欣大嗓门服饰店成立于2022年8月，被告使用"小欣不叨叨"的抖音账号在抖音平台为其抖音商铺进行直播带货。法院认为，原告的抖音账号"小欣嗓门有点大"仅是一个通俗叫法，先天显著性不强，其在使用中后天获得的显著性也有限。虽然该账号有一定的商业价值，但是，原告提供的证据尚不能证明其已具有一定市场知名度。其关注度一年仅18万余粉丝，相较于上百万的粉丝数，其市场知名度还是相对较小。而且，直播带货往往与主播关系更加密切，与抖音账号、昵称关联度较低，因此原告的直播带货行为与被告的直播带货行为不容易造成彼此混淆。但是，该观点有待商榷，在互联网环境下，用户通过搜索他人昵称来添加好友、关注其动态，昵称对于一个主播来说，近似于艺名对于一位演员。昵称是主播在网络空间里的一个身份标识，与带货行为之间的关联度并不低。

在主播跳槽的情况下，围绕账号引发的商业混淆型不正当竞争纠纷较多。此时，被诉的主体既有跳槽的主播，也有主播就职的新公司。在实践中，需要结合具体案情来分析是否构成不正当竞争。

在触手平台与虎牙平台围绕游戏主播跳槽引发的法律纠纷[2]中，原告运营触手平台发布游戏解说直播，李某（主播）与原告指定经纪公司前后签订《游戏解说特别委托协议》和《主播独家合作协议》，约定李某在触手平台进行游戏解说，推广用名为"圣光"，且李某不得在其他平台进行游戏直播，协议期限为3年，自2018年1月24日起至2021年1月23日止。2018年9月1日，李某违反上述协议，使用昵称"触手圣光转虎牙"在虎牙平台进行直播。

---

[1] 广东省佛山市禅城区人民法院（2022）粤0604民初25369号民事判决书。
[2] 浙江省高级人民法院（2020）浙民终515号民事判决书。

原告认为李某和虎牙平台的行为使原触手平台的用户产生混淆的错感，造成原告大量用户流失，被导流至被告平台，构成不正当竞争。法院认为，昵称、头像具有人身权和财产权的双重属性，其与主播的人身利益紧密关联。李某离开触手平台后仍继续使用原昵称和头像，在人身指向上并无偏差，不存在导致相关公众混淆误认的情况。原告与被告李某通过合同约定昵称之上的相关权益，上述被控侵权行为涉及对合同义务的违反，但并未损害公共政策所保护的其他利益。从现有证据和市场运行状况判断，主播跳槽行为也并未导致行业陷入无序竞争的混乱局面，也未损害消费者合法权益，故不构成不正当竞争。而且，在李某的经纪公司已就李某的违约行为向触手平台承担了相应违约责任的情况下，反不正当竞争法没有再行介入之必要。虎牙平台凭资金优势以较高的薪酬吸引优秀主播，形成人才的正常流动，充分调动人才创新创业的积极性，有利于市场充分竞争。司法应充分尊重相关行业的发展规律，保障充分的竞争自由和完全市场化的运营环境。

在另一个账号纠纷中，快手服务号是专门为快手上的企业或有商业需要的个人推出的产品，刘某某注册快手账户，并申请认定该快手账户为"希子快手服务号"，认证企业为希子公司。故该服务号作为网络虚拟财产应属希子公司所有。刘某某明知"希子快手服务号"归希子公司所有，在其不参与希子公司经营时，未尽妥善管理"希子快手服务号"的义务，未告知希子公司是否期满重新认证，致使"希子快手服务号"认证过期，且刘某某又申请认证其快手账户为其他企业服务号并获得审核通过，导致"希子快手服务号"灭失，造成希子公司的经济损失，应由刘某某承担侵权责任。静时光公司作为希子公司的同行企业，明知"希子快手服务号"为希子公司的直播带货电商平台账户，仍然雇用刘某某使用"希子快手服务号"为其直播带货，引起消费者误认，并从中获得不当利益，属于不正当竞争行为。[1]

第三节 平台用户协议对账号内虚拟财产的约定

网络虚拟财产依托于互联网空间而存在，一般储存于网络运营商特定的服务器之中，用户通过登录平台账号来实现对账号内虚拟财产的支配及管理。

---

〔1〕 广东省中山市第二中级人民法院（2021）粤 2072 民初 3563 号民事判决书。

对于账号内虚拟财产的所有权归属，实践中通常是依据互联网平台提供的用户协议来确认虚拟财产的归属。本节梳理了不同类型的平台所提供的用户协议中有关虚拟财产所有权归属的约定（用户协议节选详见本书附录），归纳总结我国产业实践中不同平台关于虚拟财产所有权归属的一般处理方式。

一、网络虚拟财产所有权与使用权的分离

（一）网络用户仅享有使用权

多数网络服务提供者在用户协议中约定网络虚拟财产的所有权归属于平台，用户仅具有使用权。以下以具有代表性的直播平台和游戏平台为例。

根据直播类的各个平台的用户协议可知，这一类平台主要向用户提供个性化音视频推荐、网络直播、发布信息、互动交流等功能。在此类平台中通常分为两种用户群体：一是作为普通的观众用户；二是从事在线直播或发布内容的创作者用户。创作者用户通过直播等创作行为吸引普通用户，得到观众以充值得到的虚拟礼物进行的打赏来取得收益。行业通常做法为在用户协议中明确约定，"账号的所有权归平台所有，用户仅享有使用权，且非初始注册人未经公司书面同意等方式不得通过买卖、赠与、租借、继承等方式使用或取得该账号，否则公司有权终止服务或注销账号"，优酷视频则在协议中包含了"账户转让"部分，具体途径包括：法律明文规定、司法裁定或经平台方同意三种。关于虚拟资产，在斗鱼的平台协议中，或约定"使用斗鱼平台网站或斗鱼平台账户所获得的经验值、等级、关注、订阅、头衔、电子票务、虚拟直播房间、虚拟礼物、虚拟赠品及奖励等用户不享有所有权"，或无相关约定，如对于普通用户和创作者账号内获得的虚拟道具等数字资产在账号所有者去世后如何处理均未作出明确约定。此外平台均有关于闲置账号的清理条款。

基本上，所有游戏运营者均在用户协议中写明网络虚拟财产的所有权归属于游戏运营者。有权对游戏相关内容（包括但不限于游戏虚拟道具的设计、性能及相关数值设置等）作出调整、更新或优化。当用户单击购买、赚取或受赠虚拟财产时，其获得的仅仅是使用权。有的用户协议明确写明，为避免歧义，本协议所称用户对"游戏道具的交换或转让"均指游戏道具使用权的交换或转让，用户无权交换或转让游戏道具的所有权。游戏运营方不承认任何于游戏外进行的所谓虚拟物品或内容的转让行为，也不承认任何于"现实

世界"中进行的、对游戏中出现或生成内容的所谓销售、赠送或交易行为。也就是说，用户不得出售游戏虚拟物品来换取"现实"货币或将此类虚拟物品与游戏外的现实物品进行交换，除非已得到运营方的许可。

（二）网络虚拟权益作为平台所提供的一种服务

一些游戏公司将其产品和服务中的各种账号及游戏的权益定性为游戏运营者所提供的服务的一部分。这些权益包含等级、元宝、钻石等游戏币/券、道具装备（包括但不限于游戏中的武器、坐骑、宠物等）、游戏角色、资源，游戏用户通过游戏行为和充值行为获准使用游戏账号下的权益，只能在合乎法律规定和游戏规则的情况下使用。用户对这些虚拟财产只拥有访问或使用许可，而非所有权，并且是一项对个人、非排他性、不可转让、不可再许可、可撤销、有限的许可。

游戏虚拟道具及其他游戏增值服务等可能受到一定有效期限的限制，即使用户在规定的有效期内未使用，除不可抗力或可归责于游戏运营者的原因外，一旦有效期届满，便会自动失效。

游戏道具、游戏装备、游戏币等一经购买或消耗，除非法律规定或另有约定，游戏运营者将不会退还已支付的费用。对于游戏运营者在提供服务过程中赠送的充值金额、虚拟货币、虚拟道具等，不予退款或变现。

不管由于任何原因终止游戏服务合同关系，用户不得因终止服务而要求游戏运营者承担除对已经购买但尚未使用的游戏虚拟货币进行退还外任何形式的赔偿或补偿责任，包括但不限于因不再能继续使用游戏账号、游戏内虚拟物品等而要求的赔偿。

（三）账号变更与注销后的虚拟财产处理

用户账号注销方面，各平台服务条款均约定平台有回收、注销一定时期内未使用的用户账号，并约定一定情形下平台有权变更账号名称等用户自定义信息和注销用户账号，将其作为平台管理社区环境和内容生态的一种手段。

对于用户主动注销的情形，有的平台通过其服务条款提供有关途径，并约定账号注销后双方的权利和义务。比如，当当网约定"如果您需要注销账户，您的账户需要同时满足以下条件：自愿放弃所注销账户系统中的资产和虚拟权益（包括但不限于账户余额、礼品卡余额、优惠券、现金券、积分等），并确保账户中无欠款"，"注销之后，任何您之前累计的账户等级、积分、权益等都将作废且无法恢复"。[1]爱奇艺网站的账号注销要求用户申请注销之前该账号内无资金，包括资金、奇点/奇豆、金融业务中的相关金额。注销协议中约定"您申请账号注销的行为即表明您同意放弃该账号在爱奇艺集团旗下的产品与服务使用期间已产生的但未消耗完毕的权益及未来的预期利益。即爱奇艺账号一旦注销，我们将会对该账号下的全部权益做清除处理，您将无法继续使用，且无法要求我们恢复"。这些权益包括未到期的各类VIP会员权益、等级；尚未使用的积分、卡券、优惠券、代金券、成长值等；游戏角色下的虚拟货币、充值道具等；各类身份权益；已经购买的未到期的在线服务内容；已产生但未消耗完毕的权益或未来预期的收益。[2]淘宝账户的注销条件是：账户近期不存在交易（无未完成订单、无已完成但距离创建未满15天订单、无在售二手商品）、账户不存在进行中的违规记录、账户相关财产权益已结清（不存在淘宝账户零钱余额、冻结中的拍卖竞拍保证金、阿里妈妈账户余额等）、账户下不存在尚未注销的店铺、账户不存在未完结的服务（不存在尚未完结的淘宝服务市场订购服务、阿里通信服务、子账号、供销平台等服务）、其他App和网站相关的账户解绑（账户已解除与其他App、网站的登录、使用或绑定等关系）。[3]从上述三个示例来看，淘宝账户的注销条件对于网络用户利益的保护更为有利。

部分社交平台具有发行虚拟货币的功能设置，如知乎币、陌陌币等，用于购买平台的虚拟礼物、会员服务等增值服务。协议中声明"所谓虚拟货币是用来供用户在平台内购买增值内容使用，由用户使用人民币按一定比例兑换得到，不得进行交易或逆向兑换为人民币"。根据陌陌用户协议，如果用户主动注销账号，则已充值到账的虚拟币，已购买的虚拟礼物、游戏币、会员权益等，视为自动放弃，不予返还现金价值，也不作任何补偿。

一般来说，账号一旦注销，该账号下的所有记录都会一并删除。有观点认为，"目前由于服务商操作的不透明、用户注销意识不强、有关机构对个人

---

[1] 参见《当当网账户注销说明》，http://help.dangdang.com/details/page251，最后访问时间：2023年5月10日。

[2] 参见《爱奇艺账号注销协议》，https://www.iqiyi.com/common/cancellationh5.html，最后访问时间：2023年5月1日。

[3] https://consumerservice.taobao.com/self-help#page=issue-detail&knowledgeId=5839600，最后访问时间：2023年5月1日。

数据的保护力度不足等原因，我国的账号注销机制还很不完善"。[1]

除了上述网络用户主动注销账号，部分平台要求用户应充分利用并使用注册账号，若用户长时间不使用，平台则会采取必要的封禁措施。很多用户协议中约定，账号长期不使用，平台有权收回该账号、收回昵称、停止提供服务；清除该用户在该网络游戏平台及数据库中的全部记录（包括但不限于角色信息、等级物品、点卡、积分信息等），冻结或删除该用户账号。用户账号被删除时，其账号所有资料及记录将被同时删除。对于因长期未登录而导致账号被冻结或删除的用户，游戏运营者将不予任何赔偿或补偿。如因用户违反本用户协议的规定导致其注册账号被删除的，用户无权要求游戏运营者返还其账号中剩余点数对应的人民币价值。例如，拳头游戏平台用户协议中规定，"如果您长时间不使用您的账户，我们保留对您的账户采取措施的权利，包括暂停或终止。如果我们计划根据长时间不活动对您的账户采取措施，我们将首先通知您（如通过电子邮件发送到您注册账户的电子邮件地址），并为您提供充分的机会避免此类措施"。《新浪网络服务使用协议》设定的是连续 90 天，《豆瓣使用协议》设定的是连续 6 个月，删除账户记录及账户内数据（包括游戏虚拟金币信息）。在平台采取账号清理措施前，应当以适当方式通知账号的使用人。在用户协议中，关于账号收回，应当以显著方式提请用户注意。

二、数字藏品与虚拟货币权利归属的特殊性

（一）数字藏品交易平台的一般处理方式

在 NFT 交易中，交易平台上显示的"购买"一词本身及"所有人"字样均表明，交易双方的心理认知是交易完成意味着财产权的移转。这一效果亦是 NFT 产业践行者所欲达成的。比如，阿里公司 NFT 产品的服务协议载明"……您可按照活动规则通过购买、兑换或其他参与方式获得 NFT 数字作品……您可将所持 NFT 数字作品转赠给经支付宝实名认证的其他好友用户"；腾讯公司 NFT 产品的服务协议载明"您购买 NFT 数字作品后，作为购买者，您的相关信息将写入该作品的元数据中，作为您拥有该作品所有权的凭证"；"加密猫"

---

[1] 吴任力、吴淑倩："移动互联网环境下用户账号注销机制研究"，载《图书情报工作》2019 年第 23 期。

NFT产品的用户协议中写明,"每一个加密猫是一个非同质化代币。购买加密猫之后,就完全拥有了该非同质化代币,可以出售、放弃"。从交易完成所实现的效果来看,购买者支付对价之后,拥有了通过转售、转赠等方式处分NFT数字作品的权利。当交易对象是游戏皮肤、虚拟头像时,购买者可以在网络游戏、虚拟社区中使用其购买的NFT数字作品。事实上,这已经在NFT数字作品出让人与受让人之间产生了类似于有形物品转移所有权的交易效果。区块链记录着一个NFT所指代的数字作品的所有者并且在每一次交易完成后即刻变更记录,区块链"起到证明其所代表的权益归属的作用,而交易中的第三人可以善意信赖区块链上显示的权属状态"。[1]

(二)虚拟货币平台的一般处理方式

虚拟货币产出(挖矿)的流程是,用户利用"矿机"(提供算力支持)在服务提供者的网址进行"挖矿",矿池类似平台提供者会从中收取一定费用。虚拟货币的取得类似于物的原始取得,即谁挖出来就是谁的,无须文件特别说明。这一类平台一般会对用户进行风险提示。比如,比特币网站的用户协议中写明:涉及比特币、比特币现金和以太币等数字资产的交易都涉及重大风险。因此,用户在考虑是否持有数字资产时,应该意识到数字资产的价格或价值可能会迅速变化、下降,甚至可能降至零,过往表现并非未来表现的指标。对于因私钥被盗、丢失或处理不当而导致的数字资产的任何损失,平台用户协议会写明其概不负责,并且,未经平台方事先书面同意,用户不得转让或转移其在用户协议下的任何权利或义务。[2]

第四节 我国网络虚拟财产的司法保护现状

最高人民法院《关于为新时代加快完善社会主义市场经济体制提供司法服务和保障的意见》中强调:"加强对数字货币、网络虚拟财产、数据等新型权益的保护……"在我国网络虚拟财产的司法保护案例中,民事案件所占比例显著大于刑事案件。其原因在于,首先,网络虚拟财产没有统一的标准进行价值认定,涉案金额模糊的刑事案件可能无法达到立案要求;其次,司法

---

〔1〕 于程远:"论民法典中区块链虚拟代币交易的性质",载《东方法学》2021年第4期。
〔2〕 https://www.bitcoin.com/legal/user-agreement/,更新日期:2021年3月9日。

实践中有大量关于网络游戏虚拟财产的相关纠纷，用户同意用户服务协议并注册账号成为游戏玩家后，用户与游戏服务提供方就形成了服务合同关系，用户服务协议成为双方之间的法律关系的事实基础。在此前提下，若玩家与服务商就游戏账号或游戏内虚拟财产产生纠纷，如用户账号被盗、虚拟财产灭失等情况，玩家更倾向于提起民事诉讼来恢复权益。

一、网络虚拟财产的民事司法保护

（一）网络虚拟财产经济价值的认可

很多围绕虚拟财产引发的纠纷，属于网络服务合同纠纷与网络侵权责任纠纷的竞合。实践中相关纠纷涉及的虚拟财产类型包括网络虚拟财产与非网络虚拟财产。网络虚拟财产包括账号、游戏道具、游戏货币等，非网络虚拟财产包括手机号码、购物积分等。游戏行业相关人群为虚拟财产案件的高发群体，被侵权方主体主要为游戏玩家、游戏服务的买家、游戏公司、财产共有人、电信用户、虚拟货币持有人和直播平台的主播等。相对方主要为游戏公司、游戏服务的卖家、网络平台、游戏玩家、直播平台、虚拟货币发售平台和虚拟货币销售中介。

2020年12月，最高人民法院印发《关于修改〈民事案件案由规定〉的决定》的通知，在第三级案由"346. 网络侵权责任纠纷"项下：增加"（1）网络侵害虚拟财产纠纷"。

在司法实践中，对于不同类型的网络虚拟财产，司法机关采取不同的性质和权利归属的认定思路。首先，对于网络用户通过支付现金购买的虚拟礼物，法院一般认可其财产价值，并且将其归属于购买者。当购买者将礼物打赏给主播后，成立赠与合同关系。[1]其次，对于那些需要用户付出劳动而获得的网络虚拟财产，一些法院认为用户对其享有合法财产权。例如在赵某某诉尹某某等人合伙协议纠纷案中，法院认为，当事人在涉案微信公众号运营中投入了大量的时间、精力，而且，公众号具有广告投放价值，因此，微信公众号属于网络虚拟财产。

（二）平台对网络虚拟财产的安全保障义务

对于账号内虚拟财产遭受侵害的相关纠纷，在最高人民法院发布的互联

---

[1] 山东省青岛市中级人民法院（2022）鲁02民终15974号民事判决书。

网十大典型案例中,有一起涉及直播平台的用户账号内的红钻券被盗案。广州华多网络科技有限公司与俞某某网络服务合同纠纷案中,原告俞某某在 YY 直播平台注册的账号内的虚拟财产被盗,其主张 YY 软件的安全性存在问题,广州华多网络科技有限公司(以下简称华多公司)没有履行妥善保管义务且未及时协助追回被盗的网络虚拟财产,要求华多公司承担责任,遂提起诉讼。法院经审理认为,俞某某在账号内的虚拟财产被盗前,密码比较简单,且未能充分选用华多公司提供的更高等级的安全保障方案,其未能妥善地保管账号、密码并采取充分措施防止财产被盗,对虚拟财产被盗结果应负主要责任。华多公司作为网络服务提供者,应基于当时的技术条件,尽可能地防范用户账号被他人未经授权登录、使用,并在该情况一旦发生时,尽可能地依法协助用户减少损失。在本案中,华多公司向用户提供的防盗措施不够周密,且在俞某某通知客服人员其财产被盗后,平台未能提供或保存被盗财产的流向等信息,造成损失难以被追回,在技术和服务上存在一定疏漏,对俞某某的损失负有次要的责任,故判令华多公司向俞某某赔偿被盗虚拟财产价值的 40%。[1] 本案中,法院虽并未对虚拟财产的属性等争议问题作出回答,但根据用户与运营商之间的用户服务协议确定了双方存在网络服务合同关系,明确了双方的权利义务。法院结合网络服务合同中双方的权利义务内容,确立了用户和网络服务提供者均应负有虚拟财产安全保护义务的规则,提出双方应当根据在履约过程中的过错程度,衡量双方过错对损害后果的原因力大小,合理分配责任比例的处理原则。

对于与网络游戏相关的虚拟财产,法院均肯定了网络游戏虚拟财产的财产属性,玩家游戏账户内所充值的游戏虚拟货币、游戏道具等虚拟财产依法受到保护。2003 年的李某某诉北京北极冰科技发展有限公司娱乐服务合同纠纷案被认为是我国网络虚拟财产第一案,原告丢失网络游戏装备,故向游戏公司索要盗号者的具体信息,游戏公司以"玩家资料属个人隐私,不能提供"为由予以拒绝。随后,原告起诉游戏公司侵犯其私人财产,要求被告承担损失赔偿责任。法院认为"关于丢失装备的价值,虽然虚拟装备是无形的,且存在于特殊的网络游戏环境中,但并不影响虚拟物品作为无形财产的一种获得法律上的适当评价和救济。玩家参与游戏需支付费用,可获得游戏时间和

---

[1] 广州互联网法院(2019)粤 0192 民初 70 号民事判决书。

装备的游戏卡均需以货币购买，这些事实均反映出作为游戏主要产品之一的虚拟装备具有价值含量"[1]。对于网络游戏中的虚拟财产损失金额的认定，由于虚拟财产价值认定没有统一标准，可综合考虑消费者的充值情况、虚拟财产使用情况、游戏公司停止服务的原因及其发布的停止服务补偿方案来确定赔偿金额。比如，在一起因游戏运营商封禁游戏用户账号引发的网络侵权纠纷中，再审法院指出，虽然虚拟财产以数据形式存在，但由于其具有一定价值，虚拟财产的主体可以在一定条件下使用、处分该财产，甚至可以因其所具有的特殊财产属性而在一定情况下因交易行为而给虚拟财产权利主体带来经济利益。本案中，原告的个人账号在缺乏明确依据的情况下被网络游戏公司封停长达一年之久，不仅构成网络服务合同的根本违约，更使其财产权益等受到了侵害。原告提出的赔偿请求部分合理。[2]法院考虑到该封停行为的持续将导致原告对于该网络游戏账号及账号内虚拟财产的丧失，因本案中原告的网络游戏账号内的虚拟财产在账号封停前并非以市场交易为主要用途，且在诉讼中双方均未能向法院举证证明上述网络游戏账号及账号内的虚拟财产的价值，最终，法院综合考虑网络虚拟财产特有属性、侵权行为性质持续时间、网络游戏账号运行时间与财产投入等因素酌定赔偿数额。

（三）网络店铺和微信公众号可折价分割

网络店铺和微信公众号因不具备人身属性，在离婚、合伙关系解除等情形中，可折价分割。在一起离婚案件中，原告王某提出诉讼请求，要求分割夫妻共同财产中的淘宝网店经营权。淘宝网店为"夫妻共同财产"，可以分割，淘宝店经营权由一方取得，并支付另一方折价款。[3]在另一起合伙关系解除案件中，法院按照已产生利润与预期利润，综合考量投入的劳动力价值，由其中一位经营者享有账号所有权，并折价向其他经营者给付一定金额。[4]

在一起当事人因退伙对淘宝店铺进行分割案中，法院并未对店铺本身进行定性，而是对店铺经营利润进行鉴定后，按照各合伙人在合伙经营涉案淘宝店铺期间的各自贡献大小、店铺实际产生的经营利润总额等，法院酌定分

---

〔1〕 北京市第二中级人民法院（2004）二中民终字第02877号民事判决书。
〔2〕 北京市高级人民法院（2018）京民申2813号民事裁定书。
〔3〕 浙江省遂昌县人民法院（2014）丽遂民初字第537号民事判决书。类案：北京市第二中级人民法院（2012）二中民终字第11050号民事判决书。
〔4〕 上海市高级人民法院（2020）沪民申1319号民事裁定书。

配合伙财产与风险承担比例。[1]

在全国首例微信公众号分割案中，三人共同经营同一微信公众号，在企业解散后，对账号的分割与归属存在争议。微信公众号有自己的标识，具有独特性，存在于网络空间具有虚拟性，而其经营者可对其进行支配，同时该公众号作为新型电商模式，连接用户与品牌，具有较大的财产价值。[2]在另一起案件中，原告韩某与第三人随某、杜某某共同经营被告公司，原告请求解散公司并确认公司宣传使用的三个微信号归公司所有。法院认为，被告公司在运营过程中，对外宣传以微信号捆绑的手机号作为热线，要求用户加入该微信号联系、交易，原告及第三人据此共享收益，该微信号应认定为公众号。该公众号是在公司运营过程中产生，有自己的标识及运营理念，有别于运营平台及其他网络用户，属于网络虚拟财产，具有独立性、可支配性及商业盈利价值。原告请求确认该微信公众号为被告随某的公司财产，法院予以支持。[3]

（四）网络服务停止后的虚拟财产返还

网络服务停止后的虚拟财产返还纠纷主要发生于网络游戏领域。一般来说，由法定货币直接购买获得的游戏道具，在其没有兑换成其他游戏道具之时，原告并没有获得对应的服务，被告应当赔偿该部分剩余游戏道具对应的人民币金额；经兑换或在游戏游玩过程中取得的游戏道具，即便游戏继续运营，亦无法将该部分游戏道具直接兑换成人民币，但可以酌情要求游戏运营者进行适当比例的赔偿。

对于游戏停服后账号内虚拟财产的相关纠纷，一般来说，法院考虑的因素包括：用户协议对停服后虚拟财产如何处理的约定、相关网络虚拟财产是用户通过官方渠道支付对价购买所得还是由游戏运营商赠送所得。在游戏用户充值获得的游戏币与游戏运营者赠送的游戏币混为一体的情况下，应结合网络游戏的业务特点，合理运用比例确定虚拟货币的公允价值。在徐某与某网络科技公司网络服务合同纠纷案中，游戏运营方某网络科技公司发布公告称将于60天后关闭服务器，游戏角色等数据全部清空，并提出游戏关闭充值

---

[1] 浙江省金华市中级人民法院（2020）浙07民终4347号民事判决书。
[2] 上海市第二中级人民法院（2019）沪02民终7631号民事判决书。
[3] 河南省夏邑县人民法院（2019）豫1426民初6942号民事判决书。

至正式停运期间全服每天发放 2 万"元宝"的补偿方案。徐某认为某网络科技公司构成违约,遂诉至法院,要求某网络科技公司退还其全部充值款项 11.4 万元。法院认为,徐某与某网络科技公司之间构成网络服务合同关系。按照合同约定及游戏行业惯例,某网络科技公司可以根据游戏运营情况随时要求解除合同,且其已在合理期限之内通知徐某,故涉案游戏停止运营不构成违约。但终止服务时,某网络科技公司应当以法定货币等方式退还用户尚未使用的网络游戏虚拟货币。根据公平原则,结合充值所得"元宝"数所占消耗"元宝"数与剩余"元宝"数之和计算得出的比例,参照人民币充值购买"元宝"的比例,判决某网络科技公司退还徐某 2.5 万元。[1]

在张某某与完美世界(北京)数字科技有限公司网络侵权责任纠纷案中,被告在游戏平台宣布停止服务,同时,全额退还消费者在 2016 年 9 月的所有充值;2014 年 12 月至 2016 年 8 月充值总额的 20% 可以转化为游戏"元宝"补偿,转移至游戏平台旗下其他三款手游中继续游戏。涉案游戏停止服务前,张某某尚存大量虚拟货币及游戏道具。张某某不同意原告的补偿方案,遂诉至法院。法院认为,张某某作为消费者参与涉案游戏并支付了相应费用,金钱支付和劳动付出使得其在游戏中享有的虚拟财产具有财产性,故张某某因游戏停止服务所遭受的损失应得到赔偿。考虑到张某某的累计充值情况、被告公司的补偿方案,酌情判令被告公司退还张某历史充值额的 20%。[2]

鉴于游戏用户游玩涉案网络游戏,接受了游戏运营者提供的一定期限的游戏服务并享受了游戏乐趣,因此根据游戏用户游玩该游戏所充值的全部金额、游戏用户游玩该游戏的期间等酌情确定游戏道具灭失的赔偿金额。[3]

二、网络虚拟财产的刑事司法保护

以"虚拟财产""虚拟物"为关键词在"北大法宝"司法案例库中进行检索,对判决书进行筛选后,排除不具有参考意义的裁判文书,共得到 166 份刑事案件判决书。通过对判决书的梳理,文书中所涉及的虚拟财产类型包

---

[1] 广东省高级人民法院 2022 年发布 10 起消费者权益司法保护典型案例:广东省广州市中级人民法院(2021)粤 01 民终 16116 号民事判决书。
[2] 北京市朝阳区人民法院(2018)京 0105 民初 5339 号民事判决书。
[3] 成某某与天津云畅科技有限公司网络侵权责任纠纷案,北京互联网法院(2020)京 0491 民初 5335 号民事判决书。

含游戏币、游戏装备、网络账号、虚拟货币等。在罪名适用上差别较大，针对与虚拟财产相关的违法行为法院所判的罪名有盗窃罪（62份）、非法获取计算机信息系统罪（54份）、诈骗罪（18份）、职务侵占罪（10份）、破坏计算机信息系统罪（5份）、非法控制计算机信息系统罪（6份）、开设赌场罪（3份）、侵犯通信自由罪（2份）、侵犯公民个人信息罪（2份）以及提供侵入、非法控制计算机信息系统程序、工具罪（4份）。

对收集到的166份虚拟财产刑事案件判决进行整理归纳分析，目前在刑事司法实践中对侵犯虚拟财产行为的刑法规制路径主要包括以下几种情况。

（一）认定为侵犯财产类犯罪

一些判决认可虚拟财产的财产性价值，将虚拟财产扩大解释为刑法意义上的财物，以侵犯财产类犯罪定罪处罚，依照《刑法》分则第5章，根据行为的具体表现样态，判决行为人犯盗窃罪、诈骗罪等。

1. 盗窃罪

在司法实践中，有大量的非法获取网络虚拟财产案，法院最终以盗窃罪论处。如2006年发生在上海的孟某、何某某网络盗窃案。被告人孟某窃取被害单位上海茂立实业有限公司（以下简称茂立公司）的账号和密码后，与被告人何某某二人密谋由孟某通过网上银行向买家收款，何某某入侵茂立公司的在线充值系统窃取Q币，然后为孟某通知的买家QQ号进行Q币充值。上海市黄浦区人民法院经审理后认为：Q币和游戏点卡是腾讯公司、网易公司在网上发行的虚拟货币和票证，用户以支付真实货币的方式购买Q币和游戏点卡后，就能得到网络公司提供的等值网上服务，因此Q币和游戏点卡体现着网络公司提供网络服务的劳动价值，是网络环境中的虚拟财产。茂立公司付出对价后得到的Q币和游戏点卡，不仅是网络环境中的虚拟财产，也代表着茂立公司在现实生活中实际享有的财产，应当受刑法保护。被告人孟某、何某某以非法占有为目的，在网上实施侵入茂立公司账户并秘密窃取Q币和游戏点卡的行为，这个行为侵犯了茂立公司在现实生活中受刑法保护的财产权利，构成了盗窃罪。而对于盗窃数额的认定，该案以网络公司与代理商之间的实际交易价格来确定被盗Q币和游戏点卡在现实生活中对应的财产数额。[1]在《刑法》修订之前，有一起案件中被告赖某利用黑客密码破解工具

---

[1] 山东省青岛市黄岛区人民法院（2006）黄刑初字第186号刑事判决书。

软件，获取了服务器系统管理员的密码，取得控制权之后，在该网站上注册了多个账号，修改数据后为每个账号内添加本应需要付费购买的游戏金币，得款数额巨大。法院按盗窃罪进行惩处。[1]

广东省高级人民法院发布的 2017 年度涉互联网十大案例之一杨某等盗窃案中，"'传奇世界 2'登录卫士"手机 App 刚投入市场不久，许多玩家不知道通过该 App 快捷授权他人登录某一账户的同时，还让他人获得对于与授权账户的账号、密码均不相同的其他捆绑账户的控制权利。被告人杨某纠集被告人陈某与李某，利用前述认识误区，控制玩家其他的捆绑账户，迅速转移或者抛售该账号内的虚拟财产，将交易所得占为己有。法院判决认为，涉案虚拟财产能被公民独占管理、转移处置且具有价值属性，应当认定为公民私人所有的财产，可以成为盗窃罪的犯罪对象。结合杨某等三人以非法占有为目的的主观犯意，采用秘密手段窃取私人财物，依据《刑法》规定，应当认定为盗窃罪。本案中以委托第三方机构评估的方式来开展盗窃数额的认定。[2]

虽然游戏公司一般会在用户协议中禁止游戏账号转让行为，但是上述条款的效力具有相对性，仅可约束游戏平台和注册用户。在一起案件中，被告印某某与被害人李某达成了游戏账号转让协议，对于双方而言，李某已经支付对价 15 500 元，在印某某把游戏账号名称和密码告知李某并移除绑定的手机号码后，李某就已经可以实际使用该游戏账号，在李某重新设定密码和绑定新的手机号码后，就客观上占有了该游戏账号，且根据转让协议和李某采取的措施可以认定该占有具有排他性。但对于游戏平台而言，因为游戏账号注册时的初始邮箱还是归属印某某所有，因而其还可通过申诉方式取回游戏账号。被告人印某某采用申诉方式，找回已转让的游戏账号，导致被害人李某丧失对账号的控制权，侵害了被害人对账号的占有。法院判定被告构成盗窃罪。[3]

在最高人民检察院发布的第九批指导性案例中，有一起网络域名盗窃案（检例第 37 号），最高人民检察院的观点是："网络域名注册人注册了某域名后，该域名将不能再被其他人申请注册并使用，因此网络域名具有专属性和

---

〔1〕 王北翼、肖晚祥："虚拟财产保护的刑事介入及其限度"，载《人民司法》2007 年第 1 期。
〔2〕 广东省高级人民法院（2016）粤 06 刑终 1152 号刑事判决书。
〔3〕 上海市嘉定区人民法院发布第二批 10 起长三角数字经济典型案例之九：被告人印某某盗窃案。类案包括：河南省高级人民法院 2013 年参考性案例，吕某某盗窃案。

唯一性。网络域名属稀缺资源，其所有人可以对域名行使出售、变更、注销、抛弃等处分权利。网络域名具有市场交换价值，所有人可以以货币形式进行交易。通过合法途径获得的网络域名，其注册人利益受法律承认和保护。"本案中，行为人利用技术手段，通过变更网络域名绑定邮箱及注册 ID，实现了对域名的非法占有，并使原所有人丧失了对网络域名的合法占有和控制，其目的是非法获取网络域名的财产价值，其行为给网络域名的所有人带来直接的经济损失，构成盗窃罪。[1]

上述案件中法院将涉案虚拟财产视为刑法所保护的财产，行为人侵入他人账户非法获取虚拟财产的行为本质上是以非法占有为目的，采用秘密手段的方式窃取他人财物，法院认定此种非法获取虚拟财产的行为构成了盗窃罪。此外，2000 年实施的《最高人民法院关于审理扰乱电信市场管理秩序案件具体应用法律若干问题的解释》第 8 条规定，盗用他人公共信息网络上网账号、密码上网，造成他人电信资费损失数额较大的，依照《刑法》第 264 条的规定，以盗窃罪定罪处罚。

2. 诈骗罪

在司法实践中，一些虚拟财产刑事案件的行为人通过虚构事实、隐瞒真相的欺骗行为使被害人陷入错误认识而自愿将自己占有的虚拟财产处分给行为人占有，构成诈骗罪。如 2016 年杭州市下城区法院判决的一起诈骗虚拟财产的案件中，被告人曹某与被害人钱某在客户端游戏《CS：GO》中结识后，被告人曹某以其不再玩该游戏等虚假理由欺骗被害人钱某借给其部分游戏装备、皮肤用于截图留念及帮忙整理装备、皮肤，被害人钱某信以为真，表示同意。被害人钱某通过 steam 平台将 78 件游戏装备、皮肤以链接交易方式发送给被告人曹某。法院经审理后认为：我国《民法典》第 127 条明确了对网络虚拟财产的保护，将网络虚拟财产解释为刑法上的财物，没有违反罪刑法定原则，将非法获取他人网络虚拟财产的行为认定为财产犯罪具有合理性。因此，本案中被告人曹某骗取他人的网络虚拟财产，可以成为诈骗罪的犯罪对象。而对于诈骗数额的认定，该案以被告人的违法所得来认定

---

[1] 最高人民检察院关于印发最高人民检察院第九批指导性案例的通知，载《最高人民检察院公报》2017 年第 6 号（总第 161 号）。

诈骗数额。[1]在另外一起围绕虚拟货币的案件中,被告非法占有被害人的虚拟货币,虚构事实,将被害人的虚拟货币投入虚拟货币期货炒作,构成诈骗罪。[2]虽然虚拟货币交易受到监管和限制,但是,仍应当认可虚拟货币本身的财产属性,可以作为诈骗类犯罪的对象。

在李某某犯盗窃、诈骗罪案件中,2021年7月13日,被告将本人"王者荣耀"账号正常出售给被害单位、王某某经营的南京××有限公司;7月14日,被告萌生犯意,通过绑定手机号码申请找回账号等方式秘密窃得已出售的游戏账号,并更改密码、占为己有;当日和次日,被告又分别假装将"王者荣耀"游戏账号出售给被害单位,再以绑定手机号码申请找回账号等方式,骗得被害单位钱款若干。被告最终被认定构成盗窃罪和诈骗罪。

3. 职务侵占罪

根据我国《刑法》第271条的规定,职务侵占罪是指公司、企业或者其他单位的工作人员,利用职务上的便利,将本单位财物非法占为己有的行为。在虚拟财产相关的刑事司法实践中,一些行为人利用职务便利来获取本单位的虚拟财产。如2020年上海市第一中级人民法院审理的一起职务侵占案。2019年1月至6月,被告人沈某某在欢乐互娱公司任职期间,从事电子游戏"街机三国"的游戏运营策划工作。被告人利用游戏运营管理权限,未经授权擅自修改后台数据,为游戏玩家李某等人在其各自游戏账户内添加"街机三国"游戏币"元宝",违法所得157 100元。在本案中认定被告人沈某某的行为是否构成职务侵占罪,关键在于能否认定"街机三国"游戏币系财物。法院经审理后认为,涉案游戏币是以电磁形态存在于游戏系统中具有价值、管理可能性以及转移可能性的无体之物。我国法律规定的财物不限于有体物,在特定情况下也包括无体物、财产性利益等,所以涉案游戏币具备财产特征,属于财产犯罪中的财物。被告人沈某某利用其在欢乐互娱公司负责充值返利等职务上的便利,使用公司配发的管理账号登录"街机三国"游戏系统并违规向玩家账户添加游戏币"元宝",其行为构成职务侵占罪。而对于犯罪数额的价值认定,法院认为在涉案游戏币价值难以准确查明的情况下,为准确评价犯罪,应当考虑行为人侵吞游戏币的持续时间、次数、获利金额等相关因

---

[1] 浙江省杭州市下城区人民法院(2018)浙0103刑初180号刑事判决书。
[2] 谢珏、王涵寒:"涉虚拟货币诈骗行为的认定",载《中国检察官》2022年第24期。

素，综合判定应当适用的刑罚。[1]

(二) 认定为计算机类犯罪

2014年最高人民法院研究室发布了《关于利用计算机窃取他人游戏币非法销售获利如何定性问题的研究意见》。该研究意见认为虚拟财产不是财产，本质上是电子数据，利用计算机窃取他人游戏币非法销售获利行为目前宜以非法获取计算机信息系统数据罪定罪处罚。该研究意见对于司法裁判来说具有一定的参考价值。在司法实践中，一些法院认为网络虚拟财产本质上是计算机信息系统中的电子数据，依附于计算机信息系统内，在现实社会中并无客观价值，不具备财产属性，因此倾向于以计算机犯罪来规制侵犯虚拟财产的行为。

1. 非法获取计算机信息系统数据罪

非法获取计算机信息系统数据罪是指违反国家规定，侵入国家事务、国防建设、尖端科学技术领域以外的计算机信息系统或者采取其他技术手段，获取该计算机信息系统中存储、处理或者传输的数据，情节严重的行为。该类犯罪更侧重于非法获取电子数据的行为。2015年5月至2016年4月，王某购买他人非法获取的北京光宇在线科技有限责任公司独家运营的《问道》网络游戏账号和密码60 000余组，后将上述账号内的游戏装备等物品通过互联网变卖牟利。在此期间，其共销售游戏装备等物品数额达人民币69 093元。法院经审理后认为，涉案虚拟财产属于计算机信息系统中存储、处理或者传输的电子数据，属于非法获取计算机信息系统数据罪的客体。非法进入他人信息系统获取虚拟财产，并出售牟利的行为宜认定为非法获取计算机信息系统数据罪。[2]

2. 非法控制计算机信息系统罪

非法控制计算机信息系统罪是指违反国家规定，侵入国家事务、国防建设、尖端科学技术领域以外的计算机信息系统或者采取其他技术手段，对该计算机信息系统实施非法控制行为。广州市天河区人民检察院指控被告人汪某某等人合谋利用酷狗公司"神龙召唤"游戏漏洞，刷取游戏K币，再将非

---

[1] 上海市第一中级人民法院 (2020) 沪01刑终519号刑事判决书。

[2] 北京市第一中级人民法院 (2017) 京01刑终364号刑事判决书。类案包括：江苏省涟水县人民法院 (2014) 淮涟刑初字第0314号刑事判决书；江苏省宿迁市中级人民法院 (2014) 宿中刑终字第55号刑事判决书；辽宁省高级人民法院 (2017) 辽刑再9号刑事判决书；北京市石景山区人民法院 (2017) 京0107刑初96号刑事判决书。

法获取的 K 币出售给他人牟利的行为已构成非法获取计算机信息系统数据罪。法院经审理后认为，被告人均是被害单位酷狗公司负责"神龙召唤"游戏运营、开发、维护的技术人员，获取被害单位游戏系统前后端代码等数据均在其职务范围内，不应认定为非法获取。被告人合谋利用已掌握的代码，进行修改，突破游戏原有规则，提前获取开奖结果并进行下注，实际上是对被害单位的游戏信息系统进行了非法控制。故本案应认定为非法控制计算机信息系统罪。[1]

3. 认定为侵犯通信自由罪

此类判决认为窃取网络虚拟财产中具有通信功能的账号致使信息泄露，侵犯公民通信自由和通信秘密的，按照《刑法》第 252 条侵犯通信自由罪的规定追究行为人的刑事责任。被告人曾某任职于腾讯公司，与被告人杨某共同合谋通过窃取他人 QQ 号码出售获利。被告人曾某利用职务之便进入本公司计算机后台系统，违规修改数百个属于他人的腾讯 QQ 账号并转售获取暴利。法院经审理后认为，QQ 号码不属于刑法意义上的财产保护对象，应当将其看作一种通信工具的代码。QQ 号码作为代码所提供的网络通信服务才是其核心内容，篡改了 130 余个 QQ 号码密码，使原注册的 QQ 用户无法使用本人的 QQ 号码与他人联系，造成侵犯他人通信自由的后果，其行为构成侵犯通信自由罪。[2]

从过去我国法院对虚拟财产刑事案件的具体裁判来看，存在同案不同判的现象。例如，前文中的杨某盗窃案及王某非法获取计算机系统数据案，两个案件中的行为人都采取了相似的作案方式，针对的客体均是网络游戏账号中的游戏装备，其后均将非法获取的虚拟财产在互联网抛售牟利，但因两个案件中对虚拟财产的定性不一致，所以出现了不同的判罚。杨某盗窃案中法院将涉案虚拟财产视作刑法所保护的财产，行为人杨某被判处盗窃罪。而王某非法获取计算机系统数据案中，法院将涉案虚拟财产认定为计算机信息系统中的电子数据，行为人王某被判处非法获取计算机系统数据罪。出现同案不同判现象的原因是我国对虚拟财产的法律属性尚未有定论，在司法裁判中主要根据各自对于虚拟财产的不同理解进行裁判。

---

〔1〕 广东省广州市天河区人民法院（2021）粤 0106 刑初 11 号刑事判决书。
〔2〕 广东省深圳市南山区人民法院（2006）深南法刑初字第 56 号刑事判决书。

伴随着刑事领域审理此类案件的经验不断增多，目前，较多的案例是按照非法获取计算机信息系统罪、帮助信息网络犯罪活动罪、侵犯公民个人信息罪进行裁判，较少再以财产类犯罪进行定性。但是，当行为人实施的是对虚拟货币的窃取时，盗窃罪仍有适用空间。

第五节 对我国保护网络虚拟财产的建议

如前文所述，虚拟财产存在诸多法律争议，现有规范难以有效解决司法实践虚拟财产的相关纠纷，法院在处理虚拟财产的案件时，存在同案不同判的现象。为进一步完善虚拟财产的法律保护制度，本节通过对虚拟财产法律属性的类型化分析，明确虚拟财产的权利归属，并结合产业实践以及域内外法律规范，针对我国规制虚拟财产的现状提出建议。

一、网络虚拟财产保护的类型化思路

（一）网络虚拟财产法律属性的多元性与类型化

从我国司法实践中对网络虚拟财产的保护来看，法院的普遍观点认为，网络虚拟财产具有财产属性，属于《民法典》保护的财产利益，但是应该对其进行准确的界定。司法机关不断通过典型案例建立起对不同类型虚拟财产的保护与价值认定机制，规范平台治理措施，在互联网平台与网络用户之间合理分配权属。

网络虚拟财产包含虚拟货币和普通虚拟财产。前者受到金融监管，而后者则不受金融方面的监管。普通网络虚拟财产进一步可分为账号类虚拟财产、物品类虚拟财产和权益类虚拟财产。由于物品类虚拟财产与网络用户息息相关，其财产价值越来越受到肯定。通过对网络虚拟财产的内容进行分类，能够避免概念的封闭性与僵硬性，凸显类型化分析的灵活性。在兼顾虚拟财产形式丰富性的同时，更显层次性和方法论上的自觉性。[1]

网络虚拟财产的权属，应当主要根据意思自治原则由网络平台与网络用户通过用户协议进行约定。对于账号类虚拟财产及其背后的财产利益而言，

---

[1] 牛彬彬："数字遗产之继承：概念、比较法及制度建构"，载《华侨大学学报（哲学社会科学版）》2019年第5期。

可以通过账号所存在的网络环境、账号内容进行分类。第一种是社交账号中的虚拟财产。账号内的虚拟财产不同于账号本身，二者在价值上彼此独立，但是，网络用户支配账号内的虚拟财产需要以账号为入口。对于账号，社交账号的产生、运作的主要目的并非直接进行财产性价值转化，相关信息不能直接转化为货币。每个社交账号发布的内容及其影响力不同，其背后体现的经济价值也不同。例如，微博大V账号、营销类账号与普通社交用户账号的价值差异巨大，这些账号内的内容极具个人属性，一般来说禁止转让。但是，需要在账号注册主体与MCN机构之间合理确定账号使用权归属。对于账号内的虚拟财产，如果其是网络用户通过时间、精力、金钱等方面的投入而产生的，那么，这一类虚拟财产应当归属于网络用户，并由其进行支配和处分。但是，鉴于虚拟财产的存续对平台服务的依附性，网络用户的支配权受到用户协议的制约。

第二种是游戏账号中的虚拟财产。游戏账号中的虚拟财产价值大小和账号在游戏中的等级、账号主体进行的时间投入和经济投入密切相关。在实践中，有专门平台进行账号转移、租号以供现实玩家使用账号内的虚拟财产。账号内的游戏装备、游戏皮肤在某些游戏平台中可以赠送、转让，但大部分游戏平台在用户协议中明确游戏账号内的相关权益只归属于游戏玩家享有。

第三种是电子商务平台账号内的虚拟财产。此类账号由电子商务平台经营者与电子商务平台达成协议后，在电子商务平台中进行投放内容、销售产品从而获得利益。并且电子商务平台经营者可以按照其意愿来自由处分其账号以及相关内容。

第四种是第三方支付平台账号中的虚拟财产。由于第三方支付平台账号中的虚拟资产可以与现实生活中的流通货币等比例进行兑换，如支付宝账号、微信账号。此种账号财产属性与现实货币的财产属性无异，故对于账号内部的虚拟货币自然可以进行流通、转让等。

(二) 明确不同类型网络虚拟财产的权利归属

总体而言，网络虚拟财产的归属应回归到虚拟财产本身产生和存在的方式。基于劳动价值论观点，虚拟财产可以被视为某一主体劳动之后有价值的成果，如游戏账号、网络店铺中的虚拟权益。游戏账号的获得是游戏用户通过注册由平台授权获得，双方之间成立服务合同关系，但是游戏账号内虚拟财产的价值更多是游戏用户常年对该用户账号的经营，从而使得该账号具有类似于商誉的无形财产价值。社交类账号中的普通用户账号、极具个人属性的账号和普通游戏账号，其在现实生活中与个人密切相关，这类用户更有可能与网络环境发展关系，并在一定程度上将真实的自我显露于网络之中，是现实主体在网络环境中的展现，转让后账号价值可能减少。对这一类账号内的虚拟财产的保护，应当通过对账号的访问权限控制来实现。由网络平台通过程序设计保障账号的使用主体排除各种非法侵入行为。

而且，考虑到经营互联网业务的公司的存续时间，并不适合将所有网络虚拟财产的所有权归属于网络用户。就账号而言，法律不应当积极干预账号的财产规则，没有必要给出统一且单一的网络账号定性以及权利配置方案。[1]最佳的处理方式是区分不同类型的虚拟财产，以网络平台与用户之间的服务协议为依据。

对于流量较大的社交账号、自媒体账号、游戏账号内的虚拟财产，其背后的财产价值较大，尤其针对一些具有流通性质、赠与性质的虚拟财产，如游戏装备、游戏皮肤等，则更适合适用"谁占有即所有"的规则。由于网络虚拟财产具有网络运营商占有和用户占有的双重属性，[2]占有规则需要进一步明确。网络运营商对虚拟网络本身、网络平台的搭建本身实现了直接控制和排除他人干预的状态，此种状态构成占有。同时，网络用户通过登录账号和输入密码进行实际操作和控制该账号下的实际运行，也构成占有。有学者指出，对于网络游戏而言，网络用户对网络虚拟财产的占有，事实上是网络用户对运营商特定债权的准占有，该占有的标的是对运营商的债权，这一债权能够在游戏运营期间持续存在并反复行使。[3]游戏用户对该类网络虚拟财产的占有并非一种不受限制的支配。

但是，对于虚拟货币、数字藏品、域名、网络店铺这一类虚拟财产，将网络用户作为占有人更为合适，因为用户对于这一类虚拟财产的支配权较之其他类型的虚拟财产来说更大。以电子商务领域为例，首先，店铺经营者通过服务协议获得了"网店虚拟空间"的使用权。对于整个店铺，店铺经营者

---

[1] 岳林："网络账号与财产规则"，载《法律和社会科学》2016年第1期。
[2] 杨立新、王中合："论网络虚拟财产的物权属性及其基本规则"，载《国家检察官学院学报》2004年第6期。
[3] 徐飞："虚拟财产的准占有及其保障——刘波诉上海盛大游戏装备案评析"，载《科技与法律》2009年第2期。

通过经营活动，使得网店具有了其独有的内涵，如二级域名、店铺名称、信用记录、交易记录、交易评价、商品分类等要素[1]，这些要素共同构成网店整体，店铺经营者因其投入而享有店铺的所有权。实际经营者对于网络店铺进行了时间、精力和金钱上的实际投入，故网店作为虚拟财产，将其财产权归属于实际运营网络店铺的经营者，更为合适。而网络店铺中所涉及的产品、技术、软件、程序则由网络服务提供商进行设计和运行，本身是知识产权客体，应属于网络服务提供商。

对于虚拟货币、NFT 这一类网络虚拟财产的交易而言，有必要将 NFT 所对应的数字藏品的财产权明确为由用户享有，进而为其进一步流通提供保障。

对于第三方支付平台账号，由于第三方支付平台功能的多样性，需进一步分析。首先，针对第三方支付平台账号内的虚拟财产如支付宝余额、微信钱包等，此类虚拟财产与现实生活中的货币性质相同。故可以继续适用现有民法规则下对私有财产的保护规范。其次，对于第三方支付平台账号内的借贷功能，由于其涉及金融监管，故应保障第三方支付平台账号不被他人随意、恶意入侵，保护账号的现实使用人、所有人的财产安全。最后，针对该类账号内的其他功能，以支付宝为例，如蚂蚁森林、蚂蚁庄园等功能，与游戏账号的使用场景较为相似，可以适用游戏类账号的虚拟财产的权利归属原则。

对于用户之间转让账号的行为，考虑到账号与平台服务之间的依附性，应当尊重用户协议中对于账号是否具有可流通性的约定。对于具有人身属性的社交媒体类账号，MCN 公司与账号注册主体之间就使用权归属的约定是否有效，还需要考察该约定是否存在显失公平、该账号的核心价值所在以及为该价值所作出主要贡献的主体。

二、网络虚拟财产法律保护体系的完善

（一）根据网络虚拟财产性质进行区分式保护

《民法典》第 127 条明确了网络虚拟财产是受法律保护的合法权益，但该条文只是对网络虚拟财产的保护作出原则性规定，在司法实践中并不能很好地从实际上解决网络虚拟财产所带来的法律问题。"法律意义上的财产概念具

---

[1] 林旭霞、蔡健晖："网上商店的物权客体属性及物权规则研究"，载《法律科学（西北政法大学学报）》2016 年第 3 期。

有开放性,并且呈现出脱实向虚的扩张趋势,这为容纳区块链私人数字资产提供了极大空间。"[1]网络虚拟财产包括虚拟货币、账号、游戏装备、游戏币等。由于虚拟货币具有金融监管性质,与其他虚拟财产在性质上有所不同,因此对虚拟货币进行保护与规制的法律法规也应区别于非金融虚拟财产。

对于网络虚拟货币以外的非金融虚拟财产,《民法典》第127条作为关于网络虚拟财产保护的指引性规定,为网络虚拟财产的专门立法提供了一个具备兼容性的制度接口。在立法方面,"应当根据网络虚拟财产权的特殊性另行制定特别法,待时机成熟时再整体移植到民法典中的财产法部分"[2],但目前进行网络虚拟财产的专项立法尚存有难度,可以通过司法解释的方式对网络虚拟财产的概念范畴、保护范围、权利属性、继承规则、网络运营商与网络用户之间的权利义务予以规定,明确涉及网络虚拟财产纠纷处理的法律程序与救济途径,明确不同类型网络虚拟财产案件所适用的规则,合理分配用户与运营商的举证责任,建立网络虚拟财产的价值认定机制,明确证据规则适用原则,多措并举从制度上形成对网络虚拟财产的保护合力。[3]

司法解释的制定需要在对网络虚拟财产民事、刑事案件进行广泛的实证分析的基础上进行,需要将我国的情况与国外网络虚拟财产发展及司法实践进行比较研究,深入研究网络虚拟财产交易的风险及规制路径。在司法解释中,需要明晰网络虚拟财产的概念、性质和类型,设定网络虚拟财产相关权利变动规则。

(二)司法解释细化格式条款的无效情形

司法机关在处理网络虚拟财产纠纷时也应当注意审查网络用户服务协议,排除适用损害用户权利的相关条款,对居于弱势地位的用户利益予以保护,以此来平衡网络用户及网络运营商之间的权利义务。

根据《民法典》第496条的规定,格式条款是当事人为了重复使用而预先拟定,并在订立合同时未与对方协商的条款。采用格式条款订立合同的,提供格式条款的一方应当遵循公平原则确定当事人之间的权利和义务,并采取合理的方式提示对方注意免除或者减轻其责任等与对方有重大利害关系的

---

[1] 杜牧真:"论数字资产的财物属性",载《东方法学》2022年第6期。
[2] 孙山:"网络虚拟财产权单独立法保护的可行性初探",载《河北法学》2019年第8期。
[3] 王金虎:"虚拟财产,如何得到有形保护",载《光明日报》2023年2月18日,第5版。

条款，按照对方的要求，对该条款予以说明。提供格式条款的一方未履行提示或者说明义务，致使对方没有注意或者理解与其有重大利害关系的条款的，对方可以主张该条款不成为合同的内容。《民法典》第497条规定了该格式条款无效的情形：（1）具有本法第一编第六章第三节和本法第506条规定的无效情形；（2）提供格式条款一方不合理地免除或者减轻其责任、加重对方责任、限制对方主要权利；（3）提供格式条款一方排除对方主要权利。我国《消费者权益保护法》规定："经营者不得以格式合同、通知、声明、店堂告示等方式作出对消费者不公平、不合理的规定，或者减轻、免除其损害消费者合法权益应当承担的民事责任格式合同、通知、声明、店堂告示等含有前款所列内容的，其内容无效。"但对于什么样的条款构成"免除提供方责任""加重对方责任"，立法未作具体规定，而是需要司法机关在个案中予以界定。

  法院担任着在司法实践中根据用户协议的具体内容以及对用户权利义务产生的影响作具体判断的任务，法官在判断用户协议条款内容时，应当将自己设置在具体个案的场景，作为一般理性消费者，基于个人生活经验来加以判断。[1]此外，法院应以诚实信用原则作为用户协议解释与适用的根本性规范，平衡平台与用户之间的利益关系，做到同案同判，避免同案异判带来的纠纷与混乱。就现有的法律纠纷来看，多数判决认定用户协议有效，从而认可了用户协议中对账户所有权以及平台处置权的约定。

  未来可以通过司法解释对无效格式条款的类型作出更为详细的列举，或者设置格式条款黑名单。从比较法上看，《德国民法典》第308条、第309条以具体格式条款是否有效力评价的可能性为界限，分别设立"灰名单"与"黑名单"制度。将诚实信用原则作为根本性规范内化于具体标准中，指导对"灰名单"条款的利益衡量，并作为兜底性审查规范，以保证格式条款内容规制的实质公平性和标准开放性。[2]通过构建格式条款的"黑名单"与"灰名单"，不仅可以为司法机关适用法律统一标准，还能为平台制定用户协议时提供示范。

---

  [1] 林旭霞："论网络运营商与用户之间协议的法律规制"，载《法律科学（西北政法大学学报）》2012年第5期。

  [2] 胡安琪、李明发："网络平台用户协议中格式条款司法规制之实证研究"，载《北方法学》2019年第1期。

第三章
平台对网络用户账号的管理与处置

实践中,互联网平台的绝大多数功能仅对注册用户开放,即只有当用户注册平台账号后才能实施如评论、发帖等行为。账号不仅是用户使用平台服务的重要媒介,也是平台管理与规范用户行为的重要渠道。为了引导互联网行业健康发展、规范网络社会秩序,国家也出台了一系列针对用户账户注册与使用相关的法律法规,如《互联网用户账号名称管理规定》《网络信息内容生态治理规定》等。同时,平台也会针对自身平台性质制定不同的用户协议,以更好地管理与规范用户行为,并对违规用户进行相应处置。平台在对账号的管理与处置过程中就容易出现一些争议,如对用户违规行为的认定、平台实施措施程序是否具有正当性等,本章在对用户账号性质、属性等的理论分析的基础上,通过梳理现行法律规定、司法案例及平台用户协议,对平台有关用户账号的管理与处置措施进行归纳总结,进一步明确实践中出现的法律问题并提出相应建议。

第一节 网络服务提供者对用户账号的管理

用户账号管理,是指互联网平台依据法律法规或者用户协议,对用户注册、使用账号采取的保护、监督、处置等措施,通常以"使用协议""隐私政策""社区规则"等文件形式向用户展示。为了加强对互联网用户账户的管理,国家出台了一系列法律法规,如《网络安全法》《个人信息保护法》《互联网用户账号信息管理规定》《网络信息内容生态治理规定》等,适用范围涵盖账号注册信息、账号信用评价管理、信息发布内容、平台信息收集与处理、数据隐私保护等多方面内容。除普遍适用的法律法规外,还针对互联网特定领域和特定群体出台了专门规章制度，如针对向未成年人提供网络游戏服务的《关于防止未成年人沉迷网络游戏的通知》、针对网络音视频服务的《网络音视频信息服务管理规定》等。平台根据和参照现行法律法规，并结合自身业务特点，制定和与用户订立"使用协议""隐私政策""社区规则"等合同性文件，明确平台与用户就平台管理用户账号所享有的权利和承担的义务。

一、我国有关用户账号管理措施的一般规定

对用户账号管理措施作出一般性规定的我国现行法律法规，主要有法律、行政法规和部门规章三类。其中法律主要有全国人大制定的《民法典》，全国人大常委会制定和修改的《网络安全法》《电子商务法》《食品安全法》《未成年人保护法》等；行政法规主要有国务院制定和修改的《互联网信息服务管理办法》；部门规章主要有国家网信办制定和修改的《互联网用户账号名称管理规定》《网络信息内容生态治理规定》《互联网用户账号信息管理规定》等。

（一）现行法律法规对用户账号管理的相关规定

我国现行法律法规对用户账号管理措施作出一般性规定的主要有《民法典》《网络安全法》《未成年人保护法》《反电信诈骗法》等。具体而言，首先，《民法典》从网络侵权的角度规定了网络服务提供者的责任。当网络用户实施网络侵权行为时，网络服务提供者应当根据权利人的通知来积极采取必要措施及时止损。第1195条规定，网络用户利用网络服务实施侵权行为的，权利人有权通知网络服务提供者采取删除、屏蔽、断开链接等必要措施。网络服务提供者接到通知后，应当及时将该通知转送相关网络用户，并根据构成侵权的初步证据和服务类型采取必要措施；未及时采取必要措施的，对损害的扩大部分与该网络用户承担连带责任。第1196条规定，网络用户接到转送的通知后，可以向网络服务提供者提交不存在侵权行为的声明。声明应当包括不存在侵权行为的初步证据及网络用户的真实身份信息。网络服务提供者接到声明后，应当将该声明转送发出通知的权利人，并告知其可以向有关部门投诉或者向人民法院提起诉讼。网络服务提供者在转送声明到达权利人后的合理期限内，未收到权利人已经投诉或者提起诉讼通知的，应当及时终止所采取的措施。上述规则在《电子商务法》《信息网络传播权保护条例》中亦有类似规定。

《网络安全法》是从公法的角度为了维护网络运行安全，对于网络运营者的义务与管理责任进行了规定。网络运营者为用户办理网络接入、域名注册服务，办理固定电话、移动电话等入网手续，或者为用户提供信息发布、即时通信等服务，在与用户签订协议或者确认提供服务时，应当要求用户提供真实身份信息。用户不提供真实身份信息的，网络运营者不得为其提供相关服务。国家实施网络可信身份战略，支持研究开发安全、方便的电子身份认证技术，推动不同电子身份认证之间的互认。

《未成年人保护法》第 75 条规定，"国家建立统一的未成年人网络游戏电子身份认证系统。网络游戏服务提供者应当要求未成年人以真实身份信息注册并登录网络游戏"。第 76 条规定，"网络直播服务提供者不得为未满 16 周岁的未成年人提供网络直播发布者账号注册服务；为年满 16 周岁的未成年人提供网络直播发布者账号注册服务时，应当对其身份信息进行认证，并征得其父母或者其他监护人同意"。

《反电信网络诈骗法》第 22 条要求互联网服务提供者应当根据公安机关、电信主管部门要求，对涉案电话卡、涉诈异常电话卡所关联注册的有关互联网账号进行核验，根据风险情况，采取限期改正、限制功能、暂停使用、关闭账号、禁止重新注册等处置措施。

国务院制定和修改的《互联网信息服务管理办法》是互联网治理领域重要的行政法规。其中，第 9 条要求互联网信息服务提供者对用户进行真实身份信息认证。用户不提供真实身份信息，或者冒用组织机构、他人身份信息进行虚假注册的，不得为其提供相关服务。第 11 条规定，"对于互联网用户申请注册提供互联网新闻信息服务、网络出版服务等依法需要取得行政许可的互联网信息服务的账号，或者申请注册从事经济、教育、医疗卫生、司法等领域信息内容生产的账号，互联网信息服务提供者应当要求其提供服务资质、职业资格、专业背景等相关材料，予以核验并在账号信息中加注专门标识"。有关账号的规定还包括本法第 14 条，即从事新闻、出版以及电子公告等服务项目的互联网信息服务提供者，应当记录提供的信息内容及其发布时间、互联网地址或者域名；互联网接入服务提供者应当记录上网用户的上网时间、用户账号、互联网地址或者域名、主叫电话号码等信息。互联网信息服务提供者和互联网接入服务提供者的记录备份应当保存 60 日，并在国家有关机关依法查询时，予以提供。

（二）有关用户账号管理规则的部门规章

我国现行部门规章对用户账号管理措施作出一般性规定的主要有国家网络与信息化办公室制定和修改的《互联网用户账号名称管理规定》《网络信息内容生态治理规定》《互联网用户账号信息管理规定》《互联网新闻信息服务管理规定》《互联网用户公众账号信息服务管理规定》《互联网跟帖评论服务管理规定》等。

《互联网用户账号名称管理规定》于 2015 年出台。其中，第 4 条规定，互联网信息服务提供者应当落实安全管理责任，完善用户服务协议，明示互联网信息服务使用者在账号名称、头像和简介等注册信息中不得出现违法和不良信息，配备与服务规模相适应的专业人员，对互联网用户提交的账号名称、头像和简介等注册信息进行审核，对含有违法和不良信息的，不予注册；保护用户信息及公民个人隐私，自觉接受社会监督，及时处理公众举报的账号名称、头像和简介等注册信息中的违法和不良信息。第 5 条规定，互联网信息服务提供者按照"后台实名、前台自愿"的原则，要求互联网信息服务使用者（网络用户）通过真实身份信息认证后注册账号。

《互联网用户账号信息管理规定》于 2022 年出台。该规定的第二章是"账号信息注册和使用"。第 19 条重申了用户账号实名认证规定，即互联网信息服务提供者为互联网用户提供信息发布、即时通信等服务的，应当对申请注册相关账号信息的用户进行基于移动电话号码、身份证件号码或者统一社会信用代码等方式的真实身份信息认证。用户不提供真实身份信息，或者冒用组织机构、他人身份信息进行虚假注册的，不得为其提供相关服务。第 10 条规定了互联网信息服务提供者对于用户注册信息和使用中拟变更的账号信息的核验义务。对账号信息中含有"中国""中华""中央""全国""国家"等内容，或者含有党旗、党徽、国旗、国歌、国徽等党和国家象征和标志的，应当依照法律、行政法规和国家有关规定从严核验。互联网信息服务提供者应当采取必要措施，防止被依法依约关闭的账号重新注册；对注册与其关联度高的账号信息，应当对相关信息从严核验。互联网信息服务提供者应当建立账号信息动态核验制度，适时核验存量账号信息，发现不符合本规定要求的，应当暂停提供服务并通知用户限期改正；拒不改正的，应当终止提供服务。对于提供特殊类型的网络服务的提供者，会有其他方面的合规要求。对于互联网用户申请注册提供互联网新闻信息服务、网络出版服务等依法需要取得行政许可的互联网信息服务的账号,或者申请注册从事经济、教育、医疗卫生、司法等领域信息内容的账号,互联网信息服务提供者应当要求其提供服务资质、职业资格、专业背景等相关材料,予以核验并在账号信息中加注专门标识。

此外,互联网信息服务提供者应当建立健全互联网用户账号信用管理体系,将账号信息相关信用评价作为账号信用管理的重要参考指标,并据以提供相应服务。2020年《网络信息内容生态治理规定》也明确要求网络信息内容服务平台应当建立用户账号信用管理制度,根据用户账号的信用情况提供相应服务。

2021年《互联网用户公众账号信息服务管理规定》要求公众账号信息服务平台应当按照国家有关标准和规范,建立公众账号分类注册和分类生产制度,实施分类管理。依据公众账号信息内容生产质量、信息传播能力、账号主体信用评价等指标,公众账号信息服务平台应当建立分级管理制度,实施分级管理。公众账号信息服务平台应当依法依约禁止公众账号生产运营者违规转让公众账号。公众账号生产运营者向其他用户转让公众账号使用权的,应当向平台提出申请。平台应当依据前款规定对受让方用户进行认证核验,并公示主体变更信息。平台发现生产运营者未经审核擅自转让公众账号的,应当及时暂停或者终止提供服务。

从保护未成年人的角度出发,国家新闻出版署先后出台《关于防止未成年人沉迷网络游戏的通知》《关于进一步严格管理切实防止未成年人沉迷网络游戏的通知》,要求严格落实网络游戏用户账号实名注册和登录要求。所有网络游戏必须接入国家新闻出版署网络游戏防沉迷实名验证系统,所有网络游戏用户必须使用真实有效身份信息进行游戏账号注册并登录网络游戏,网络游戏企业不得以任何形式(含游客体验模式)向未实名注册和登录的用户提供游戏服务。

此外,2009年《文化部、商务部关于加强网络游戏虚拟货币管理工作的通知》还要求网络游戏虚拟货币交易服务企业须规定出售方用户使用有效身份证件进行实名注册,并要求其绑定与实名注册信息一致的境内银行账户。

从上述法律规定可以看出,用户账号管理涉及账号注册信息、主体身份、内容发布等多方面的内容。具体来说,当用户意欲使用互联网服务注册账号时,必须得提供身份证件号码、统一社会信用代码等方式的真实身份信息,为了确保账号主体身份，平台通常建立了完善的身份信息认证等管理制度。实名认证通常采取"后台实名、前台自愿"的原则，即用户注册账号时必须提供真实身份信息，但在账号中可以不展示自己真实姓名等内容。针对从事经济、教育等特殊领域信息内容生产的账号，还需要核验用户的服务资质、执业资格等信息，并进行专门标识。

在账号名称上，禁止用户在账号名称、头像等注册信息中出现违法和不良信息，对于含有国家象征和标志的需要从严核验。除注册的身份信息外，平台还应当记录用户的上网时间、用户账号、互联网地址或者域名、主叫电话号码等信息，并且根据用户账号的信用情况实施分类管理制度。

对于用户账号的使用主体变更，已有的监管规则区分了普通行业的账号与特殊行业的账号、普通账号与公众账号，对于账号使用权的转移提出不同程度的要求。

此外，平台用户发布信息等行为也有一定监管责任，《民法典》明确规定了平台的通知义务及需采取的必要措施，当收到用户利用网络服务实施侵权行为通知时，需要及时通知相关用户，并且采取删除、屏蔽、断开链接等必要措施防止损害扩大。对于用户利用互联网实施或发布一些违反法律强制性规定或损害平台利益的行为可以采取处置措施，用户违规行为及平台处置措施将在下文具体展开论述。

二、我国有关用户账号处置措施的规定

用户账号处置是指平台依据法律法规或者用户协议，对出现违规情形的用户账号采取限制或封禁措施，根据处罚情形的严厉性，可分为一般性处置措施与账号封禁措施。一般性处置措施主要是对用户账号部分功能的限制或特定虚拟资产的处置，如禁止用户在一定期限内发布评论、没收账户内虚拟财产、减扣积分等其他处置措施。账号封禁措施主要针对账号整体，一般是对具有严重违规情节的用户账号暂时或永久地停止或限制其获取平台主要或全部服务的行为。

对用户账号管理措施作出一般性规定的我国现行法律法规主要有法律和部门规章两类。

（一）现行法律法规对用户账号处置的相关规定

对用户账号处置措施作出一般性规定的法律主要有《网络安全法》《个人

信息保护法》等。《网络安全法》第 48 条要求任何个人和组织发送的电子信息、提供的应用软件，不得设置恶意程序，不得含有法律、行政法规禁止发布或者传输的信息。电子信息发送服务提供者和应用软件下载服务提供者，应当履行安全管理义务，知道其用户有前款规定行为的，应当停止提供服务，采取消除等处置措施，保存有关记录，并向有关主管部门报告。《个人信息保护法》要求提供重要互联网平台服务、用户数量巨大、业务类型复杂的个人信息处理者，应当对严重违反法律、行政法规处理个人信息的平台内的产品或者服务提供者，停止提供服务。

（二）部门规章对网络运营者处置用户账号问题的规定

我国现行部门规章对用户账号处置措施作出一般性规定的主要有国家网信办制定和修改的《互联网用户账号名称管理规定》《网络信息内容生态治理规定》《互联网用户公众账号信息服务管理规定》《互联网用户账号信息管理规定》《互联网跟帖评论服务管理规定》等。

《互联网用户账号名称管理规定》第 7 条规定，互联网信息服务使用者以虚假信息骗取账号名称注册，或其账号头像、简介等注册信息存在违法和不良信息的，互联网信息服务提供者应当采取通知限期改正、暂停使用、注销登记等措施。第 8 条规定，对冒用、关联机构或社会名人注册账号名称的，互联网信息服务提供者应当注销其账号，并向互联网信息内容主管部门报告。《互联网用户账号信息管理规定》规定，互联网信息服务提供者应当建立账号信息动态核验制度，适时核验存量账号信息，发现不符合本规定要求的，应当暂停提供服务并通知用户限期改正；拒不改正的，应当终止提供服务。互联网信息服务提供者发现互联网用户注册、使用账号信息违反法律、行政法规和本规定的，应当依法依约采取警示提醒、限期改正、限制账号功能、暂停使用、关闭账号、禁止重新注册等处置措施，保存有关记录，并及时向网信等有关主管部门报告。《互联网跟帖评论服务管理规定》第 4 条要求跟帖评论服务提供者应当严格落实跟帖评论服务管理主体责任，对注册用户进行基于移动电话号码、身份证件号码或者统一社会信用代码等方式的真实身份信息认证，不得向未认证真实身份信息或者冒用组织机构、他人身份信息的用户提供跟帖评论服务。

《网络信息内容生态治理规定》规定，对于制作、复制、发布违法信息的网络信息内容生产者，网络信息内容服务平台应当依法依约采取警示整改、限制功能、暂停更新、关闭账号等处置措施，及时消除违法信息内容，保存记录并向有关主管部门报告。

总结来看，我国现行有效的法律法规规定的一般用户账号处置措施主要如下：《网络安全法》中规定了停止服务、在特定区域对网络通信采取限制等临时措施。《互联网用户账号名称管理规定》中规定了限期改正、暂停使用、注销登记等措施。《网络信息内容生态治理规定》中规定了警示整改、限制功能、暂停更新、关闭账号等措施。《互联网用户账号信息管理规定》中规定了防止被依法依约关闭的账号重新注册的必要措施，暂停提供服务并通知用户限期改正、终止提供服务的措施，警示提醒、限期改正、限制账号功能、暂停使用、关闭账号、禁止重新注册等措施。

值得特别注意的是，用户账号所属平台处置措施应当与网信部门所采取的惩戒措施相区别。根据2020年《网络信息内容生态治理规定》第39条的规定，网信部门根据法律、行政法规和国家有关规定，会同有关主管部门建立健全网络信息内容服务严重失信联合惩戒机制，对严重违反本规定的网络信息内容服务平台、网络信息内容生产者和网络信息内容使用者依法依规实施限制从事网络信息服务、网上行为限制、行业禁入等惩戒措施。

表 3-1　用户账号处置措施与网信部门惩戒措施的主要区别

	用户账号所属平台处置措施	网信部门要求的惩戒措施
主体	网络信息内容服务平台	网信部门
对象	网络信息内容生产者	网络信息内容服务平台、网络信息内容生产者和网络信息内容使用者
条件	相关对象违反《互联网用户公众账号信息服务管理规定》第6条规定	相关对象严重违反《互联网用户公众账号信息服务管理规定》
依据	"依法依约"，法律、行政法规和双方服务合同	"依法依规"，法律、行政法规和国家有关规定
内容	警示整改、限制功能、暂停更新、关闭账号等	限制从事网络信息服务、网上行为限制、行业禁入等

三、用户协议对账号管理与处置的约定

用户账号封禁属于特殊类型的账号处置措施。我国法律法规有关用户账号封禁的主要规定已经在上一节进行了分析。本节将聚焦于网络服务提供者的用户协议。

用户协议是平台与服务使用主体（包括但不限于个人、团体等）（以下简称用户）对各项产品/服务使用以及相关服务所订立的有效协议。各个平台用户协议在名称上略有不同，常见命名如"用户协议""服务协议""服务条款""使用条款""管理办法"等，如《腾讯视频用户服务协议》《iCloud 用户服务协议》《网易云音乐服务条款》《Apple 网站使用条款》《虎牙主播违规管理办法》。

平台的用户协议分为单一用户协议与"一揽子"用户协议，单一用户协议是指用户在使用某一平台服务时，仅需遵守这一平台上的这一份用户协议；"一揽子"用户协议是指用户在使用某一平台服务时需要遵守多份用户协议，这些用户协议是相互联系不可分割的整体，如《哔哩哔哩弹幕网用户使用协议》（更新日期：2022 年 5 月 13 日，以下简称《哔哩哔哩协议》）中就明确指明，《社区规则》《小黑屋处罚条款》以及哔哩哔哩公布的其他协议规范、规则、声明、公告、政策等都是《哔哩哔哩协议》不可分割的组成部分，在接受并同意《哔哩哔哩协议》同时，视为同意并接受其他哔哩哔哩规则。

通过对中外如百度、网易云、苹果、亚马逊等各大互联网平台的用户协议进行研究，从用户违规行为类型与平台封禁措施两个方面对用户协议作简要概述。

（一）平台管理性规则的类型

第一类是用户协议。比如，《淘宝平台服务协议》《京东用户服务协议》《斗鱼直播协议》《腾讯微信软件许可及服务协议》《微信公众平台服务协议》《拼多多平台合作协议》《抖音充值协议》《抖音直播主播入驻协议》。

第二类是平台管理规范。比如，《天猫市场管理规范》《淘宝网市场管理与违规处理规范》《飞猪市场管理与违规处理规范》《斗鱼直播内容管理规定》《虎牙主播违规管理办法》《京东违规立法管理规则》《京东开放平台保证金管理规定》《微信个人账号使用规范》。

第三类是平台管理实施细则。比如,《天猫违规处罚实施细则》《淘宝平台违禁信息管理规则》《京东开放平台商家违规积分管理规则》《拼多多假货处理规则》《拼多多发货规则》《拼多多商家客服回复规则》。

第四类是平台管理行为规范。比如,《斗鱼用户阳光行为规范》《B站主播直播规范》。

第五类是平台自律性公约。比如,《抖音盒子社区自律公约》《B站社区规则》《虎牙公会违规管理办法》。

第六类为其他辅助性材料。比如,《京东平台违规申诉材料一览表》。

(二) 网络用户违规行为的类型

用户违规行为类型可以简单分为两大类。第一类是违反国家现行法律法规的相关规定;第二类是损害平台利益或者其他相关主体的利益、影响平台正常运营。

对于第一种类型,用户行为违反国家现行法律法规的相关规定,平台的用户协议都会通过直接或间接援引现行法律法规明确用户的违规行为有哪些。根据侵犯的法益可以进一步将违规行为细分为如下几类:第一,危害国家安全的行为,包括但不限于泄露国家秘密、颠覆国家政权、破坏国家统一、损害国家荣誉和利益、破坏民族团结等行为。第二,危害社会公共秩序的行为,如煽动非法集会、结社、游行、示威、聚众扰乱社会秩序、散布谣言或不实信息以破坏社会稳定等行为。第三,违反公序良俗的行为,包括违背中华民族传统美德、社会公德、伦理道德,以及社会主义精神文明的行为。第四,侵犯他人合法权益,包括人身权与财产权。例如,发布属于他人的个人、私人或保密信息,侵犯他人的隐私权。第五,危害计算机信息网络安全的活动,对计算机信息系统中存储、处理或者传输的数据和应用程序进行删除、修改、增加的操作,或者故意制作、传播计算机病毒等破坏性程序,影响计算机系统的正常运行。例如,通过爬虫软件、逆向工程、反编译等手段试图从平台服务或其任何部分提取源代码或获取原始数据或破坏平台正常服务。从上述列举可知,平台用户协议以现行的法律法规为基础,与刑法、民法等具体法律部门保持高度的一致性。

除法律法规明文禁止规定的行为外,用户协议中还规定了一些违规行为,这些行为损害了平台利益和其他相关主体利益。比如,未经网络服务提供者许可,用户将其个人账号无偿或有偿提供给任何第三方使用。在现行的法律法规中，并没有禁止用户个人间的账号出借或账号租赁行为。但是，对于平台而言，用户将个人账号出借或租赁给第三人，不仅会降低平台的经营利润，而且会给平台治理带来困难。以视频平台为例，用户共享会员账号的行为直接减少了平台的会员数目，如果视频平台对账号的登录或使用不加以限制，那么数人、数十人共用账号行为将比比皆是。甚至，从理论上而言，只需要一个账号就能令所有人享受会员服务。此种行为将严重影响平台的可持续发展，因此出于平台利益考量，往往在用户协议中会明令禁止此类行为。

除此之外，平台会根据自身经营业务特点，制定个性化条款，针对性地规定用户违规行为。以美团平台为例，作为一个团购平台，用户对商品或服务的评价会影响其他用户的选择与购买，对于平台而言具有重要的意义。因此在《美团用户服务协议》中，就明令禁止以"刷单"等不正当方式帮助他人提升评价，禁止通过作弊、扰乱系统、刷信誉、批量注册、用机器注册美团平台账户、用机器模拟客户端等手段进行交易。

（三）用户协议对用户行为的要求

用户协议中具体规定的对用户行为的要求可以分为对账号的使用、信息内容的发布、平台服务的使用这三个方面的要求。对于账号的使用，用户协议通常禁止账号交易行为。前文已述，在此不再赘述。

1. 对用户发布的信息内容的要求

用户应当对在平台上发布的信息负责，包括但不限于文字、声音、图片、视频、音频等信息（统称为用户内容）。用户内容不得违反法律法规的强制性规定，包括但不限于危害国家安全、淫秽色情、虚假、诽谤（包括商业诽谤）、赌博、非法恐吓或非法骚扰、侵犯他人知识产权、人身权、商业秘密或其他合法权益以及有违公序良俗的内容或指向这些内容的链接。

严禁发布或传输垃圾邮件，包括但不限于未经请求的或未经授权的广告、宣传材料或信息公告。严禁出售违禁商品。比如，出售违反《野生动物保护法》《食品安全法》的商品。

严禁用户侵犯平台或第三人知识产权、严禁实施不正当竞争行为。对于电子商务平台，当用户出售假冒商品以及侵犯他人商标权、专利权、版权等知识产权的商品或者提供侵权服务时，将面临处罚。一般来说，这一类侵权以平台接到投诉之后进行处理为主。当用户实施虚假宣传、商业诋毁等行为，也会面临封禁等处罚。

平台在相关服务中所提供的信息和内容的知识产权归平台所有,未经平台明确事先书面同意,用户不得以任何形式对平台的任何组成部分或任何内容进行拷贝、复制、重新发布、上传、发布、公开展示、编码、翻译,也不得将其传输或分发(包括"镜像")到任何其他电脑、服务器、网站或者其他用于发布或分发的媒介或任何商业企业的媒介。而且,用户承诺不应且不应允许或协助任何人以任何形式(包括但不限于通过任何机器人软件、爬虫软件、截屏等程序或设备)进行使用、出租、出借、分发、展示、复制、修改、链接、转载、汇编、发表、出版、抓取、监视、引用或创造相关衍生作品。

关于用户生成内容,包括用户在平台上上传、提交、存储或发布的内容,用户应当确保是由本人创作而成或已取得合法授权,严禁用户侵犯他人知识产权或其他合法权益。

2. 对用户使用平台服务的要求

用户在使用平台提供服务时,应当秉承诚实信用原则,严禁使用任何设备、软件或程序干扰或尝试干扰网站或其上执行的任何事务的正常工作,也不得干扰任何其他人使用网站,如利用规则漏洞、利用系统漏洞、滥用会员身份、黑色产业、投机等违背平台提供产品及/或服务的初衷的方式破坏平台正常运营。

未经许可或他人事先明确书面许可,不得自行或者委托他人以任何方式获取平台的服务、内容、数据,包括但不限于机器人软件、爬虫软件等任何自动程序、脚本、软件。不得探测、扫描或测试网站或与网站链接的任何网络是否存在漏洞,也不得破坏网站或与网站链接的任何网络所采用的安全或身份验证措施。

严禁商业牟利,即禁止用户为商业目的而使用平台提供的服务,从而直接或间接获得任何形式的收益。但在《Apple 媒体服务条款和条件》中规定允许用户对视频内容出售和出租,但对具体视频内容、设备的数量有所限制,如已购音乐的音频播放列表刻录至光盘,最多可收听七次;出租内容一次只能在一台设备上观看。

严禁冒用他人账号、窃取他人账号及账户内虚拟权益,严禁在使用平台服务时着装、语言等违反规定、违反社会公德和公序良俗。一些直播类平台禁止主播在直播过程中违规发布商业广告。

(四) 对用户账号的处置措施

对于不同的网络服务,相应的处置措施亦有所不同。下文以游戏平台和电子商务平台为例。

游戏道具、游戏装备、游戏币等私下交易行为、使用作弊性质的外挂以及相关辅助性质的外挂等非法外挂程序或游戏同步器等作弊硬件行为、刷 bug(漏洞)行为、代练行为、同一玩家(或同一 IP,或同一物理地址)注册或登录多个账号角色的非正常游戏行为等,不利于游戏运营者对游戏的管理,破坏了游戏的公平性。所以,很多游戏运营者均在其与用户的服务协议中明确约定禁止上述行为,并将视情节严重程度,依据服务协议,对用户作出暂时或永久性地禁止登录,删除游戏账号及游戏数据、删除相关信息,没收游戏用户利用第三方软件进行游戏而直接、间接获得之不正当利益,倒扣数值(包括但不限于经验值),暂时冻结玩法或永久冻结玩法,强制离线等处理措施。

游戏用户需接受用户协议中的条款方能下载安装游戏。用户协议作为规范游戏用户行为、维护游戏环境的规则,并不存在违法及不合理情形,且游戏运营商已提示原告在下载安装相应游戏的过程中审慎阅读协议条款,因此若游戏用户在游戏过程中存在相应违规行为的,游戏运营商得以依据用户协议对其游戏账号进行相应处理,这是游戏运营商在自主经营权范围内行使自由裁量权。游戏用户应自行承担相应损失。对游戏用户要求解除处罚并赔偿损失的诉讼请求,法院一般不予支持。这种裁判思路在诸多游戏类案件中得以体现。[1]

电子商务平台的违规行为主要包括销售假冒商品、虚假交易、刷好评等。这些行为不仅破坏了电子商务平台的经营管理秩序,而且也妨害了消费者的购物权益。电子商务平台在服务协议中设定的处罚措施包括扣分、降级、临时限制提报营销活动、限制创建商品、罚处售假赔付金等。电商平台在为交

---

[1] 陕西省西安市中级人民法院(2021)陕 01 民终 24701 号民事判决书;广东省深圳市南山区人民法院(2015)深南法知民初字第 1701 号民事判决书;广东省深圳市南山区人民法院(2017)粤 0305 民初字第 6556 号民事判决书;广州互联网法院(2021)粤 0192 民初 19973 号民事判决书;广州互联网法院(2020)粤 0192 民初字 30594 号民事判决书;广东省深圳市南山区人民法院(2015)深南法蛇民初字第 1171 号民事判决书。

易者提供网络服务的同时,也承担一定的社会责任。[1]相关法律法规和政策性文件明确电子商务平台作为交易组织者,一方面负有维系交易秩序、维护交易安全的职责;另一方面也拥有制定商品和服务质量安全标准、消费者权益保护、纠纷处理方式及商家违规经营处罚等规则的权利。商家一旦入驻电商平台并签署协议、接受规则,即视为对自身相关权利的让渡,就需要服从平台自律管理。电商平台在平台协议中充分履行了提示义务,入驻商家点击"同意并接受"选项,双方合同关系建立,商家可享受平台的各项服务。故电子商务平台经营者有权依据服务协议对违规行为采取相应的处置措施。

四、长期闲置账号的处理

(一) 长期闲置账号收回的提示与通知义务

在我国产业实践中,部分平台要求注册用户通过定期登录来保持账号活跃度,以避免账户长期不登录而被服务商收回,如快手、爱奇艺、优酷等平台在用户协议中写明了"不活跃账户收回"相关款项。许多网络服务提供者在用户协议中约定对长期未登录账号的收回、注销或者冻结措施("收回条款")。比如,在微信服务协议中明确规定,如果用户在连续365天内未登录微信账号,并且账号内没有相关活动,包括发送消息、朋友圈动态等,系统将判定该账号为长期未登录账号,有可能会被收回。对于收回条款的法律效力问题,考虑到收回措施对于网络用户的权益影响较大,故法院会根据账号是否为免费账号、采取收回措施的目的及其合理性、收回措施对用户的影响、账号内的内容和虚拟财产情况、网络平台是否尽到了提示义务等方面进行综合评判。

在一起长期未使用邮箱账号导致邮件内容被清空的案件中,法院认为,免费电子邮箱的用户作为服务使用方,无须支付直接对价就可以注册和使用邮箱产品,而电子邮箱依赖于服务商搭建的电子邮箱系统,占用大量的服务器空间,邮箱服务提供方需为此承担服务器资源及运维成本,平衡服务提供方和服务使用方之间的权利义务必不可缺。因此,在一定条件下对服务使用方的权利进行一定程度的限制,是合理且必要的,并未免除自身责任或加重对方责任、排除对方主要权利,也不存在其他合同无效的情形。此外,基于

---

[1] 北京互联网法院 (2019) 京 0491 民初 39819 号民事判决书。

免费邮箱的一般使用情况，其他免费邮箱服务商提供的免费邮箱服务协议，均有类似的清空邮箱的条款约定。故邮箱服务者有权在格式条款中约定"清空邮箱"内容。但是，该等条款对某一特定用户是否产生效力，仍应遵循法律规定。本案涉及"清空邮箱"条款的内容与免费邮箱用户有重大利害关系，作为提供格式条款的一方应当采取合理的方式提示用户注意。案涉邮箱服务确系免费，原告不需要支付对价即可直接享受。但是从网络服务行业在国内的发展历史来看，这种免费制可以帮助运营方快速积累用户、扩大市场占有率等，应属运营方的经营模式。随着互联网行业的发展，部分运营者积累了用户后会提供收费服务的模式，本案中，网站邮箱亦有收费模式，本质上，被告提供邮箱服务仍然是作为市场主体的经营行为，不能因其"免费"即免除应承担的法律责任。综上，案涉条款与原告有重大利害关系，但被告未向原告履行提示义务，故该条款对原告不产生效力。[1]

在上海莉莉丝网络科技有限公司与周某某的服务合同纠纷案中，原告周某某向游戏公司提出要求换绑手机号被游戏公司拒绝，于是起诉游戏公司，其诉讼请求之一是"针对休眠账号游戏公司有权删除"的条款无效。涉诉"休眠条款"存在两个版本：在原告起诉时，该条的内容为"如果用户长期未使用游戏账号登录游戏，游戏公司有权视需要，在提前通知的情况下，对该账号及其账号下的游戏数据及相关信息采取删除等处置措施"；在一审诉讼中该条款被修改为"如果用户连续365天未登录游戏，游戏公司有权对该账号及其账号下的游戏数据及相关信息（包括但不限于角色、等级、虚拟物品、虚拟货币等数据信息）采取删除等处置措施"。

对此，法院认为，变更后的休眠条款虽然对休眠期间进行了明确，但在实施消灭游戏玩家主要权利这一重大处分行为时，游戏公司未设置事前提醒或者通知程序，或者向游戏玩家提供事后救济措施及途径。此外，法院指出，"是否登录游戏及登录游戏的频次"是玩家的权利，游戏公司虽可以在合理范围内限制该项权利，但是本案用户协议中所约定的处置方式会导致玩家面临无救济措施而直接丧失合同主要权利的风险，这与玩家的过失并不相当。法

---

[1] 王某诉某技术公司、某信息服务公司网络服务合同纠纷案，北京互联网法院（2021）京0491民初19169号民事判决书。

院最终认定该条款属于格式条款无效的情形。[1]

(二) 账号收回的条件及用户可决定事项

平台一般会在用户协议中写明闲置期间为多久才会触发"收回"。有的平台设置了梯形策略，即一定时期内账号闲置的话，该账号会被锁定；锁定期届满后，仍未登录的话，该账号才会被注销。还有的平台明确说明，如果用户账号内有余额或者应收账款，那么，该账号不会被作为闲置账户，也就是说，不会触发"收回"。

谷歌和 Facebook 等网站推出了一些功能，允许用户事先指定其他人，在用户账号一定时期内未登录的情况下，受指定人可以访问该账号中的内容，包括联系人、博客、个人资料、个人主页、电子邮箱、网络相册等。以谷歌为例，用户注册谷歌账号后，进入账号管理页面，然后选择数据与隐私这一选项。其中，包含的一个选项是"制订数字遗产计划"，然后从 3 个月、6 个月、12 个月、18 个月四个选项中选择一个作为闲置期。填入手机号码、邮箱地址、密码找回邮箱等信息，然后用户可以添加 10 位好友或家人作为"信任人"的电子邮箱，选择哪些内容是允许"信任人"在账号闲置期满时可见的。然后输入"信任人"的手机号码，用以日后验证其身份。设置在账号闲置期届满后，系统会自动发送给"信任人"的信息内容，设置"信任人"可以访问的账号内的内容。当闲置期届满时，系统会自动给其信任人发送通知，允许"信任人"在 3 个月之内下载该账号内的内容。谷歌也允许用户选择在闲置期届满后，系统自动将其账号注销。

五、特殊处置措施：用户账号封禁

相较于一般性处置措施，账号封禁对用户的限制更多、处罚力度更大，通常针对具有较为严重违规情节的用户。为了维护平台规范以及更好地履行平台主体责任，平台通常会依据现行法律法规，在用户协议中明确具体的违规行为以及相应的封禁措施，然后对违规用户进行账号封禁。可以说，账号封禁是平台治理的重要措施。下文将从账号封禁的定义与目的、用户协议约定内容、账号封禁的具体措施与实施程序进行阐述。

---

[1] 上海市第一中级人民法院（2022）沪01民终249号民事判决书。

（一）网络平台封禁用户账号的目的

用户账号封禁，是指网站平台依据法律法规或者用户协议，对出现违规情形的用户账号暂时或永久地停止或限制其获取平台部分或全部服务的行为。用户账号封禁是平台采取的一种账户管理与处置措施，除此之外，还有一定期限内禁言、限制使用部分功能、没收账户内虚拟财产、减扣积分等其他处置措施。

用户账号封禁，并不等同于"平台封禁"。平台封禁是指平台企业利用技术手段关闭竞争对手的某个或全部应用程序接口（application programming interface，API），使其无法与平台实现数据互相操作的竞争行为，本质上是优待自营业务的一种形式。[1]2021年初国务院反垄断委员会颁布《关于平台经济领域的反垄断指南》将自我优待行为纳入反垄断法的规制范围，[2]随即成为理论研究和执法司法实务的热点对象。

平台管理与处置用户账号的目的主要有保证用户规范使用账号和引导平台内容发展两个方面，其中前者为各类型平台所共有，后者则为创作型平台所特有。

各类型平台实施用户账号封禁管理的一个共同目的是保证平台用户对账号的使用符合相关规范，包括法律规范、道德规范和平台社区规则。国家互联网信息办公室于2021年发布的《关于进一步压实网站平台信息内容主体责任的意见》（以下简称《意见》）就体现了这一目的。《意见》在开头首段即指出，网站是平台信息内容管理的第一责任人；网站平台存在责任认识不充分、角色定位不准确、履职尽责不到位、制度机制不完善、管理操作不规范等问题，一定程度上导致违法和不良信息禁而不绝，网络生态问题时有发生。第三部分"重点任务"第1项"把握主体责任内涵"部分指出，网站平台要对信息内容呈现结果负责，严防违法信息生产传播，自觉防范和抵制传播不良信息，确保信息内容安全。第2项"完善平台社区规则"、第3项"加强账号规范管理"相关内容均涉及平台对用户账号的封禁管理。《意见》不但关注平台上存在的违法信息，而且关注平台上存在的不良信息，表明用户内容不

---

〔1〕周围："规制平台封禁行为的反垄断法分析——基于自我优待的视角"，载《法学》2022年第7期。

〔2〕侯利阳、贺斯迈："平台封禁行为的法律定性与解决路径"，载《财经法学》2022年第3期。

应违背的规范既包括较为明确的法律规范，也包括相对模糊的道德规范；平台最终通过制定和实施完善的平台社区规则来履行用户内容管理义务，保证用户内容符合相关道德和法律规范。

另外，对于创作型平台而言，用户账号封禁管理还有引导平台内容创作，推动平台发展，实现资本增值或社会效益的第二目的。创作型平台，是指允许用户创作内容并将其提供给特定或不特定其他用户的平台，比较典型的创作型平台如微信、微博、今日头条、手机百度、抖音、快手等。内容是创作型平台的核心竞争力，对用户内容创作进行引导是创作型平台实现商业战略的重要手段。尽管平台一般不会在规范层面对用户创作合法主题的内容进行直接禁止或限制，但往往在实施层面对某些主题的用户内容和相关发布者账号有针对性地"严格执法"，删除、屏蔽、限流相关用户内容和封禁相关用户账号，达到从消极层面引导平台内容创作的目的。

平台采取封禁的目的主要一方面是基于自身平台治理的需要，另一方面，也是履行平台主体责任的应有之义。对违反《网络安全法》《个人信息保护法》《未成年人保护法》等法律法规的行为，平台有义务采取措施进行防范。此外，相关的各级行政监管部门还会不定期采取一些网络空间的集中整治行动，要求平台积极进行配合。比如，中央网信办"清朗·2023年春节网络环境整治"专项行动将网络暴力、网络水军、网络黑公关、饭圈乱象等作为重点打击对象；公安部发起了打击整治网络账号黑色产业链"断号"行动、清理整治"网络黑市"专项行动；还有国家版权局、国家互联网信息办公室、工业和信息化部、公安部联合组织开展打击网络侵权盗版"剑网2022"专项行动；一些省份发起对低俗直播的整治行动、网络违法违规内容集中专项整治行动。网络平台会根据监管机关的要求对违法账户进行封禁。

(二) 平台采取封禁措施的类型

对于违规用户，平台采取的封禁措施可以具体分为三大类。

第一类是对账号本身的封禁，即通过注销或冻结账号的方式，使得用户无法正常登录账号，从而无法使用平台提供的服务。当用户违规情节严重时，平台甚至会一起封禁用户的关联账号，使得用户不仅无法正常登录目标平台，同时也无法登录隶属于同一企业下的其他平台。

第二类是平台对账号所能使用的具体功能进行限制，用户仍能正常登录账号，但是无法使用平台的全部或部分功能，如禁止发表评论或发送信息、停止正在进行的直播活动。对于用户已经发表或发送的信息内容，平台也会采取技术手段删除、断开或屏蔽相关链接等手段对相关数据进行清除。大多数平台都在用户协议中明确平台可以在不通知用户的情况下无限期地撤销服务、随时取消服务或以其他方式限制或禁止用户访问服务。平台不担保、陈述或保证用户使用服务将不会中断或发生错误。

第三类是平台通过降低账号信用等级、扣除积分、信誉值、奖励等虚拟资产与违约金、保证金等方式，对违规用户进行处罚。例如，《哔哩哔哩用户协议》即规定可向违规用户收取违约金，并将用户尚未使用的任何B币、费用、积分、权益或虚拟商品等冲抵违约金。

类似地，像淘宝等电商平台，当商家用户出现违规情形后，平台会对商家店铺或商品进行限流或屏蔽。具体措施包括将用户部分或全部商品屏蔽、降权、下架、禁售、删除；将部分或全部商品移除资源位、禁止上资源位、移除广告；禁止店铺上新、禁止商品上架；关闭或限制商家账户权限、店铺功能；与用户解除协议、终止合作，关闭店铺，清退商家。此外，也有平台在用户协议中约定违约金，产生类似于罚款的效果。比如，西瓜视频《直播行为规范》规定对于被处以永久封禁账号或永久封禁开播权限处罚的主播，平台有权扣除或清空主播账号内的全部或部分虚拟权益及收益金余额，作为主播违约而应支付给公司的违约金。如果该等违约金不足以弥补平台损失（包括但不限于平台向第三方支付的赔偿款、行政罚款、公证费、鉴定费、差旅费、律师费、诉讼费等合理费用）的，主播还应继续赔偿。

当用户的违规行为给平台或者第三人造成损害时，平台还有权要求用户进行赔偿。当用户行为构成违法犯罪的，平台可以移送相关行政、司法机关处理。

平台所采取的封禁措施，尤其是对账号本身的封禁以及对账号具体功能的限制，还可按照措施采取的时长分为暂时性封禁与永久封禁两大类。暂时性封禁是指平台在一定期限内暂停对用户提供部分或全部的服务，平台会根据用户的违规情况，给予不同时间、不同类型的服务限制，如在一定期限内禁止用户发言、使用特定服务等。永久性封禁是指平台终止对用户提供全部或部分服务，如注销账号等。账号被实施永久性封禁措施后，用户无法再通过该账号使用平台所提供的相应服务，对用户的限制较大。对于平台而言，其也希望平台用户流量更多，因此往往只有在违规情节严重或是多次违规时，平台才会采取永久性封禁措施。常见的如注销账号,平台对账号进行永久性的关闭并且清除数据。当用户账号被注销后,用户自然不能再享受平台所提供的相应的服务,不仅账号内的数据信息将被清空,用户所购买的会员等权益也将被视为自动放弃。除法律法规另有规定或平台另有约定外,平台已收取的相关费用不予退还,如用户充值的 VIP 会员服务,一经开通后即不可转让或退款,除非因 VIP 会员服务存在重大瑕疵导致用户完全无法使用等平台违约情形,或法律法规要求必须退款等情形时才可以退款。而且如果因用户违反用户协议导致终止,平台有权视情况要求用户承担相应的违约责任。《抖音充值协议》约定,账号封禁后至解禁(如有)前,账户上剩余的"抖币"将被暂时冻结或全部扣除,不可继续用于购买本平台的产品及/或服务,同时不予返还用户购买"抖币"时的现金价值。

(三)用户账号封禁的具体程序

平台对用户账号采取封禁措施后,当用户登录账号时,往往会出现"你的账号已违反了相关用户协议,聊天功能已经被限制使用""当前账户处于冻结状态"等字样。此时,用户将无法正常登录账号或无法正常使用平台服务。封禁的时长视用户违规情况与平台的服务协议,从数日、数月到数年不等。

平台发现用户违规情况主要有三种方式。一是借助技术手段,自动监测与识别违规内容;二是人工审查,由专门的工作人员对用户行为进行审查与监督,尤其是对于平台而言利益重大的内容,如独家版权等,工作人员通常会主动地进行全网搜索;三是用户举报,根据平台上其他用户的投诉与举报,再经由工作人员的判定,对用户行为进行处理。

平台在判断用户行为是否违规时,会根据一些违规用户的行为特征抽象出一定的判断标准,当用户行为符合这些违规行为标准时,就有很大概率被判定为违规行为,即用户行为异常。例如,用户在短时间内向不特定多数用户发送了异常大量的信息、在不同的地域频繁登录账号等,这些行为本身不一定违反了相关法律法规或用户协议,但由于其行为异于用户通常使用情形,因此平台可能会判定存在安全隐患,从而对该用户账号进行暂时性冻结等封禁措施。

平台采取封禁措施,是根据用户违规情况、违规次数等因素分级、分类处置,通常呈阶梯式,而非简单的"一刀切"。以用户发布违规内容为例,平台的封禁措施会根据发布的具体内容、造成的影响、用户违规次数等因素综合考虑，如是否带有含国家机关、国徽等形象或词语、是否对平台造成严重影响等，施以不同级别的处罚。当用户第一次发表血腥恐怖等被相关法律法规所禁止的内容时，平台可能只会施以删除违规内容、警告或者短期的限制账号等封禁措施。但如果用户受到处罚后又多次发布了大量的血腥恐怖等信息，其可能面临长期甚至永久封号的处罚措施。但是针对一些情节严重的违规行为，只要用户实施了该行为，就会被平台施以严厉的处罚，如当微信平台发现用户为了营销或其他目的，违规使用微信分身功能，将直接封号。一些平台会对接两端用户，由于账号使用的目的或功能不同，对于用户端与商户端的账号，平台对违规行为类型与处罚措施或存在差异性。

在平台的用户协议中，有的平台会具体规定不同的违规行为会受到的处罚。有的平台直接规定不同的违规情节所施以的具体的封禁措施与处罚时长；或者是赋予用户一定的原始信用分，根据不同的违规情节扣除不同数值的信用分，然后根据信用分的区间，施以不同的处罚。但也有平台并未对违规情节与处罚措施做出具体的对应关系，只是简单地概括性叙述。

当用户对平台封禁账号行为存在异议时，可通过申诉渠道恢复账号的正常使用，绝大多数平台都为用户提供了申诉渠道。目前常见的申诉渠道具体如下。

第一，专设申诉通道。需要用户填写具体的申诉理由，提交之后会显示审核状态与审核结果。第二，通过邮件通道。根据平台提供的电子邮箱地址，将封禁情况通过电子邮件的方式发送给平台。第三，通过客服通道。通过拨打官方电话或者联系在线客服，说明账号封禁情况，请求客服调查账号以恢复账号正常。第四，采取法律途径。当用户对平台服务协议或在使用平台产品或服务过程中存在任何问题，或是发现自身合法权益受到侵犯时，可以通过反馈通道或投诉渠道向平台进行反馈。常见的反馈或投诉渠道与账号申诉渠道相差无几，同样包括客服、电子邮件、专设通道等，用户可以通过平台提供的投诉或反馈通道，载明反馈或投诉意见，如第三人发布的内容侵犯本人隐私权，请求平台及时采取合理措施。

虽然平台为用户提供了申诉或投诉渠道，但绝大多数用户协议并未明确平台对用户申诉的处置时长，申诉是否能够被受理、是否能够成功依赖于平台申诉机制的完善程度。

第二节　司法裁判对平台处置措施合法性的认定

当因平台采取账号处置措施而引发用户与平台之间的法律纠纷时，司法机关需要对账号处置措施的合法性与否进行裁判，此时，既需要考察措施的采取有无法律依据，也要考察该措施是否合理正当。实施用户账号处置措施引发的法律纠纷的一个焦点问题是对网络用户涉案行为的界定，即用户行为是否违反了法律规定或者用户协议中的义务性条款，从而触发了用户协议中的处置措施。法院对于平台采取处置措施是否合法，主要是以用户协议中的条款为依据。网络服务提供者的用户协议中都会约定，当用户传播违法内容或者实施违法行为时，网络服务提供者有权采取封禁措施。这不仅是网络服务提供者进行的一种管理行为，而且是相关法律法规对网络服务提供者的合规要求。

通过对裁判文书网、北大法宝等数据库的检索，发现与平台封禁用户账号行为相关的案件主要集中于民事领域，在纠纷类型、具体内容和所涉平台类型上呈现出多元化的特点。纠纷类型包括但不限于网络服务合同纠纷、侵权责任纠纷、买卖合同纠纷、不正当竞争纠纷、反垄断纠纷等。其中，侵权案件既有涉及财产权的案件，也有涉及如名誉权等人身权的案件。纠纷所涉平台涵盖游戏、视频直播、社交媒体、电子商务等诸多领域。其中，在游戏领域，有关用户账号封禁的诉讼案件占比较大，主要原因可能是用户规模大且游戏账号的财产价值较高，无论是用户在账号中充值的金钱数额，抑或游戏道具的价值金额，均高于其他领域的一般用户账号。

刑事领域尚未出现与用户账号封禁直接相关的案件。现有的涉及平台的刑事案件主要是用户利用平台提供的服务实施犯罪活动，如开设赌场、组织领导传销活动、集资诈骗等。此类案件中，平台提供的服务主要被当作犯罪的工具，案件的核心争议点在于用户行为是否违反了刑法以及如何量刑，而不在于平台的封禁行为是否正当，这种情况下用户账号封禁反而是平台履行法定管理义务的表现。除此之外，还有的案件系用户通过制作外挂、脚本工具等破坏或修改平台提供的服务内容来牟取不正当利益，涉及的罪名有非法控制计算机信息系统罪、非法获取计算机信息系统数据罪等，此类案件中平台往往成为刑法法益被侵害的受害人，不涉及用户账号封禁的合法性问题。

一、处置措施依据的用户协议是否存在效力瑕疵

（一）用户协议格式条款的无效情形

格式条款是当事人为了重复使用而预先拟定，并在订立合同时未与对方协商的条款。平台与用户之间的服务协议、使用协议或者用户协议即属于一种典型的格式合同，是平台一方为了重复使用而事先拟定且未向用户提供协商修改机会的标准化的协议，规定了平台与用户之间的权利义务关系，由用户点击同意键后正式订立。[1]一般情况下，司法机关会认定协议有效。如果在诉讼中，网络用户主张平台用户协议无效，那么需要说明该协议存在违反法律规定，侵害国家、集体或其他人的合法权益，损害社会公共利益或者免除义务人的法律责任，加重权利人的责任，排除权利人的主要权利等法律禁止的内容，否则，该用户协议对双方当事人应具有法律上的约束力。[2]

个别案件中，法院会基于协议中的部分条款存在免除平台责任、不合理加重用户负担且未充分提示来认定相关条款无效。

首先，当用户就网络服务提供者的用户协议条款提出无效时，法院会根据《民法典》的规定审核涉案条款是否存在法定无效情形。

在牛某与滴滴公司合同纠纷案中，牛某在滴滴公司的平台上开设网约车司机账户，后滴滴公司发现牛某有敲诈勒索罪犯罪记录，故对其进行封号。本案的争议焦点是滴滴公司是否有权封禁牛某的账户。滴滴公司在协议中明确了网约车司机需无犯罪记录，虽然与《网络预约出租汽车经营服务管理暂行办法》中"无暴力犯罪记录"的要求相比更为严格，但该约定系基于最大程度保障公众安全出行所制定，且不违反法律、行政法规的强制性规定，应为合法有效。[3]

其次，在用户协议中，网络服务提供者不合理地单方面免除自身责任的条款较大可能被认定为无效。对于网络用户单方停止履约的违约责任，应当

---

〔1〕 苏今："网络第三方账号登录活动中的法律关系及用户协议适用问题刍议"，载《湖北社会科学》2017年第2期。

〔2〕 来某某诉北京四通利方信息技术有限公司服务合同纠纷案，参见《最高人民法院公报》2002年第6期。

〔3〕 江苏省苏州市虎丘区人民法院（2020）苏0505民初5019号民事判决书。

综合考量合同履行程度、经营者提供服务的情况、网络用户单方放弃服务的过错程度等因素，依照公平原则和诚实信用原则予以确定。

在牛某某诉杭州星巢科技有限公司（以下简称星巢公司）网络服务合同案中，星巢公司经营的 GAME 系 STEAM 市场的衍生品，牛某某在 GAME 注册用户。《星巢网络服务协议》第 15 条约定对于星巢公司无法预见的第三方风险导致的服务中断或受阻，如由于 STEAM 平台政策和规则变动所造成的影响等，星巢公司不承担责任。牛某某将其拥有的一批游戏饰品寄存在 GAME 上的"展示柜"中，"展示柜"为 GAME 的账号，同时也是 GAME 在 STEAM 市场上注册的账号。牛某某通过在 GAME 上注册账号，获得使用"展示柜"的资格，GAME 对于寄存功能并不收费，仅对饰品交易成功收取手续费。2018 年 1 月，牛某某发现其在 GAME 上的一批账号（"展示柜"）被封禁，无法取出相应的游戏饰品，GAME 未举证证明封禁系 STEAM 平台政策和规则变动而引发的。一审法院认为，游戏饰品作为虚拟财产，因其合法性、有用性、可交易性的特点，具有财产性属性，应当成为法律保护的对象。星巢公司提供的《星巢网络服务协议》系其单方拟制的格式合同，对不可抗力格式条款应履行提示、说明义务，其未能说明账号被封是"由于 STEAM 平台政策和规则变动所造成的影响"，封号原因不明，也未提供证据证明其已经对该不可抗力格式条款履行了合理的提示、注意义务，加之该不可抗力条款免除了星巢公司作为平台运营商应负的责任，故该条款无效。牛某某在 GAME 上注册账号，与运营商星巢公司形成网络服务合同关系，但是因为 STEAM 封号导致牛某某无法取回游戏饰品，故星巢公司应当对牛某某承担违约责任。牛某某的游戏饰品为网络虚拟财产，在星巢公司无法采取恢复原状等补救措施的情况下，其应当采取替代性补偿措施承担违约责任，即赔偿牛某某的直接经济损失。[1] 一审宣判后，星巢公司向浙江省杭州市中级人民法院提起上诉，后双方当事人达成和解。

最高人民法院曾通过多起典型案例来说明格式条款无效情形的司法认定。其中，有关电信服务提供者与用户之间围绕号码使用而产生的纠纷值得此处讨论账号问题所参考。第一，如果格式合同条款只强调合同提供者一方权利，忽视和损害相对方利益，违背公平原则的话，该条款则存在被认定无效的可

---

[1] 杭州互联网法院（2018）浙 0192 民初 3182 号民事判决书。

能。在广东直通电讯有限公司与洪某某电话费纠纷案中,该公司在《广州市数字移动电话(GSM)安装申请卡》的"用户须知"第10条规定,"停机三个月后,本营业处有权将该用户号码转给别人使用,一律不予退还所有入网费用"。对于该格式条款,法院认为,该条款只强调了格式合同提供方的权利,忽视了用户的利益,损害了洪某某的财产权益,违背了公平原则,因此该格式条款应属无效。[1] 第二,如果经营者在格式合同中未明确规定对某项商品或服务的限制条件,且未能证明在订立合同时已将该限制条件明确告知消费者并获得消费者同意的,该限制条件对消费者不产生效力。在刘某某与中国移动徐州分公司电信服务合同纠纷案中,刘某某在被告处办理了手机号码,当时其所签署的《中国移动通信客户入网服务协议》中约定,"在下列情况下,乙方有权暂停或限制甲方的移动通信服务,由此给甲方造成的损失,乙方不承担责任:甲方银行账户被查封、冻结或余额不足等非乙方原因造成的结算时扣划不成功的;甲方预付费使用完毕而未及时补交款项(包括预付费账户余额不足以扣划下一笔预付费用)的"。约一年后,原告在使用该手机号码时发现该手机号码已被停机,经向被告问询后得知"因话费有效期到期而暂停移动通信服务"。然而,本案被告既未在电信服务合同中约定有效期内容,亦未提供有效证据证实已将有效期限制明确告知原告,被告暂停服务、收回号码的行为构成违约。[2]

(二)格式条款内容不明确时的合同解释

当用户协议中有约定不明确的内容以至于平台与用户对于格式条款的理解有争议时,法院可能会作出有利于用户、不利于提供格式条款的平台一方的解释。当平台援引用户协议对用户行为进行处罚时,受用户协议的字词语义的限制,不同主体对同一条款可能会出现多重理解,从而影响对用户行为的定性。因此,在界定用户行为性质时,不可避免地会涉及对格式条款的解释与适用。

目前许多平台在用户协议中都明确规定了用户使用服务的目的,如《暴雪战网最终用户许可协议》规定"可以为个人或者非商业娱乐目的使用本平台";《酷狗用户服务协议》第5.1.3条规定"用户同意软件仅为用户个人非

---

[1] 广东直通电讯有限公司与洪某某电话费纠纷案,参见《最高人民法院公报》2001年第6期。
[2] 最高人民法院指导案例64号。

商业性质的使用。用户不得为商业运营目的安装、使用、运行本软件。如用户需要将软件及相关服务、信息内容用于商业用途，应获得酷狗的同意"。禁止用户利用平台提供的服务牟取不正当利益行为。当用户协议中的具体条款存在意思不明时，对条款的解释就成为司法实践中的难点。

在网易公司与何某某财产损害赔偿纠纷案中，何某某通过游戏存在的漏洞，在不同的服务器中进行转换，"倒卖"游戏币获利。网易公司以何某某在游戏中买卖游戏币与游戏道具牟利违反《梦幻西游服务条款》为由，对何某某的游戏角色进行隔离并没收了游戏币。何某某认为其行为并未违反《梦幻西游服务条款》，以网易公司侵犯其合法财产权为由提起了诉讼。诉讼中，网易公司援引了《梦幻西游服务条款》第7条第10款来证明其封禁行为的正当性，该条款约定"为避免破坏游戏的公平性或平衡性，用户同意并理解其只能通过《梦幻西游》的产品和服务进行正常的娱乐互动，以及基于该娱乐互动的需要而于网易公司提供或认可的交易平台上交易游戏道具。除上述情形外的游戏道具交易或其他任何牟利情形将被视为牟取不正当利益，包括但不限于用户利用多个游戏角色以营利为目的交易游戏道具、充当游戏道具交易中介收取中介费等"。网易公司主张涉案账号在被处罚之前没有正常的游戏行为，只存在多次转换服务器并购买和出售游戏币的行为，此行为并非正常玩家利用游戏获取娱乐的行为，而是利用不同服务器的物价差异达到牟利的目的，从而违反了《梦幻西游服务条款》，网易公司根据该服务条款中写明的处置规则，采取回收游戏道具、暂时隔离、封停账号等惩罚措施。但是，何某某主张，其获得游戏道具的手段合法，交易亦通过网易公司的官方交易平台进行，注册大量的游戏ID与转换服务器行为都符合服务条款的规定。而且在使用网易公司交易平台出售游戏道具，依法应当收取对价，特别是为获得该游戏道具其付出了大量时间、精力成本，收取相应对价合法应当。本案的争议焦点在于，用户行为是否属于条款中规定的"正常的娱乐互动"。法院最终认为，服务条款对"正常的娱乐互动"约定不明，游戏玩家参与游戏的动机和获取的娱乐体验都是个性化的，网易公司作为游戏提供方客观上不能规定游戏玩家所能获取的游戏心理体验。既然网易公司已经为玩家提供"藏宝阁交易平台"这一娱乐形式，自然也就存在玩家利用这一娱乐形式获利的可能。此外，用户注册多个游戏ID、在不同服务器来回转换等行为并未违反游戏服务协议。因此，在对"正常的娱乐互动"及"不正当利益"的判断标准约定不明时，根据《民法典》第 498 条的规定，对格式条款的理解发生争议的，应当按照通常理解予以解释。对格式条款有两种以上解释的，应当作出不利于提供格式条款一方的解释。网易公司作为合同条款的提供方，在发生争议时对条款作出有利于自己的解释将会损害合同相对方的权益，显失公平。网易公司并无任何证据证明何某某行为的任一步骤系以违反法律法规或违反合同约定的方式进行，网易公司对案涉账号的处罚行为不具有正当性。法院最终支持了何某某的主张，要求网易公司解除封禁行为。[1]

在辛某与网易公司网络服务合同纠纷案中，用户协议中"正常的娱乐活动"一词本身就词义模糊，难以明确语义的内涵与外延。从用户的角度来说，其操作账号的每一个独立行为——创建多个游戏角色、在服务器间来回转换、利用游戏内官方交易平台游戏道具——均由平台提供技术支持，也符合平台规定的用户协议。通过一系列合规的单个行为叠加，用户确实获得了金钱上的利益，但对于这一叠加行为是否属于平台规定的"不正当牟利行为"不甚清晰，这一方面是由于用户主观上缺乏深入探究的意愿，另一方面也是受知识背景所限无法准确厘清用户协议中的行为边界。用户通过转服玩法将游戏币从低比例服务器转移到高比例服务器出售的行为属于不正当牟利行为，而非以玩家身份利用游戏来获取娱乐。类案不同判的现象反映了用户协议有关条款的模糊性，这种模糊性不利于用户协议发挥指导用户行为和建立可预期性的目的，增加平台正确界定违规行为的难度和双方因此发生法律争议的可能，并导致同案不同判的风险。[2]

更何况，《梦幻西游》的用户服务条款长达 18 条共计 8000 多字，而且服务条款中还注明"用户应当根据本《条款》以及网易公司不时更新和公布的其他规则（包括但不限于网易公司在官方网站上公布的网易邮箱账号服务条款、玩家守则、客户服务专区服务条款等）使用网易公司提供的产品和服务"，即实际须遵守的协议内容远超服务条款本身。晦涩冗长的用户协议内容令绝大多数用户望而却步。

实际上，用户协议长篇累牍的现象极为常见。Visual Capitalist 对 14 个平台用户协议的统计显示，微软用户协议字数高达 15 260 字，以普通人每分钟

---

〔1〕 福建省厦门市中级人民法院（2014）厦民终字第 3611 号民事判决书。
〔2〕 广东省广州市中级人民法院（2016）粤 01 民终 10035 号民事判决书。

阅读 240 词的速度计算，阅读完微软的用户协议，需要花费 63.5 分钟。[1]类似地，国内的用户协议字数也常常高达数万字，并且常常含有晦涩难懂的专业术语，能够从头到尾阅读完每一份协议的用户数目并不多。绝大多数情况下，用户只会草草掠过，就点下同意键。与配有法务合规团队和外部法律顾问的平台相比，用户在专业知识和时间成本上均处于天然弱势。一方面，对用户施加较高的注意义务有失公平，尤其是在用户已经丧失与平台协商用户协议内容而只能在接受平台的"一揽子"协议和放弃享受平台提供的服务之间作出选择的背景下；另一方面，要求用户在账号使用的过程中时时留意自己的行为是否违反了用户协议中语义模糊的条款也将干扰用户正常享受平台为其提供的服务。在案例中，平台维护游戏秩序的目的具有充分的合理性，最终也实现了制止和惩罚倒卖游戏币并防止更多用户效仿的效果。然而，更为明确具体的用户协议条款，尤其是有关触发用户账号封禁的违规行为的规定，实有必要。作为用户协议的起草方和服务的提供方，在资金、专业知识等方面具有明显优势的平台首先应当对现有的典型违规行为予以明确列举，其次应当在上线新功能、新服务前充分讨论被用户利用从事扰乱平台秩序行为的可能并且及时更新用户协议，最后才寻求利用一般条款对超出管理预期的用户负面行为进行兜底规制，并辅以周期性审议用户协议、通过公告等合理和更直接的方式明文提醒用户注意违规行为的类型。

二、处置措施是否具有正当性和合理性

当网络服务提供者对用户账号采取封禁措施时，网络用户若对封禁措施的合理性产生异议，可以以该封禁措施违反用户协议的约定为由，提起违约诉讼。此时，法院需要裁判的要点是：用户协议是否合法有效、网络用户是否实施了触发封禁措施的违规行为、网络服务提供者对网络用户的处罚是否合理。就处置措施是否具有正当性和合理性进行司法判断，主要是在服务合同纠纷中。

（一）是否有证据表明用户实施了违规行为

网络服务提供者对用户账号采取处置措施的前提是用户实施了特定行为

---

[1] "Visualizing the Length of the Fine Print, for 14 Popular Apps", visualcapitalist.com, https://www.visualcapitalist.com/terms-of-service-visualizing-the-length-of-internet-agreements/, last visited at 30th July, 2022.

或者发生了用户协议中所约定的情形。当发生法律纠纷时,网络服务提供者需要举证证明该用户实施了特定行为或者触发处置措施的情形已经成就,其采取措施具有合法性,即在事实层面证明用户实施了违法行为或者用户协议所禁止的行为。如果无法举证,则意味着处置措施不当。比如,电子商务平台通过其大数据检索,识别异常订单;游戏平台经工作人员自行发现或者经其他用户举报发现某个用户的游戏数据表现异常;平台算法风险评估系统发现风险用户等。

在黄某某诉腾讯计算机公司QQ封号服务合同纠纷案中,原告在注册、使用QQ软件及开通QQ群服务前需要同意并接受《QQ号码规则》《QQ软件许可及服务协议》《QQ群服务协议》。本案中,原告曾用涉案的QQ号码向其组建的QQ群上传了大量涉黄资料。法院认定,被告根据上述协议,在原告从事上述禁止性行为时封停涉案QQ号码的行为符合协议的约定,并无不当。[1]

在陈某某与腾讯计算机公司纠纷案中,陈某某在游戏网络直播平台担任主播,在进行直播时使用色情淫秽语言、传播色情信息,腾讯计算机公司以陈某某违反用户协议为由作出永久封号处理。法院驳回陈某某要求恢复直播权限的诉讼请求。[2]

在关某某与百度网讯公司网络服务合同案中,关某某在百度贴吧存在发表不文明言论等违规问题,故被删帖。百度网讯公司在其经营的百度贴吧首页公示《贴吧协议》及《吧主制度》并在协议中表明,"如果您对本协议的任何条款表示异议,您可以选择不进入百度贴吧;进入百度贴吧则意味着您将同意遵守本协议的全部规定,并完全服从百度贴吧的统一管理"。关某某通过进入贴吧接受网络服务的行为与百度网讯公司建立网络服务合同关系并以此表明已接受《贴吧协议》及《吧主制度》的约束。因《贴吧协议》及《吧主制度》并不违反法律法规的强制性规定,该协议及制度合法有效,应当对合同双方当事人均产生拘束力。关某某违反贴吧协议,百度网讯公司按照该协议进行处理,故法院对其要求百度网讯公司恢复该账户正常发言权利的诉讼请求无法支持。[3]

---

[1] 广东省深圳市南山区人民法院(2017)粤0305民初15693号民事判决书。
[2] 广东省深圳市中级人民法院(2017)粤03民终5123号民事判决书。
[3] 北京市第一中级人民法院(2016)京01民终6030号民事判决书。

在孙某与微梦公司网络服务合同纠纷案中，孙某注册成为微博用户，但在使用期间，其账号被第三人盗取并发布赌博广告，微梦公司发现后采取了封号处理。孙某诉至法院要求解封。法院认为，孙某与微梦公司之间成立网络服务合同关系。微梦公司作为网络服务提供方，可以按照相关约定在涉案账号发布违法信息后进行封号、删除相关信息等处理方式，但在孙某投诉主张违法信息并非由其本人发布，微梦公司亦发现涉案账号存在被盗号迹象后，应当及时核实相关情况并恢复账号的正常使用状态，但微梦公司在孙某投诉后并未及时恢复涉案账号的正常使用，致使孙某不能使用涉案账号发布微博，对孙某的合同权利造成了影响，构成违约，故对孙某要求恢复涉案账号正常使用的诉讼请求，本院予以支持。〔1〕

在2022年北京互联网法院审理的一起账号交易纠纷中，原告李某在2016年注册涉案A账号，并绑定其实名认证的手机号码和邮箱，后因自身原因有一段时间未登录涉案游戏。第三人葛某于2019年通过第三方网站购买了该A账号，并将账号绑定的身份证号变更为本人的身份证号，但未变更该账号绑定的手机号和邮箱号。后来，李某经向平台提出账号数据转移申诉，成功将涉案A账号数据迁移到其B账号；后葛某也向被告游戏平台提交了数据迁移账号争议申诉，要求找回涉案A账号数据，游戏平台又认定葛某申诉成功，并封停原告李某的B账号。对此，李某向法院提起诉讼，称不认识玩家葛某，对自己涉案账号被买卖不知情，要求平台将李某的B账号解封由李某使用。法院认为，用户与涉案游戏平台所签订的用户协议明确了账号权利人的唯一性，李某为涉案A账号的初始申请注册人，享有涉案A账号使用权，虽葛某于第三方网站购买了A账号，同时获得密码等信息，但李某、游戏网站均非出卖方，且协议明确约定账号使用权禁止售卖，因此涉案A账号使用权主体未发生变更，仍归属李某。葛某提交的数据迁移申诉材料中包括涉案A账号买卖交易的订单截图，游戏平台在明知葛某系通过买卖方式取得涉案A账号的情况下，仍认定涉案A账号使用权归属葛某并封停了李某的B账号，其行为对李某构成违约。

在司法实践中，还发生过原告提起诉讼要求被告对侵权用户采取处置措施的纠纷。原告是著作权人，被告是网络服务提供者，被告网站上有网络用

---

〔1〕 北京互联网法院（2020）京0491民初24391号民事判决书。

户上传的侵权内容。原告认为，被告的服务协议中对于网络用户侵犯著作权设置了处罚措施，当用户多次侵权则会导致账号被封禁的结果。法院认为，对于要求直接判决封禁网络用户账号的诉讼请求，应综合考虑网络服务提供者管理制度的自治性、网络用户是否参加了诉讼、封禁账号对用户的影响、封禁账号的替代方案等因素，兼顾社会公共利益和网络用户利益的原则，审慎对待。法院可将网络服务提供者未按照运营规范或惩罚制度对符合条件的用户采取封禁网络用户账号，致使用户重复侵权，作为加大侵权赔偿数额的考量因素。[1]

(二）平台自律管理规则的正当性

网络服务提供者的自治规则可以比法律规定的措施更加严格。在无锡安妮珍选电子商务有限公司与上海寻梦信息技术有限公司其他合同纠纷案中[2]，涉案平台在用户协议中对于售假商家设定了"假一赔十"标准的"消费者赔付金"，并在商家存在售假行为时，从其账户内进行此笔赔付金的划扣。这种赔付金关涉平台、商家和消费者三方之间的关系，系平台履行自律管理权利的体现，与传统"违约金"存在一定区别，二者的不同主要表现在以下几个方面：首先，受益主体不同。违约金的受益主体为合同守约方，目的系填补守约方的损失，兼具惩罚性；而平台从商家扣收的款项并没有最终进入平台账户，成为牟利的手段，而是以"消费者赔付金"的形式赔付给消费者。其次，权利来源不同。违约金来源于合同法的规定，请求权基础通常是传统"一对一"的合同；而"假一赔十"形成于平台规则，是平台与海量商家就违规处理及消费者权益保护达成的统一契约安排。再次，责任承担对象及方式不同。违约金系违约方向守约方承担，仅涉及合同双方；而"假一赔十"标准则涉及平台、商家和消费者多方，平台通过规则强制违规商家向消费者履行赔付义务。最后，二者的适用标准不同。违约金的确定标准以双方约定及守约方的实际损失为基础；而"假一赔十"标准基于平台规则产生，通过平台规则设定赔付标准，既起到维护网络环境的作用，同时也起到保护消费者合法权益及保护平台商誉的作用，赔付标准的合理性与否交由商事主体自

---

[1] 重庆两江新区人民法院（重庆自由贸易试验区人民法院）发布5起2021年知识产权司法保护典型案例之二。

[2] 上海市长宁区人民法院（2017）沪0105民初11642号民事判决书。

行评估。在平台规则约定明确的情况下,商家利用网络平台售假构成违约,第三方电商平台按照合同约定对商家进行处罚系自律管理,本案中被告因原告售假造成的损失包括消费者赔付款+抽检及管理成本+平台商誉损失,原告应当按照双方协议约定向被告支付"消费者赔付金",被告依据双方协议约定冻结原告账户并扣划赔付金于法不悖。

从该案可以看出,网络服务提供者的自治性规则需要在法律允许的框架内进行。司法机关在考察网络服务协议的合理性时,会根据处置措施的实施目的、处置措施所起到的效果、处置措施在法律上的性质界定等几个角度进行评判。

平台履行社会责任,可以开展特定的专项行动来净化网络环境。例如,在甲某诉北京某科技公司网络服务合同纠纷案中,被告经过算法技术识别发现原告涉案账号为涉及算法风险评估系统"护童专项"的风险用户,后经过"护童专项"队列人工审核后,判定原告涉案账号存在过度关注或浏览未成年人相关内容的行为,违反社区自律公约。涉案账号曾经三次因"存在过度关注或浏览未成年人相关内容的行为"违反社区规定被平台处罚,平台多次对其进行教育整改,但是涉案账号解封后仍然继续在涉未成年人视频下方发布大量包含低级趣味、粗俗文化的评论,违约情形较为严重,被告对涉案账号采取终止提供服务、永久关闭账号的封禁措施未超出必要限度。[1]

(三)处置措施是否符合比例原则

网站平台对违规用户实施用户账号封禁,处罚力度是否得当是需要平台考虑的问题。除限制相关用户未来获取平台服务外,还可能对用户在账号内已有的网络虚拟财产权益予以克减,由于涉及对另一平等民事主体的行为和权益加以约束,因此需要关注其影响。并且,不论对于上述哪一种情况,尽管存在用户协议的约定,网站平台的相关处置措施在一定程度上仍然存在合理与否的界限,需要遵循用户违规行为后果与责任大小相适应的比例原则,尤其是有关条款赋予网站平台较大的行使权利空间时更是如此。

首先,在用户采取临时封禁措施时,需要在解封条件成就时,及时进行解封。在田某与北京联众互动网络股份有限公司(以下简称联众公司)网络

---

[1] 北京互联网法院发布九起涉未成年人纠纷典型案例之四:甲某诉某科技公司网络服务合同纠纷案。

服务合同纠纷案中，法院在考虑民事责任时也引入了比例原则：至于田某主张的经济损失部分，因该部分经济损失系由田某行为不当引起的，联众公司在长达一年时间内持续冻结田某账号，亦存在解封不及时的情况，处理方式与田某违规行为之间显失比例，双方均对此负有责任，法院对该支出的必要部分予以支持。[1]

其次，对用户采取的处置措施的严厉程度应当与用户实施的违规行为的严重程度相当。这方面说理比较充实的另一起案件是毕某与汉涛公司网络侵权责任纠纷案，法院认为："网络空间内平台治理应有边界。如上所述，网络服务提供者享有一定的管理权限，通过对用户行为的规制、对有害信息的筛选，以维护网络秩序、促进平台发展、实现共享共赢。对此，法院予以认同及尊重。但平台的管理将在一定程度上约束用户的行为，因此应该审慎有度。另外，管理措施存在多种形式，应遵循行为后果与责任大小相适应的比例规则，而处罚将直接造成用户行为的受限、权益的减损，宜作为最后手段。本案中，汉涛公司虽主张毕某的行为扰乱平台秩序，存在可能性危害，但该公司未举证证明案涉点赞量对平台秩序所直接造成的实质影响或重大威胁，无法证明平台对毕某作出'三级处罚'的必要性与合理性。"综上，法院认定汉涛公司的处罚行为缺乏依据，扣除与冻结毕某"大众点评"用户账号相关贡献值、"PASS卡"等行为侵犯了毕某的网络虚拟财产权益，而处罚公示的方式及披露的信息亦有可能侵害毕某的人身权益，汉涛公司应依法承担侵权责任。

在本案中法院阐明，网站平台作为网络服务提供者享有的管理权限，由于涉及对用户行为的约束而应当在行使时审慎有度；网站平台的管理措施存在多种形式，应遵循行为后果与责任大小相适应的比例原则；用户账号封禁宜作为最后手段；网站平台对于用户账号封禁的合法性，在实施用户账号封禁应当有所依据，在发生法律争议时应当承担举证责任，具体而言是通过证明相关违规行为对网站平台直接造成的实质影响或重大威胁，评判相关封禁措施的必要性与合理性。[2]

在王某某与北京假日阳光环球旅行社有限公司网络服务合同纠纷案中，

---

[1] 北京市第一中级人民法院（2014）一中民终字第 09828 号民事判决书。
[2] 上海市第一中级人民法院（2021）沪 01 民终 681 号民事判决书，该案被最高人民法院评为全国法院系统 2021 年度优秀案例。

原告王某某系被告运营平台的注册网约车司机，在因订单问题与被告客服的通话过程中，渐因情绪失控出现辱骂被告客服的情形。被告依据其《车主服务协议》第 9 条及附件第 5 等级的规定，认定原告存在扰乱平台/恶意占用客服热线资源之情形，对原告予以违规处理，处罚措施包括不予结算、永久下线、扣除违约金 300 元以及积分 3 分。原告请求法院判决被告立即退还其账户内 300 元流水金。法院认为，网约车平台享有基于意思自治，通过积极制定规则以维护本平台经营管理秩序的自治权；但同时，根据权利义务相一致原则，还应保护其平台内网约车司机的合法权益，即不得滥用自身依法享有的规则制定权而导致主体间权利义务失衡，从而有损交易效率、有违平台经营初衷。司法对待私权领域应有一定的谦抑性，尤其对当事人在不违反国家强制性法律的意思自治原则下作出的取舍，应予尊重。但在互联网经济时代，个体之于平台，在缔约及履约过程中的弱谈判能力是不容忽视的一个现实。企业文化体现在其面向消费者群体及工作人员群体时所采取的态度，司法尊重被告作为互联网平台运营企业，对于签约服务人员在履约行为中的言行容忍程度作出的取舍，即被告对签约司机辱骂客服之行为进行规制，是其为维护平台内良好、健康秩序的应有之举措，被告可据此拒绝再继续为原告提供网络约车撮合服务。但也必须看到：与同类平台有关规则相比，被告规定的具体处罚措施没有依据情节区分轻重，直接处以不予结算+永久下线并处违约金，并未平等对待当事人以确保服务协议和交易规则的公平、合理，有违比例原则。尤其本案原告之所以出现言语过激行为，除其自身情绪控制不当外，很大程度上因被告客服就原告咨询的航班等待期间费用结算问题的答复前后不一所致，即被告自身存在过错，使得原告对航班空等结算费用产生了一定的合理性预期，若不问缘由将该行为所致后果皆归责于原告，将不具备合理性和必要性。最终，法院判定被告向原告返还其扣划的 300 元违约金及未予结算的服务余额 92.58 元。[1] 从本案中可以看出，法院在个案中，会结合案涉具体情节来分析用户违规的具体原因，判定处置措施是否存在不合理之处。

（四）处置程序是否合乎用户协议的约定

用户账号封禁的程序性问题，是指平台对违规用户账号采取封禁措施过

---

［1］ 北京互联网法院（2021）京 0491 民初 1522 号民事判决书。

程中相关的问题，包括但不限于平台是否告知用户违规依据、是否为用户提供了申诉渠道以及是否畅通、是否及时处理用户的申诉、申诉被处理之后用户可否二次申诉等问题。

在京东公司与钟某某网络服务合同纠纷案中，京东公司对注册用户账号实质上采取"封禁"，却利用技术手段在用户使用页面上显示因"网络设置"导致账户不能正常使用。而且，《京东用户注册协议》规定了不同情节的违约行为对应不同的后果并需要公告处理结果，但是京东公司却未曾直接或通过公告的方式告知用户究竟是因何种行为及行为的程度导致其账号被封禁，并不符合《京东用户注册协议》和《违规行为规则》。

因此，法院认为，由于京东公司未告知注册用户原因即封禁注册用户的账号，且未举证证明其实施的行为符合《京东用户注册协议》和《违规行为规则》，京东公司在向用户提供"京东PLUS会员"服务中存在违约情形，应当将用户的京东账号恢复正常使用。[1]

用户协议并非仅是约束用户一方，也约定了平台需要遵守的义务与规则。当用户违反法律法规或用户协议时，平台有权封禁用户账号。但是，平台在采取封禁措施时，也应当确保用户的知情权，保护用户的合法权利。

除此之外，当平台封禁用户账号后，还应当告知用户并且向用户提供申诉渠道，给予用户救济途径。通常情况下，平台在封禁用户账号后，当用户再次登录账号时，就会明确告知账户异常并且提供申诉渠道。此外，绝大多数用户协议都有载明平台的联系方式并且提供了多种联系方式，从而确保用户可以及时申诉与反馈。

但是，提供申诉的渠道并不等同于保障了用户的救济权利。从社交媒体用户发言内容与黑猫投诉平台（新浪旗下消费者投诉平台）的内容来看，尽管许多用户已经上传了申诉相关资料，但却迟迟未能获得平台的反馈。无论是平台的申诉全流程，还是申诉的实时进度，用户都无从得知。这些正当程序的缺失将会给有关平台带来用户账号封禁行为是否具有合法性的疑问，乃至用户协议效力方面的法律风险。

---

［1］ 广西壮族自治区梧州市中级人民法院（2020）桂04民终1658号民事判决书。

三、处置措施引发的侵权纠纷与反垄断纠纷

(一) 处罚公示是否构成人格权侵权

平台在实施用户账号封禁后对相关账号信息进行公示是比较常见的做法。而当账号用户与网站平台因用户账号封禁而陷入法律纠纷后,账号用户往往会将相关公示侵犯其名誉权作为一个附带甚至主要的诉讼请求向法院提出。对于这类纠纷,检索到的相关裁判尽管均未支持原告请求,但其所依据和阐明的理由各异,从多个角度划分了合法与侵权的界限。

在邹某某诉网易公司侵权责任纠纷案中,原告诉称,"(被告)……侵害了我的名誉权,令我冠上了'盗号者'的身份,要求被告赔偿我精神损失费"。被告辩称,"我司封停账号的通知仅向原告告知,未向公众告知,故不存在损害原告名誉权的情形"。法院认为,"原告的全部诉讼请求均建立在被告构成侵权的前提下,而如前所述,原告违约在先,理应承担相应的违约责任,被告封停原告账号不属于侵权行为"。[1]在本案中,原被告双方之间用户协议中的相关条款成为被告实施用户账号封禁的正当化事由,网站平台得以据此排除用户账号封禁的侵权属性。然而,公示封禁处罚信息与用户账号封禁的合法性并不必然相关,法院在裁判文书中并未直接论证前者的合理性,而是默认用户账号封禁不构成侵权,故公示封禁处罚信息也不构成侵权,此处仍需要加强裁判说理。

在上文所述毕某与汉涛公司网络侵权责任纠纷案中,原告诉称,"因其通过实名登记的手机号码在'大众点评'上进行注册,账号头像使用的系其本人照片,且其拥有众多粉丝,故公示的处罚造成其名誉受损,汉涛公司应消除影响"。被告辩称,毕某人格权并未受损,关于赔礼道歉的主张缺乏依据。法院认为,毕某的案涉点赞行为不符合一般点赞行为的行为特点,也无法实现真实的点赞功能,所以该行为确属会扰乱平台正常秩序的行为。因此,汉涛公司依据约定对毕某的上述行为采取处罚措施并不属于侵权行为。涉案平台的处罚措施包含论坛公示,但毕某并未举证证明汉涛公司在处罚中披露其真实姓名等身份信息。其注册的手机号及账号所使用的头像,尚不足以让"大众点评"其他用户将毕某的网络标识与现实身份进行对应。由此,毕某主

---

[1] 广东省广州市天河区人民法院 (2012) 穗天法民一初字第 839 号民事判决书。

张处罚措施侵害其名誉权,缺乏依据,法院难以采纳;就其赔礼道歉的诉请,不予支持。[1]

在本案中,法院认为,民事主体的网络标识与现实身份要在一定公众范围内实现对应关系,应当满足较高的标准:相关用户注册的手机号及账号所使用的头像(即使头像为本人)并不满足这种标准,而要求平台在对封禁处罚信息进行公示时披露了用户的真实姓名等身份信息。账号上的人格利益与账号使用主体的人格利益之间有对应关系。在个案中,需要考虑到对于亲朋好友、网络粉丝等相较一般公众更为熟悉用户的群体仅凭手机号或账号所使用的头像即可建立用户的网络标识与现实身份之间的对应关系。

在仇某某与微梦公司名誉权纠纷案中,原告诉称,"原告并未在新浪微博上进行诈骗、欺骗、欺诈交易、编造谎言、不履行承诺等不诚实守信行为,仅仅因为被认定为在语言文字上对他人进行人身攻击而被被告在公开场合(公共网络空间)对原告的信用等级进行低评价是十分不妥和荒谬的"。被告辩称,"微博使用规则中的信用与我们在实际生活中、字典上使用的信用概念完全不同,被告对涉案账号的处理均属于微博账号适用范围……原告强行将对涉案账号的处理等同于对自然人的处理没有任何事实及法律依据"。法院认可了被告的相关意见,认为,"《微博信用规则》虽在名称及内容中使用了'信用'字样,并在受处罚较多的昵称后以黑色裂开的'信'字标签来标明状态,但由于上述字样和标签仅使用在微博这一网络平台中,属于特定环境适用,与现实生活中的'信用'适用范围及概念不同。微博用户即使看到其他账号有上述字样和标签,也并不会造成对拥有该账号的自然人本身信用、信誉的负面评价。该处罚的目标明确指向为'辣笔××'这一昵称,并非指向原告仇某某本人。原告虽主张对'辣笔××'账号的处罚及负面评价就是对其本人的处罚和负面评价,且这种负面评价为公众所知,但其并未就公众知悉其本人身份信息以及因被告所为而致其真实身份名誉受损提供证据。被告主观上并无侵害原告名誉权的故意;客观上仅对'辣笔××'这一账号进行处罚,并未涉及原告仇某某本人"。[2]

在本案中,法院明确了类似案件中的公示行为是否构成侵权在空间层面

---

[1] 上海市第一中级人民法院(2021)沪01民终681号民事判决书。
[2] 江苏省南京市秦淮区人民法院(2013)秦民初字第525号民事判决书。

的判断标准，即公示行为发生效果的特定环境，亦即涉案网络平台，而非更为宽泛的公共网络空间，或者现实生活空间。

另外，在李某某与腾讯计算机公司网络侵权责任纠纷案中，法院再次采取了公示行为是否构成侵权在空间层面的判断标准应当以游戏空间为限的立场，认为，本案发生在网络游戏空间中，腾讯计算机公司的处罚公告并未显示出玩家的真实姓名和IP地址。封号及通报行为可能在一定程度上引起了李某某在游戏空间中的挫败感，但这与在现实生活空间发布侮辱性、诽谤性言论并为社会公众所知悉，使个人的社会评价降低的名誉权侵权不同。[1]

在李某诉腾讯"全民小镇"游戏荣誉权侵权纠纷案中，李某是腾讯计算机公司开发经营的手机游戏"全民小镇"的资深玩家，等级为VIP10级。腾讯计算机公司在其官方论坛中发布处罚公告称原告升级是提供刷爱心建筑BUG（游戏漏洞）行为获得的奇迹建筑经验，现已对刷BUG取得的奇迹经验予以处理，并对利用此刷BUG刷经验的名单公布。李某看到该帖与腾讯计算机公司联系处理，但腾讯计算机公司拒绝恢复李某的级别与排名。原告遂提起荣誉权侵权诉讼。本案中，原告在被告开发的网络游戏中注册了一个虚拟人物，并在此虚拟游戏世界中按照被告事先制定的游戏规则参与游戏，进而获得游戏级别或排名，从中取得一定的满足感，以达到个人娱乐的目的。因该游戏级别或排名并不具备荣誉的特征，不属于我国法律所认可的荣誉，原告对此也不享有我国法律所保护的荣誉权。同理，被告在该网络游戏出现游戏漏洞以后，在官方网站论坛发布处罚公告，称原告的上述游戏级别和排名是通过刷BUG的行为获得，原告虽对被告这一行为持有异议，但也同样不存在其荣誉权被侵害的法律事实。综上，被告并未侵害原告的荣誉权。[2]

（二）被封禁用户账号内虚拟财产的处理

用户账号被封禁后，相关用户账号内虚拟财产的处理主要涉及平台是否负有返还或补偿义务的问题。在司法实践中，涉及封禁后网络虚拟财产的纠纷集中在网络游戏领域。对于是否返还、返还多少，就需要在个案中具体问题具体分析。一般来说，法律认可用户协议中有关被封禁用户账号内虚拟财产不予返还的约定。对于用户协议中这样的约定，一般来说，法院会认可该

---

[1] 广东省广州市中级人民法院（2020）粤01民终11815号民事判决书。
[2] 广东省深圳市南山区人民法院（2014）深南法粤民初字第727号民事判决书。

条款的效力。如果用户实施了游戏公司在用户协议中明确禁止的行为，那么，游戏公司有权进行账号封禁，并对账号内的虚拟财产不予返还。

北京互联网法院在多个案件中肯定了网络游戏运营者对违规用户封号并不予退还账户余额的用户协议条款。在一起案件中，原告是游戏用户，被告是游戏运营商。被告根据后台数据发现原告运行"脚本外挂"软件，故以原告使用非法"脚本外挂"为由永久封禁原告账号并拒绝退还其账户余额。原告主张被告此举违反合同约定，请求法院判令被告赔偿原告游戏账号等值金额。法院首先分析了用户协议的效力。被告已对"不退还条款"尽到充分的提示义务，条款内容即被告方采取封禁账号的措施具有合理性和必要性，网络服务提供者对违背诚实信用原则和破坏公平交易的行为施以必要约束，对维护整个网络游戏领域的良好秩序具有必要性。因此，在用户协议中规定用户使用脚本游戏则被永久封停并不予退款，且在贯彻该规则时尽到提前告知义务并设置缓冲警示等措施，属于企业基于维护公平交易和诚实信用原则而设置的平台管理措施，具有合法及合理性。游戏运营方对违规用户封号并不予退还账户余额，显示出游戏运营商具有一定的管理职能，带有惩诫意味，其有利于震慑违规游戏行为，营造公平、诚信的网络游戏环境，增进玩家游戏体验，促进游戏行业健康发展。[1]

在一起案件中，陈某在知晓代练行为面临封号风险的情况下，依然选择代练，导致账号被封禁十年，其本身具有过错。故法院认为，陈某要求游戏公司赔偿其在游戏中的消费充值而产生的损失的诉请无事实和法律依据，而且，即使陈某已经实际消费并使用了的消费，并不代表该游戏账号本身享有同等价值。[2]

在雷某与畅游公司网络服务合同纠纷案中，《天龙八部》游戏由畅游公司进行线上运营。用户协议写明："畅游网络游戏中的各种虚拟物品数据（包括但不限于元宝、金币、银币、游戏币、道具、装备）属于畅游所提供的服务，

---

[1] 北京互联网法院（2021）京 0491 民初 22503 号、（2021）京 0491 民初 38302 号、（2021）京 0491 民初 23379 号、（2021）京 0491 民初 24287 号、（2021）京 0491 民初 29388 号、（2021）京 0491 民初 23158 号民事判决书。

[2] 江西省吉安市中级人民法院（2022）赣 08 民终 1685 号民事判决书。类案包括：北京市第四中级人民法院（2022）京 04 民终 328 号民事判决书；陕西省西安市中级人民法院（2021）陕 01 民终 24701 号民事判决书。

其所有权归畅游所有，用户只能在遵守法律和本用户协议规定及游戏规则的情况下使用。畅游不认可通过畅游游戏平台之外的线下交易所产生的交易结果，用户通过畅游游戏平台之外的线下交易所获得的游戏道具将被认定为来源不符合游戏规则。畅游有权对该交易行为涉及的游戏道具、游戏角色与游戏账号采取相应的措施，包括但不限于：冻结或者回收游戏道具、对账号进行倒扣数值、强制离线、封停账号、删除档案等处理；情节严重的，畅游保留追究用户法律责任的权利。"雷某系《天龙八部》游戏的注册用户，在游戏中注册了多个游戏账号。畅游公司因认为雷某在游戏过程中，存在使用外挂的行为，故对其相关全部账号进行冻结处理。雷某要求畅游公司退还 38 450 元，这些金额系相关被冻结账号内的 81 万元宝及 5 家虚拟店铺的市场价格。法院认为，游戏中的元宝系可以向畅游公司充值购买而在游戏中获得的虚拟数据，如用户向畅游公司充值购买，方存在请求相应人民币价值的可能。但本案中，雷某自认系从第三方处购买，本案亦不存在其他有效证据证明雷某就 81 万元宝向畅游公司支付了有效价款。而游戏中的店铺并非可以向畅游公司充值购买而在游戏中获得的虚拟数据，本案亦不存在其他有效证据证明雷某就 5 家店铺向畅游公司支付有效价款，故雷某要求畅游公司返还虚拟数据的相应人民币价值，缺乏合同依据。此外，元宝、店铺等虚拟数据的所有权属于畅游公司，用户对虚拟数据仅享有有限的使用权，从所有权归属的角度，雷某亦无权主张返还 81 万元宝及 5 家虚拟店铺。[1]

在腾讯游戏封号案中，李某某系《剑侠情缘》游戏用户。2017 年 2 月至 6 月，腾讯计算机公司发现李某某登录游戏所使用的 QQ 账号存在多次低价买入元宝、高价卖出元宝的行为，遂以此种买卖方式违规为由，两次停封该 QQ 账号，每次封号 3 天，并扣减了一定数量的元宝。李某某主张自己是在游戏平台上通过游戏设置的功能获得元宝，并非私自交易，没有违反协议的约定，腾讯计算机公司在没有任何通知和解释的情况下，擅自修改其游戏角色的数据，并多次停封其游戏账号，导致自己根本无法享受所谓的游戏乐趣，服务合同无法继续履行，腾讯计算机公司构成根本违约，故将腾讯计算机公司诉至法院，要求解除其与腾讯计算机公司之间的游戏服务协议，要求腾讯计算机公司返还其为该游戏充值的 313 633 元资金。腾讯计算机公司作为涉案网络

---

[1] 北京市第一中级人民法院（2020）京 01 民终 3502 号民事判决书。

游戏的运营商,李某某在被告运营的网络游戏平台上注册账号,通过玩游戏进行娱乐消费,腾讯计算机公司接受李某某注册为其游戏玩家并持续地提供游戏服务,双方之间就此成立了网络游戏服务合同,是网络游戏服务合同关系,当事人之间的权利义务关系应当适用腾讯计算机公司制定、李某某在登录游戏时同意的《用户协议》的内容进行调整。根据涉案合同的性质,当事人享有合同解除权。李某某作为消费者,享有自主选择服务的权利,一旦其不愿意继续接受腾讯计算机公司的服务,即可随时终止双方的合同,不在腾讯计算机公司的网络游戏平台上进行娱乐消费。因此,李某某有权解除其以QQ号与腾讯计算机公司订立的网络游戏服务合同,符合法律规定。鉴于李某某在一审时以起诉的方式作出了解除合同的意思表示,故法院认定于一审起诉状副本送达腾讯计算机公司时(2017年7月19日)即为解除合同之时。李某某主张腾讯计算机公司擅自修改、多次停封其游戏账号致使其无法正常履行合同。基于腾讯计算机公司举证及李某某自认的事实,可以认定李某某确实存在私自进行游戏道具、游戏币等交易的行为,腾讯计算机公司根据《用户协议》的规定对其进行停封游戏账号的行为并无不当,应予支持。李某某主张腾讯计算机公司存在擅自修改其游戏数据的行为,但不能提供证据予以证实,腾讯计算机公司对此不予认可,故李某某应承担举证不能的后果,法院对该主张不予采信。李某某作为游戏玩家接受腾讯计算机公司的游戏服务,该服务具有即时性的特点。网络游戏服务合同关系中,玩家支付费用获取的对价利益是其在游戏过程中的体验,李某某投入游戏中的资金已转化为相应的游戏服务由其个人享受,即使合同解除,也不可能恢复至订立之前的状态。且双方未就合同解除后的退款问题作出约定,因此,李某某请求腾讯计算机公司返还其充值的金额,缺乏事实与法律依据,法院不予支持。[1]

在蔡某某与南京艾慧伦科技有限公司服务合同纠纷案中,蔡某某在被告运营的游戏"7游"中开设了三个账户,并分别进行了充值,已购买虚拟道具进行消费。原被告双方签订的《用户注册协议及隐私政策》第6.2条规定"不得侮辱诽谤他人等",蔡某某在使用账户期间,发表侮辱性语言,被告对其采取了短暂禁言、停封措施。《用户注册协议及隐私政策》还约定,除非法律另有明文规定,否则用户不得要求"7游"返还用户已经支付"7游"的

---

[1] 广东省深圳市中级人民法院(2018)粤03民终10846号民事判决书。

任何资费,无论该资费是否已被消费。"7 游"有权决定是否、何时、以何种方式向用户退还资费(以下简称退款)。"7 游"同意退款的,用户应补偿支付时使用信用卡、手机等支付渠道的费用,"7 游"有权在返还用户的资费中直接扣收。原告要求被告返还充值款人民币 88 169 元的诉讼请求违反"用户不得要求'7 游'返还用户已经支付'7 游'的任何资费"的约定,法院不予支持。[1]

在个案中,有的平台会在虚拟财产补偿或返还事宜上作出适当让步。比如,在原告刘某某与被告北京豆网科技有限公司网络侵权责任纠纷案中,刘某某的豆瓣账号因发布违规内容被永久停用。随后,刘某某将该账号内其购买的"豆瓣时间"付费课程转移至另一个账号,并不久后主动将另一个账号注销。刘某某认为,其一直合法合规使用该账号,并未发表违规内容,被告限制原告账号使用的行为无事实和法律依据,侵犯了原告正常使用账号的权利,侵害了原告发布作品的信息网络传播权,且原告购买的"豆瓣时间"板块中的产品也无法正常使用,故原告提起本案诉讼。在法院审理过程中,被告表示,虽然原告在注销时已经确认注销后其已购课程将无法收听,主动放弃了相关权利,但被告可以提供原告所主张课程的兑换码,原告可以于兑换码有效期内在其指定的微信小程序上兑换后使用其主张的课程。[2]在杭州开讯科技有限公司与王某网络服务合同纠纷案中,平台与主播之间的《用户协议》中所列举的严重违规行为包括"严禁主播使用非本人身份证认证的直播间,主播本人与直播间身份信息必须保持一致"。对于违规的主播,用户协议允许平台视情节轻重给予直播停止、禁播主播账户、封号、扣除全部报酬和奖励等处罚措施。王某使用他人身份证认证从事主播的行为违反了平台规则,平台封禁其账户并扣除了原告王某 14 万元的报酬与奖励。法院认为应根据主播规则设定的平台处理权限扣除王某的报酬和奖励。对于扣除金额,法院结合王某的过错程度酌定杭州开讯科技有限公司可扣除 2 万元报酬、奖励,剩余部分仍应向王某支付。[3]

(三)账号处置引发的反垄断纠纷

法院认为,并非互联网企业与其用户无法达成交易或中断交易即构成

---

[1] 江苏省南京市六合区人民法院(2019)苏 0116 民初 5913 号民事判决书。
[2] 上海市浦东新区人民法院(2022)沪 0115 民初 87099 号民事判决书。
[3] 浙江省杭州市中级人民法院(2019)浙 01 民终第 2378 号民事判决书。

《反垄断法》项下的拒绝交易行为,而是仍需满足以下条件:第一,被告具有市场支配地位;第二,被告实施拒绝交易行为没有正当理由;第三,被告实施的拒绝交易行为具有排除、限制竞争的动机或效果。

在深圳微源码软件开发有限公司诉腾讯计算机公司案中,原告主张被告对其涉案微信公众号实施封号,并针对原告的企业名称、数据精灵软件提起著作权、商标权侵权以及反不正当竞争诉讼,构成《反垄断法》项下"没有正当理由拒绝与交易相对人进行交易",并以此为由请求法院判令被告解封原告的微信号、微信公众号。

本案中,原告未能举证证明被告在在线推广宣传服务市场具有市场支配地位,而如前所述,原告在涉案微信公众号中反复多次发送大量违规违章内容,被告对其实施封号不仅具有《服务协议》与《运营规范》的合同依据,也是被告作为微信公众平台运营方保护广大微信用户不受垃圾信息的反复骚扰,维护微信公共秩序的职责所在。被告对原告涉案微信公众号的封禁,不仅没有产生排除、限制竞争的动机和效果,还有利于保障广大微信用户的用户体验和健康良好的微信使用秩序,具有积极意义。被告作为微信运营平台的运营方,对于维护平台运行秩序承担着事前规范和事后救济的职责。在被告事先对微信公众号运营主体在微信公众平台的运营行为规范予以明确规定的情况下,原告使用相同的主体在微信公众平台注册大量公众号,反复、多次推送内容相同或近似的违规内容,被告依据《服务协议》与《运营规范》的相关规定,对涉案公众号采取封号措施具有充分的正当理由。

由此,法院在该案中并未否认用户账号封禁有构成拒绝交易的可能,原告相关诉讼请求未获支持的原因在于事实上被告的用户账号封禁行为不满足不正当竞争行为的三个一般构成要件,且诉讼中原告亦未充分履行证明义务。[1]

第三节 对互联网行业完善用户账号管理与处置措施的建议

对用户账号采取封禁等处置措施是平台管理用户行为的重要方式,平台通常依据法律法规或用户协议对违规用户账号进行服务限制。用户账号封禁主要目的是规范用户行为与引导平台内容发展,但通过前文分析可知,在平

---

[1] 广东省深圳市中级人民法院(2017)粤03民初250号民事判决书。

台账号封禁的实践过程中出现了诸多问题,如平台与用户签订的用户协议是否具有法律效力、用户行为如何界定、平台封禁行为是否侵犯了用户的言论自由或名誉权等。为了解决上述问题并进一步完善平台账号处置措施,下文将从平台自身与行业层面提出具体建议。

一、平台制定更合理更透明的平台自治规则

(一)完善用户协议中的提示标记

用户协议是平台管理用户账号的重要依据,是平台封禁用户账号的正当性基础。我国《民法典》第496条规定,提供格式条款的一方应当采取合理的方式提示对方注意免除或者减轻其责任等与对方有重大利害关系的条款。《消费者权益保护法》第26条也明确了经营者在经营活动中使用格式条款时需履行的提示注意义务。

《美国统一计算机信息交易法》规定,应当在显著区域显示格式条款或者能够方便获得格式条款的电子地址,并且对协议条款的明示性提出了"合理、明确"的标准,以及"显著性"的概念:"显著性"要求目标文字的字号、类型、字体或颜色与周围文字形成对比,或者借助能够引起用户对目标文字注意的符号或其他标记,从而足以引起作为行为对象的一般人的注意。[1]

我国各大互联网平台在对用户协议进行多番修改和调整后,现在基本上对于与用户有重大利益关系的条款都采用了加粗、添加下划线,或改变字号、字体颜色等显著方式,提示用户需要格外注意。

但由于平台提供服务的多样化、政策规则的新颁布等原因,用户需要遵守的用户协议不仅仅是单一文件,而是"一揽子"协议。平台会在用户协议的开端注明需要遵守的所有内容,如《抖音直播行为规范》中就规定用户需遵守"《'抖音'用户服务协议》《'抖音火山版'用户服务协议》《抖音网络社区自律公约》《抖音火山版公约》《直播主播入驻协议》《抖音充值协议》《抖音火山版充值协议》及费用结算相关协议、《商品信息分享功能服务协议》《抖音购物车商品分享社区规范》《直播平台商品分享社区规范》《抖音平台禁止分享商品目录》《抖音火山版禁止分享商品目录》及平台已发布及未

---

〔1〕 苏今:"网络第三方账号登录活动中的法律关系及用户协议适用问题刍议",载《湖北社会科学》2017年第2期。

来不时发布的其他相关规则"。

对于"一揽子"协议,平台应当采用合理方式提示用户注意。当使用"超链接"访问形式时,必须确保链接能够顺利访问。当用户点击具体的用户协议,应当跳转到相应页面,需要遵守的其他协议得以呈现在用户面前。

(二)构建更合理的平台处置措施体系

总体而言,平台对违规用户账号进行处置,应当遵守明确、必要、合比例的原则。首先应当对服务条款中的违规情形和相应处置措施予以明确的约定,并保证处置措施的必要性和合比例性,避免相关约定因不清晰、不合理而效力存疑;其次应当合理解释和严格适用服务条款的约定和法律规定,保证个案处置结果的合规则性,避免处置措施超出用户协议中约定的范围、类型和尺度,具体而言有以下方面。

不同类型的平台,采取的处置措施也有所差异。总体上看,可以关注同一类型的其他平台的处罚措施,形成行业普遍适用的处罚标准。平台设定用户违规情形和相应处置措施,应当充分参照所属企业集团和所处行业的主流做法,并促进企业集团内各平台和同业友商的经验交流和制度统一化。一方面,各平台在用户账号名称、实名制、禁止实施爬虫等领域存在相似的合规和管理需要,处置措施体系也基本相似;另一方面,各细分行业平台依其所属市场和内部运行机制不同,也有个性化的制度设计需求,如"外挂"之于游戏平台,"刷单"之于电子商务平台,"刷赞"之于社交媒体平台等。平台所属集团可以发挥规模效应,加强各平台法务合规部门的经验交流,统一集团内部各类平台或同类平台的服务条款中有关用户违规情形和相应处置措施的共通部分,这方面实践较为丰富的企业集团有腾讯系、阿里系、百度系、字节系等。同一行业或细分领域中的各类平台则可以借助双边或多边合作、行业协会等途径发挥集体优势,总结平台管理经验,形成业内普遍适用的用户违规情形和相应处置措施标准,提高用户在相关领域享受平台服务和遵守平台规则的可预期性,这方面的实践据笔者了解还有待加强。

平台设定用户违规情形和相应的处置措施,应当采取阶梯配置、合理对应的思路和做法。首先全面列举用户可能实施的违规行为,按严重程度不同予以分类分级并配以相应的合理处置措施。对于情节轻微、影响不大的违规行为,应当以提示、警告措施为主。其次平台采取停止传输侵权信息、删除侵权内容的措施。对于情节严重但有改正可能的行为,短期禁止发布内容、限制账号部分或全部功能，尽量避免出现一次违规永久封号的情况，给用户补救和改正的机会。对于严重违法的行为，终止提供服务、永久关闭账号权限。如果用户不止一次违反用户协议被平台处罚，在解封后仍继续实施相应行为的，也可采取永久关闭账号的措施。对于有期限的处置措施，应当在期限结束后及时解除相关措施。

平台实施处置措施应当慎重适用公示制度，避免引发名誉权纠纷。尤其是在游戏领域，对实施"开挂"等违规行为，扰乱游戏秩序，破坏其他玩家体验的用户账号信息予以公示，的确起到了事后惩罚和一般教育的作用。然而实践中部分违规用户不服处罚决定，从个人名誉出发或单纯出于泄愤报复目的，针对平台公示其账号信息的行为以名誉权侵权为由提起诉讼，使游戏平台疲于应对，并产生败诉而承担民事责任和品牌形象减损的风险。在非必要的情况下，不宜将其对某个用户对封禁处罚决定向其他用户公示，同时，平台应该努力提升平台治理的准确度。在用户协议中，对于封禁后不返还账户内虚拟财产、禁止提现等条款，应当作出重点提示。

平台实施处置措施影响用户账号内虚拟财产的，应当务求有理有据，避免引发服务合同纠纷或侵权纠纷。用户账号内的虚拟财产形式多样，包括虚拟货币或道具物品、"账号等级"或"账号经验值"、待提现金钱收益等。在实施封禁之后，应当公平的处理账户内虚拟币、充值未花掉的款项、收益等的返还与提现问题。平台可能对违规用户账号采取扣除、没收相关虚拟财产的处置措施，或通过临时或永久封禁用户账号从根本上限制用户对其中虚拟财产的利用。被处置用户可能认为上述处置措施违反用户条款约定和/或侵犯其对虚拟财产拥有的物权，继而引发合同纠纷或侵权纠纷。建议在服务条款制定层面尤其重视有关用户账号内虚拟财产的权属约定，明确和合理地约定相关实施处置措施，并加以特殊字体、加粗、加下划线等特别提示；在执行层面考虑用户违规情节的严重程度、带来的负面影响的大小、用户账号中虚拟财产的来源、类型、价值等因素，严格依照服务条款约定和法律规定对用户账号内的虚拟财产合理作出相应的类型化的处理。

平台解除处置措施可配套适用通知和承诺不再犯制度。平台可以对解除用户账号处置措施附加条件，要求违规受处置用户阅读并签署通知书、承诺函等文件。通知书可将违规类型和处罚依据的再次通知和简洁适当的用户教育等作为内容；承诺函可要求用户承诺不再实施有关行为，否则即针对再次违规予以更为严格的相应处置。平台解除处置措施配套适用有关制度,有利于平台履行告知、解释的义务,并为用户账号再次违规的更严格处置提供正当依据。

(三) 提高平台处置程序的透明度

平台有必要向用户公示封禁流程、处罚情形,制定阶梯处罚措施。具体而言,平台应当在用户协议中清晰地注明用户违规情形以及相应措施都有哪些。可以通过列表格、举例子等形式,直观明了地告知用户不同行为构成哪一类违规、属于何种程度违规,让用户在使用平台服务时有明确的预期认知。在对违法行为的具体语言表达上,应采取列举式加兜底式的方式。事前起到对可能实施违法行为的用户的威慑作用。

对处罚措施的描述应当具体、明细。如果用户协议对于平台处置权限的约定不明确,司法机关可能会做出有利于网络用户的解释。

平台在进行账号处置工作时,应当有合法依据,基于真实有效的证据,在审慎判断的基础上采取措施,应当向用户告知平台采取措施的依据和产生的结果,并且提供清晰的申诉途径。应当保障用户的救济权,正确行使平台自治权,保障用户在网络空间的合法权益。在平台对用户账户采取封禁等处置措施时,用户是否实施了违反用户协议所约定的行为是实施处置措施的判断起点。一般情况下,应当尽可能地告知用户所违反的具体协议条款,及时有效的给用户发出处罚通知,并告知用户是因何种违规行为导致账户被封。确保提供有效的申诉等反馈渠道,及时处理用户申诉。目前,绝大多数平台都向用户提供了电话、邮件、人工客服等救济措施。但对于个别平台,有不少用户在申诉后却是石沉大海,并未获得有效反馈。因此,平台应设置完善的申诉机制,如明确用户需要提交的申诉资料,以提高人工审核速度,同时也能减少用户滥用权利的概率。在处理申诉过程中,可以及时向用户反馈申诉处理流程与实时进度,减免用户因信息阻塞带来的焦躁等负面情绪。

对于第三方投诉导致的用户账户被处罚,平台应采取人工审核的方式公正地判断被投诉用户是否实施了侵权违法行为。为避免恶意投诉,可以在投诉人发出投诉时,以提示框、弹窗等形式,告知投诉人恶意投诉、错误投诉的后果,对于需要通过证据来判断行为性质的投诉,应要求投诉人上传证据和说明投诉理由。

二、建立网络行业自律与自治规范

（一）网络服务提供者建立自律机制

网络用户服务协议作为解决网络用户与网络服务提供者之间虚拟财产纠纷的重要依据，网络服务提供者应当基于公平原则制定合理的用户协议条款，在格式合同中合理分配双方之间的权利义务，避免网络服务协议减轻或免除网络服务提供者义务、加重网络用户责任。

网络服务提供者作为管理虚拟财产的主体，应当建立自身的行业自律体系，加强行业自我管理，规范经营。提高管理监督水平，从虚拟财产的发行、使用、交易等各个环节对网络虚拟财产进行有效的规制。首先，网络服务提供者应当保证网络服务的稳定运行，提升网络服务的安全性，设置合乎标准的技术保护措施来保证用户的网络虚拟财产安全，避免他人侵犯网络用户虚拟财产。其次，在提供网络服务的过程中，应当妥善保存用户个人资料、数据，不能随意对用户的数据进行删改。再次，若网络服务提供者在提供服务的过程中发生了损害用户个人资料、数据、虚拟财产等权益的行为，应当对此引起的损害承担赔偿责任。最后，网络服务提供者应做好通知与协助义务。应保障用户的知情权，对网络服务、系统情况以及可能侵害用户权益的行为进行及时说明，提醒用户潜在危险。当用户的虚拟财产受到侵害时，网络服务提供者应当进行积极的救助，避免损害的发生或减少损害。在出现网络虚拟财产纠纷时，有义务提供必要协助，运用服务器数据和相关技术手段进行调查，查清纠纷事实。[1]

（二）发挥互联网行业的协会与组织的作用

相关部门可以通过制定行业指南的方式，提供网络用户服务协议范本。第一，对各协会成员历史和当前的用户协议中涉及用户账号封禁的规则进行收集、分析和总结，并将相关成果向协会成员和社会共享。对于网站平台行业来说，用户账号封禁是一个全行业均需要面对的问题。对于这个领域，行业协会应当在为成员提供经验交流平台的基础上有更多作为，可以对各协会成员提交的历史和当前的用户协议中涉及用户账号封禁的规则加以收集，尝试进行类型化分析，总结相关经验与教训，并将相关成果向协会成员和社会

---

[1] 唐震："网络虚拟财产研究"，武汉大学 2015 年博士学位论文。

共享。这种做法不但有利于各协会成员间以及学术和司法实务界的交流、学习乃至建构相关理论体系,而且能够为行业协会开展下一步工作提供扎实的基础和前期成果。

第二,制定用户协议的行业范本和用户账号封禁的通用规则,统一全行业和细分门类的共通条款。目前各大网站平台的服务协议的内容差异较大,其制定与修改也呈现出各自为战的特点,各网站平台为了实现自身业务、合规、风控等各方面需求在用户协议中的个性化保障,以及避免同业竞争者的"搭顺风车",而付出了更高的综合成本。更进一步来说,从用户和公权力机关的角度来说,由于各平台的用户协议在内容、结构和形式上的差异,每当面对一份新的用户协议都要进行一次新的审查。这种做法造成了工作量增加和效率降低,尤其是司法机构要避免同案不同判就不得不对两份用户协议相关条款是否在实质上相同或相似进行复杂的判断。另外新兴网站平台在制定用户协议上也面临更高的成本和门槛。

这种情况下,网站平台行业协会制定用户协议的行业范本和用户账号封禁的通用规则,对于社会整体效率的提升和鼓励相关领域的创业创新无疑是有利的;并且,这些规则范本推广开来后,学术界的深入反复讨论和各地各级司法机构的裁判实践能够积累宝贵的实务经验,使得行业和社会对这些文本作为合同条款的效力产生更为稳定的法律预期。具体到执行层面,既要注意提炼全行业共通的条款,也要注意提炼政务平台、内容创作平台、综合平台等各细分门类的共通条款,尊重各网站平台合理的个性化需求,不应过度追求抽象泛化而忽略实用性。

代表行业整体发声,积极与理论和司法实务界沟通交流。在《民法典》引入习惯作为渊源的大背景下,我国法学理论和司法裁判越来越尊重和重视相关行业的既有经验和做法,尤其是在新技术快速推广、新模式层出不穷的互联网领域。然而,习惯或者行业共通做法如何确定是一个复杂的问题,尤其是在用户账号封禁领域应当更为审慎。就这个问题而言,网站平台行业协会应当充分发挥自身的优势,在充分尊重内部各成员意见的前提下就相关问题的行业实践作出真实有效的总结,提炼出全行业在相关领域比较共通的做法,并积极与理论和实务界沟通交流,及时全面地传递行业现状。

第四章
网络用户数字遗产的继承问题

卡拉·索夫卡早在1997年首次提出"死亡技术学",英文为thanatechnology,指出交互式计算机程序在用于获取信息的同时,也改变了"死亡观"和悼念方式,数字技术的进步不仅模糊了公共空间和私人空间、现实空间和网络空间,还模糊了生与死的边界。[1]网络用户在数字空间中留存的信息不会随着用户的死亡而消失,从某种意义上,可以说这是人的生命在数字空间的永生,正如伊莱恩·卡斯凯特所言:"我们曾用技术手段抓住死者,但现在,技术已经不仅仅是一种帮助我们和逝者取得联系的媒介,死者就存在于技术之中。"[2]

2003年,联合国教科文组织发布了《保存数字遗产宪章》,从文化遗产数字化的角度提出了"数字遗产"这一概念。宪章强调了"全民信息计划"和"世界记忆计划"下数字遗产保护在人类文明保存和发展方面的重要意义。可以说,《保存数字遗产宪章》前瞻性地宣示了数字资源的文化价值。

随着互联网和通信技术的迅猛发展,移动终端的全面普及。网络服务提供者与网络服务用户数量均在不断增加,网民老龄化趋势也越发显现,公民参与数字生活的深度和广度越发提升,在各类账号以及网站上产生了大量与之相关的个人数据与数字足迹。数据现已成为一种新型生产要素,对于个人而言,在各网络平台上所留存的数据是其精力或财产投入的映射,对于处理大量数据的网络服务提供者而言,数据是获得商业利益的重要基础。深度网络行为使得自然人的生活和情感联系向网络空间延展,数据也在一定程度上

---

[1] Sofka, C. J. "Social Support 'Internetworks' Caskets for Sale and More: Thanatology and the Information Superhighway". *Death Studies*, 21 (1997), pp. 553-574.

[2] [英]伊莱恩·卡斯凯特:《网上遗产:被数字时代重新定义的死亡、记忆与爱》,张淼译,海峡文艺出版社2020年版,第65页。

反映出用户的人格表征，具备一定精神意义或纪念价值。换言之，网络虚拟财产与自然人身份紧密相关，具有信息属性、财产属性和人格属性，出于预防纠纷以及兼顾情理与法理目的，需要从可继承性分析、产业特征、内容规制、司法实践等角度来综合考虑数字遗产的继承问题。

第一节 数字遗产继承问题的法理分析

数字遗产是在网络虚拟财产定义的外延之内，是自然人去世之后的数字资产。所以，数字遗产的类型、定性、归属等问题与数字资产一脉相承。数字遗产和网络虚拟财产的区别在于，前者发生于民事主体死亡或消灭之后，并且数字遗产既包括网络虚拟财产，也保护数据。本节将结合与继承法相关的法律规范，主要以数字遗产法律属性为切入口，介绍分析数字遗产可继承性的两种主要方式，并分析数字遗产继承的必要性。

一、数字遗产的内涵与外延

数字遗产（digital inheritate），在现有研究中也被描述为网络遗产（network legacy）、虚拟遗产（virtual legacy）、数字遗存（digital remains）等。数字遗产的范围较广，其中最重要的组成部分是网络虚拟财产。数字遗产的处理离不开前文对网络虚拟财产各类问题的讨论。数字遗产也并非法律术语或学术术语，仅从技术和财产的表现形态将其与传统意义上的遗产相区分，并也作为自然人数字资产继承相关法律问题的总称而使用的名词。

（一）广义的数字遗产与狭义的数字遗产

"数字遗产"一词最早正式来源于联合国教科文组织于 2003 年发布的《保存数字遗产宪章》。该宪章从最广泛的角度对数字遗产加以描述，指出数字遗产是由数字方式生成或者可转换为数字形式的任何领域的信息，也即全人类知识文化的数字表达。[1]该宪章内的数字遗产并不等同于民事主体死亡后所遗留的财产，而是指具备经济、社会、文化价值的数字资源。虽然《保存数字遗产宪章》中的"数字遗产"是最广泛意义上的作为人类公共文化遗

---

〔1〕 UNESCO, "Charter for preserving digital heritage", UNESCO Website, https://www.unesco.org/en/legal-affairs/charterpreservation-digital heritage.

产的数字遗产,而非民事法律意义上的"遗产",但是《保存数字遗产宪章》对数字遗产保护立法的呼吁,以及其第 11 条中所提出的政府部门、相关企业、遗产机构、国际社会等多主体间加强合作等规定,为当前世界各国数字遗产管理立法在一定程度上提供了方向与价值指引。

对数字遗产概念的理解需要从广义和狭义两个角度展开。广义数字遗产主要由两方面组成:其一,数字遗产包括考古或档案学意义上的可通过数据库保存并向全人类传播,且具有传承价值的公共文化遗产,这一方面多侧重于数字遗产的社会价值和文化价值;其二,数字遗产是指自然人死亡后留存于网络空间或物理媒介载体中的信息数据和数字资产,此类数字遗产也被称为"个人数字遗产",这一方面更多地关注于数字遗产的经济价值和情感价值。[1]

狭义的数字遗产是指前述个人数字遗产。有学者从财产价值角度出发,认为数字遗产是"自然人死后未被继承的所有虚拟财产"[2],也有学者从信息记录或自然人身份角度出发,指出数字遗产是自然人死亡后在网络空间中所留下的一种人造物或数字足迹[3],是能体现出自然人身份且该自然人拥有部分所有权的财产。[4]还有观点以列举的方式给数字遗产以定义,即数字遗产是民事主体死亡后其所遗留的,以电子或其他形式展现,并于数字或网络空间中存在的虚拟财产,譬如账号、账号内信息数据、电子邮件、照片、虚拟道具、虚拟代币等。[5]

上述定义对数字遗产的财产价值、信息留存价值、身份或人格价值各有侧重。我国《民法典》第 1122 条规定:"遗产是自然人死亡时遗留的个人合法财产。依照法律规定或者根据其性质不得继承的遗产,不得继承。"鉴于网络虚拟财产和数据在《民法典》中并列存在并且均具有财产价值,故数字遗产是指自然人死亡时遗留的个人生前具有使用权和支配权的合法网络虚拟财

---

〔1〕 崔旭、张若为、康璨琛:"国内外个人数字遗产保存研究综述",载《档案学研究》2022 年第 6 期。

〔2〕 王国强、耿伟杰:"我国数字遗产继承现状研究",载《情报科学》2012 年第 1 期。

〔3〕 Stokes P. Deletion, "As the Second Death: the Moral Status of Digital Remains", *Ethics and Information Technology*, 4 (2015), pp. 237-238.

〔4〕 Cushing A L., "A Balance of Primary and Secondary Values: Exploring a Digital Legacy", *International Journal of Knowledge Content Development & Technology*, 2 (2013), pp. 67-94.

〔5〕 陈奇伟、刘伊纳:"数字遗产分类定性与继承研究",载《南昌大学学报(人文社会科学版)》2015 年第 5 期。

产和数据。

(二) 数字遗产区别于传统遗产的特征

基于前文中对数字遗产内涵与外延的分析,可知其与一般意义上的"传统遗产"相比,其主要特征如下。

第一,数字遗产未占据客观存在的物理空间,而是以数据信息方式存在,具有虚拟性和无形性。第二,大多数字遗产与网络服务提供者和用户之间的协议有关,用户行为产生数字遗产,并储存于网络介质之中,不能被任意访问,需通过对应账号和密码链接,网络服务提供者和用户对数字遗产的支配也均受到此类协议的制约,故而数字遗产具有双重占有性和一定程度上的私密性。第三,数字遗产还具有内容差异性,即数字遗产的价值和具体内涵受时间、所在网络空间以及自然人主观意识等因素的影响而存在差异性,且难以评估,如被继承人拍摄的照片发布在社交平台时,照片更可能作为纪念和缅怀意义的数字遗产而存在,若照片作为摄影作品或数字藏品出现在交易平台时,其财产价值则可能更为显著。第四,数字遗产具有依附性和技术性,其所依托的代码本身不能脱离特定的网络平台而存在,且数字遗产价值的发挥离不开网络平台所提供的运营服务。随着相关科学技术和公民网络生活方式的改变,数字遗产的表现形式也必然会随之而发生变化。[1]

(三) 数字遗产的分类

《保存数字遗产宪章》从储存方式角度讲数字遗产划分为三种类型:其一,储存于特定物理载体的信息资源,载体如磁带、硬盘、光盘、U盘、手机等移动终端;其二,储存于计算机数据库中的信息资源;其三,通过网络来传播的资源信息,需要联通互联网来获取。对于储存于光盘等物理载体中的离线数字遗产,继承人可以通过存储介质进行持有和支配,不需要网络服务提供者的协助,此类离线数字遗产本质上并不属于在数字空间中的遗产。故本书仅对在线个人数字遗产加以探析。

从数字遗产的内容来看,既包括网络虚拟财产,也包括数据。其中网络虚拟财产既包括具有财产价值的用户账号,也包括账号内的虚拟财产;数据既包括用户的个人信息,也包括用户在网络空间存储的个人享有著作权的内

---

[1] 王国强、耿伟杰:"我国数字遗产继承现状研究",载《情报科学》2012年第1期。

容。有学者将数字遗产分类为私人信息、社交媒体信息、业务信息和财政信息。[1]类似地,有学者将数字遗产账户划分为财政账户、商业账户、社交媒体账户、云储存账户等若干类。[2]但上述分类对于数字遗产可继承性分析等问题的解决来说意义有限,也存在各个类别之间界限不明晰的问题。此外,数字遗产还可根据法律属性被划分为"财产性显著类数字遗产""人格性显著类数字遗产"以及"财产人格混合性类数字遗产"。其中,财产性显著类数字遗产与财产人格混合性类数字遗产中的财产性权利可以继承,当人格性显著类数字遗产更多地体现财产利益之时,也应予以继承。[3]至于上述根据对数字遗产法律属性的判断来对数字遗产进行分类并界定可继承的范围这种做法是否具有合理性,后文将对此进行详细分析。

二、数字遗产继承的法律争议

(一) 数字遗产的性质及其可继承范围不明

数字遗产本质上为已故或者已注销的法人留存于网络空间的虚拟财产和数据。对于虚拟财产的法律属性,可分为"非财产说"和"财产说"两类。在财产说之下,学术界对于网络虚拟财产性质所持的观点大致还可进一步细分为"财产说""物权说""债权说""知识产权说""无形财产说"以及"新型财产权""复合财产说"等。法律意义上的财产具有多重含义,如"物即财产""人身权以外的所有财产权""能带来经济利益或经济后果的法律关系"等。[4]随着数字经济时代存在于数字空间的具有财产价值的客体越来越多,诸如NFT数字藏品、虚拟货币等数字遗产,在数字支付常态化的当代,除了不具备客观的实体,与实体物几乎无异。"非财产说"显然已无法适应数据成为新型生产要素的社会现实。

有观点指出,虚拟财产的具体法律属性与其可继承性之间没有必然关联。

---

[1] Lee Jeehyeon, "Death and Live Feeds: Privacy Protection in Fiduciary Access to Digital Assets", *Columbia Business Law Review*, 2 (2015), p. 654.

[2] Ashley F. Watkins, "Digital Properties and Death: What Will Your Heirs Have Access to after You Die", *Buff. L. Rev.*, 62 (2014), p. 193.

[3] 陈奇伟、刘伊纳:"数字遗产分类定性与继承研究",载《南昌大学学报(人文社会科学版)》2015年第5期。

[4] 梅夏英:"数据的法律属性及其民法定位",载《中国社会科学》2016年第9期。

在《民法典》下，虚拟财产是"自然人合法的私有财产"，可被纳入遗产范围进行继承。[1]在学术界基本可以达成共识的是虚拟财产可以被继承。[2]在司法实践中，一些法院回避了网络虚拟财产在民法体系下的具体性质，依据其具有的财产属性处理继承事宜。[3]

基于网络虚拟财产和数据的多样性，数字遗产的法律属性更具复杂性。一方面，其作为一种"遗产"而存在，具有财产属性，典型体现为虚拟货币、游戏装备、网店、数字账户余额、电子书等。不能简单地以其虚拟性而否认此数字遗产的财产价值，亦不能排除其可继承性。一些数字遗产的产生得益于被继承人生前精力和财力的投入，也可转换为现实空间中的财产，具有交换价值，可满足自然人的精神需求和物质需求。另一方面，数字遗产的信息技术特性和社会化特征使之财产属性和人格属性密不可分，还包括社交账号及账号密码、照片、视频、电子邮件、电子日志、社交动态、聊天记录等。数字遗产的另一大组成部分是用户留存在网络空间的数据，其具有杂糅性，既包括在性质上属于知识产权的一些网络信息，也包括在性质上属于个人信息权益的一些网络信息。数字遗产既存在经济价值，同时也会涉及人格权的保护问题。

对于可继承的具体虚拟财产的范围，一种观点认为，数字遗产具有排他、支配性，所有人能对其进行管理，其存在也占有一定的虚拟空间，因此具有物的属性。[4]鉴于网络用户对其账户内的网络虚拟财产和数据具有使用权、支配权，在发生继承时，遗产继承是对死者原有的法律地位的概括继承，那么，基于死者生前与网络服务提供者之间的服务合同关系而产生的网络遗产，

---

[1] 李珊珊、黄忠："《民法典》下虚拟财产的法律属性及其可继承性辨识"，载《上海政法学院学报（法治论丛）》2021年第1期。

[2] 参见马一德："网络虚拟财产继承问题探析"，载《法商研究》2013年第5期；梅夏英、许可："虚拟财产继承的理论与立法问题"，载《法学家》2013年第6期；和丽军："虚拟财产继承问题研究"，载《国家检察官学院学报》2017年第4期；李岩："虚拟财产继承立法问题"，载《法学》2013年第4期。

[3] 上海市第一中级人民法院（2015）沪一中民一（民）终字第2090号民事判决书；山东省潍坊市中级人民法院（2017）鲁07民终1920号民事判决书；上海市浦东新区人民法院（2016）沪0115民初88312号民事判决书；浙江省慈溪市人民法院（2008）慈民二初字第2806号民事判决书；北京市第二中级人民法院（2017）京02民终4209号民事判决书。

[4] 姜淑明、彭利民："我国数字遗产继承的具体路径研究"，载《吉首大学学报（社会科学版）》2014年第3期。

也可以被继承。有观点认为，如果用户协议写有"禁止虚拟财产继承"条款，那么属于"不合理地偏向一方"的实质显失公平条款，应属无效。[1]另一种观点认为，数字遗产种类多样，并非所有的数字遗产都可以被继承。继承人可以获得进入被继承人网络账户的权限，但不能对账号内的内容进行编辑或更改。[2]具体到司法实践中，多数观点认为，按照我国《网络安全法》等相关法律规定，网络账号属于实名注册信息，不能随便继承，但账号中所包含的虚拟财产权益，则属于可继承的"合法财产"范围。比如在德国 facebook（脸书）账号数字遗产继承第一案中，法院主张脸书账号本身不能继承，但是被继承人的社交动态等内容可由继承人概括继承。

在处理数字遗产的继承问题上，有学者提出了"寄存法律关系"，即网络服务提供者与网络用户之间的关系类似于一种仓储服务关系，网络服务提供者所持有的用户电子邮件则为储存于"仓库"中的"商品"。在电子邮件账户的持有人死亡的情况下，继承人可以基于寄托人的利益从网络服务提供者处取回"商品"。[3]但是，虚拟空间的存储服务与物理空间的仓储还是有很大的不同。对于电子邮件而言，密码的设置恰恰是防止其他人获得访问，在继承人不知道密码的情况下，若推定死者的意图是授权访问，该推定的合理性存疑。[4]而且，在网络服务提供者与网络用户之间的用户协议中，如果明确将用户死亡作为账号注销的情形，那存储义务则随着账户的注销而终止。[5]

当网络用户去世之后，其继承人所能够继承的数字遗产中包含账号，但其可否行使账号注销权存疑。2018年浙江乐清滴滴顺风车司机杀人案引起社会公众广泛讨论时，网友找到被害人生前微博，并翻看、评论、转发其曾发布的各类照片、动态，给被害人家属造成二次伤害。新浪微博发布公告呼吁网友保护被害人隐私，并将被害人账号交由家属管理，后家属发表声明将注

---

[1] 梅夏英、许可："虚拟财产继承的理论与立法问题"，载《法学家》2013年第6期。

[2] Lee, Jeehyeon, "Death and Live Feeds: Privacy Protection in Fiduciary Access to Digital Assets", *Columbia Business Law Review*, 2 (2015), pp. 700-701.

[3] Jonathan J. Darrow, Gerald R. Ferrera, "*Who Owns a Decedent's E-mails: Inheritable Probate Assets or Property or the Network?*", *New York University Journal of Legislation and Public Policy*, Vol. 10, 2007.

[4] Rebecca. G. Cummings, "The Case Against Access to Decedents' E-mail: Password Protection as an Exercise of the Right to Destroy", *Minnesota Journal of Law, Science & Technology*, Vol. 15, 2014.

[5] Kyle. C. Post, Marsha. L. Bayless, J. Keaton. Grubbs, "Digital Assets: Law and Technology collied—a Dilemma Needing a Solution", *Southern Journal of Business and Ethics*, Vol. 6, 2014.

销账号。由此可知，数字时代信息具有高度流动性、超时空性，网络红人的"十五分钟效应"也可从反面推论出每一个自然人均有可能会成为被凝视的对象，因此妥善处理逝者数字遗产不仅仅在保护逝者隐私和个人信息安全方面具有重要意义，于网络服务提供者而言，这也是其防止信息传播失控，维护良好网络秩序和环境的有效手段。

（二）隐私保护是否阻碍数字遗产继承

在自然人与网络服务提供者之间有网络服务合同关系时，自然人死亡后，其继承人可否继承该合同关系，尚存疑问，尤其是可能会违背死者的意愿和侵害通信秘密的。[1]数字遗产中难免会包含有网络用户的个人信息，如个人账号内的照片、好友关系、私密日记等。有观点指出，一些数字遗产包含已故用户的个人信息和个人隐私，其中涉及了用户的通信秘密和人格权，因此，并非所有的数字遗产都能被继承。[2]有观点将虚拟财产分为"财产型"和"人格利益型"，涉及被继承人隐私权的网络虚拟财产不属于遗产。[3]但相反观点认为，死者的法定继承人亦是死者隐私的法定维护者，当作为死者隐私载体的网络虚拟财产由继承人继承时，隐私信息的控制者将与死者人格利益的保护对象相互重合，从而不会因为存在利益冲突而产生损害后果，因此不能将用户隐私作为网络服务提供者拒绝数字遗产继承的挡箭牌。[4]如果死者近亲属无法继承记载公民个人信息之虚拟财产，而由互联网公司纯粹依靠职业道德的自律进行数据管理，难免会造成极大的社会风险和道德风险。[5]后一种观点否定了隐私保护是数字遗产继承的阻碍，但是，其也指出，基于对用户自主权的尊重，如果网络虚拟财产已经被用户在生前主动删除或明确表示不得继承，那么该网络虚拟财产就不能由继承人继承。[6]

---

[1] 程啸："论死者个人信息的保护"，载《法学评论》2021年第5期。
[2] 参见李岩："虚拟财产继承立法问题"，载《法学》2013年第4期；王琦："网络时代的数字遗产·通信秘密·人格权——以社交、通信网络账户的继承为焦点"，载《财经法学》2018年第6期。
[3] 参见杨立新、杨震："《中华人民共和国继承法》修正草案建议稿"，《河南财经政法大学学报》2012年第5期。
[4] 参见刘明："网络虚拟财产能否继承？——以'某女士向腾讯索要亡夫QQ密码案'为例"，载《中国社会科学报》2016年7月13日，第5版；梅夏英、许可："虚拟财产继承的理论与立法问题"，载《法学家》2013年第6期。
[5] 邱波："网络虚拟财产继承纠纷的裁判思路"，载《人民司法》2020年第4期。
[6] 黄忠："隐私是阻碍网络虚拟财产继承的理由吗"，载《财经法学》2019年第4期。

(三) 知识产权继承与虚拟财产继承的关系不清

在著作权法中，著作权分为著作财产权与著作人身权。书信、博客中的博文、微博、朋友圈发文、自己制作并发布的短视频均可以成为著作财产权的客体，著作财产权属于可以继承的权利。但是，继承人是否可以真正支配这些作品，则依赖于网络服务提供者在逝者账号问题上是否能够予以配合。

例如，如果电子邮件的内容符合版权的要件，成立了著作权，则作为作者的用户应该拥有该电子邮件副本的财产权和版权，并且其继承人应该能够继承它。[1]

但是，需要注意的是，网络上的内容，作为作品，其得以继承的是著作财产权，而非其作为虚拟财产的权利。换言之，用户账号因这些版权内容的存在而得以增值，但是，账号继承与著作财产权继承二者的客体并不相同，二者也并不重叠。而且，并非所有账号的价值均来源于账号内的作品，故知识产权继承与虚拟财产继承可以共存。

三、网络用户数字遗产的可继承性

（一）数字遗产继承的继承法依据

我国现行法律规范没有关于数字遗产继承的明确规定。关于数字遗产能否继承的问题，本质上是关于如何定性虚拟财产、如何定性数据以及继承的是该财产的使用权还是所有权的问题。

《民法典》总则编"民事权利"一章中提及应根据有关法律规定对数据和网络虚拟财产加以保护，即肯定了数据和网络虚拟财产可作为民事权利客体，且亦无法律明确规定其不得作为数字遗产被继承。

《民法典》第1122条将"遗产"定义为"自然人死亡时遗留的合法财产"，这意味着数字遗产不包括非法获取的虚拟财产，也不包括不属于自然人所有的财产，如共有虚拟财产中属于他人所有的部分。"遗留"表明财产具有可传承性，原权利主体因死亡而不再具备民事权利能力，故需将权利主体变更为其继承人。对于遗产的具体范围，不同于1985年《继承法》对可继承遗产类型进行了列举，《民法典》采取的是"概括+排除"立法模式，规定"依照法律规定或者根据其性质不得继承的遗产，不得继承"，也即自然人的合法

---

[1] Jason Mazzone, "Facebook's Afterlife", *North Carolina Law Review*, Vol. 90, 2012, pp. 1643-1686.

财产在其死亡后均可转换为可继承的遗产，但其中须排除国有资源使用权等法律禁止继承的财产权利，人身损害赔偿请求权以及残疾补助金、最低生活保障金等具有抚恤、救济性质且与自然人人身高度相关的财产或财产权利。[1]也有学者指出，"依据其性质不得继承的遗产"还包括与被继承人人身密切相关的专属权利，如通过签订劳动合同而取得的权利。[2]

《民法典》的表述充分彰显出私法"法无禁止皆可为"的理念，弥补了1985年《继承法》"概括+列举"双重规范模式下的缺陷，如增加立法成本、存在误导司法审判的可能性等，也将一切可能出现的新型财产类型更为开放地纳入可继承范围。[3]除此之外，在《民法典》的编纂过程中曾有学者主张新增数字遗产有关条款，但最终，大多数观点认为数据和网络虚拟财产保护和处理的相关议题具有复杂性和特殊性，且随着技术更迭又会诞生更多新的表现和实践样态，故应在未来立法条件更为成熟、实践经验更加丰富时通过专门立法来予以规范化。

值得一提的是，在传统理论上，按照继承人可继承被继承人全部遗产或有限遗产，将继承划分为无限继承和限定继承，有学者提出，相对而言，限定继承更适应财富种类和来源多元化的当今社会现实，被继承人能够更自由地按照个人意志来安排遗产继承有关事宜，限定继承理论从而也更能回应现代家庭伦理之文化共识。[4]故对于数字遗产的继承，可继承范围的划定需充分尊重被继承人的真实意思表示，由于目前实践中鲜有人在遗嘱中提及对游戏装备、社交账户、虚拟代币等虚拟财产的处理，但依旧可从被继承人生前的具体行为中分析其意思表示，此时也可能涉及个人信息、数据的处理以及"同意"的表达等相关问题，还需结合数字遗产的具体类型和继承的具体情景来进行个案分析。

综上可知，对数字遗产可继承性的分析关键在于考量以下要素：是否为被继承人合法所有、是否属于财产范畴、是否为法律所禁止继承，以及是否依据性质不得继承。但是在多数情况下，被继承人与网络服务提供者之间所签订的网络服务协议中约定了"账号所有权归网络服务提供者所有，账号及

---

[1] 杨立新：《中国民法典释评——继承编》，中国人民大学出版社2020年版，第32页。
[2] 黄薇主编：《中华人民共和国民法典解读》，中国法制出版社2020年版，第337页。
[3] 杨立新："我国继承制度的完善与规则适用"，载《中国法学》2020年第4期。
[4] 马新彦："遗产限定继承论"，载《中国法学》2021年第1期。

账号内数据信息不得转让",此时数字遗产是否绝对不能继承?另外,诸如电子日记、往来邮件、社交平台账号等数字遗产,其经济价值并不显著,反而与被继承人的隐私权、个人信息权益等人格利益密切相关,此时数字遗产是否属于依据其性质而不得继承的范畴?如何判断某项数字遗产是否具有财产属性,当兼具财产属性和人格属性时,又如何判断哪类属性更为显著?对于上述问题,还需进一步探讨。

(二)分离理论与数据附着论

数字遗产继承中的分离理论是指,为判断数字遗产的可继承范围,应以区分数字遗产之财产属性有无为前提。分离理论聚焦于对数字遗产这一集合体进行分类讨论,明确各部分法律性质,意义在于可在前述基础上进一步认定某项数字遗产具体表现为何种财产性质,从而来确定数字遗产的可继承范围以及具体继承方式。[1]以社交账号的继承规则为例,有观点指出,社交账号继承规则的构建首先需要区分社交网络账号本身与账号中存储的信息,其次根据社交性网络账户的类型构建不同维度的继承规则。账号内存储信息的继承应当优先保障用户的自主权,可以通过构建数字化信托的模式实现,保障用户决定是否允许继承的自主利益,并消除社交账号继承中的负外部性。[2]

与分离理论类似的是德国的"数据附着论"。顾名思义,"数据附着论"是指数据附着于现行法保护的权利体系项下某一种权利之上,数字遗产如何继承则与其所附着的权利类型所对应的法律规定有关,数据附着论本质上是在对财产性数字遗产进行具体属于何种财产的进一步细致划分。例如,若数据附着于某项知识产权之上,则该数字遗产的继承参照知识产权的继承规则处理,若与合同相关,则按照债权转让规则进行处理。在该理论下,不能被知识产权相关法律保护的数字遗产还需进一步划分为线上数据和离线数据,前者多指储存于网络平台上和账号相关的数据,可通过网络服务基础合同关系来继承,后者则附着于物理载体,依据物权关系来继承,也即由该物理载体的继承人继承附着于其上的数字遗产,与前文所述根据储存方式对数字遗产进行分类的做法类似。但是,若数字遗产涉及他人通信自由、秘密或者被

---

〔1〕 张挺:"一身专属性理论视角下的数字遗产继承",载《法学》2023年第2期。
〔2〕 李雅男:"民法典视野下社交网络账号的继承",载《西南政法大学学报》2022年第1期。

继承人隐私,则其继承会受到一定阻碍,甚至很有可能被禁止继承。例如有德国学者提出,对于线上数据,也应该进一步划分为"高度个人化信息"和"其他信息",前者则根据《德国电信法》和《德国联邦基本法》等有关法律规定而不得继承。[1]

我国司法实践对数字遗产的常见处理方式类似于采用分离理论或德国数据附着理论,先明确数字遗产的法律属性,再根据法律属性判断能否继承、如何继承。例如,在朱某与中国移动集团河南有限公司信阳分公司等继承纠纷案中,继承人朱某要求继承其父生前所持有的手机号码,法院指出,手机通信号码属于一种虚拟财产,所有权归属国家,而使用权本质上属于用益物权,具有财产属性,属于自然人死后可以继承的合法财产。[2]对用于生产经营、具备较高经济价值的商业账号,诸如网店账号、微信公众号等,在存在多个继承人的情况下,我国司法实践中的常见做法是对账号进行估值折价,由其中一名继承人获得账号所有权,并按照比例向其他继承人支付一定对价。

(三) 可继承性与一身专属性理论

如前文所述,数字遗产应是自然人死亡后所留下的个人合法财产,因此理论界有学者指出,不论是属于具体哪种财产或财产性权利,都属于财产这一上位概念,数字遗产之"物权说""债权说""知识产权说""复合财产说"等法律性质争议对于数字遗产的可继承性分析而言意义不大,没有必要将数字遗产明确归类为某一具体的财产类型。

对上文所述"分离理论"的批评意见指出,根据现有产业实践特点,数字遗产的财产属性和非财产属性之间相互交叉重合,难以截然分离,且当数字遗产的使用行为不同或是为不同主体所控制时,其财产属性的显著性亦有所不同。[3]更何况,不同数字遗产之间虽相互独立,但组合在一起时却可能会产生新的价值。比如,通常认为商业客户信息和客户名单具有财产价值,但此类信息往往混合在被继承人邮箱系统的往来信件中,为了划分财产属性和非财产属性而逐字筛选却又不合乎法经济学的一般逻辑;又如,被继承人在某一社交平台上发布的日常动态对于继承人而言精神意义上的纪念价值更

---

[1] 牛彬彬:"数字遗产之继承:概念、比较法及制度建构",载《华侨大学学报(哲学社会科学版)》2019年第5期。

[2] 河南省信阳市平桥区人民法院(2021)豫1503民初7923号民事判决书。

[3] 黎桦:"民法典编纂中的财产性人格权研究",载《政治与法律》2017年第8期。

为凸显，但是被继承人的行为日志却是其所在保存系统收集的大数据、用户画像等数据收集的组成部分，此类数据对于网络平台而言是产生商业利益的重要基础，此时财产性属性便相对更为凸显。此外，分离理论也无法解释"人格权利用权能的可转让性"理论，亦无法处理概括继承原则下，实体的个人书信往来可继承但电子聊天记录因人格权属性更为凸显而无法继承的矛盾。

根据上述分离理论的缺陷，有学者指出，对数字遗产的可继承性分析无须以法律性质作为前提，遗产的性质取决于遗产的来源，至于《民法典》第1122条所述"根据其性质不得继承"的遗产，应是指被继承人所享有或承担的与其"人格、才能、法律定位"密切相关的权利或义务，即"一身专属性"，而非"人格权属性"。[1]

一身专属性理论常见于刑事领域对身份犯的研究，着眼于自然人所具备的"身份"以及由该身份产生的法律关系，并非"人格"，如民事法律领域中的亲权人地位、合伙人地位等，也都是专属于某民事主体的身份，且只能由此特定民事主体来行使，不能由他人代理，即"归属的一身专属性"。从一身专属性理论出发来分析数字遗产的可继承性问题，关键不在于细致地界定明晰某项数字遗产的法律属性，不在于把数字遗产进行财产性质和人格性质的二分，亦并非把人格权再细分为高度人格部分和高度财产部分，而应聚焦于判断它是否专属于被继承人本人。为避免再度陷入分离理论造成的法律属性界定困境，在判断数字遗产能否继承时，应审查该遗产所对应的基础法律关系是否体现了被继承人与法律关系相对方之间的信任关系。

社交平台的商业模式通常表现为吸引大量用户群，从而在广告投放等其他业务上营利。在一身专属性理论框架下，被继承人类似于新浪微博账号、脸书账号的网络账号类数字遗产对应的基础法律关系是被继承人与网络服务提供者之间的合同法律关系，这类合同具有无偿性、标准化性，也即合同基本上不存在网络服务提供者为特定用户所提供的个性化服务。合同双方所承担的给付义务一般可以理解为，网络服务提供者为用户提供账户和平台即数字链接，而用户提供数据。在合同缔结时，网络服务提供者不会对用户的信用水平、个人技能、资产状况等进行审查，这对用户所需要承担的保密义务是有限的，故而，此种情境下合同关系的成立并不取决于双方之间的信任关

---

[1] 张挺："一身专属性理论视角下的数字遗产继承"，载《法学》2023年第2期。

系、能力或技术关系，社交账号不具有一身专属性，也没有达到排除继承的程度。

相较而言，分离理论具有合理性，但实际操作起来却有难度。数据附着论在适用时，很容易混淆数据、虚拟财产与个人信息的边界。一身专属性理论的法律适用更具有可操作性。无论是哪种理论，均能够为数字遗产的可继承性提供理论支撑。

第二节　国内外数字遗产的处理方式

如前文所述，数字遗产兼具精神价值和财产价值，具备可继承性，域内外实践均已根据网络平台所提供的服务类型以及数字遗产类型的不同，在数字遗产的处理规则设计方面作出了诸多尝试。一些国家或地区因技术和产业发展起步较早，已立足产业实际，对数字遗产可继承范围的界定、继承方式、继承权与其他权利的平衡等内容做出了立法规范，具备一定的借鉴意义。

一、数字遗产问题处理的规则

产业实践会推动立法与司法的完善，同理，立法活动以及司法实践对虚拟财产的态度、对可继承遗产范围的判断，也会影响产业界具体行为。由于目前鲜有国家或地区对数字遗产有专门立法，故在选取规范性文件时，主要涉及的是继承、个人信息和隐私保护、虚拟财产保护等其他与数字遗产继承有所关联的法律文件。

（一）我国处理数字遗产问题的法律规则

我国大陆地区并无针对数字遗产的专门法律规范，通常是由民事一般法来发挥在数字遗产争议解决上的重要作用。比如，针对平台在用户协议中直接排除用户对账户及账户内数据的所有权的条款，可适用《民法典》第151条关于合同显失公平的规定以及第497条关于格式条款无效的规定。不过，仅有一般法并不能满足现实需求。譬如，与股权继承相类似的淘宝店铺继承，淘宝店铺的经济价值和店铺信用存在关联，而信誉又与其经营人的具体经营管理行为有关。除此之外，淘宝店铺的经济价值一部分与账号关联，另一部分作为已得经营利润而与账号分离，存在多个继承人时，在遗产分割方面还需先对店铺账号进行估值。故对于此，既不能"一刀切"地禁止继承，又不适合直接适用一般继承规则，而是需要有数字遗产处理的特别法规范对此加以规制。对于中国大陆地区数字遗产继承的具体分析，详见本章其他部分，在此不再赘述。

在我国香港地区，早在2002年6月，曾出现一起青少年因游戏装备被盗而自杀的事件，此后，我国香港地区警方表示将持续关注盗取网络游戏装备行为，并认可网络虚拟财产具有可转让性，具有实质经济价值。此外，我国香港地区在盗取账号、非法买卖游戏装备等行为方面打击力度有所加强。我国香港地区在执法层面对用户账号、游戏装备等虚拟财产的保护，强化了对其财产价值的认同，为此类财产的继承在一定意义上积累了实践经验。根据我国香港地区《电讯条例》第27A条的规定，任何人以电讯手段，在未获授权的情况下，致使计算机中的任何程序或数据被取用的行为，即属犯罪，一经定罪，可处第四级罚款。

(二) 德国处理数字遗产的方式

《德国民法典》第1922条规定，只要债权合法、具有财产属性、不属于人身专属性债权，即可继承。第2373条规定，家庭文书和家庭肖像在遗产买卖中不可被一并卖出。第2047条第2款规定，与被继承人个人、家庭或全部遗产有关的文书，由继承人共同所有，不可分割。根据德国继承法有关规定，家庭文书和家庭肖像也可以作为可继承的遗产，并可通过扩大解释将更多的数字遗产纳入这两大分类之中。

德国对数字遗产的管理模式与普通财产区别不大，并且，德国理论界有观点认为《德国民法典》第1922条"继承开始后，被继承人的财产整体转移给一个或多个继承人"概括继承的规定是数字遗产继承的基础。

此外，在德国，保护通信秘密是阻断网络合同权利义务概括继承的重要因素。《德国联邦基本法》第10条规定，书信秘密、邮件与电讯之秘密不可侵犯。《德国电信法》第88条规定，网络平台不得向任何第三方提供账户信息。但是德国联邦法院把《德国电信法》中的"第三方"解释为不包含继承人，从而向继承人提供账户信息并不等于一般意义上的侵犯通信秘密，譬如"数字遗产继承第一案"即作出了社交账号可继承的判决。

甚至有德国学者提出，继承权作为一项由宪法赋予的具备高度人身性的权利，法院甚至无权有选择性地同意或拒绝继承人获得被继承人的账号链接。[1]

（三）美国对数字遗产问题的处理

美国各州关于数字遗产的立法活动相对世界其他国家或地区而言较为频繁且完善，早在2014年便有9个州对相关问题进行了立法。各类文件的出台与修订，反映的是其在实现隐私权保护、维护平台利益以及正面回应数字遗产继承问题、发挥遗产管理人作用等利益主体之间的博弈与平衡，故在分析美国数字遗产继承立法活动的同时，也离不开对隐私保护立法的探讨。

1. 美国联邦的立法情况

美国统一州法委员会于2014年发布《统一受托人访问数据资产法》（UFADAA）。UFADAA的立法目的在于突破受托人访问他人数字账户时所面临的隐私保护法障碍，如在第4条至第8条规定了被继承人的受托人（个人代表即遗产管理人、代理人、监护人）对其信息的访问权限范围；第7条规定了用户协议中的"不可继承性"的约定违反公共政策。第8条b款（优先权条款）规定，默认被受托人访问被继承人的账户已经获得其合法同意，即只有在账户持有人于生前在服务协议的相关条款中明确表示不允许或限制受托人访问的情境下，才视为受托人无权访问数字账户亦无权管理其内的数字遗产。

UFADAA因受托人权限过大而遭受诟病，故美国相关部门对此进行了修订。修订的意义还在于解决各州立法中"允许遗产管理人对数字遗产进行管理"和联邦立法中入侵计算机犯罪之间的法律矛盾，受托人是授权用户，其进入逝者用户账户可不被定性为非法入侵计算机。

2015年美国统一州法委员会发布了《修正统一受托人访问数据资产法》（RUFADAA）。RUFADAA将逝者数字资产区分为数字通信类和非数字通信类，并设置了不同的访问权限及要求。数字通讯类资产的访问必须获得死者生前的明确授权同意，否则任何人（包括遗嘱执行人在内的受托人）均无权访问。此处的授权同意可以通过遗嘱、信托、授权书或者在线工具的方式作出。

RUFADAA第4条设计了"三层优先访问体系"。该条（a）款规定，用户可以使用或者删除指示，使用在线工具作出的披露指示在效力上优先于用户在遗嘱、信托、授权委托书等中作出的指示；（b）款规定，用户如果未使

---

[1] [德] 马蒂亚斯·施默克尔：《德国继承法》（第5版），吴逸越译，中国人民大学出版社2020年版，第18页。

用（a）款中的在线工具作出指示，也可以通过遗嘱、信托、授权委托书或者其他记录，许可或者禁止服务提供商将部分或者全部的用户数字资产披露给受托人；（c）款规定，用户根据（a）款或者（b）款作出的指示具有优先于服务协议中相关条款的效力。也即如果死者在生前就已经利用在线工具作出了有关是否同意他人访问其账户内数字资产的指示，则该指示的效力大于死者所订立的线下遗嘱的效力。反之，如果死者没有通过在线工具作出指示，则按照遗嘱中所述的方式处理。如果既没有在在线工具上作出指示也没有遗嘱，则按照死者生前与服务提供商签署的服务协议中的条款来处理其数字资产。[1]并且，RUFADAA 第 6 条还规定了平台作为用户账号的数字遗产管理人有权适当收费。

此外，美国联邦贸易委员会（FTC）曾在官方网站上发表声明表示，将积极采取法律措施来确保各公司履行其对消费者个人信息保护的承诺，并积极对违背上述承诺向数字资产持有人之外的其他人提供用户个人信息的网络服务提供者提起诉讼。FTC 的行为与《美国电子通信隐私法》的第二编《储存通讯法案》相配合，强化了美国网络服务提供者对用户隐私政策的落地。《储存通讯法案》规定，电子通信服务提供商不得故意向任何个人或团体披露用户在其服务器上存储的电子通信内容，公共远程计算服务提供商也如是。

2. 美国各州的相关立法活动

美国各州关于数字遗产继承的立法多聚焦于遗产管理人的权限范围，且各州立法活动具有较为显著的差异性。

表 4-1 美国各州关于数字遗产继承的立法

州	主要内容
俄克拉荷马州	俄克拉荷马州早在 2010 年 11 月生效实施的一项法律就将虚拟财产纳入了遗嘱执行范围。此外，在 2013 年的立法中规定，除另有约定外，财产管理人或者执行人有权控制、管理、继续或终止死者在任何社交网站、微博、短消息服务网站、电子邮件服务网站上的账户。[2]

---

[1] Walker J., "Return of the Ufadaa, How Texas and the Other States' Adoption of the RUFADAA Can Change the Internet", *Estate planning Community Property Law Journal*, (8) 2016, pp. 377-598.

[2] OKLA. STAT. ANN. Tit. 58, §269 (2013).

续表

州	主要内容
特拉华州	特拉华州众议院于2014年通过了采纳UFADAA的决议，规定虚拟财产可以继承，继承人或遗嘱执行人可在被继承人丧失行为能力或死亡后接管其数字账户或虚拟财产。但特拉华州对UFADAA的采纳不包含该文件中的第8条b款（优先权条款）。
爱达荷州	财产管理人/保护人有权控制管理逝者在任何社交网络、短消息服务网站、电子邮件服务网站上的数字账户。[1]
印第安纳州	任何网络服务提供者均有义务对死亡时居住在印第安纳州的自然人的遗产个人代表提供访问和复制死者任何文件和信息的支持。[2]
内华达州	个人代表有权关闭死者数字账号。[3]
弗吉尼亚州	成年继承人有权继承未成年被继承人所签订的网络服务协议内容中涉及的权利。[4] 《死后隐私期待与选择法》要求死者遗产执行人和死者遗产管理人证明其具有"善意"，也即其对账户记录的访问是管理死者遗产所必需的。允许遗嘱执行人有限访问逝者离世前18个月内的电子记录（不包括电子通信内容），超出此范围的访问需要获得法院的批准。禁止使用死者账户发送电子邮件或者发布内容。
康涅狄格州 罗得岛州	康涅狄格州和罗得岛州分别于2005年和2007年出台规定，肯定了数字遗产的可继承性，明确了电子邮件的服务提供者在收到死者的遗产管理人或执行人发出的请求时，应将逝者账户内的邮件内容提供给其遗产管理人或执行人。[5]

俄克拉荷马州是美国第一个对数字遗产相关问题进行立法的州。Ryan Kiesel作为俄克拉荷马州数字遗产继承立法活动的倡导者，他提出，在自然人死亡后，有指定人访问其账户的意义在于有助于完成没有完成的交易，执行被继承人在遗嘱中提及的事项，帮助该自然人关闭数字账户，这在一定意义

---

[1] IDAHO CODE ANN. §15-5-424（2013）.
[2] IND. CODE §29-1-13-1.1（2013）.
[3] See NEV. REV. STAT. §143.510（2013）; S.B. 131, 2013 Leg., 77th Sess.（Nev. 2013）.
[4] DEL. CODE ANN. §5002（2014）.
[5] CONN. GEN. STAT. §45a-334a（2013）; R.I. GEN. LAWS §33-27-2（2013）.

上也有助于进一步实现公民对个人数据信息的控制。[1]而印第安纳州对遗产管理人可访问范围的授权最广，爱达荷州、康涅狄格州等其他州在立法上仅允许遗产管理人访问被继承人部分数字账号，在内华达州，遗产管理人甚至仅有权关闭被继承人的账号。

纵观上述不同国家及地区的做法，韩国侧重于从刑法角度对游戏装备和游戏账号加以保护，韩国的立法还聚焦于对虚拟代币的处理进行规范，在虚拟财产价值评估方面作出了诸多有益尝试。虽然这些国家或地区的立法并未直接指向数字遗产继承，但于司法实践而言，可更好地运用体系解释来处理此类数字遗产的继承问题，也为后续可能发生的数字遗产立法活动提供了立法经验。对于虚拟财产继承的问题，不少学者认为应当承认虚拟财产的财产属性，可以适用民法中对于财产继承的规定。例如，美国及各州在数字遗产继承方面的立法活动走在世界前沿，立法不仅列举了若干类虚拟财产为可继承的遗产，将其纳入遗嘱的执行范围，还简要列举了数字遗产继承的程序，促进遗产管理人作用的发挥，也尽可能通过立法来平衡继承权和隐私权之间的权利行使界限。

但即便如此，美国立法依旧存在诸多不完善之处。例如，在 UFADAA 构建的"'在线工具的披露指示'优先于'遗嘱、信托、授权委托书或者其他记录'，'遗嘱、信托、授权委托书或者其他记录'优先于'用户协议'"之三层访问优先体系中，被继承人数字账户中他人的隐私信息和被继承人本人的数据信息并没有得到区分，受托人对被继承人数字账户的访问可能存在侵害他人隐私权的风险。此外，美国网络平台的用户协议中往往存在"法律选择条款"（choice-of-law clause），也即不论用户住所地为哪个州，但网络服务提供者在该条款项下约定应遵循其他某州的法律规则，则该用户的数字遗产将按照该州的有关规则进行处理，这在一定程度上为数字遗产继承规则的立法完善带来了阻碍。

当前，对数字遗产予以专门法律保护的国家依旧较少，而关于数字遗产的管理模式，各法域立法模式体现为针对具体一类数字遗产展开立法，而鲜有类似于德国直接在民法典中进行较为抽象、总括式地对数字遗产继承予以规范。此外，《德国数据保护法》对网络虚拟财产的其他问题也进行了规制。

---

〔1〕 赵自轩："美国的数字资产继承立法：争议与启示"，载《政治与法律》2018 年第 7 期。

德国法院基本上也秉持承认虚拟财产可以继承的立场,例如在"德国数字遗产第一案"中,被继承人在事故中丧生,为了解事故信息,她的父母申请查看其 Facebook 的内容却遭到拒绝,不过最终德国地方法院支持了该父母的诉求。在具体操作层面,德国有法院认为,继承人必须与服务商签订合同才能根据遗嘱人的遗嘱来继承遗嘱人的账户信息,后文将对此案进行详细的介绍分析。

二、行业实践中的数字遗产处理

(一)我国网络服务提供者的处理方式

事实上,多数网络服务平台并未规定用户死亡后的账号及账号内信息的处理方式,对于逝者账号的处理,一些社交平台或短视频平台尝试推出纪念账户功能,经营中介平台或数字支付平台则通常表现为明确财产继承或转让所需完成的程序和申请人需提交的证明文件。

1. 社交类平台

根据社交类平台用户协议的内容可知,社交类平台主要向用户提供发布、分享、交流、通信等在线服务,用户注册账户后会在平台内上传发布自己的个人信息、生活轨迹和创作的作品,并与其他用户进行社交互动。因此,社交平台账号的个人隐私性较强。社交类平台主要可能涉及的虚拟财产法律问题包括:账号的所有权、使用权的归属和转移,账号内虚拟资产的处分,闲置账号的处分。

由于社交账号具有个人隐私性,各互联网平台均在协议中排除了非初始注册人对账户的使用和所有权主张的可能,而账户内的虚拟资产和其他财产性内容又与账号本身是绑定的,如账号的被关注度和账号下持有的虚拟货币等,在账号继承本身被阻断的情况下,此类数字资产亦无法继承。当互联网用户死亡后,账号处于闲置状态下,根据平台协议的约定,互联网平台有权在一定情况下对该账号进行回收、销毁等处理使得相关数字资产永久灭失。

2. 网盘存储服务提供平台

根据对网盘类平台的用户使用协议的内容可知,网盘平台主要从事向用户提供数据存储、同步、管理和分享等在线服务,用户在注册账户后通常会将大量的个人信息上传到平台企业提供的存储空间中,其中数据种类复杂多样,大量信息与用户个人隐私具有密切联系,诸如用户的通信记录、个人相册、邮件等，此外也包括具有财产性的信息，如商业秘密、商业信息、科研资料或其他具有知识产权性质的文档、音视频资料等，网盘服务包括免费和付费两种方式，以付费的有期限和容量限制的服务方式为主。

网盘主要有可能涉及的虚拟财产法律问题包括：网盘账号的所有权归属、服务超期或超容量后用户数据资料的处分。行业通常做法为在协议中明确约定，"网盘账号的所有权归属于平台所有，用户仅具有使用权，非初始申请注册人不得通过受赠、继承、承租、受让或者其他任何方式使用该网盘账号"。在账号管理条款中普遍约定，"云盘公司有权不经通知或通知后一定期限删除用户保存的超期未续费、扩容或不符合相关规则的文件、内容等"。

在用户协议中，平台普遍通过排除非初始注册人对账号的使用的方式，阻断账号的继承。用户向其继承人转移账号内数据资料的方式仅为在生前通过自行数据转移的方式，若其生前未进行及时转移，则其继承人或相关权利人只有在掌握账号密码的情况下自行登录进行转移，但根据网盘平台使用协议中的数据清理条款，有可能在被继承人死亡或实质上丧失行为能力时，账户有可能因为没有得到及时管理而导致账号及数据被平台进行删除注销的处理，造成用户及其继承人不可挽回的损失。

3. 网络音乐服务提供平台

根据互联网音乐平台的用户协议可知，互联网音乐平台向用户提供获取在线音乐、音视频等内容，以及创建歌单、发表评论、社区交流及购买专辑等服务。该类平台的用户主体分为普通用户和音乐人用户两类。其中普通用户可以免费使用或通过付费欣赏更多数量的音乐作品以及购买个别音乐作品的永久收听权。音乐人用户可以通过创作、上传作品获得知名度，或者通过知识产权交易获得收益。在互联网音乐平台服务中，普通用户群体的账号由于可付费内容并不多，或者付费内容价值不高，所以并未产生对其账号继承的需求，并且由于账号被协议限定为所有权属于平台所有，用户仅享有使用权，对于该类账号主张继承所产生的成本和收益相比效率过低，在实践中也几乎没有相关的争议。在音乐人账号方面，由于音乐人上传原创作品会通过一定的点击下载量就能持续地产生收益，因此在音乐人过世后，相应的收益以及去世作者的作品管理应当交付其继承人。

总结来看，行业内对于逝者用户账号的通行处理方式是：用户家属可继承账号财产权益，不可继承账号使用权，且大多数平台选择在用户服务协议中保留平台对账号的处分权（通过"非经平台同意不能转让"等条款约定）。行业内对于账号的所有权，除账号本身属于绑定在其他平台如腾讯微信、阿里支付宝、百度账号等约定账号所有权属于平台外，通常在协议中并没有明确约定。对于虚拟财产则区分情况对待，如支付宝明确账号不能继承，余额、理财产品等财产权益可依法继承；微信规定账号所有权归平台，但账号中的财产权利，则属于可继承的"合法财产"范围。其他虚拟财产，如优惠券、会员资格、消费积分等均未作出明确约定，或约定仅限注册用户在平台内依据规则使用。

（二）其他国家及地区网络服务提供者的逝者账户处理

在逝者纪念账号或悼念账号设置方面，其他国家及地区网络服务提供者制定的相关规则相较国内而言给予逝者更大的选择权，为用户提供更加便捷、明确的死亡后信息披露的同意之意思表示的表达途径。

1. 谷歌公司的数据保存服务

早在 2013 年，谷歌公司就推出"闲置账户管理员"（Inactive Account Manager）服务，被戏称为"Google Death"。主要功能为，用户可自行设定一段非活跃时限（3 个月到 12 个月），倘若期限已过用户仍未使用谷歌公司的任何服务，谷歌公司将先通过邮件与用户进行确认，若用户在一个月内没有答复，则用户的账号会进入停用流程。此时，谷歌公司将向用户预先选定的十位亲朋好友发送用户的谷歌账户数据包，包括 Gmail 邮件信息、博客文章、Google+数据（当时尚未关闭）以及 YouTube 账号信息等。若用户未曾指定谷歌账户数据包接收人，谷歌公司会预先向用户提供的备用邮件地址或电话号码发送警示信息，如果一定期限内未收到回复，则将会删除用户谷歌账户中的所有数据。

自 2021 年 6 月 1 日开始，谷歌公司实施删除账号数据的新政策。谷歌的云服务（包含照片、云盘或 Gmail）账号若闲置太久，将被清除其数据并删除账户，符合被清除的条件如下：（1）如果账户两年未登录使用；（2）如果超出存储限制两年；（3）从 2021 年 6 月 1 日开始实施并开始计算闲置时间。保持账户有效的方式为：在网络或移动设备上登录谷歌账户后，只需访问 Gmail、谷歌云端硬盘或谷歌相册即可，可以不需要在服务中做任何事情。

2. 脸书公司的悼念账户

脸书公司同样为用户提供了保留或删除两种选项。早在2009年，脸书公司便推出纪念账号功能，若用户没有选择删除账户，脸书公司则会在收到用户死亡信息后自动将账户转为悼念账户，悼念账户的特征为：已故用户个人主页的姓名旁边将显示缅怀追思；好友可在悼念账户的时间线上分享回忆，具体方式取决于已故用户脸书账户的隐私设置；已故用户分享的内容（如照片、帖子）仍保留在脸书平台上，而分享对象在脸书平台上仍会看到这些内容；悼念个人主页不会显示在公共区域，如"可能认识"推荐列表、广告或生日提醒。当账号变为悼念账户后，任何人都无法再登录，且未指定委托联系人的悼念账户无法更改。如果公共主页唯一管理员的账户变成悼念社交账号，则脸书将会在收到有效悼念请求后从脸书移除该公共主页。

此外，就悼念账号的处理而言，脸书公司规定，年满18岁的用户可选择一个委托联系人作为遗产代理人（Legacy Contact）在自己过世后代为打理悼念账号，或在账号悼念设置中选择永久删除相关账户。就委托联系人的权利而言：委托联系人可以在用户的个人主页上发布置顶帖子，如以逝者用户本人的名义分享最后的消息或提供关于追悼会的信息；更新用户的头像和封面照片；申请删除用户的账户；在用户开启相关功能的前提下，下载用户在脸书平台上分享过的内容的副本。但是，委托联系人不可以登录账户，不能在用户未开启相关功能的前提下，查阅或下载用户的消息，不能删除用户的任何好友或发出加好友请求。

除上述规则外，脸书平台规则未明确提及或采取相关数据的"所有权"抑或"继承"等措辞。

脸书公司收购Instagram后，这两类社交账号对逝者账号的处理方式存在相似之处。当Instagram官方收到用户的死亡通知后，直接将该逝者账号变更为纪念账号，不再允许其他任何人对该逝者账号进行变更、修改，同理也并不提供数字遗产联系人服务。

3. 苹果公司的数字遗产计划

早前苹果公司对用户数字遗产的处理方案较为强硬，苹果iCloud用户协议中明确约定用户不得转让账户，不能将账户信息透露给任何人，在没有法律特别规定的情况下，一旦用户死亡，苹果公司将自动终止服务并删除账户内所有内容。

2021年6月，苹果公司上线"数字遗产"（Digital Legacy）计划。苹果用户亦可通过添加遗产联系人的方式，让信任的人能够在用户去世后访问储存在用户 Apple 账户中的数据，包括照片、信息、备忘录、文件、联系人、日历日程。根据苹果公司官方网站中公布的相关规则，在某位用户不幸去世后，苹果公司会向其亲人提供选项，以请求访问或删除其 Apple ID 以及储存在账户中的数据。此外，相关规则并未明确提及并采取相关数据的"所有权"抑或"继承"等措辞。具体来说：

遗产联系人可以访问的数据包括 iCloud 照片、备忘录、邮件、通讯录、日历、提醒事项、iCloud 云端"信息"、通话历史记录、储存在 iCloud 云盘中的文件、健康数据、语音备忘录、Safari 浏览器书签和阅读列表以及 iCloud 云备份，其中可能包括从 App Store 下载的 App、储存在设备上的照片和视频、备份在 iCloud 中的设备设置和其他内容。

苹果公司同时规定，即便是作为遗产联系人仍然无法访问以下数据：（1）受许可证保护的媒体，如账户持有人购买的影片、音乐和图书；（2）App 内购买，如升级、订阅、游戏币或在 App 内购买的其他内容；（3）付款信息，如 Apple ID 付款信息或为与 Apple Pay 搭配使用而存储的卡片；（4）账户持有人储存在钥匙串中的信息，如 Safari 浏览器用户名和密码、互联网账户（用于"邮件""通讯录""日历""信息"）、信用卡号和到期日期以及无线局域网密码。

此外，根据相关规则，相关主体可凭法院判令或其他法律文件向苹果公司申请访问权限，相关法院判令中需将该主体指定为过世者个人信息的合法继承人。在某些司法管辖区，如法国、德国、日本、澳大利亚和新西兰，可接受其他文件和程序来替代法院判令。在适用的地区，法院判令需要指明：已故者的姓名和 Apple ID，请求访问已故者账户的直系亲属的姓名，已故者是与相应 Apple ID 关联的所有账户的用户，请求人是已故者的合法个人代表、代理人或继承人，他们的授权能够构成"合法同意"。

法院判令应发送至相关苹果公司实体，而苹果公司将依照法院判令来协助提供已故者账户中的已故者信息。

4. 推特公司的逝者账号处理方式

2019年推特公司曾推出不活跃账号清除计划，包括不再更新的逝者账号。遭到强烈反对后，推特公司变更了逝者账号的处理方式，也即推特用户死亡后,死者亲属或死者的遗产管理人可以在推特特定界面提出关闭账号的申请,提供死亡证明,经相关工作人员审核后将关闭该逝者用户的推特账号,但是,推特公司也有可能以公共利益为由拒绝死者亲属或遗产管理人的申请。除此之外,推特公司也可以根据用户生前意愿提供账号删除或保留服务。在一些特定情况下,经申请,推特公司还可删除逝者用户在推特上留存的图像。

5. 微软公司"近亲流程"服务

微软公司推出了"近亲流程"服务,如果用户的近亲属能够提供资料证明其与过世用户之间存在亲属关系,微软公司将把过世用户生前所有邮箱保存在一张 DVD 中发给申请人,内容包括过世用户所有的邮件往来,以及其包含的邮件附件、地址簿、Messenger 好友清单等。

6. 俄罗斯社交网站"永久删除账户"

对于过世用户的 vkontakte 账号处理,俄罗斯社交网站长久以来仅提供"永久删除账户"这一选项。死者亲属可通过登录自己的账号,在相关界面提交死者资料和官方死亡证明扫描图片,经过工作人员审核后,被申请的账号和网络数字档案将被永久删除关闭,即注销。但俄罗斯社交网站近年来也在尝试提供数字遗产保存服务,即便过世用户的亲属不知道其账号密码,根据申请,俄罗斯社交网站可将过世用户的社交页面设置成仅限好友访问,为过世用户的亲朋好友提供可寄托哀思的途径和平台。

(三)数字遗产保存第三方机构

数字遗产的处理模式与数字遗产所处的保存系统,以及系统的运营者或管理者身份密切相关。数字遗产保存系统是指能实现在世用户和过世用户数据交互的一套程序设计,在现如今产业实践中,数字遗产保存系统可分为非独立式和独立式两类。[1]

非独立式数字遗产保存系统的运营者或管理者并非以保存数字遗产为主要的商业模式,逝者账号及账号内信息的储存、转移或销毁仅为一种内嵌功能,如上文所提及的微博逝者账号功能、快手悼念账号功能、谷歌公司闲置账户管理员功能、脸书公司和苹果公司遗产联系人功能等,本质上是由平台来打理用户遗留的数字遗产。

---

[1] 崔旭、张若为、康璨琛:"国内外个人数字遗产保存研究综述",载《档案学研究》2022 年第 6 期。

对于独立式数字遗产保存系统，此类系统实质上为专门的数字遗产管理平台，如 Legacy Locker、Digital Dust 等网络平台可订制数字遗产管理方案，并在用户去世后将数字遗产发送给指定继承人；The Digital Beyond、My Wonderful Life 等网络平台可以为用户提供举办赛博葬礼和数字遗产处理说明的服务；Estate Assis 则提供万物清单服务，用户可将线上线下所有的账户、电子文件等集中储存在云端，从而形成全面的个人资产目录，当指定联系人上传相关文件证明用户过世后，这些资产将全部发送给指定联系人。

这两类数字遗产保存系统的区别为，对于数字遗产的处理，非独立式保存系统采取的多为网络服务提供者协议控制模式，而独立式保存系统则为第三方托管模式。但第三方托管模式的开展本质上也需要第三方网络服务提供者的介入，还需要数字遗产原储存平台的协助，其对于数字遗产的处理，也不可避免的受到网络服务协议的制约。此外，因独立式数字遗产保存系统以数字遗产管理为主营业务，现阶段相关用户需求较少，且从网络平台的发展周期来看，多数独立式数字遗产保存系统的网络服务提供者仍处于初期以免费服务吸引用户驻进阶段，数字遗产处理服务难以产生盈利，但又因用户流量有限，在广告、会员等其他渠道上收入极为有限。此类系统的运营平台在规模、盈利能力等方面难以与谷歌、苹果等提供非独立式数字遗产保存服务的公司相提并论，其信用水平存疑，随时面临倒闭风险，很有可能在用户过世之前，平台便因难以持续运营而导致数字遗产灭失。

目前，数字遗产第三方托管机构有很多。Entrusted 是一种免费服务，允许账户持有者在其死亡后将数字资产交给最多十个继承者和一位负责履行死者数字遗愿的执行者。数字资产包括社交网络、金融账户、博客、电邮和其他互联网财产或文件。Legacy Locker 是这个领域的创始者之一，也是一个可以将包括电邮、社交媒体和博客账户在内的数字资产传递给信任方的服务网站。My Webwill 能保证信任方在当事人死后修改和调走当事人的在线账户，包括推特、脸书、Flickr、Tumblr、YouTube 等。在收到当事人的死亡通知后，网站将执行死者的遗愿。Futuris.tk 是一个社交网络，它的在线消息服务可以让任何人安排未来长达 50 年的消息。开通免费的死亡后功能后，可以在当事人死亡后安排消息发送。Deathswitch 的用户可创建 30 封带有附件的电子邮件，内容可以包括账户密码或其他各种信息，且 Deathswitch 不会读取这些邮件内的信息，在邮件被发出前，邮件内容仅用户本人有权查看。Deathswitch

会定期提醒账户持有人提供预留密码来验证他们仍在人世。如果用户长时间、多次未按照提示输入密码登录网站，Deathswitch 便会据此推测此用户是否死亡或严重受伤，经过一定期限后将用户事先创建的电子邮件发送到用户设置的指定地址，这些用户数据的继承人也可据此获悉用户的账户密码等信息。My Farewell Note 网站致力于为逝者提供告别服务，用户可在该网站上提前留下文字、音频等内容，当用户去世后，平台将在特定时间内发送给用户指定的联系人地址。

此外，因 NFT 和虚拟货币等建立在区块链上的虚拟代币具有去中心化的特点，在全球法域范围内，虚拟代币当前均缺乏统一的能够继承以及继承方式的相关规定。在目前的行业实践中，部分用户使用第三方机构（如 Safe Haven、Casa 等公司）的服务为自己的虚拟代币指定继承人。

以 Safe Haven 旗下的 Inheriti 为例，用户在选择继承人后，需要定期登录网站或者点击电子邮件链接，否则系统将判定用户去世，会将密钥发放给继承人。

值得一提的是，在德国、美国等承认虚拟财产的可继承性的国家，数字遗嘱服务、密码寄存服务、数字委托服务较为常见。网络用户可以通过数字委托服务平台签署并公证"数字委托书"，通过"数字委托书"指定"数字代理人"，明确自己的数字遗产内容以及死后处理方式。根据"数字委托书"，"数字代理人"在委托人死后管理委托人的数字遗产。有观点指出，目前许多在线数字遗产服务提供商存在严重的安全、隐私和业务连续性方面的问题。数字遗产所面临的问题十分复杂，还需要将立法行动和改进在线服务协议结合起来解决数字遗产难题。[1]

第三节 中外司法涉及数字遗产的实务案例

目前，国内外均有数起涉及数字遗产继承的司法案例或公证案例，随着人口老龄化趋势，数字遗产方面的法律纠纷不断涌现，而法院大多面临无法可依、同案不同判的现实困境。对于数字遗产如何继承的问题，司法实践也在一定程度上体现出类型化审判思路。本节将通过对国内外数字遗产案例进

---

[1] Hopkins, J. P., "Afterlife in the cloud: Managing a digital estate", *Hastings Sci. & Tech. LJ*, Vol. 5, 2013, p. 209.

行梳理，归纳总结现有司法实践对不同类型数字遗产的一般处理方式。

一、我国数字遗产案例归纳

（一）数字遗产纠纷司法案例

近年来，国内司法审判中，涉及虚拟财产处置的案件逐渐增多，但涉及数字遗产继承的案例相对较少。事实上，如何处理数字遗产与法院如何对待虚拟财产保护密切相关。网络店铺作为一种数字遗产，在继承时，和退伙、离婚后夫妻共同财产分割等其他情境存在相似之处。网络用户账号与手机号码、网络用户在特定积分上的积分与线下服务的会员身份和会员权利也具有一定程度的相似性。

对于网络店铺，已有司法判决以及电子商务平台的行业实践均认可其可继承性，并且，在具体个案中，网店的归属和网店经营利润的归属应有所区分。[1]

司法实践中存在对手机号码的继承纠纷。一般来说，法院认为，手机号属于虚拟财产，其使用权在有关部门未禁止继承人使用的情况下，可依法继承。在一起案件中，原告朱某请求继承父亲的手机号码，要求被告中国移动通信集团河南有限公司信阳分公司办理过户业务。法院认为，手机号码的所有权归属于国家，对于通信工具号码属于广义的虚拟财产，电话号码随着被继承人的使用逐渐具有特定的人身属性，产生一定的关联利益，手机号码的使用权因此具有财产权益，其本质是一种用益物权。手机号码使用权可以作为自然人的个人合法财产得以继承。[2]当手机号码初始注册主体去世之后，存在多个继承人时，可对因稀缺性号码之上所具有的经济价值进行估价后分割。若多个继承人不申请价值评估，也未就价值达成一致意见，则法院难以处理。

经案例检索，目前尚未发现有要求继承微信账号的纠纷。不过，司法实践中出现过死者前妻所生子女与死者再婚妻子之间就继承权问题产生的纠纷中，要求死者再婚妻子注销死者手机号码和微信账号的诉讼请求，法院认为

---

〔1〕 上海市第一中级人民法院（2017）沪01民终4633号民事判决书。
〔2〕 河南省信阳市平桥区人民法院（2021）豫1503民初7923号民事判决书。类案包括：安徽省明光市人民法院（2021）皖1182民初54号民事判决书；黑龙江省哈尔滨市中级人民法院（2019）黑01民终2491号民事裁定书；山东省新泰市人民法院（2022）鲁0982民初321号民事判决书。

这不属于法院的审理范围，由案件当事人自行协商处理。[1]QQ 账号、社交媒体账号等由于涉及个人隐私，在实践中，存在死者亲属要求网络服务提供者提供账号密码的纠纷。2011 年被继承人死于车祸，其 QQ 邮箱中保存了其与妻子大量有纪念价值的信件、照片，其妻子作为继承人，主张腾讯公司提供 QQ 邮箱密码。法院认为，本案对数字遗产的处理依据用户与网络服务提供者所签订的协议处理。根据用户协议，腾讯公司拥有账户所有权，而被继承人仅享有使用权，故继承人无权主张。[2]

网络用户在支付宝、微信支付平台等留存的金额，是一种和现金、银行存款相类似的财产，直接根据继承相关法律予以处理。在一起案件中，继承人以被继承人的微信号是由自己手机号注册为由，主张该微信号以及其中财产不应当属于遗产范围。法院认为，微信号虽然是用继承人的手机号注册，但从该微信号的聊天记录、留言内容、照片等使用情况及微信号绑定的银行卡号及一系列的交易记录情况来看，其实际使用者为被继承人，故而该微信账号余额应当视为遗产。在其他诸多继承纠纷案件中，支付宝余额同理。[3]

对于网络会员资格的继承，目前尚未检索到案例。线下俱乐部会员资格与网络服务平台会员资格存在一定差异，严格来说线下俱乐部会员资格并非一种虚拟财产概念，但其依托于会员账号而存在，对数字遗产继承有一定参考价值。在一起案件中，继承人主张继承被继承人在某保健食品工业有限公司的会员资格及会员的权利。法院认为，会员系一种人身权利，并非财产权利，故不予处理。[4]在另一起案件中，被继承人为被告公司会员（该会籍在 2001 年价值 400 000 元），原告继承人要求被告协助办理会员资格的继承手续。其中，会员卡无年限限制，被告公司会章中提及"会员本人死亡会使其丧失会员资格"。法院以中国人民银行和国家工商行政管理局 1998 年《会员卡管理试行办法》第 2 条为依据，"本办法所称会员卡是指发行人和其会员之间以契约形式确定的会员消费权利的直接消费凭证。会员卡不能分红派息，不能还本付息；可以依法转让、质押和继承"。本案中，会员卡集会员资格和

---

[1] 广东省广州市中级人民法院（2022）粤 01 民终 2683 号民事判决书。
[2] 郝绍彬、刘德宝："QQ 账号不可作为遗产继承"，载《人民法院报》2016 年 5 月 4 日，第 7 版。
[3] 湖南省娄底市中级人民法院（2021）湘 13 民终 1880 号民事判决书。类案：上海市杨浦区人民法院（2019）沪 0110 民初 7738 号民事判决书。
[4] 北京市第二中级人民法院（2019）京 02 民终 11432 号民事判决书。

财产属性于一体，会员资格与会员本人紧密联系，具有身份权特征，在被继承人死亡时，其会员资格应自动丧失；会员卡的财产属性因其具有金钱价值，体现了财产权利的特征，不随会员生命的结束而消灭，故该卡所体现的财产属性原告可以转让、继承。本案原告主张继承会员资格，法院不予认可。[1] 会员权利被视为合同债权。该会员权利由被告通过合同获得，其中由被继承人所享有的份额（被继承人在合同标的中所支出比例），在继承发生后被告仅需折价给付其他继承人。[2]

在网络游戏领域，"屠龙刀"案被认为是网络游戏领域涉及遗产继承的第一案。陆某去世前有人主张以5万元的价格购买其游戏装备"屠龙刀"，陆某妻子李某在陆某死亡后决定变卖装备时，陆某在游戏中的妻子杨某主张其应享有相应权利。法院认为，陆某与杨某因在游戏中共同付出一定劳动以及支付充值费用而共同享有该装备，根据我国物权法的相关规定，陆某和杨某在"屠龙刀"的所有权上是一种共有关系，由于对共有份额没有进行约定，因此可以推定为共同共有。杨某享有"屠龙刀"50%的份额，另外50%的份额由陆某法律上的妻子李某继承。[3]

（二）数字遗产公证案例

除涉及数字遗产处理的司法审判案例外，近年来，数字遗产相关继承公证案例也逐渐涌现。

1. 2017年山西省太原市城北公证处"游戏账号继承公证案例"[4]

左某在女儿不幸去世后得知女儿在网易游戏"梦幻西游"中累计投入近5万元，用以购买游戏装备和皮肤。左某想将该账号收回继续使用，但并不知晓女儿的账号密码，于是通过继承公证以及在网易法律部的协助下找回了女儿的游戏账号。

根据网易公司的《最终用户许可协议》，游戏账号不得转让、购买、出售、赠与或交易，在本案中，左某继承的只是女儿账号的使用权，达到寄托哀思和合法合规处置游戏装备的目的，账户所有权仍归公司，也即该账号及

---

[1] 广东省深圳市福田区人民法院（2007）深福法民一初字第1285号民事判决书。
[2] 天津市第二中级人民法院（2021）津02民终622号民事判决书。
[3] 秦鹏博："微博账号能否继承、遭遇网暴怎么办？《底线》中的冷门法律知识"，载北京海淀法院微信公众号，https://mp.weixin.qq.com/s/fas2UO4GW0bf2JjrJF4x0hg，最后访问时间：2023年2月1日。
[4] 张小强、王婧祎："社交媒体用户数字遗产处置的法律问题"，载《青年记者》2019年第31期。

账号里的数字财产所有权仍为网易公司所有,且不允许账号转让、买卖。

2.2018 年湖北省某市某公证处"支付宝余额继承公证案例"[1]

汪某某、甘某某为夫妻关系,其子汪某因病去世,汪某生前支付宝尚有余额,但二人并不知晓被继承人的支付宝账户密码,亦不知晓余额数目。支付宝平台工作人告知,用户过世后,继承人需要请公证机构开具查询函,再上传到支付宝提供的网络平台,支付宝平台审核后会向申请人发送电子邮件告知其查询的支付宝余额,然后再办理继承公证手续,扫描上传公证书后,经审核再完成余额汇款。公证处公证员先通过全国公证遗嘱备案查询平台查询,汪某生前是否有遗嘱,并审核是否存在其他继承人。

支付宝余额虽储存于被继承人的支付宝账户中,但其性质属于可继承的动产,继承人若需要跨越"账号—密码"链接,还需要具有公信力背书的公证机构提供相应证明。

3.2018 年江苏宿迁泗洪县公证处"手机号继承公证案例"[2]

徐某在丈夫去世后一直沿用丈夫的手机号码,此号不仅存有大量共同联系人的联系方式,也用于日常生活缴费,徐某希望用自己的名字继续使用丈夫生前的手机号码,电信部门告知须有公证机关的法律文书,否则不能更改。

依据《电信号码管理办法》《入网服务协议》等规定,手机号码使用者享有对手机号码的使用权。另据我国《民法典》相关规定,手机号码的使用权可以作为机主的动产,既然是个人财产,手机号码使用权理应可以继承。公证处经调查与核实后,为徐某办理了其丈夫手机号码使用权继承声明公证,徐某携公证书在电信部门成功将丈夫手机号码过户到自己名下继承使用。

4.2021 年浙江省景宁畲族自治县公证处"徐某继承公证案例"[3]

徐某以其身份信息注册登记淘宝店铺,但该淘宝网店的实际经营人为其儿子徐某某。徐某于 2020 年因突发疾病死亡,徐某某申请店铺过户时被告知在原店主过世的情况下,原店主继承人需要提供被继承人的死亡证明、户口

---

[1] "支付宝余额继承公证案",载中国法律服务网司法行政案例库,http://alk.12348.gov.cn/LawSelect/Detail?dbID=44&dbName=GGGY&sysID=5085,最后访问时间:2023 年 2 月 1 日。

[2] "想使用过世亲人的手机号,可以吗?",载"江苏司法行政在线"微信公众号,https://mp.weixin.qq.com/s/sKbbIZUEKjgz_mzy2nNZ1Q,最后访问时间:2023 年 6 月 1 日。

[3] "徐某继承公证案",载中国法律服务网司法行政案例库,http://alk.12348.gov.cn/LawSelect/Detail?dbID=44&dbName=GGGY&sysID=5887,最后访问时间:2023 年 6 月 1 日。

簿、派出所关系证明及公证书等资料。景宁畲族自治县司法局公证处公证员对徐某死亡事实、家庭关系等内容进行审查，并验证淘宝网店账户登录信息、徐某的身份证信息、支付宝账号等，现场进行了网店权属核查。

淘宝网店作为一种虚拟财产，网店经营权具有财产利益，在经营人死亡后其本人所有的部分为其数字遗产，根据淘宝平台颁布的网店继承相关规则，提供必要证明文件、完成继承公证后，淘宝店铺经营权便可完成转移，实现网店过户。

5. 2023年兰州市公证处"微信余额继承公证案例"[1]

申请人在父亲去世后，发现父亲微信零钱账户中显示有余额一万多元人民币。且由于被继承人注册微信账户的时间较早，当时注册的微信用户即便未进行实名认证并绑定银行卡也依旧可以接收红包或转账，被继承人去世后也无法完成现阶段微信安全服务对实名认证和人脸识别的要求，故微信零钱无法取出。

对此，公证处出具查询函，并根据微信平台的用户服务协议和账号使用规范，确认微信零钱所有权归属于微信账号的初始注册申请人，故微信零钱属于本案中被继承人的遗产范围。公证员为申请人办理了微信零钱小额继承公证。

二、其他国家及地区数字遗产案例分析

（一）数字遗产继承典型案例

1. 英国APPLE ID继承案[2]

Josh Grant在母亲去世后，试图获取母亲曾经使用过的一部iPad的Apple ID和对应密码，而Josh Grant通过母亲的遗嘱获得了这部iPad的继承权。但是，母亲在遗嘱中并未交代该iPad的ID和密码，Josh Grant无法实际使用它，但苹果公司以用户保护隐私权为由，拒绝向Josh Grant提供，最终导致其与苹果公司就此事件产生纠纷。

---

[1] "【案例分享】微信零钱咋继承？公证出招解难题"，载"兰州市公证处"微信公众号，https://mp.weixin.qq.com/s/cHNDuvpJwYEcgPR5jZB-JA，最后访问时间：2023年6月1日。

[2] 杨勤法、季洁："数字遗产的法秩序反思——以通信、社交账户的继承为视角"，载《科技与法律》2019年第2期。

2. 德国脸书账号继承案

一位未成年人在一起地铁事故中死亡,地铁司机主张死者为自杀。死者的父母不相信女儿会选择自杀,试图从死者在脸书上曾发布过的动态来推断死者是否确实在生前具有自杀倾向。但死者的脸书账号已被关闭,于是死者父母以继承人身份向脸书公司申请恢复死者的账号,并要求脸书公司提供账号密码。但脸书公司拒绝了该请求,主张账号内容为被继承人隐私,且涉及被继承人好友等其他相关主体的隐私。死者的父母向柏林地区法院提起诉讼,要求脸书公司开通账号登录权限,并提供内容数据。

本案的争议焦点在于虚拟财产的继承权与死者隐私权冲突时应当如何处理。一审法院提出,脸书账号是基于网络用户与网络运营服务商之间的服务合同产生的债权,具有人身属性和财产属性。根据《德国民法典》的有关规定,只要债权合法、具有财产属性、不具备人身专属性,即可继承。柏林地区法院将该社交账号与书信日记等私人物品等同,可作为遗产被继承。故要求脸书公司向死者父母提供账号密码。二审法院也认可脸书账号的可继承性,但是,法院认为,本案中继承人的主张与被继承人所签订的用户协议中的保密原则相悖,且涉及对其他网络用户隐私权的侵犯,综合考虑之下,支持了脸书公司不予披露账号密码的做法。

2018 年 7 月 12 日,德国联邦最高法院推翻了二审判决,恢复一审判决,按照《德国民法典》第 1922 条之概括继承条款,自一人死亡之时起,其财产全部转移给另外一人或数人,肯定了社交账户的可继承性,认为网络社交账号同时具备人身属性和财产属性,应将其视为一般的财产类别进行规制。根据这一规定,当与网络服务提供者缔结服务合同关系的网络用户死亡后,其继承人取代该网络用户的法律地位,成为与网络服务提供者之间合同关系的主体,因此,继承人有权根据网络服务协议请求网络服务提供者提供被继承人的账号链接,允许其访问被继承人账户,即享有对网络服务提供者的合同履行请求权。

虽然《德国电信法》中明确规定"社交网络平台不得向任何第三方提供账户信息",但是德国联邦最高法院认为,该条款所述"第三人"并不包括使用该账户的用户的继承人。同理,脸书公司与被继承人虽签订了用户协议,约定了脸书公司禁止向他人传达密码之义务,但该款目的在于保障网络空间安全,而非指向用户数字遗产的处置方式,故也不能根据此条款来直接排除继承人的合法权利。

如前所述对数字遗产可继承性的探讨，德国对待数字遗产的态度主要体现为"数据附着论"，即将数字遗产作为数据附着于现有权利体系（如知识产权、债权等）中的某一类权利而进行保护和实现继承。数字遗产被分为"可获得知识产权保护的数据"和"不可获得知识产权保护的数据"，前者按照知识产权法上的相关规则进行处理，后者则还需进一步细分为离线数据和在线数据。离线数据依据添附理论由物理载体的继承人享有权益，通过载体所有权的转移实现对存储于其内的数字遗产的继承。在线数据则附着于作为网络账户法律基础的合同关系实现继承。[1]

此外，《德国民法典》第399条禁止债权转让条款规定，"非经变更其内容便不能对原债权人之外的第三人履行，或与债务人约定不得转让的债权，不得转让"，本案中，法院从该条款的类推适用出发，指出合同对继承人之继承权的排除，应当建立在合同签订双方存在特别关联性的基础之上。换言之，脸书账号虽与注册用户密切相关，但是用户与脸书公司之间所签订的网络服务合同为标准合同，合同并未体现出脸书公司对某一特定用户的特殊安排和设计，并且作为网络服务提供者的脸书公司的目的为尽可能增加用户数量，从而获取商业利益，而非严格对注册用户进行资格审查和筛选，故而并不具备排除继承的特别关联性基础。[2]

3. John Ellswort v. Yahoo [3]

本案被称为美国数字遗产继承第一案。儿子死于伊拉克战争，为寄托哀思，父亲希望雅虎公司能够提供其子记载了日记、照片等具有纪念意义的账号的密码。雅虎公司以侵犯隐私权为由拒绝。后法院判决，雅虎公司虽无义务告知继承人死者的账号和密码，但是需将相关纪念内容刻录光盘交由继承人。

与之类似的是威廉姆斯案，威廉姆斯因车祸去世，其母亲为寄托哀思，希望能够进入儿子的脸书账户，但脸书公司以保护隐私为由拒绝。经长达两

---

〔1〕 牛彬彬："数字遗产之继承：概念、比较法及制度建构"，载《华侨大学学报（哲学社会科学版）》2019年第5期。

〔2〕 张挺："一身专属性理论视角下的数字遗产继承"，载《法学》2023年第2期。

〔3〕 In re Ellsworth, 2005 Mich. Cir. LEXIS 4; Stefanie Olsen, Yahoo Releases E-mail of Deceased Marine, CNET NEWS, Apr. 21, 2005.

年的法律争论,最后这位母亲虽能访问儿子的脸书账户,但仅能获取账户被删除前十个月所发布的信息。

4. Ajemian v. Yahoo!. Inc.[1]

Robert Ajemian 为 John Ajemian 创设了雅虎邮箱,此后,邮箱一直由 John Ajemian 使用,连 Robert 本人也忘记了邮箱密码。John 因交通事故去世,且未对遗产处理留有遗言。Robert 等人作为死者的私人代表(private representative,类似于我国的遗产管理人),要求雅虎公司提供死者邮箱账户内容,用以通知 John 的朋友 John 的死讯和追悼会相关事宜,并希望法院将该账户认定为 John 的个人财产。雅虎公司根据《存储通讯法案》(SCA)中"通信服务提供商不得故意向任何个人或团体披露用户在其服务器上存储的电子通信内容"之条款,以及服务协议中雅虎公司"保有消除用户账户信息和内容的权利"的约定,拒绝提供相关信息。随后,遗产管理人提起诉讼,主张其享有不受限进入死者邮箱账户的权利。

该案的争议焦点主要有三:其一,雅虎邮箱账户是否属于遗产;其二,SCA 的立法目的是否足以支撑雅虎公司的主张,即以隐私保护为由拒绝向继承人公开被继承人邮箱账户内容;其三,遗产管理人的身份是否可以证明死者生前同意其访问。本案的审理重点是对被继承人是否同意继承人访问其账户"同意"之认定。

在一审中,法院认为,雅虎用户协议中写明的"不可继承"条款因缺乏合意而不具有法律效力。邮箱账户内容具有普通财产权益,但在 SCA 所规定的网络账号对外披露例外情形中,用户的合法同意(lawful content)应为"明示的同意",原告为被继承人的个人代表,而非 SCA 中规定的"代理人",故而不可默认为原告取得了"发件人、收件人或预期收件人的合法同意"。换言之,只有在死者生前有明示同意的情况下,个人代表才有权进入其邮箱。

二审法院马萨诸塞州最高法院则从立法目的角度指出,SCA 旨在处理"未经授权截取电子通信"的情形,也旨在澄清新技术背景下的联邦隐私保护标准,而非处理数字遗产继承和遗产管理问题,该法案中获得用户持有人的"授权同意"应当包含"默示的同意"。接着,法院从目的解释方法提出,

---

[1] Ajemian v. Yahoo!, Inc., 478 Mass. 169, 84 N. E. 3d 766, 2017 Mass. LEXIS 766, 2017 WL 4583270.

SCA 的立法目的是防止他人未经授权截取通信隐私信息，而不是为了阻止数字遗产的合法继承。故最终法院判令雅虎公司授予 John 的父亲 Ellswort 使用邮箱账户的权限。一审法院将"同意"解释为"明示同意"会在极大程度上实质性地给遗产管理人履行其责任带来积极影响，法院判决 Robert 等遗产管理人可访问 John 雅虎邮箱账号中的内容。但最后在判决的执行环节，雅虎公司仍旧以网络服务协议中的隐私保护协议和 SCA 中"禁止向他人披露账户"的规定为由，拒绝执行法院判决，而是将该账户内的所有信息刻录进光盘交由原账户使用人的父亲。此案的意义在于，法院对同意的表示方式从仅认可明示同意，渐趋向于认可默示同意。

（二）继承人可否访问逝者账户

由于其他国家及地区数字遗产处置案件中形成了最终判决的案例较少，故检索了若干法院令，由于内容大同小异，便择取了法院同意签发与不同意签发各一例，二者的主要区别在于继承人申请访问的数字资产类型不同。

1. Matter of Coleman 案[1]

请愿人即死者父母和遗产受托人请求苹果公司披露死者 iPhone 账户中的内容，但请愿人没有充分证明获取数字资产内容是出于《遗产，权力和信托法》（EPTL）第 13-A-3.1 条提及的为管理死者遗产或其他原因而获取。

对于请愿人提出的动议，法院部分同意，部分拒绝。根据 EPTL 有关规定，作为数字资产所有者的被继承人可以通过在线工具或合法遗嘱、信托等方式指示保管人（本案中指的是苹果公司）向指定的接收人披露或不披露其数字资产的全部或部分内容。对于非电子通信数字资产（EPTL 第 13-A-3.2 条），诸如用户发送或接收的电子通信目录、日历信息、联系人名单等，除非用户有所表示或法院另有指示，遗产受托人在向保管人出示书面请求、死亡证明、委任书和保管人可能要求的其他信息时，便可获得这些信息。且若法院认为非内容性数字资产为管理遗产所必需，保管人也应予以提供。

本案中，对于电子通信数字资产，一方面死者并未通过任何形式授权或同意将其数字资产交由请愿人管理；另一方面请愿人也无法给出合理理由证明披露账户信息为遗产管理所必须，故法院驳回其申请访问被继承人内容数

---

[1] Matter of Coleman, 2019 NY Slip Op 29067, 63 Misc. 3d 609, 96 N. Y. S. 3d 515, 2019 N. Y. Misc. LEXIS 989, 2019 WL 1179713.

字资产，但是依据前述 EPTL 第 13-A-3.2 条的规定，请愿人可访问可披露的非电子通信数字资产的内容。

2. Estate of Swezey 案[1]

死者的配偶与女儿请求法院下发法院令，要求苹果公司公开死者在 iTunes 账号上所保留的照片，以供纪念。本案中死者留有遗嘱表示其家属作为被继承人将有权继承其所有财产，但遗嘱中没有明确授权继承人访问被继承人 iTunes 账户等数字资产。继承人能够举证证明其与被继承人在日常生活中可以自由查看彼此各类网络账号，也即继承人可以证明被继承人默示同意其家属进入自己的账户。

法院指出，根据 EPTL 有关规定，被继承人的财产包括"任何能成为所有权主体的不动产或个人财产"，而数字资产是"个人拥有权利或利益的电子记录"，可分为电子通信和非电子通信两类，电子通信指的是由用户发送或接收的信息，后者指日历、联系人名单等。分类的目的在于，电子通信类数字资产的披露需要经被继承人的合法同意。本案中，法院指出继承人所要求披露的照片属于非电子通信类数字资产，披露这些照片不需要经过被继承人同意，根据 SCA 和《纽约数字资产管理法》第 13-A 条，苹果公司应披露继承人所要求的相关信息。

三、相关司法实践做法总结

由于国内欠缺数字遗产专门立法，在数字遗产继承纠纷案件中，可体现出法官较大的自由裁量权，同时也难免会出现同案不同判的现象。国内司法实践对数字遗产的处理可主要划分为两类，第一种为"一刀切"，即认为数字遗产不在法院审理范围，不予受理，抑或建议原被告双方采取意思自治，协商处理。第二种处理方式是先对数字遗产进行类型化划分。

具体而言，可以分类如下：第一，手机号码。法院一般认同可对其使用权进行继承、分割、转让，而所有权归属国家。第二，网店、微信公众号等具有经营性质的账号。现有判决中法院并未对网店进行定性，对其做法一般是进行市场价值估值，即由一名继承人继承网店归属与经营利益，并对其他继承人在其继承份额内负有给付义务。微信公众号同理，仅由一个民事主体

---

[1] Estate of Swezey, 2019 NYLJ LEXIS 135.

继承，其他主体可获得一定对价。第三，私人社交账号。参照微博、哔哩哔哩所发布的纪念号规定，国内外普遍认可社交账号的人身属性和隐私权意义上的价值，在死者隐私权和死者亲属利益之间的往返流盼中，美国 Ellswort 案中不交付账号密码但将内容刻录下来交由死者亲属的折中做法值得考虑。此外，就继承人能否获取社交账号密码，美国通常要求至少有被继承人的默示同意，且继承人有理由证明其获取被继承人账号有合理理由，被继承人账号对继承人的公开内容应在美国各州数字资产保护相关法律的允许范围之内。第四，会员资格。会员资格和会员资格下对应的会员权利应相区分。对于前者，法院通常认为因具有人身属性而不得继承；对于后者，法院多将其视为基于合同产生的债权，处理办法与网店类似，折价后各继承人分别继承。此外，在实践中有很多名为会员实为投资的行为，在此意义下，法院通常按照一般财产的继承规则对其进行分割处理。第五，微信、支付宝账号等既有一定社交功能又有储蓄投资支付功能的账号。账号的归属不以账号绑定手机号的使用者为依据，而归属于实际使用者。账号本身能否继承在实践中相关争议较少，账号注销与否法院也一般不会介入，而由当事人协商决定。至于账号所对应的余额，则视为与现金、银行存款类似的财产，应按照一般财产的继承规则进行处理。

在其他国家及地区实践中，普遍认同网络账户属于可继承的数字遗产，将内容性数字资产和非内容性数字资产进行区分，前者的披露和继承往往须经被继承人的合法同意，后者反之。故在相关纠纷中，法院的关注重心一般在于继承权与隐私权如何平衡。由此，其他国家及地区司法裁判通常聚焦于被继承人是否表达了披露个人信息的同意，对于同意的表达，法院日渐倾向于认可"默示同意"，如被继承人生前的行为举止是否可以推断出其愿意与继承人共享账户信息。同时，法院会对继承人使用被继承人信息的目的、方式，以及目的和手段是否匹配等情况进行审查。审查使用目的时，法院会结合被继承人寄托哀思、以表纪念的精神需求进行综合考量。

第四节 数字遗产继承的现实困境

我国《民法典》并未禁止数字遗产继承，然而，数字遗产依托数字空间而存在，提供数字空间与其他相关服务的网络平台将不可避免地介入继承人与被继承人之间，财产权利的取得、行使、消灭也均与网络平台和用户之间的合同关系密切相关。正因如此，数字遗产的处理会受到来自网络空间治理、公民数字信息相关权益保障、法律中死者权益的延展，如对死者隐私权的保障等法律法规或监管要求，以及平台自治规则、用户协议等因素的影响，数字遗产的继承不可避免地面临来自法律和产业实践的诸多现实困境。

一、隐私权对数字遗产继承的制约

（一）死者的个人信息权益保护

自然人死亡后的隐私仍在一定限度内得到保护是各国的通例。[1]互联网平台用户所持有的各类账户中，网络数字财产涉及的类型复杂，都与被继承人的生前隐私联系紧密，尤其是在社交通信类平台账户中，被继承人的聊天记录、电子相册、财务记录以及私人往来的电子邮件等。在一起原告请求以直接登录死者账号的方式实现查询、复制账号内信息的案件中，法院认为，死者李某生前对其死后近亲属如何行使对其个人信息的权利没有作出相应的安排，原告作为李某的近亲属有权对李某相关个人信息主张权利。但是，如果允许原告直接登录死者账号行使权利不符合合法、正当、必要的原则，存在明显的侵犯第三方合法权益的风险。对于死者生前个人网络账号而言，该账号内还可能涉及第三人的隐私、个人信息，直接允许近亲属登录死者账号查看相关内容可能侵犯第三人的相关权利，而这与《个人信息保护法》的具体规定和立法宗旨相违背。[2]

网络用户账号包含很多内容，如果用户账号及账号内的数据可以继承，涉及的私人隐私信息很有可能会在违背被继承人生前个人意愿的情况下被曝光，造成对被继承人人格尊严的侵犯。更何况，在网络世界中自然人遗留的信息难以彻底删除，信息读取更容易而信息泄露风险却更难以控制，且网络平台和实体书信日记相比因需要账户密码链接而相对更为封闭，自然人在其中发表更为隐秘且不愿为外人所知的内容的可能性相对更大，故这些数据实际上敏感性更高。

---

〔1〕 顾理平、范海潮：《作为'数字遗产'的隐私：网络空间中逝者隐私保护的观念建构与理论想象》，载《现代传播（中国传媒大学学报）》2021年第4期。

〔2〕 郭某等诉上海某科技公司等个人信息保护纠纷案，北京互联网法院（2021）京0491民初47643号民事判决书。

除此之外，数字遗产继承处理不得当会使信息相对人隐私权受到侵犯。在诸如电子邮件、社交账号、照片等数字遗产中，其中不仅包含被继承人本人的个人信息和隐私，还可能涉及被继承人的通信相对方的个人信息和隐私。对于个人信息的处理，个人信息权益主体应当知情并同意，但数字遗产中的其他个人信息权益主体往往并不知晓由谁处理这些信息，继承人和保存该数字遗产的网络服务提供者亦难以一一识别、通知并获得权益主体的同意。

（二）尊重用户自决权和家属情感诉求

考虑到用户在注册账号的同时也会设置密码，具有一定排除他人使用的意思表示，加之账号信息和账号内的数据始终存储在网络平台所有的存储设备上，因此有理由认为平台对账号安全具有妥善管理义务。依据《网络安全法》和《民法典》的相关规定，网络服务提供者应发挥其安全保障作用。在实践中，大部分网络服务提供者在网络服务协议中承诺保护用户的隐私安全，当继承人向网络运营商要求继承数字遗产时，网络服务提供者也会以被继承人以及其他相关人员隐私权会受到侵犯为由拒绝继承人的请求。然而这种"一刀切"的处理方式虽然能最大限度地保护被继承人的隐私，但网络服务提供者没有考虑到被继承人的个人真实意愿，例如在被继承人有遗嘱或其他对其数字遗产进行处分的意思表示时，可以认为被继承人在一定程度上放弃了隐私或将其隐私保护随数字遗产一并交给继承人处分，此时网络运营商应当合理地执行用户意愿。我国《个人信息保护法》在立法过程中对死者的个人信息权益保护问题有一定考虑。《个人信息保护法（草案）》（二审稿）第49条规定："自然人死亡的，本章规定的个人在个人信息处理活动中的权利，由其近亲属行使。"在最终通过的《个人信息保护法》第49条规定，自然人死亡的，其近亲属为了自身的合法、正当利益，可以对死者的相关个人信息行使本章规定的查阅、复制、更正、删除等权利；死者生前另有安排的除外。

总而言之，在法律层面上继承权和用户隐私保护本身难以进行价值排序，对于网络运营商来说只有分情况处理才能更好地平衡二者。网络服务提供者对用户虚拟财产的事实占有并不能使其天然地成为逝者隐私保护的主导者，而应当是积极的协助者。[1]在个案中，司法机关应该尽量在保障用户隐私和

---

[1] Molly Wilkens, "Privacy and Security During Life, Access After Death: Are They Mutually Exclusive?", *Hastings Law Journal*, 62 (2011), pp. 1053-1054.

家属情感诉求之间取得平衡。

二、网络服务协议设定的限制

被继承人所持有的诸多数字资产内容中,许多账号及账号内的数字资产具有一定的财产属性。网络服务提供者在用户协议中多约定用户仅享有虚拟财产使用权,而非所有权。数字遗产继承难题在于双方平等的财产关系因平台的"强势介入"而成了复杂的三角关系,使得自然人之间的继承关系不可避免的受到平台用户协议约定内容的影响。[1]如何保障网络服务提供者商业经营自主权与网络用户虚拟财产权益之间的平衡,已成为司法机关需要考虑的问题。

(一)所有权归属于网络平台而非用户

多数平台的用户协议中明确写明网络虚拟财产的所有权归属于网络平台而非用户。以哔哩哔哩平台为例,服务协议中明确约定,"您仅享有账号及账号项下由哔哩哔哩提供的虚拟产品及服务的使用权,账号及该等虚拟产品及服务的所有权归哔哩哔哩所有"。将网络虚拟财产的所有权归属于网络服务提供者已经是当前网络平台通行的做法。2011 年,王某某向腾讯公司寻求帮助,希望获得已故丈夫的 QQ 账户密码从而将二人的照片和信件保存以作纪念,但是遭到腾讯公司的拒绝,理由为:其一,想要拿回密码,只能按照"找回被盗号码"的流程操作。其二,根据注册账号时与用户签订的服务协议规定,用户只享有号码使用权,所有权是归腾讯公司所有。并且一旦用户长时间不使用该账号,腾讯公司也有权将账号收回。类似这样的案例在实践中基本都以用户不具有所有权为由而判决继承人败诉。

多数用户协议明确禁止用户转让包含账号在内的网络虚拟财产。但禁止转让并不等于账号不得被继承。需要考虑禁止转让的原因、是否附条件。比如,对于网络店铺,基于平台管理的需要,平台所禁止的是用户之间的私下转让。转让需要向平台提出申请并履行转让手续。此时,虽有禁止转让条款,但是,该网络店铺可以被作为财产由继承人继承。

还有一些用户协议明确将禁止继承写入用户协议。从用户权益的角度,在认可用户协议中虚拟财产所有权与使用权分离条款有效的情况下,用户享

---

[1] 刘志鑫:"以立法积极回应数字遗产继承需求",载《光明日报》2022 年 4 月 6 日,第 7 版。

有的是由平台让渡的虚拟财产使用权，那么，对于使用权能否继承，能否被用户协议所排除以及这样的禁止继承条款的效力如何，在理论上仍存在争议。有一些账号的价值生成和存续，主要来源于用户的使用和经营，如果用户去世之后，其继承人对该账号的经济价值不能承继的话，那么该账号的"生命力"就停滞了，价值也就闲置了。有观点指出，目前网络平台在其用户服务协议中规定社交性网络账号归属于运营商、不得被继承的做法，因排除了用户的主要权利而显失公平，属于格式条款的无效情形。[1]还有观点指出，尽管合同的订立可能是有效的，但这些禁止继承的条款和无视立遗嘱人遗嘱意图的条款违反了公共政策，将本属于个人账号持有人的决定权转移给了平台企业，这样的条款应不被执行。[2]但是，相反观点指出，立法者和司法者需要克制其插手虚拟世界事务的冲动，而应当交由用户协议来处理。用户协议在虚拟世界内外都发挥着类似的规制作用，在虚拟世界内，作为规则被执行；在虚拟世界外，作为具有法律约束力的合同被执行。[3]

财产的形式在发生变化，但是不应仅仅因为技术的发展超出了法律所涉及的范围，而对支配财产这项有力的权利不闻不问。用户协议不能凌驾于用户对虚拟财产的权利之上，而需要专门立法来要求网络服务提供者允许在用户死亡时转移其在网络环境下的资产。[4]

（二）网络虚拟财产存在继承前灭失的可能

对于网络服务提供者通过用户协议对用户数字遗产继承进行排除，但着眼于现有法律制度，用户协议中此类条款难以根据"格式条款无效"进行抗辩，事实上，签订用户协议时双方的真实意思表示也难以考证。根据前文所述，在一身专属性理论视角下，用户账户及账户内数据存在继承的空间，即便如此，在没有明确的立法规范指出"网络服务提供者不得在用户协议中排除或限制用户数字遗产的继承"，用户协议对数字遗产继承的制约难以解除。

---

[1] 朱涛、张贞芳：“论社交性网络账号的'可继承性'”，载《重庆邮电大学学报（社会科学版）》2020年第2期。

[2] Banta, N. M. "Inherit the cloud: the role of private contracts in distributing or deleting digital assets at death", *Fordham L. Rev.*, Vol. 83, 2014, p. 799.

[3] Jacob Rogers, "A Passive Approach to Regulation of Virtual Worlds", 76 *Geo. Wash. L. Rev.* 421 (2008).

[4] Stutts, E., "Will Your Digital Music and E-Book Libraries Die Hard with You: Transferring Digital Music and E-Books upon Death", *SMU Sci. & Tech. L. Rev.*, Vol. 16, 2013, pp. 371.

平台通常在协议中会约定"当账号长时间未登录或使用等情况下，平台有权删除账号本身及其中的个人数据"。因此，在用户死亡后，账户因他人无法登录而大多处于无人管理的状态，而继承人从继承开始到发现该数字遗产、申请继承不仅需要时间，还可能面临和平台沟通、司法裁判、通过必要的变更程序等，在这个过程中，账号已经属于闲置账号，若平台依据协议对此类账号进行数据清空、删除或注销等操作，则相应的数字遗产在真正得到继承前早已灭失。现实中就有网络游戏用户周某起诉某游戏公司请求确认其服务条款中对于长时间未登账号进行删除的条款无效，得到了法院的支持。

第五节　对数字遗产继承问题的处理建议

根据前文所述，数字遗产继承受用户隐私权、网络实名制、用户协议约定等方面的约束和限制，一些数字遗产的财产价值也难以评估。但是，虽然数字遗产案件不断涌现，但随着相关处理技术和平台治理能力的进步，上述现实困境或有突破可能。本节将结合前述国内外产业实践、司法实践以及立法经验，试为数字遗产处理提供建议。

一、平台制定更合理的用户协议

在互联网服务业蓬勃发展的当下，在网络服务提供者与网络用户之间的技术服务商业模式中，相对来说，网络用户对于虚拟财产有使用权，而非绝对的控制权。随着网络虚拟财产种类的增多，网络用户对于一些虚拟财产增值的贡献度也越来越大。网络服务提供者有必要在用户协议中明晰双方权利义务，适当地提升用户本人对数字资产的控制能力。[1]

（一）谨慎对待服务协议条款的效力

平台应区分精神权益和物质权益，在用户协议中设置不同的规则。社交账户等虚拟物品如果涉及用户自身的言论表达、与其他用户的通信与互动，可能会涉及他人的隐私权、肖像权、通信秘密等问题，平台应特别注意保护用户的这些人格权利。对于物质权益，平台应在用户协议或其他文件中提前

---

〔1〕陈刚、李沁柯："穿梭时空的对话：作为媒介'安魂曲'的数字遗产"，载《新闻记者》2022年第11期。

设置约定条款,提前约定虚拟财产的归属问题。通过对用户协议的调查分析可知,当前大多数平台在用户协议中均有类似约定:平台为账号等网络虚拟财产的所有权人,且虚拟财产的所有权和使用权不得通过转让、租赁等方式进行交易。从行业实践来看,多数平台的用户协议并未涉及虚拟财产的继承问题,用户协议中限制账户流转条款并不等于在事实上阻碍虚拟财产继承。网络社交账户继承的主要目的在于继承其背后的经济价值,此目的与运营商限制流转是为了维护平台运营并无冲突。[1]

有鉴于此,司法机关在个案中不可一概以用户服务协议中的禁止转让约定,阻断账户中所有数字遗产的可继承性,而应当根据数字遗产的不同类型进行处理。如果协议内容不合理地阻碍了用户数字遗产被继承的权利,用户可以该条款具有我国《民法典》第497条所规定的"提供格式条款一方排除对方主要权利"情形为由否定此条款的效力。[2]

(二)针对特定用户群体订立补充协议

网络服务协议仅对支付宝、微信钱包等存有现实货币部分的继承遵照民法上的继承规定,这些财产属于用户在互联网支付账户内的储值,所有权归属于用户,本质上并不属于网络虚拟财产,这方面的纠纷和争议较少。

在司法实践中,数字遗产纠纷较常涉及的是网络游戏中的虚拟货币装备、版权账户使用权(如视频网站、音乐网站等)、社交账号以及用户数据信息(如个人网盘、邮箱)等,对此并没有十分明确的处理规则。网络平台可以在用户协议中为具有可继承性的虚拟财产设置继承路径。针对高价值账号,网络服务提供者可以提前与利益相关主体签订普通用户协议之外的补充协议,如具有高流量高知名度的或者含有高价值知识产权内容的版权账号(包括个人持有或企业持有),就账号及其包含的其他数字资产的权利归属、价值的评估、能否继承以及继承的内容和方式、剩余财产的退返还等事项通过协商达成单独的协议作为主服务协议的补充。一方面可以避免平台方由于主协议违反格式条款规则被认定为无效后丢失处置的主动权;另一方面也可以达到提高平台和用户围绕数字资产进行运营的效率、提高收益、减少纠纷的效果。

---

〔1〕 袁卿、陈瑶欣:"具有商业价值的社交网络账户可继承性研究",载《南海法学》2020年第4期。

〔2〕 参见黄忠:"限制数字资产流转条款的效力论",载《甘肃政法大学学报》2021年第3期。

(三) 增加合同选项扩展网络服务协议

建议网络平台在主网络服务协议之外另行提供数字资产管理协议,并在其中增加若干个可选择项供用户进行选择,可设置的选项包括:是否接受个人账号在个人去世后成为悼念账号以及成为悼念账号后愿意公开的信息范围、是否允许包含个人隐私信息的网络虚拟财产被继承及继承的范围、对所持有的网络虚拟财产是否设置其他管理人以及管理人的权限、在用户死亡后是否进行数据清除以及数据清除的范围、填写数字遗产管理人的身份信息和联系方式等,通过这种方式来给用户提供处分其账户及账户内权益的选择机会。[1]

除此之外,也可参照谷歌公司等国外网络服务提供者,为用户提供非独立式数字遗产保存服务,诸如不活跃账户处理、账户内数据定期删除等,通过技术手段来为用户提供更加个性化的数字遗产处置服务,兼顾数字遗产价值的发挥和被继承人个人隐私的保护。网络服务提供者有必要在网站服务功能设置上,提供相应的选项,允许用户在生前对其死亡后个人账号及账号内数字资产的处置问题进行事先安排。

当然,根据权利与义务一致的原则,平台不能无限度地负担用户虚拟财产的保存管理等成本,因此也可以在协议中约定对数据继承前保存管理的期限、费用,以及继承后相关数字虚拟财产的使用规则等。通过这种主动地为用户提供选项来管理自己网络虚拟财产的方式,网络平台可以在尽到保护用户隐私和信息的义务的基础上,最大限度地尊重网络用户的意思自治,既可以起到预防和减少法律纠纷的效果,还可以在纠纷发生后有据可查,便于纠纷的解决。

二、认可部分类型的数字遗产继承

不应简单地说,数字遗产可以继承抑或不可以继承。而是需要基于类型化视角,结合个案的实际情况进行评判。

(一) 数字遗产继承的类型化处理

从体系解释的视角看,《个人信息保护法》《数据安全法》等单行法的出台,体现出法律对公民数字生活的关照,而《民法典》中人格权独立成编,继承编对公民遗嘱效力的强调,均体现出民法对数字化、老龄化的社会现实,

---

〔1〕 张小强、王婧祎:"社交媒体用户数字遗产处置的法律问题",载《青年记者》2019年第31期。

以及以人为本立法理念的回应。而根据前文对数字遗产定义和特征的分析可知，数字遗产首先作为财产，本身蕴含着经济价值，即便诸如社交账号和社交动态等经济价值不凸显的数字遗产，其所包含的用户个人数据在被汇集起来时，于网络服务平台而言可能具备较大的商业价值。其次，数字遗产是满足继承人对被继承人怀念或追思的重要载体，具有满足被继承人精神需求的精神价值。如若"一刀切"地认同目前产业实践中普遍存在的"用户不享有账号以及账号内所有数据所有权，账号及账号内数据不得转让、继承"，则不合乎现阶段立法趋势，亦同时不合乎法理和情理。

从法经济学的视角看，针对当前业界普遍在用户协议中约定账号归属于平台的做法，于平台而言，虽看似为当下效率最大化的管理举措，但也可能存在格式条款不公平时被确认为无效的风险。随着数字生活的深入和数字遗产纠纷的增加，平台所面临的合规成本和司法成本也可能会随之增加。平台若协助继承人完成数字遗产继承手续，虽需承担一定的管理成本，但平台同时也能获取开发线上遗嘱新业务的机遇，相应地，数字资源的利用也能更大化。此外，在现实社会交互中市场成本不可能为零，此时便需要有可施行的制度来明确化、细节化数字遗产的归属以及可继承的范围，并提供一套完整的数字遗产处理流程，以提升资源配置效率，通过宏观设计来尽可能实现效率与公平的平衡。

从社会实践的视角看，2022年中国互联网络信息中心发布的第49次《中国互联网络发展状况统计报告》显示，截至2021年12月，我国网民规模达10.32亿人，较2020年12月增长4296万人，互联网普及率达73.0%，其中60岁及以上老年网民规模达1.19亿人，互联网普及率达43.2%。[1]根据BBC报道，早在2012年，脸书公司才成立8年，但已承载人数多达三千万的过世用户。根据牛津大学互联网数据资讯中心发布的数据，以2018年脸书平台用户数量为计算起点，到2070年，死者人数将超过生者，至少有14亿用户于2100年前死亡。[2]

随着网络生活的普遍性和网民中老年人比重的上升，加之千禧一代年轻

---

[1] "第49次《中国互联网络发展状况统计报告》"，载中国互联网信息中心，https://www3.cnnic.cn/n4/2022/0401/c88-1131.html，最后访问时间：2023年3月5日。

[2] "超越'虚拟'，牛津大学教授谈虚拟世界的未来"，载中文互联网数据资讯网，http://www.199it.com/archives/462243.html，最后访问时间：2023年3月5日。

人重视虚拟财产与用网络记录生活、承载情感的理念，保障数字遗产、完善数字遗产继承规则的社会需求明显逐年增加。[1]当今已有部分平台在用户协议中载明了用户死亡后其虚拟财产的处理方式，司法实务中也已出现了一定数量的数字遗产继承案例，且已有对数字遗产进行定性分类、区分继承的做法，这均为数字遗产继承积累了宝贵的实践经验。

结合全书对网络虚拟财产的类型与性质的分析，可以将所有权归属于用户的数字遗产与使用权归属于用户的数字遗产进行区分对待。第一，域名、虚拟货币、NFT数字藏品、网络店铺、法人或非法人组织的网络账号这一类不具有人身属性的虚拟财产以及用户账号内由网络用户享有著作权的作品之上的著作财产权部分，可以由继承人继承或者由法人或法人组织注销后的权利义务继受主体来承继。第二，可以根据逝者生前的意愿或者遗嘱，允许继承人对逝者账号进行访问，但不得以原账号使用人名义进行使用。至于以何种方式进行访问，则由继承人向网络服务提供者提出申请后，依据网络服务提供者的账号管理政策进行处理。第三，对于网络用户生前未就其网络空间的账号、虚拟财产等事宜进行安排的，那么，自网络用户死亡时，其与网络服务提供者之间的服务合同关系终止。合同终止后，根据用户协议中的约定，需要退还的能够在价值上转换成法定货币的网络虚拟财产，可以发生继承。第四，网络服务提供者自愿设置悼念账号，保留死者生前由其决定可对外公开可见的内容。但是，对于死者生前设置了访问限制的内容，应尊重死者生前的意愿。第五，网络服务提供者也可以根据用户协议中的账号清理条款的条件和流程，进行账号注销。第六，在个别情况下，公权力机关根据个案的实际需要来决定是否要求网络服务提供者给予仅限于少数人访问的权限。

在产业实践中，网络用户通过支付费用获得访问特定版权内容的权限，如网络文学、网络音乐、网络电影。这项访问权限被网络平台定性为一种许可，而非买卖。那么，当网络用户去世时，上述权限尚未到期时，该访问权限是否允许转移给网络用户继承人或其指定的人，由平台来决定。如果允许转移，有两种实施方式。第一种是允许继承人获取逝者账号的密码进而获得访问权限；第二种是通过平台的功能设置发生数字内容访问权限转移的效果。

---

〔1〕 刘智慧："论大数据时代背景下我国网络数字遗产的可继承性"，载《江淮论坛》2014年第6期。

第一种方案对于特定的具有人身属性的账号而言，会涉及隐私保护问题。从当下的技术发展来看，第二种方案更具有可能性，已有平台开展了允许用户购买数字音乐访问权限后进行转赠的功能。

（二）平台提供数字遗产配套服务

在用户去世、继承开始时，逝世用户的财产权益归继承人所有，平台作为财产权益的保管人，负有保护其财产权益的义务。有观点指出，数字遗产独特的存在状态和运行方式决定了网络服务提供者不仅有消极的不侵犯用户隐私的义务，还应当负有积极的协助数字遗产继承的义务。[1]

根据中华遗嘱库于 2022 年发布的白皮书可知，遗嘱办理的年轻化趋势和遗嘱内容的数字化趋势越来越明显，其中，"00 后"人群的遗嘱中数字资产占比 17.3%，"90 后"人群中该比例则高达 21.75%，数字资产包括游戏装备、网店、虚拟代币等。[2] 由此可见，由第三方提供的独立式数字遗产保存系统在市场中存在较大需求。法律服务行业以及互联网服务公司等第三方主体可借鉴美国"社交媒体遗嘱"模式、"遗产管理人"模式来开发在线电子遗嘱平台、信息访问授权服务、遗产托管服务、虚拟财产公证等配套服务，由运营管理平台和法律服务提供者共同帮助被继承者提前完成数字遗产继承的方案设计以及办理必要手续。同时，资产评估机构以及公证机构也可顺应市场需求开发数字资产价值评估和保全业务，推动价值评估体系的确立与完善。

其他国家及地区一些服务机构将信托和遗嘱等传统遗产规划技术与在线数字遗产规划服务的高效模式相结合，可以为人们的数字资产制定明确的遗产目标和遗产计划，并决定哪些资产是他们希望死亡后保留的，哪些资产是他们希望删除的。[3] 社会其他机构的参与一方面有助于减少数字遗产所在平台的运营与管理压力，使用户有充分实现其意思表示的平台；另一方面也可以在潜移默化之中形成关注虚拟财产安全、尊重虚拟财产的氛围，通过事先

---

[1] 张冬梅：" 论网络虚拟财产继承"，载《福建师范大学学报（哲学社会科学版）》2013 年第 1 期。

[2] "一图了解《2021 中华遗嘱库白皮书》主要内容"，载中华遗嘱库，https://www.will.org.cn/portal.php? mod = view&aid = 2238，最后访问时间：2023 年 6 月 1 日。

[3] Hopkins, J. P., & Lipin, I. A., "Viable solutions to the digital estate planning dilemma". *Iowa L. Rev. Bull.*, Vol. 99, 2013, pp. 61.

预防来减少争议的产生。

数字遗产的使用、继承等均属私法自治范畴，而各国针对虚拟财产的立法均或多或少体现出权利本位的价值取向。当前，网络用户对虚拟财产价值的认识尚且薄弱，注重虚拟财产的使用体验，而对虚拟财产的继承流转价值缺乏认识。未来，通过上述新兴商业模式的探索，有助于用户提升数据安全与隐私保护、财产价值开发两方面权利意识，尽早做好数字遗产处置预案，如统计名下具有纪念意义或较高财产价值的数字遗产内容并列明清单，或与网络服务平台提前沟通备案或达成单独协议，对愿意公开的信息范围予以明确同意，从而缓解继承权与隐私权之间的冲突，预防纠纷。

网络服务提供者可以完善和优化其服务机制。在网站中设置适当页面，允许用户可以在生前设置死后其账户的访问权限或者默认平台设定的处理方案，即在没有遗嘱或适当指示的情况下，默认方案将决定由谁（如果有的话）可以访问逝者账户或账户中的特定内容。[1]

三、数字遗产相关立法与司法寻求突破

（一）加强数字遗产相关的法律制度设计

当前民事规范对数字遗产继承问题规定得十分模糊。首先，《民法典》关于数据利益保护之规定仅限于第 127 条中对数据和网络虚拟财产的保护，但该规定较为笼统，属于原则性规定而没有能具体适用的规则，在司法裁判中仍然需要法官行使较大的自由裁量权。其次，当继承权和隐私权、通信秘密等其他自然人合法权利相冲突时，立法没有指明其中的位阶关系，如被继承人的通信相对方的数据或个人信息权益是否能凌驾于继承权之上，处理数字遗产纠纷时，第三人的合法权利应当如何处理。最后，我国《民法典》继承编中缺少数字遗产继承处理的规定，继承法规则也没有明确可以将数据信息纳入可继承的财产范围之内。但是对于互联网中的虚拟财产，无论是理论界，还是司法实务界皆已经基本认可其可继承性，但由于缺少明确的规则，司法裁判中对于不同种类的虚拟财产是否可继承的态度存在差异，破坏了法律的统一性和可预见性，因此立法机关应当及时修订法律，或者先借助司法解释对实务中出现的问题予以回应。

---

[1] Mandel,Y, "Facilitating the Intent of Deceased Social Media Users", *Cardozo L. Rev.*, 39, 1909 (2017).

从特殊立法的角度，立法上需加速网络虚拟财产的类型化进程。依据虚拟财产的使用目的、财产价值、人格属性等特殊价值，采取不同的的保护方式、赋予不同保护时效，并形成司法实践中的做法，为业界用户协议的设置提供参考。对于可能蕴含较高市场价值的数字遗产，如淘宝网店账号，也可通过发布法律解释等方式来确立估值细则。鼓励平台通过统一设立纪念账号的方式来处理已故用户留存在服务器上的虚拟财产。除此之外，有关部门可草拟、发布网络用户协议模板以供平台经营方参考，如可强制网络服务提供者在用户达到 70 周岁或某一年龄时，联系用户以获悉用户对数字遗产的处理态度。

从法律体系的角度，除了完善与数字遗产具有直接关系的虚拟财产专门立法，还需实现其与个人信息保护与隐私制度、知识产权制度、平台治理制度、遗产管理人制度、信用评价制度、证据制度等其他法律规范的衔接。尽管现有的物权法制度、版权法制度和合同法制度能够在一定程度上解决有关网络虚拟财产的一些法律问题，但无法顾及网络虚拟财产的特殊性，因此专门立法仍有必要。解决数字遗产问题的最有效方法是创建一个默认规则，要求用户明确无误地表明他们希望在死后转移哪些数字资产。[1]

美国 RUFADAA 规定的"三层优先访问体系"明确了被继承人生前所签订的用户协议，以及通过在线工具或其他方式所订立的遗嘱的效力等级，妥善处理了被继承人、数字遗产所在网络平台、第三方数字遗嘱平台之间的法律关系，从而在多个主体的多向互动中形成网络共治。参照于此，我国有关部门可根据国内实践情况，协助构建"用户—平台—其他服务机构"的数字遗产协同共治体系，并提供良好的政策环境和必要指引。

有学者呼吁，"法律应承认虚拟财产为可继承的财产利益并在继承的类型、主体、客体、程序、遗产分割及无人继承又无人受遗赠的财产处理等方面作出具体规定"。[2]还有学者提出设置数字遗产的继承时效制度。继承人应当从知道或应当知道被继承人留有数字遗产之日起 6 个月内，向网络服务提供者申请继承，逾期则视为放弃继承；在此过程中网络服务提供者应当做好

---

〔1〕 Horton, D. "Tomorrow's inheritance: The frontiers of estate planning formalism", *BCL Rev.*, 58, 539 (2017).

〔2〕 李岩：“虚拟财产继承立法问题”，载《法学》2013 年第 4 期。

必要的遗产管理、存储工作，相关费用经合理计算后由继承人支付。[1]

(二) 加强数字遗产司法保护

在司法审判层面，数字遗产保护立法的完善周期较长，在现有立法技术有限的情况下，对于当前日益增加的数字遗产继承纠纷，可通过推出指导性案例，统一虚拟财产的继承、转让等规则和法律适用标准，对继承范围和数字遗产种类进行类型化处理，增强司法工作者参照案例解决实践中疑难问题的意识和能力，以案释法，从而提升司法审判的质量和效率，避免同案不同判，维护司法秩序性，同时也有助于弥补立法不足，为立法活动积累实践经验。

在具体操作中，为了访问逝者账户，获取其账户内容，死者遗产执行人或死者遗产管理人需要提供以下文件以获取法院的命令：用户已经死亡；死者是服务提供者的用户或者消费者；死者的账户已经被确定；死者的账户没有其他授权使用人；死者账户的披露不违反法律；死者账户的披露范围仅限于满足遗产管理的目的；仅限于死者死亡之前的一年以内的信息；访问的要求不能与死者的遗嘱相冲突。此外，遗嘱管理人或执行人必须提交给网络服务提供者的文件有书面的访问请求、死亡证明书副本、法院命令。[2]

对于原告提出的要求继承网络用户账号的诉讼请求，不能简单地将用户账号作为"遗产"进行审理，还应当结合《网络安全法》与《个人信息保护法》的规定进行处理。与此同时，个案中，在没有关于数字遗产如何处理的遗嘱的情况下，法院应关注受益人的意愿，因为数字遗产通常对账户持有人的家人和朋友来说最具价值和意义。[3]

在司法鉴定层面，可结合中国法律实践借鉴韩国"虚拟环境管理系统"，先对数字遗产进行类型化划分，由信息化部门、网络安全部门等相关职能部门以及数字遗产对应网络平台共同组建评估小组，根据运营商投入的管理成本以及为获取该类虚拟财产所需要付出的平均必要劳动时间等因素，制定有针对性的评估机制，从而完善数字遗产价值计算司法鉴定制度，以解决虚拟财产价值评估难、评估体系不统一的问题。

---

[1] 和丽军：“虚拟财产继承问题研究”，载《国家检察官学院学报》2017年第4期。

[2] 赵自轩：“美国的数字资产继承立法：争议与启示”，载《政治与法律》2018年第7期。

[3] Banta, N. M. "Inherit the Cloud: the Role of Private Contracts in Distributing or Deleting Digital Assets at Death", *Fordham L. Rev.*, Vol. 83, 2014, pp. 799.

此外，公证具有"类司法特征"，是公共法律服务中不可缺失的重要一环，也是互相衔接联动的多元社会矛盾化解机制的重要组成部分。近年来，数字遗产继承公证案例逐渐涌现，公证介入虚拟财产保护与数字遗产继承越发深入，在上文对此类案例的归纳中可知，部分申请人不了解公证手续，或是因不熟悉网络平台操作流程，而难以完成证明材料提交等必要环节，这要求公证机构规范数字遗产继承公证的服务标准，简化相应流程，开放线上申请渠道，并加大宣传教育力度，提升公民积极保留证明材料及预防纠纷的意识，增进公民对公证服务的了解。

对虚拟财产进行价值评估在数字遗产继承中显得尤为重要。司法实践中，虚拟财产的继承过程中往往出现账号与账号承载价值的分离，譬如对淘宝网店账号的处理，法院通常裁判账号由一位继承人继承，该继承人再向其他继承人支付一定比例的对价。数字遗产网络虚拟财产的价值与网络用户投入相联系，这其中既包括经济成本也包括时间成本。经济投入诸如账号购买费用、账号内充值消费等，此类投入在交易达成时虽有明确的价格数额，但随着市场行情的变化，账号及账号内虚拟财产的价值会随之波动。更何况，诸多网络平台的用户协议中约定了账户内虚拟财产一旦购买不得退回，且不得以任何方式转让，也即这些游戏道具、虚拟代币等虚拟财产根据用户协议约定无法逆向兑换为人民币，不能进入市场，此时则更难以根据市场行情对其进行价值评估。此外，用户的时间、经历、情感等投入难以量化换算为经济意义上的价值，且用户也难以举证证明自身在此方面的投入程度。当前司法实践中采用财产所有人投入成本、第三方中立机构的鉴定价值、虚拟财产交易平台价格等多种价值认定方式。司法实践需要不断探索出一些具体的指标和变量来对不同类型的虚拟财产价值进行评估。

结 语

网络虚拟财产的六个核心法律问题

本书的内容是在前期大量调研工作的基础上撰写完成,内容聚焦于网络虚拟财产的法律问题。书中的内容对已有的理论争议、司法实践中的争议焦点以及产业实践当中的实际做法进行了较为全面的梳理和分析。

全书四章的内容可以凝练为关于网络虚拟财产的六个法律问题。一是对网络虚拟财产的界定,二是网络虚拟财产的性质,三是网络虚拟财产的权属问题,四是网络虚拟财产的流转问题,五是网络虚拟财产的处分问题,六是网络平台对账号的处置问题。在这六个法律问题当中,前两个问题是后续四个问题的前置性问题,目前理论争议较大。

一、网络虚拟财产的界定

关于网络虚拟财产的界定,要厘清的是网络虚拟财产是什么和有什么。《民法典》第 127 条规定,"法律对数据、网络虚拟财产的保护有规定的,依照其规定"。该条文并没有对数据、网络虚拟财产在现有民法体系之下如何进行保护作出具体规定。实践当中,对于数据和网络虚拟财产的法律争议广泛存在。在法律制定和审议过程中,曾尝试将网络虚拟财产放在物权里面进行规定。鉴于网络虚拟财产具有许多区别于传统物权客体的特征,立法部门最终选择将网络虚拟财产条款置于总则中,为未来可能进行专门立法留有余地。在已有的研究中,网络虚拟财产被定义为存在于网络上的一种能够用现有的度量标准衡量其价值的数字化的新型财产。虚拟性和价值性是网络虚拟财产的核心特征。国外有学者给出的定义是"网络虚拟财产是具有竞争性、持久性和相互关联性的模仿真实世界特征的代码"。

为了厘清网络虚拟财产的内涵,有必要将其与相关概念进行区分。首先,在《民法典》第 127 条中，网络虚拟财产与数据并列，说明二者具有不同的内涵，二者的价值来源不同、对网络服务的依附性不同。数据的价值来源于数据集合效应所产生的财产价值，单一数据很难具有价值，然而网络虚拟财产的价值并不需要这种集合性。大多数数据虽然来源于互联网，但也可以脱离互联网而存在。然而，网络虚拟财产不能脱离塑造这个虚拟财产的网络平台。其次，很多数据中包含着个人信息，但二者是两个不同权益的客体。网络虚拟财产与个人信息之间的关联性体现为用户账号中会涉及一些与个人信息有关的内容，从而使得用户账号的流转受到个人信息权益保护的制约。再次，网络虚拟财产权益与知识产权之间彼此独立，但又有所关联，正如在物理世界里，谈及作为作品载体之物的所有权与物上的知识产权一样。网络虚拟财产就类似于数字世界里的一种信息载体，其承载的信息可以是具有独创性的作品。最后，还需要区分网络虚拟财产与数字资产这一组概念，数字资产是产业用语，其范畴非常宽泛，数据、网络虚拟财产都属于数字资产。当一个自然人去世之后，他留存在网络上的数字资产就转化成了数字遗产。举例来说，一个电子邮箱的账号是虚拟财产，使用这个账号的用户通过支付额外的金钱购买了这个邮箱的 VIP 权益，这也是虚拟财产，用户使用这个邮箱去传输一些电子邮件，这些电子邮件的内容在性质上属于数据。邮件内容的价值与邮箱账号的价值是彼此独立的。包含着上述虚拟财产与数据的电子邮箱，就是所谓的数字资产。

  网络虚拟财产的样态多元。较为适当的分类是将网络虚拟财产区分为用户账号和账号下的虚拟权益两大类。首先，对于第一大类，账号是用户去获取某个特定网络服务的入口。根据该账号所能获取的服务等级，可将其区分为普通账号和特殊账号。普通账号又可依据其价值来源，被分为两种。第一种是本身具有初始价值的账号，多体现为具有稀缺性的"靓号"或者具有特殊意义的账号；第二种是本身没有初始价值，但是经过用户使用或经营而产生价值的账号，其价值依托于粉丝数、等级等来体现。特殊账号，就是所谓的 VIP 账号，其持有者通过支付额外的对价而能够获得一些区别于普通账号的增值服务。其次，对于第二大类，账号下的虚拟权益，是在价值上独立于账号的数字资产，既包含网络用户通过使用法定货币按一定比例直接或者间接购买的网络虚拟物品，如游戏币、数字藏品等，也包括该账号经过用户使用后添附的财产性权益，即网络用户通过付出时间和精力在使用平台服务过程中所获取的积分、经验值、成长值等虚拟权益以及由网络平台免费提供的礼物、卡券、福利券等虚拟产品。对于后面这种，网络平台常常会设置有效期。根据账号下的虚拟权益与账号使用主体之间依附关系的强弱，还可以将账号下的虚拟权益划分为依附于账户注册主体的虚拟权益与可脱离账户注册主体的虚拟权益，前者如积分、经验值、成长值等，后者如虚拟货币、NFT、网络店铺整体、域名、优惠券、代金券、虚拟礼物等。账号下的虚拟权益还可以按照其应用场景和行业区分为游戏虚拟权益、社交媒体账号下的虚拟权益、电子商务领域中的虚拟权益、具有一定金融属性的虚拟货币和非同质化代币、起商业标识作用的网络域名等。对网络虚拟财产的分类有助于为网络虚拟财产的规制和保护提供类型化的思路。

在侵犯财产罪、账号分割与继承、虚拟财产入股、停止服务后未使用权益的退还等情况下，会涉及对网络虚拟财产的价值评估。实践中探索出多种计算方法。第一种方法是按成本计算法，持有人的投入成本主要包括购买虚拟财产的费用、投入的时间以及获取虚拟财产过程中所花费的网费、电费等。第二种方法是按获利来计算，以行为人违法所得或销赃数额作为计算依据。第三种方法是初始售价法，根据网络服务运营商的销售价格来计算。第四种方法是按市场交易价格来计算，一些游戏运营者有官方的虚拟财产交易平台，已经形成了较为完备的交易机制和较为稳定的市场定价机制。最后一种方法是以可参考的同类型产品的市场价格来计算。

二、网络虚拟财产的性质

对于网络虚拟财产的性质问题，一直以来在理论上就有很长时间的争论。主要有物权说、债权说、知识产权说、复合型财产权说、新型财产权说五种观点。其中，物权说又可区分为特殊物权说、准物权说和所有权说。债权说将网络虚拟财产作为网络用户和平台之间的一个服务关系的凭证，是基于一种平台与用户之间的服务合同而产生的一项权益。债权说中还有"类票据"权利说。近年来，较多的讨论是新型财产说，即将虚拟财产作为多种权益形态的混合体，兼具物、债属性。在刑法上对于网络虚拟财产的保护，存在肯定说、否定说和区分说。肯定说是指对网络虚拟财产具有财产属性的肯定，用经济类犯罪进行规制；否定说基于网络虚拟财产的支配受限、无法脱离网络空间、可无限复制等原因，主张不应将其作为财产看待，应属于计算机信息系统中存储、处理或者传输的电子数据,属于非法获取计算机信息系统数据罪的客体。区分说将网络虚拟财产置于不同的空间维度和应用场景之下进行考察,如对于网络游戏道具和具有金融属性的比特币区分看待。在我国《民法典》制定和审议过程中,曾尝试将网络虚拟财产置于物权中进行规定,但最终立法部门选择将网络虚拟财产置于总则中,为未来进行专门立法留有余地。

在司法实践中,出现了各类案由,如网络侵权责任纠纷、占有物返还纠纷、所有权确权纠纷、财产分割纠纷等。司法机关基本上均认可用户账号、游戏道具、比特币等的财产属性,这亦是网络虚拟财产概念中"财产"二字的应有之意。法院从网络虚拟财产的稀缺性、经济价值性、可支配性、合法性等方面进行阐述。网络虚拟财产的表现形式为留存在网络空间的电磁记录,用户基于账号、密码及实名制认证,对网络虚拟财产进行一定程度地排他占有、支配和使用。网络服务平台通过限制注册数量、发行数量等方式来使得网络虚拟财产具有稀缺性。在网络虚拟财产被盗引发的用户与平台之间的服务合同纠纷中,法院结合网络服务合同中双方的权利义务内容,确立了用户和网络服务提供者均应负有虚拟财产安全保护义务的规则。在合伙、婚姻、合作关系解除后的虚拟财产分割纠纷中,法院认可了账号属于虚拟财产,符合"可估价"的特点,甚至可以作为股东的出资标的。在发生纠纷时,虽无法进行分割,但是按照该账号已产生的利润与预期利润,综合考量各个主体投入的劳动力价值,由其中一位主体享有账号使用权,并折价向其他主体给付一定金额。基于运营账号所得收益,属于共同财产,可予以分割。在商业运营中,账号以及账号所对应的昵称,如果经过使用产生一定影响的,那么,还可以作为反不正当竞争法下的商业标识获得保护。

在一些案件中,法院还认可了一些社交媒体类账号具有人身属性。人身属性主要基于账号内的内容所能反映出的账号使用主体的社交关系、个人信息、隐私等。并非所有的账号均具有人身属性,是否具有人身属性则需要进行个案分析,不能一概而论。如果账号内的内容为纯粹的工作内容,账号的使用是为了在工作上与客户进行联络,那么,即便该账号是绑定在个人的手机号码之上,其也不具有人身属性。账号使用人对其转移账号使用权、删除账号内信息所导致的账号价值贬损,则需要承担赔偿责任。如果账号内的内容与主播之间存在高度的个人关联性特征,那么,在主播违约的情况下,即便在 MCN 机构与主播之间已经约定账号归属于 MCN 机构，也不具有可执行性。

在刑事领域，司法裁判中涉及了不同类型的犯罪，第一类是侵犯财产罪，包括盗窃罪、诈骗罪、职务侵犯罪等。例如，对于窃取游戏点卡、转让账号后仍通过密码找回账号控制权、利用技术手段变更网络域名绑定邮箱从而获得域名控制权等行为，按盗窃罪论处；对于以虚构事实的方式侵占他人虚拟货币的行为，按诈骗罪论处；对于利用职务便利违规给账号添加游戏币获利的行为，按职务侵占罪论处。第二类是扰乱公共秩序罪。对于非法获取游戏账号和密码的行为、利用职务之便提前获取游戏开奖结果并进行下注的行为，按照非法获取计算机信息系统数据罪、非法控制计算机信息系统罪进行惩处。在这两个罪名被写入刑法之前，司法实践中还曾出现过第三种类型，将用户之间进行日常联系所使用的网络账号作为一种网络通信工具。被告利用职务之便侵入公司计算机后台系统篡改多个账号密码的行为，被以侵犯通信自由罪论处。

三、网络虚拟财产的权属

既然网络虚拟财产具有财产属性，且部分网络虚拟财产还具有人身属性，那么，网络虚拟财产的权利归属问题就至关重要。对此，学术界有三种观点。第一种观点认为网络虚拟财产归属于用户。该观点从功利主义理论、劳动理论和人格理论出发进行阐述。第二种观点认为网络虚拟财产归属于网络服务提供者，原因在于，网络服务提供者为网络虚拟财产的产生付出了更多的技术和经济投入，且其存续也更依附于网络服务提供者的服务。第三种观点是类型化思路，即对于网络虚拟财产的归属，不能一概而论，而是要根据网络虚拟财产的具体类型来确定归属。第三种观点更能契合网络虚拟财产的多元性与演变性这一特征。

对于虚拟货币、数字藏品、域名、网络店铺这一类虚拟财产，用户对于这一类虚拟财产的支配权较之其他类型的虚拟财产来说更大。以网络店铺为例，实际经营者对于网络店铺进行了时间、精力和金钱上的实际投入，故网络店铺作为网络虚拟财产，财产权应归属于实际进行经营的网络用户。而且，将这一类财产的所有权归属于用户，更能够为其在二级市场流通提供便利。上述类型之外的虚拟财产，鉴于其产生与存续更加依附于网络服务提供者的服务，将其所有权归属交由网络服务提供者来决定更为适当。

产业实践中，通常的做法是，对于虚拟货币、NFT，一些平台的用户协议约定网络用户享有的是所有权意义上的财产权。除此之外，对于其他网络虚拟财产，网络服务提供者普遍采取的是所有权与使用权分离的模式。用户协议写明用户只有网络虚拟财产的使用权，而所有权归属于平台。网络平台通过设定有效期、闲置账号回收、功能更新或调整、违禁账号处置等方式来实现对网络虚拟财产的管理与控制。以网络游戏为例，有的用户协议中明确写道，游戏虚拟道具是指游戏运营者提供的以电磁记录方式存储于游戏程序运行的服务器内，可实现游戏程序设定的特定功能或体现游戏程序运行的特定结果的一种服务，其可以以文字、图形或其他数字形式进行表现。游戏虚拟道具是游戏服务的一部分。

对于产业实践中采取的通过用户协议约定所有权归属的做法，司法机关一般情况下认可这种基于意思自治的权属约定。原因在于，一方面，用户注册账号的过程中，用户与平台之间已经达成合意，接受平台拟定的用户服务协议的约束，用户协议条款并未违反法律、行政法规的强制性规定，应属合法有效，具备法律约束力。另一方面，只有在平台提供服务的前提下，账号及账号内虚拟财产才能正常发挥其使用价值，发挥相应的功能和作用，故这种权属约定具有合理性。

在网络用户享有虚拟财产使用权的情况下，账号的使用权问题较为特殊。原因在于，签署用户协议的账号注册人并不一定是该账号的实际使用人，存在初始注册人和实际使用人不一致、多个主体对同一个账号进行合作经营的情况。账号内的虚拟权益是使用人通过账号这一入口进入之后方进行支配，故账号的使用权归属的界定对于解决网络虚拟财产权属纠纷至关重要。一般来说，需要结合当事人相关约定、平台性质、账号运营的结果、账号实际注册与使用情况、账号价值的贡献者等多个因素来进行确定。

由于账号使用权归属纠纷发生于账号运营主体之间，故当事人之间的约定应当是判定权属的首要因素，如主播与 MCN 公司之间就账号归属、合同解除后的账号处理的实际约定，有约定的从约定。如果合同约定了账号归属于公司，那么，主播负有变更义务。但是，如果当事人之间的约定存在显失公平的情形，那么，受损害方有权请求法院或者仲裁机构予以撤销。如果涉案账号因使用人的使用而产生了人身属性，那么，即便双方约定在合同解除后账号使用权归属于另一方，亦不能强制执行账号转让。此时，只能考虑合同的履行情况、主播的过错程度、公司前期投入给主播带来的影响力、主播的收益情况、发展前景以及 MCN 预期收益等多种因素，由违约方进行赔偿。

如果当事人之间的合同未对账号使用权归属进行约定，那么，当劳动关系或者合作关系解除之后，应根据平台性质、实名认证主体、账号是否具有人身属性以及人身属性强弱、账号注册的目的和账号运营情况、账号价值来源，按照诚信原则和公平原则，合理确定账号的归属。如果涉案网络账号已与主播个人身份信息相绑定，具有较强的人身属性，在合同解除或终止时，相关网络账号的使用权宜归属于主播个人。此时，企业一方要求实际注册账号的用户移交管理权限的，一般不予支持，但是，用户一方继续使用该账号的，负有不作为义务，即不得利用该账号曾与企业一方的关联而实施损害企业利益的行为，否则，容易引发消费者混淆，构成不正当竞争。

对于不具有人身属性或者人身属性较弱的账号，当发生账号的初始注册主体与账号的实际使用人不一致的情况时，考虑到使用者对于该账号上添附的财产权益的形成付出了劳动，将账号使用权归属于实际使用人更为恰当。如果账号使用人对于涉案账号的注册、使用、管理，均属于其履行公司经营业务的职务行为，那么，将账号归属于公司，则更为合理。如果账号的名称中包含了公司的注册商标、商号等信息，法院可能会更倾向于保护公司即商业标识专有权人的利益。

四、网络虚拟财产的流转

基于上文的分析，虚拟货币、NFT 这一类网络虚拟财产，所有权归属于用户，故原则上讲，用户可在二级市场进行转让，除非相关交易行为属于法律所禁止的行为。而其他类型的网络虚拟财产，用户仅基于用户协议而享有使用权。至于用户是否可以将其享有的使用权进行流转，亦由网络服务提供者在用户协议中进行明确。在产业实践中，存在一律禁止和附条件禁止两种做法。一律禁止指的是，禁止赠与、借用、租用、转让、售卖或者以其他方式许可非初始申请注册人使用账号及账号内的虚拟权益。附条件禁止指的是，一般情况下禁止虚拟财产流转，但是，若向平台提出申请后平台同意，或者经过司法裁判，允许虚拟财产使用权转移给其他主体进行控制。此时，经平台同意的虚拟财产流转，既包括账号变更使用权主体这种形式，也包括账号内数据整体迁移至另一账号所带来的虚拟财产流转效果。

司法实践中，存在因虚拟财产交易而产生的纠纷，一种是因用户实施账号转让行为致使账号被封禁，从而产生用户与平台之间的侵权或合同纠纷；另一种是用户与用户之间因虚拟财产交易而产生合同纠纷。在第一种纠纷中，法院需要去评价平台提供的用户协议中禁止虚拟财产流转条款是否属于无效的格式条款。通常来说，法院认可该条款的效力，用户注册账号及使用软件服务的过程中均不需支付任何对价，服务商在许可用户免费使用软件服务的同时限制用户自行转让账号，具有一定的合理性。而且，从平台治理的角度，网络虚拟财产的私下交易会对平台经营和网络安全带来不可知、不可控的影响。在第二种纠纷中，法院需要评价用户之间虚拟财产交易合同的效力。从合同相对性的角度，平台禁止虚拟财产流转条款并不能约束用户与用户之间的合同效力，但是，用户所实施的实则是无权处分行为，该合同不具有可履行性。

既然平台是网络虚拟财产的所有权人且禁止用户私自转让其网络虚拟财产使用权，那么，未经平台允许，为网络虚拟财产提供买卖、租赁交易中介服务的行为不仅损害了网络虚拟财产运营主体的合法权益，也扰乱了互联网行业市场竞争秩序。而且，这种业务模式还极可能带来更严重的违法后果。

最后值得一提的是，鉴于网络虚拟财产的权益与账号内的数据权益、账号内容之上个人信息权益产生交织，而网络用户账号又是账号内所有数据的入口，所以，从数据要素的重要性及用户对数据流通的现实需求来看，提供账号迁移服务具有必要性，能够协同实现维护网络安全和平台运营管理秩序这一目标和保障用户数据与信息权益这一目标。

五、网络虚拟财产的处分

网络虚拟财产的处分本质上是支配权的行使。网络虚拟财产的处分问题具有复杂性，第一，其具有双支配性，即平台基于所有权的支配和用户基于使用权的支配；第二，网络平台对虚拟财产的所有权与管理权相结合。在网络平台行使网络虚拟财产处分权时，需要有正当合理的依据。实践中比较常见的法律问题主要有以下四个。

第一个法律问题是平台停止服务后的虚拟财产处理问题。该问题在网络游戏领域尤为突出。2009 年，《文化部、商务部关于加强网络游戏虚拟货币管理工作的通知》中明确，"网络游戏运营企业计划终止其产品和服务提供的，须提前 60 天予以公告。终止服务时，对于用户已经购买但尚未使用的虚拟货币，网络游戏运营企业必须以法定货币方式或用户接受的其他方式退还用户"。《网络游戏暂行管理办法》（已失效）也曾规定了网络游戏停止服务时对网络游戏用户已支付对价但尚未失效的游戏服务，应当进行退还或者退换。网络游戏领域的上述规定，可为各类平台在停止服务后如何处理网络虚拟财产提供参考。在司法实践中，此类纠纷基本集中在网络游戏领域。总体来看，法院有四种处理方式。第一种做法是，要求游戏平台按玩家充值总金额予以全部赔偿；第二种做法是，要求游戏平台按照玩家充值未消耗金额予以退还，至于未消耗部分的认定，法院往往参考涉案虚拟财产的具体类型，结合获取方式、取得难度、已使用时间、可预计使用时间以及停服原因等进行综合判断；第三种做法是，基于玩家在游戏中的虚拟财产有继续使用的价值，游戏平台应酌情予以一定补偿；第四种做法是，鉴于玩家在游戏运营期间已经享受到游戏乐趣，合同目的已经实现，游戏中的虚拟财产在关服后便失去价值，不具备法定货币的价值，不可转换为法定货币。相较而言，第二种做法更合乎监管层的要求，也相对公平合理一些。

  第二个法律问题是用户账号闲置被注销后的虚拟财产处理。大部分平台在用户协议中都规定了"不活跃账户回收""闲置账号注销""休眠条款"等做法，在一定时期内用户未登录账号的，平台会采取相应的清理措施。考虑到收回措施对于网络用户的权益影响较大，账号清理会导致账号内的数据信息灭失、账号内的虚拟财产丧失，此类措施需要在用户协议中明确规定并予以显著提示，在实施清理措施前，还应当以适当方式通知用户，用户可在一定期限内采取补救措施、数据保存措施等。是否登录账号及登录账号的频次是网络用户的自主决定范畴，网络平台虽然可以在合理的范围内限制网络用户的自决权，但是，用户协议所约定的清理措施应当给予用户适当救济措施，避免其直接丧失合同主要权利。在因账号清理而产生用户与平台之间的法律纠纷时，法院会根据账号是否为免费账号、采取收回措施的目的及其合理性、收回措施对用户的影响、账号内的内容和虚拟财产情况、网络平台是否尽到了提示义务、同类型的网络平台的做法等方面来综合评判用户协议中的格式条款是否有效、平台采取清理措施是否正当。如果用户账号内存在账户余额或者存在未到期的有效业务,则不宜对其采取清理措施。

第三个法律问题是用户申请账户注销后,账号下网络虚拟财产的处理问题。在产业实践中,第一种做法是在用户协议中对账号注销后果予以写明,用户注销账号意味着自愿放弃账户系统中的所有资产和虚拟权益,包括账户余额、礼品卡余额、优惠券、现金券、积分等,账户等级、积分、权益等都将作废且无法恢复。第二种做法是账号注销后,用户放弃该账号已产生的但未消耗完毕的权益及未来的预期利益。预期利益,具体而言包括未到期的各类 VIP 会员权益、等级,尚未使用的积分、卡券、优惠券、代金券、成长值等,游戏角色下的虚拟货币、充值道具等,各类身份权益,已经购买的未到期的在线服务内容,但是,对于账户余额,用户应当在注销之前将其提取出去。第三种做法是为账号注销设定前提条件,要求平台与用户之间的权利义务已基本解除,具体条件包括:账户相关财产权益已结清、账户不存在未完结的服务、账户近期不存在交易、账户不存在进行中的违规记录、其他 App 和网站相关的账号解绑。相比之下,第三种做法能够避免纠纷,建议平台在用户注销账号时,多一些弹窗提示,使得用户明知且同意其账号注销所带来的虚拟财产使用权终止的效果。

第四个法律问题是用户去世后的虚拟财产处理。理论上的争议包括:网络虚拟财产的可继承性以及可继承的财产范围、隐私与个人信息保护对虚拟财产继承的制约、用户协议限制虚拟财产继承的条款的效力问题。在学理研究中,有观点提出了"数字遗产"的概念,该概念指向的是自然人去世之后留存在网络上的数字资产。数字资产的范畴要广于网络虚拟财产。对于个案中所涉及的数字遗产,应当进行分类讨论,认定某项数字遗产具体表现为何种财产性质,从而来确定其可继承范围以及具体继承方式。

在其他国家及地区司法实践中,对于网络用户去世后,近亲属提出的继承虚拟财产请求,有的法院以账号内的信息可能涉及账号使用者及其生前联络过的网络用户的隐私为由,拒绝原告提出的索要账号密码的请求;还有的法院要求平台方将逝者账号下的数据下载和存储到硬盘中交由其亲属;还有的法院评判继承人提出的访问逝者账号的请求是否有合法理由,进而作出是否允许继承人访问逝者账号的判决。在产业实践中,一些网络平台开通了"悼念账号""纪念账号""逝者账号保护"等机制,保留逝者账号的数据信息。还有一些平台在机制设计上,允许用户生前填写意愿,为其未来死后的账号访问权限、账号删除或保留、指定遗产代理人做出事先的安排。此外，还有第三方提供数字遗产保存、信托保管等方面的服务。对于不涉及个人属性的网络店铺、账号内的余额，继承人可申请平台办理过户手续或者依法继承。

六、网络虚拟财产的处置

网络虚拟财产的处置涉及的是用户违规后平台的处置权限，网络平台通过对用户账号实施处置行为来达到平台治理的目的，故本书第三章以"平台对网络用户账号的管理与处置"为标题。当平台与用户之间围绕虚拟财产处置产生纠纷时，法院首先审查作为格式合同的用户协议中对平台处置权限的条款的效力如何、条款是否存在表意不明的情况。提供格式条款的一方免除其责任，加重对方责任，排除对方主要权利的格式条款无效。如果表意不明，法院依据《民法典》合同编所规定的解释方法进行解释，对格式条款的理解发生争议的，应当按照通常理解予以解释。对格式条款有两种以上解释的，应当作出不利于提供格式条款一方的解释。法院接着会考察用户是不是存在违规行为以及违规的程度，平台应该提供相应的证据来证明用户实施了违规行为，如其通过算法识别、过滤发现、人工发现、用户投诉等获知用户实施了违规行为。然后，法院会考察平台的自律管理规则是否正当合理、处置措施是否合乎比例原则。网站平台作为网络服务提供者享有的管理权限，由于涉及对用户行为的约束而应当在行使时审慎有度。网站平台的管理措施存在多种形式，行为严重程度应当与处置措施的严厉程度相适应。还需要关注的是处置程序是否合乎用户协议的约定，平台是否告知用户违规依据、是否为用户提供了申诉渠道以及该渠道是否畅通、是否及时处理用户的申诉、申诉被处理之后用户可否二次申诉等问题。

账号封禁应当是最严厉的处置措施。当账号被封禁之后，对于账号内虚拟财产的处理，用户协议会作出不予返还的约定。一般来说，法院认可该约定的效力。网络服务提供者对违背诚实信用原则破坏公平交易的行为或者对于违反法律法规的规定实施的违法行为施以必要约束，这不仅是平台治理的需要，也是维护互联网良好秩序的必要。对违禁账号内的虚拟财产不予返还，带有惩戒意味，其有利于震慑违规行为，营造公平、诚信、健康的网络环境。但是，也要注意的是，平台应当对"不退还条款"尽到充分的提示义务，提前告知并设置缓冲警示等程序，谨慎适用封禁措施。平台对用户账号的处置应建立在合法、规范和适度的基础上。

一些平台会公开发布处罚公示。处罚公示是否对账号人格属性构成侵害，要看公众对其网络身份与现实身份的对应关系的知悉程度。用户在网络空间里的虚拟身份，并不直接享有法律所保护的名誉权。用户的名誉是否受到侵犯，要看其所主张的对网络空间里的身份的加害行为，是否产生了对现实身份的权益侵害。

以上为围绕网络虚拟财产而产生的六个核心法律问题。网络虚拟财产是数字时代由信息网络技术催生出的新事物。在 Web 3.0 互联网生态下，网络虚拟财产的形态更加多元。在尚无网络虚拟财产专门立法的情况下，司法机关在处理网络虚拟财产法律争议时，应当采取类型化处理、个案认定的思路。

附　录

附录一
NFT 铸造行为的法律争议及发展进路调研报告[1]

一、NFT 铸造过程及其相关要素

NFT 全称 Non-Fungible Token（非同质化通证）。NFT 的产生过程称为 NFT 的"铸造"，指在区块链初次制造和记录 NFT 的过程。铸造者多是 NFT 作品相关的创作者，抑或为数字资产铸造 NFT 的被授权者。

NFT 铸造需在区块链上完成，相关铸造平台是为希望将其数字作品铸造成 NFT 的最终用户开发的。一些专属的会员制 NFT 铸币平台，创作者必须先向这些平台申请并且获得通过，才能进行铸造。目前还有一部分铸造平台为了吸引用户，会限时向公众开放铸造功能。NFT 的大致铸造过程如下：

（1）物品数字化。

物质变成 NFT 的第一步，需要生成类似于 ID 的物品唯一标识。虚拟物品和实体物品都可以定义唯一标识，虚拟物品本身是数字化的，可以直接生成数字指纹，如果是实体物品，需要先进行数字化。

比如，一双鞋，可以用其描述信息（如生产商、生产日期、扫描文件、照片等）作为数字化内容，从而生成数字指纹。

---

[1] 本调研报告的作者为李梦雪、郭沛林。经著作权人授权收录。

（2）定义 NFT 通证。

该步骤需要根据物品数字化后的数据定义 NFT 元数据，包含 NFT 的签名信息，NFT 数字资源的存储方式等。

（3）智能合约设计和开发。

选定区块链公链，开发智能合约。需要保证虚拟物品 ID 在链上唯一。

（4）部署智能合约到区块链上完成 NFT 铸造。

目前 NFT 使用的区块链主要包括以太坊、Flow、BSC 等公链，Polygon、Ronin 等侧链。不同的链需要的智能合约实现方案不同。

以上为铸造 NFT 的大致过程，实践中会更加复杂，在链上铸币平台中创建 NFT 涉及的具体步骤包括：创建加密钱包、将钱包与平台链接、上传信息文件系统、上传数字文件、数据确认、汽油费（Gas fee）支付［根据区块链、流量水平、能源消耗量和计算能力确定的费用，支付给各节点的"矿工"（矿工即从事虚拟货币挖矿的人）］等。

NFT 的铸造、展示、流通等相关环节涉及的核心支撑要素主要包括底层标准、区块链平台和交易市场。

第一个要素是底层协议标准，NFT 底层协议标准为基于区块链的私有财产的自由转移或交易提供依托。目前常用的三种底层协议标准为 ERC-721、ERC-1155、ERC-998。

标准	特点	功能
ERC-721	非同质化通证	代表资产所有权，在该标准下，每个代币（token）都是独一无二且不可分割的，其转移过程可以被完全追踪和验证。
ERC-1155	半同质化通证	在该标准下，一个智能合约可以同时实现多个 NFT 和 FT 的转移，这就极大地提升了交易效率，并降低了交易费用。
ERC-998	可组合非同质化通证	可实现多个 NFT 和 FT 的打包交易。

第二个要素是区块链平台。目前，主流的区块链平台如下表所示：

区块链平台	特点	功能
以太坊（Ethereum）	以太坊是最大的 NFT 区块链	在以太坊上，可以拥有、获取、出售、交易、展示及创造 NFT。
福洛链（Flow）	主要针对去中心化游戏、去中心化娱乐和 NFT 领域	采用流水线设计来提升网络性能，可以有效提升网络性能、速度、吞吐量，并降低成本，从而解决网络瘫痪、拥堵等极端情况。
全球虚拟资产交易所（WAX）	采用激励机制来激励社区、在 NFT 领域占据大约三分之二以上的市场	用户可以收集、购买和销售游戏中的数字物品。
阿拉贡（Algorand）	专注于构建加速去中心化和与传统模式融合的技术	可以安全、无摩擦、规模化地铸造和交易 NFT。

第三个要素是交易市场。在以太坊平台上排名前三的 NFT 交易市场包括 OpenSea、Rarible 和 Axie Marketplace。

交易市场	特点	功能
OpenSea	以太坊区块链上的第一个 NFT 交易市场	主要针对加密收藏品，用户可以通过点对点方式购买、出售和拍卖 NFT。
Rarible	2020 年年初建立的 NFT 开源市场	用户可以在该应用市场铸造、出售和购买收藏品。
Axie Marketplace	游戏 Axie Infinity 的内部交易市场	游戏玩家可以在该市场对游戏资产 NFT 进行购买、出售或拍卖。

二、NFT 铸造可能引发的争议及风险

（一）NFT 铸造的是未获授权的作品

争议问题有二。第一，NFT 铸造者并非著作权人且未获许可。NFT 只能证明"token provenance"（通证出处），即交易存在并有源头可循，不能证明

作品本身的出处，即"artwork provenance"（作品出处）。在 NFT 平台上要发布他人作品时，需要取得作品著作权人的授权许可。但在很多 NFT 交易网站上传 NFT 艺术品时，并不需要出示权利证明文件，这便会让侵权人利用此漏洞，使用他人未授权的作品铸成 NFT 出售，从中获得利益。许多著作权人的作品被他人铸造到 NFT 中，并在他们不知情或未同意的情况下出售。相关观点包括：如没有得到作品著作权人的授权许可便发布 NFT 作品时，此行为侵害了著作权人对作品的复制、发行和信息网络传播等权利。对于著作财产权依然在保护期内的作品，著作权人有权阻止未经其允许的代币化交易。一些艺术品 NFT 交易平台设有投诉机制，著作权人发现自己的作品被他人代币化之后公开于 NFT 交易平台时，可以发通知要求移除。

第二，由于区块链的匿名性，作品著作权人无法找到具体侵权人。当著作权人知道自己的作品已经被他人制成 NFT 数字艺术品时，欲找侵权人索赔或者提出侵权之诉时，却无法找到侵权人。相关观点包括：区块链为保护交易者，所有交易者都是匿名的。因此，当著作权人明知有人在侵害自己著作权时，却又无法找到侵权人进行维权、索赔。被侵权人只能向 NFT 交易平台进行投诉，证明自己才是侵权作品的著作权人，NFT 交易平台对投诉进行审查，对侵权人可采取一系列措施，如封锁账号等。但这些惩处措施与侵权所得之利润相比，微乎其微，无法在根本上打击侵权行为。根本解决之策可能需要 NFT 平台进行一定审核，但审核的前提是国家著作权权属可信公示体系的统一建立。

（二）NFT 铸造中的盗版行为

NFT "铸币权"目前在平台不受限制，甚至可能出现多个交易平台待售的不同 NFT 共同映射同一个热门数字艺术品的情况，一些区块链用户利用平台对 NFT 作品的相似性监管不足等漏洞，在铸币时模仿现有作品，使得盗版 NFT 数量剧增。据悉，2022 年 7 月，DeviantArt（NFT 平台）开发了一项侵权保护服务，一旦检测到有 NFT 平台的作品与 DeviantArt 上的一样时，就会向原作者发送提醒，两个月的时间里，他们就检测到了 11 000 多幅疑似被盗作品。目前，一些规模较大的 NFT 交易平台之间已开始合作，为每个 NFT 标示唯一的识别码，使得一个 NFT 从一个平台转移到另一个平台时，其唯一性不会受到影响。一些交易平台还设置了一些防盗措施，如 MakersPlace 采取的是邀请制，SuperRare 每周会对艺术家进行一次审查，但这些措施似乎和 NFT 的去中心化愿景相悖。

(三) 公有领域作品"铸币权"之争

对属于公有领域作品的 NFT 铸造，是否需要事先取得权益相关人的许可，目前仍存在争议。若不需要任何人许可，且国家缺乏相应的管理制度，则理论上任何人都可以进行公有领域作品的 NFT 铸造，相关收益分配问题难以解决，且容易造成该领域的混乱。

若需要权益相关人的许可，目前法律规范层面并未进行规定，NFT 铸造人及平台没有动力获取许可。在法律未进行修改的情况下，实践中利益相关人可能包括作品原件所有人或者作品原著作权人的继承人，是否需要获得该两位权利人的许可，现分别进行分析。

对于利用公有领域作品铸造 NFT 是否需要取得现原件所有人的同意，有学者认为，不需要取得现原件所有人的同意。根据《著作权法》第 20 条第 1 款规定："作品原件所有权的转移，不改变作品著作权的归属，但美术、摄影作品原件的展览权由原件所有人享有。"作品原件所有权转移后，原件所有人仅享有展览权，此为著作财产权的一种。然而作品进入公有领域后，法律对著作财产权不再保护，人们对作品的使用可以无须经过著作权人的许可，更无须原件所有人同意，可以无偿地使用作品。因此，从著作权法角度，铸造 NFT 无须原件所有人同意。从民法上看，原件所有人对原件（特定的物）有所有权、用益物权、担保物权等权利，但其权利均限于特定原件，而 NFT 的铸造并不需要原件的参与，因此从民法角度上，铸造 NFT 无须经过现原件所有人的同意。

对于使用公有领域的作品铸造 NFT 是否需要经过原著作权人的继承人同意并付费，目前仍存在争议。对于超过著作权保护期而进入公有领域的作品，原著作权人的继承人仍拥有著作人身权，但著作财产权已不受保护。但是，可能侵犯由原著作权人的继承人享有的作品著作人身权。在 NFT 铸造时，对于已进入公有领域的作品，虽然不涉及著作财产权，但如若侵犯该作品的著作人身权，可由原著作权人的继承人提起侵权之诉。例如，将他人作品冒充自己的数字作品，侵犯了作者的署名权；对作品进行修改后代币化，侵犯了作者的修改权和保护作品完整权。若不存在侵犯著作人身权的情形，未来需考虑追续权的权利体系设计问题。我国法律并未承认追续权。追续权是指作者或者其继承人在作品首次转让后，对于后续转售后的财产增值部分享有一定比例提成的权利。目前世界上一些国家规定了追续权制度。有观点指出，NFT 铸造并非传统意义上的追续权能涵盖的内容，传统意义上，艺术家因追续权获得收益是作品原件转让获得的，通过铸造 NFT 的形式并非作品原件的转让，这并非传统意义上追续权的权利内容可涵盖。还有观点指出，追续权在 NFT 领域成为著作权人的一项意定权利。尽管我国法律并未承认追续权，但实践中，目前 NFT 平台上，NFT 铸造者会在 NFT 的后续每一次转让中获得一定收益，追续权在 NFT 领域已成为意定的一项权利。但目前追续权的行使是已经将作品铸造成 NFT 之后，并不涉及 NFT 铸币权问题。

三、美国 NFT 相关案例

（一）司法案例

本诉讼清单根据 The Fashion Law 网站的内容整理而成。[1]

1. "HERMÈS v. Rothschild" 案

在 "HERMÈS v. Rothschild" 案[2]中，原告 Hermès 是一家奢侈时尚企业，以其独特的 Birkin 手袋等产品而闻名，拥有 Hermès 和 Birkin 标志的商标权以及 Birkin 手袋设计的商业外观权。被告 Rothschild 创作了一组名为 "MetaBirkins" 的数字图像，每幅图像都描绘了一个模糊的 Birkin 手提包，并将其在四个不同的 NFT 平台上进行出售。原告认为，被告的行为涉及商标侵权、商标淡化和商标抢注，造成了消费者的误解，故诉至法院。法院经审理认为，被告的 NFT 和原告商标不具有艺术相关性。被告创作的 "MetaBirkins" NFT 具有明确的误导性，其对商标的使用也具有误导性，因为它使公众相信其涉嫌侵权的使用是由原告准备或以其他方式授权的。法院驳回了被告关于"驳回原告起诉"的动议。

2. "NIKE v. STOCKX" 案

在 "NIKE v. STOCKX" 案[3]中，被告 StockX 是一家 2016 年成立的在线转售运动鞋零售商，其于 2022 年 1 月推出了 Vault NFT 系列，其中每个 NFT 都与被告销售的实物商品相关联，具体在本案中，是耐克 Jordan 1 运动鞋。原

---

[1] From Hermès to Bored Apes: A Running List of Key Lawsuits Over NFTs, 网址为 https://www.thefashionlaw.com/from-hermes-to-bored-apes-a-running-list-of-key-lawsuits-over-nfts/。

[2] Hermes International v. Rothschild, 1:22-cv-00384, (S.D.N.Y.).

[3] Nike, Inc. v. Stockx LLC, 1:22-cv-00983, (S.D.N.Y.).

告 NIKE 认为被告制造使用 NIKE 商标的 NFT 的行为利用了 NIKE 的商誉，误导客户从而"严重抬高价格"，构成商标侵权，故诉至法院，本案尚未审结。

3. "Miramax v. Quentin"案

在"Miramax v. Quentin"案[1]中，被告 Quentin 是电影《低俗小说》的导演和剧本创作人，其于 1993 年将其对《低俗小说》的"几乎所有权利，及其在所有开发和制作阶段的所有元素"转让给了原告 Miramax，但明确保留了"剧本出版"的权利。之后，被告制作并发售了电影《低俗小说》独家场景相关的 7 个 NFT，每个 NFT 都包含 Quentin 原始手写剧本页面的高分辨率数字扫描。原告认为，被告对相关 NFT 的发行是对其拥有的《低俗小说》版权的侵权，"Quentin 团队通过非法开发、推广和分发 NFT 单方面规避其对《低俗小说》的权利进行蓄意、有预谋的短期资金掠夺"，故诉至法院，本案尚未审结。

4. "Roc-A-Fella Records v. Dash"案

在"Roc-A-Fella Records v. Dash"案[2]中，原告 RAF 唱片公司拥有说唱歌手 Jay-Z 的专辑《合理怀疑》的完整版权。被告 Dash 是 RAF 唱片公司的股东，拥有其三分之一的股份。被告准备将《合理怀疑》及其版权铸造成 NFT 并在 NFT 平台 SuperFarm 上销售，原告认为《合理怀疑》的版权归 RAF 唱片公司而非被告所有，请求法院对被告发出禁令，限制其销售涉案 NFT。法院经审理批准了 RAF 唱片公司申请的禁令，迅速阻止了 Dash 对相关 NFT 的销售。原被告最后达成了和解，和解协议澄清了 RAF 唱片公司拥有专辑《合理怀疑》的版权，RAF 唱片公司的任何股东或成员均未持有其任何权利；同时明确限制了 Dash 未来对"《合理怀疑》中的任何财产权益"的出售。

5. "Jeeun Friel v. Dapper Labs"案

在"Jeeun Friel v. Dapper Labs"案[3]中，NBA TOP Shot 是一款由 Dapper Labs 公司与 NBA 合作推出的 NFT 产品，其将各种球星的高光时刻上链并制作成 NFT。原告认为，被告出售的 NFT 实质上是一种未注册的证券，应当受美国证券法的约束，故诉至法院，本案尚未审结。

---

[1] Miramax, LLC v. Quentin Tarantino, 2：21-cv-08979, (C. D. Cal.).
[2] Roc-A-Fella Records, Inc. v. Dash, 1：21-cv-05411, (S. D. N. Y.).
[3] Friel v. Dapper Labs, Inc., 1：21-cv-05837, (S. D. N. Y.).

6. "Yuga Labs, Inc. v. Ripps et al"案

在"Yuga Labs, Inc. v. Ripps et al"案[1]中，原告 Yuga Labs 公司是广受欢迎的无聊猿（BAYC，Bored Ape Yacht Club）NFT 的发行者。被告 Ryder Ripps 使用了原告的 BAYC 商标和与原告无聊猿 NFT 相同的图像，并将其铸成新的 NFT——"RR/BAYC"NFT，并在与原告同样的平台上销售。原告认为，被告欺骗消费者购买其山寨版作品，并"试图使用'RR/BAYC'的模仿 NFT 系列取代原告的 NFT 市场来使之贬值"，遂以商标侵权、虚假广告、不正当竞争为由向法院提起了诉讼。本案尚未审结。

7. "Halston Thayer v. Matt Furie"案

在"Halston Thayer v. Matt Furie"案[2]中，被告是著名表情包悲伤蛙的创造者，其以一张悲伤蛙图片铸造了 100 个 NFT，这 100 个 NFT 代表的图片完全相同。被告将其中一个 NFT 进行拍卖，原告 Halston Thayer 以 50 万美元的价格拍下，被告同时表示，"除了正在拍卖的那个，还有 99 个代表相同图像的 NFT 由被告制作并保存，从未出售"。原告拍下涉案 NFT 几周后，被告将其余 99 个 NFT 中的 46 个免费赠送给公众，导致原告花费 50 万美元购买的 NFT 贬值至不到 3 万美元。原告主张，被告的行为是"非法、不公平、欺诈性的商业行为"，通过"误导性的广告"使得原告对涉案 NFT 的出价严重过高，遂以欺诈、虚假陈述、不正当竞争、违约、违反诚实信用原则为由向法院提起诉讼，请求法院判令被告全额返还其价款并适用惩罚性赔偿。本案尚未审结，法院并未明确表态。

（二）执法案例

1. 州证券监管机构命令虚拟赌场公司停止出售 NFT

2022 年 4 月 13 日，美国德克萨斯州和阿拉巴马州的证券监管机构要求总部位于塞浦路斯的"拉斯维加斯赌场俱乐部"停止销售承诺从元宇宙平台上的赌场利润中分成的 NFT 产品。该俱乐部的两位创始人提供了 11 111 个 NFT，以筹集资金为目的在 Decentraland 和 The Sandbox（区块链游戏平台）购买虚拟土地建造虚拟赌场，并向购买 NFT 的买家承诺其可以获得虚拟赌场的营运利润，预计每年的收益高达 81 000 美元。

---

[1] Yuga Labs, Inc. v. Ripps, 2：22-cv-04355，(C. D. Cal.).
[2] Halston Thayer v. Matt Furie, 2：22-cv-01640，(C. D. Cal.).

该营运模式类似于证券发行的行为，但 NFT 不属于货币证券，不能像证券一样受到相关规范的监管，因此州监管机构认为该营运模式应停止，发出责令其关闭的行政决定。该决定是美国行政监管部门作出的第一个与基于互联网的虚拟环境平台相关的命令。

2. 美国 SEC 对 NFT 领域展开调查

美国证券交易委员会（SEC）正在审查 NFT 创建者以及提供 NFT 交易的加密货币是否违反了 SEC 的监管规定，SEC 已经向某些 NFT 创建者和加密货币交易平台发出传票，并重点调查碎片化 NFT。碎片化 NFT 指允许多人持有并交易的一项 NFT 资产当中的一部分。此次进行审查的目的是调查 NFT 是否"像传统证券一样被用来筹集资金"。

3. 美国司法部对构成"拉地毯"欺诈行为的以太坊 NFT 项目创作者发出指控

2022 年 3 月 25 日，美国司法部指控二人在名为 Frosties（以太坊 NFT 项目）上进行洗钱活动。这二人是 Frosties 的创作者，该项目于 2022 年 1 月销售，在售完 8888 个 NFT 和获取价值约 110 万美元的收益后，两人关闭了该项目，并取走了资金。这种所谓的 NFT "拉地毯"（Rug pull 的缩写，在 NFT 行业中延伸指，在项目方或者平台卷款潜逃事件）或诈骗的行为，严重扰乱了投资市场的秩序。这是美国司法部首次指控 NFT 创作者涉嫌串谋损坏投资人利益的案件。

四、解决 NFT 争议的可能进路

第一，完善原始确权方法，平台承担一定的审核责任。首先，平台承担一定的审核责任。原始确权指在原始创作者或权利人在作品上传 NFT 平台之前，确定著作权的归属。这一审核义务一般归属于 NFT 铸造平台，平台的具体审核为实质审核还是形式审核，以及审核程度有待法律法规的进一步明确，平台的审核义务范围也有赖于国家著作权权属可信公示体系的统一建立。其次，平台通过平台规则对用户行为进行约束。平台可以通过平台规则的设置来减少侵权行为，如设置保证金制度，对 NFT 创建者（或发行商）采取实名认证制度，以强化事后追责机制，使 NFT "铸币权"被有效控制，减少 NFT 领域的侵权纠纷。

第二，强化技术手段，打击 NFT 剽窃、盗卖等行为。目前 NFT 平台上的剽窃、盗卖等行为，主要是行为人利用了 NFT 平台的技术缺陷或者监管漏洞，此问题的解决需要 NFT 平台设置防盗措施，并且需要不同 NFT 平台间加强合作，共同打击跨平台侵权盗版等行为。

第三，单独设置 NFT 铸币权或纳入追续权框架内。根据前述分析，在 NFT 铸造问题上，如果不设置权利许可，会产生较大争议和产生混乱状态，尤其是对于公有领域作品。公有领域作品原件所有人不适宜获得 NFT 铸造相关权利。从物权和著作权法理分析，作品原件所有人对 NFT 的铸造并不应有控制权。可能的权利构建或者争议解决方式有两种。路径一是新增 NFT 铸币权。公有领域作品的 NFT 铸造权利由著作权管理部门统一管理和许可，收益用于社会文化教育事业建设，可以解决公有领域 NFT 作品铸造的混乱局面。路径二是扩展追续权的权利内容，为公有领域作品著作人身权继承人增设 NFT 铸造权。根据目前主流的追续权的权利内容，是不包括 NFT 铸造的相关权利的，而由于在 NFT 领域，追续权成为著作权人的一项意定权利，适当延及公有领域作品也有一定合理之处，可以通过扩展追续权的权利内容来解决争议问题。但知识产权制度的根本理念是"公有领域为原则，知识产权为例外"，这是世界各国的共识，因此会有知识产权的保护期制度等一系列制度设计，其本质是为了限制著作权人对权利的过度支配。对于超过保护期的作品，是否有必要通过扩展追续权的权利内容而为著作权继承人设置财产性权利，可能会引起较大争议。

参考文献

陶乾："论数字作品非同质代币化交易的法律意涵"，载《东方法学》2022 年第 2 期。

袁曾："元宇宙空间铸币权论"，载《东方法学》2022 年第 2 期。

秦蕊等："NFT：基于区块链的非同质化通证及其应用"，载《智能科学与技术学报》2021 年第 2 期。

张惠彬、张麒："NFT 艺术品：数字艺术新形态及著作权规则因应"，载《科技与法律（中英文）》2022 年第 3 期。

廖晓丽、牟嫣然："我国 NFT 项目风险及合规要点"，载《中国律师》2022 年第 4 期。

邓建鹏、李嘉宁："数字艺术品的权利凭证——NFT 的价值来源、权利困境与应对方案",载《探索与争鸣》2022年第6期。

陈策:"区块链经济视域下NFT艺术品的著作权利益保护",载《中国商论》2022年第6期。

刘玉柱、李广宇:"数字藏品版权保护问题研究",载《出版广角》2022年第11期。

张烽:"NFT艺术品相关法律问题",载"数字治理研究"公众号,网址为https://mp.weixin.qq.com/s/zGvcd4tNBCCjuQpRYg4okw。

朱玮洁:"剖析NFT交易及其知识产权法律风险",载"知识产权那点事"公众号,网址为https://mp.weixin.qq.com/s/t4Gg5MjNvYSf7891ViBVYQ,最后访问时间:2023年7月27日。

附录二

平台用户协议涉及账号内虚拟财产的条款节选[1]

一、直播、短视频类平台用户协议

【爱奇艺服务协议】

《爱奇艺普通会员服务协议》

……

3.5 虚拟资产的使用规则

3.5.1 包括但不限于积分、奇豆、奇点、点播券、福利券等您通过免费或付费方式获得的，在遵守一定使用规则前提下，在我们平台进行使用的前述产品及/或服务，均属于虚拟资产；

3.5.2 虚拟资产不可兑换现金或进行转让、买卖、置换、抵押等，我们对于您所消耗虚拟资产不提供操作修改、退还；对于虚拟资产兑换的实体商品，除因爱奇艺过错导致的商品责任外，我们不予负责；

3.5.3 虚拟资产的定价、获得途径、方式、数量、使用方法、有效期限等所有内容以我们平台公布、实际展示或我们的说明为准；

3.5.4 因我们的自身发展、运营情况而自行决定停止我们的虚拟资产产品及/或服务或者我们丧失运营资格的情况下，以现金方式直接取得的虚拟资产，可以依照我们的相关规则，实现等价退款；但通过推广、营销活动等而非由现金方式直接获得的虚拟资产，不予退还或补偿。

《爱奇艺 VIP 会员服务协议》

……

第 5 条　虚拟产品

您在使用 VIP 会员服务过程中可能取得/获赠由我们提供的各种积分、卡券、优惠券、代金券、福利券、成长值等虚拟产品。前述虚拟产品仅能用于

---

[1] 本部分内容由林作丽、苏日娜整理。

爱奇艺官方渠道公布的指定用途，且有使用期限、方式等限制，不能退货、兑换现金或转让、买卖、置换、抵押等，在使用后亦不会恢复，具体使用规则请以虚拟产品的服务页面展示或说明为准。

同时，请您知悉，爱奇艺有权根据法律法规及监管政策要求、产品运营需要等原因对虚拟产品（包括但不限于会员积分、成长值等）予以定价，并根据自身产品运营需要进行变更或调整，包括但不限于虚拟产品形式、类别、取得/获赠以及使用方式、范围、规则等，并以合理的方式进行公告或通知，我们提醒您在取得/获赠或使用虚拟产品时注意查看。

【优酷视频用户服务协议】

……

[服务衍生品使用] 您理解并认可，您使用我方平台网站或我方平台账户所获得的使用记录、订阅、收藏、积分、经验值、成长值、等级、身份标识、赠券、虚拟积分商品、虚拟兑换商品、虚拟赠品、下载等衍生物，您确认对其不享有所有权（除非我方平台另有公告说明），我方许可您按照我方平台规则进行使用。我方平台在法律有明确规定的情况下承担相应的责任。

【抖音直播主播入驻协议】

……

2.6 若您通过平台依约开展网络直播活动，则您有权获得直播收益，您有权依据平台提供的提现方式和提现规则自行通过平台进行操作以提取上述收益。

【斗鱼用户注册协议、斗鱼直播协议】

……

您理解并认可斗鱼平台享有如下权利，斗鱼平台行使如下权利不视为违约，您不追究或者豁免斗鱼平台的相关法律责任：您使用斗鱼平台 1 网站或斗鱼平台账户所获得的经验值、等级、关注、订阅、头衔、电子票务、虚拟直播房间、虚拟礼物、虚拟赠品及奖励、下载以及斗鱼平台运营过程中产生并储存于斗鱼网络数据库的任何数据信息（包括对但不限于账户数据信息、直播时长数据信息、虚拟礼物数据信息、消费数据信息等）等衍生物（下称衍生物），您确认对其不享有所有权（除非斗鱼平台另有公告说明），斗鱼许可您按照斗鱼平台规则进行使用，斗鱼对上述衍生物不承担任何赔偿责任。

斗鱼有权根据实际情况自行决定收回日期，无须另行通知您亦无须征得您同意。

斗鱼直播协议第4条服务费用及结算：以你方为平台用户提供解说直播服务为前提，你方可根据我方结算要求及规则申请结算相关收益（如有）。我方就你方直播间内产生的虚拟礼物以数量为计价单位，且以一定比例为价值基准按斗鱼平台规则进行结算，作为支付给你方的服务费用。

【哔哩哔哩弹幕网用户使用协议、B币用户协议】

（1）哔哩哔哩弹幕网用户使用协议。

……

4.4.5 您理解并同意，您仅享有硬币的使用权，硬币的所有权归哔哩哔哩所有，未经哔哩哔哩书面同意，禁止以任何形式处置硬币的使用权（包括但不限于赠予、出借、转让、销售、抵押、继承、许可他人使用）。

（2）B币用户协议。

1.B币系哔哩哔哩为您提供的数字化商品，用于兑换哔哩哔哩平台上的各种虚拟产品和增值服务。

2.您知悉并理解，B币属于在线交付的数字化商品，B币的购买费用系数字化商品价格，而不具有预付款性质或者定金、储值等性质，B币购买成功后不可转让或逆向兑换（本协议另有约定的情形、因B币服务存在重大瑕疵导致您完全无法使用等哔哩哔哩违约的情形、法律法规要求必须退款的情形或经哔哩哔哩判断后认为可以退款的情形除外）。

3.您不得以营利等非个人使用目的获取/使用B币，或通过赠与、出借、转让、销售、抵押、许可他人使用等方式获取/处置B币。

4.B币和人民币的兑换比例为1∶1。B币在任何情况下都不能逆向兑换成人民币或其他法定货币，请您根据自己的实际需求购买相应数量的B币。

二、社交类平台用户协议

【知乎协议（草案）】

……

用户注册后，知乎将给予每个用户一个用户账号及相应的密码，该用户账号和密码由用户负责保管。

知乎币是专供知乎用户在知乎平台使用的虚拟币，知乎币可用于知乎平台上赞赏、购买和消费内容产品。除此之外，不得用于其他用途。知乎币一经充值成功，除法律、法规明确规定外，在任何情况下不能兑换成法定货币，也不能转让他人。用户间交易知乎币构成对本协议的违反，知乎有权不通知用户而采取适当措施，以确保知乎不为违规用户提供知乎币交易的平台服务。知乎币不支持提现功能。

【陌陌用户协议】

……

6.1. 陌陌科技将在"陌陌"平台发行虚拟货币，即陌陌币。陌陌币可用于购买"陌陌"平台的增值服务，包括但不限于虚拟礼物服务及会员服务，除此外，不得用于其他任何用途。

6.13. 用户确认并同意如用户主动注销账号，则用户已充值到账的陌陌币，购买的虚拟礼物，游戏币以及会员权益等视为自动放弃，陌陌科技不予返还相应的现金价值，也不会作出任何补偿。

【人人网用户协议】

您理解并认可人人平台享有如下权利，人人平台行使如下权利不视为违约，您不追究或者豁免人人平台的相关法律责任：您使用人人平台网站或人人平台账户所获得的经验值、等级、关注、订阅、虚拟赠品及奖励、下载以及人人平台运营过程中产生并储存于人人网络数据库的任何数据信息（包括对但不限于账户数据信息、人人游戏数据信息等）等衍生物（下称衍生物），您确认对其不享有所有权（除非人人平台另有公告说明），人人许可您按照人人平台规则在符合法律规定的情形下进行使用，人人对上述衍生物不承担任何赔偿责任。

您同意并保证，不得利用人人平台服务或其衍生物进行倒卖、转手、置换、抵押有价交易等方式非法牟利。您不会利用人人平台服务或其衍生物侵犯他人的合法权益，禁止通过网络漏洞、恶意软件或其他非法手段窃取、盗用他人的账户等。

……

4.2 服务规范

您可通过人人平台服务在人人平台上传、发布或传输相关内容，包括但不限于文字、图形、图片、声音、音乐、视频、音视频、链接等不侵犯他人知识产权或其他合法权益的信息或其他资料（下称内容），但您需对此内容承担相关的法律责任。

除非有相反证明，人人将您视为您在人人平台上传、发布或传输的内容的版权拥有人。您使用人人平台服务上传、发布或传输的内容即代表了您有权且同意，将您在人人平台上传发布或传输的全部内容（包括但不限于文字、图片、音频、视频及与本协议事项相关的任何文字、图片、音频、视频等）的全部知识产权（包括但不限于著作权、商标权等知识产权以及相关的一切衍生权利）及相关权益，自上传、发布或传输之日起即授权给人人在全球范围内、不可撤销的、免费使用。协议期内及协议期满后，您授权人人可在人人平台及其关联产品和服务上使用上述内容，以及为宣传推广之目的将上述内容许可给第三方使用。

三、互联网游戏平台用户协议

【暴雪战网最终用户许可协议】

......

第2条 所有权

A. 除授权方的游戏，暴雪是平台、暴雪制作和开发的游戏（简称暴雪游戏）、账号、自定义游戏及其所有的功能和组成部分的相关的权利、资格和利益的所有人或被许可方。本平台可能含有第三方授权暴雪的材料，如果您违反本协议，该等第三方可能向您执行其所有权的权利。暴雪拥有或被许可下述内容，但不仅限于下述内容：

i. 本平台内显示的所有虚拟内容，包括暴雪游戏，例如：

可视的组成部分：地点、美术工艺、结构的或景观设计、动画和视听效果；

叙述：主题、概念、故事和故事情节；

角色：名称、肖像、目录和游戏角色的流行语；

物品：虚拟物品（如点卡）、货币、药剂、武器、防具、可穿着物品、皮肤、喷漆、宠物、坐骑等。

ii. 通过平台或游戏发生的所有数据和对话交流。

iii. 平台或游戏所产生的所有声音、音乐乐曲和录制品、声音效果。

iv. 所有的录影、游戏重播，或游戏内比赛、对战、决斗的重播。

v. 电脑代码，包括但不限于小程序和源代码。

vi. 名字、运营方式、软体、相关文件和服务或游戏所含的其他所有作者原创作品。

vii. 所有的通行证，包括通行证名称和任何与通行证相关的 Battle Tag。所有通行证的所有使用应当有利于暴雪及运营方。暴雪及运营方不认可通行证转让。您不得购买、出售、赠与或交易任何通行证、发出购买、出售、赠与或交易通行证的要约，任何该等意图应是无效的，且会导致通行证被没收。

viii. 有关服务或游戏（包括自定义游戏）的所有个人权利，如权利的归属、某些作者原创作品的完整性权利。

ix. 创建衍生作品的权利，作为本协议的一部分，您同意不对基于平台或游戏创建任何作品，除非本协议明确规定或者暴雪在其他某些比赛规则（如暴雪玩家创作项目或本协议之修订）中另行约定。

B. 暴雪及运营方不承认任何于游戏外进行的所谓虚拟物品或内容的转让行为，也不承认任何于"现实世界"中进行的、对游戏中出现或生成内容的所谓销售、赠送或交易行为，除非上述行为已得到运营方和/或暴雪明确的书面授权或许可。因此，您不得出售游戏虚拟物品来换取"现实"货币或将此类虚拟物品与游戏外的现实物品进行交换，除非您已得到运营方和暴雪的书面许可。

C. 您在此知悉并同意，上述条款涉及与平台有关的数据信息以运营方或暴雪系统的记录为准。

【完美世界游戏用户协议】

……

第2.3条 完美世界产品和服务中的各种账号及游戏的权益（权益包括但不限于等级、元宝、钻石等游戏币/券、道具装备等，下同），是完美世界所提供的服务的一部分，其所有权归属于完美世界。用户只能在合乎法律规定和游戏规则的情况下使用，且可通过游戏行为和充值行为获准使用游戏账号下的权益。为免疑义，本协议所称用户对"游戏道具的交换/转让"均指游戏道具使用权的交换/转让，用户无权交换/转让游戏道具的所有权。

第4.4条 在无充足相反证据证明的情况下，用户账号使用权属于注册人。在没有经过完美世界允许并登记的情况下，用户不得对账号使用权进行买卖、赠与、交换、继承或任何其他形式的交易。用户不得将账号、密码、账号的身份信息等泄露或提供给他人知悉，也不得将账号出借或转让给他人使用。

【哔哩哔哩游戏中心用户协议】

……

第 6 条　游戏虚拟物品

游戏虚拟物品（或简称虚拟物品）包括但不限于游戏角色、资源、道具（包括但不限于游戏中的武器、坐骑、宠物、装备等）等，其所有权归游戏权利人，用户只能在合乎法律规定的情况下，根据游戏规则进行使用。

【米哈游原神游戏使用许可及服务协议】

……

第 5 条　游戏虚拟物品

游戏虚拟物品（或简称虚拟物品）包括但不限于游戏角色、资源、道具（包括但不限于游戏中的武器、坐骑、宠物、装备等）等，其所有权归米哈游，用户只能在合乎法律规定的情况下，根据游戏规则在游戏内进行使用。

您理解并同意，您不得将您注册的米哈游通行证账号或米哈游认可的其他账号以任何方式提供给第三方使用，包括但不限于不得以转让、出租、借用等方式提供给第三方使用。

【拳头游戏服务协议】

……

第 4 条　虚拟商品、游戏货币和购买

用户对任何方式获得的任何虚拟内容都只拥有访问或使用许可，而非所有权或任何财产权，并且是一项对个人、非排他性、不可转让、不可再许可、可撤销、有限的权利和许可。

虚拟内容：当您单击购买、赚取或赠送虚拟内容时，您只能获得访问虚拟内容的许可证。您对解锁的任何虚拟内容没有所有权，并且无法将其转让给其他人。虚拟内容没有货币价值，通常特定于游戏，您无法将虚拟内容兑换为任何类型的"现实世界"的货币。

【腾讯游戏许可及服务协议】
……

2.6 游戏账号是腾讯按照本协议授权您用于登录、使用腾讯游戏及相关服务的标识和凭证，其所有权属于腾讯。您仅根据本协议及《QQ 号码规则》《腾讯微信软件许可及服务协议》《微信个人账号使用规范》、相关账号使用协议以及腾讯为此发布的专项规则享有游戏账号的使用权。您不得将游戏账号以任何方式提供给他人使用，包括但不限于不得以转让、出租、借用等方式提供给他人作包括但不限于直播、录制、代打代练等商业性使用。否则，因此产生任何法律后果及责任均由您自行承担，且腾讯有权对您的游戏账号采取包括但不限于警告、限制或禁止使用游戏账号全部或部分功能、删除游戏账号及游戏数据及其他相关信息、封号直至注销的处理措施，因此造成的一切后果由您自行承担。

2.7 在腾讯游戏提供游戏账号注销功能情形下，如您需要注销游戏账号，可按照该游戏官方提供的账号注销指引进行操作，并应保证满足游戏官方公布的有关游戏账号注销的相关条件，同时同意游戏官方公布的游戏账号注销协议和其他有关规则。

同时也特别提示您，如您注销游戏账号的，该游戏账号下的游戏虚拟道具及其他增值服务（为描述方便，以下也统称游戏收益）也将会被清除。据此，在您注销本游戏账号前请您确保已妥善处理该游戏账号下的游戏收益或相关的游戏收益已结清。一旦您注销本游戏账号，如届时该游戏账号下还存在游戏收益的（包括但不限于在本游戏使用期间已产生但尚未失效或未使用的游戏虚拟道具及其他游戏增值服务，及未来可能产生的游戏收益），视为您自愿放弃该等游戏收益，腾讯有权对该游戏账号下的全部游戏收益做清除处理，因此产生的后果由您自行承担。前述游戏收益包括但不限于：游戏会员权益、等级；与游戏角色成长升级相关的所有数据（包括但不限于经验值、荣誉值、声望值、称号等）；尚未使用的游戏虚拟道具（如卡券、金币、钻石及其他等）；已经购买但未到期或未使用完的其他增值服务；已产生但未消耗完毕的其他游戏收益或未来预期的游戏收益等。

4.8 您充分理解并同意：游戏虚拟道具及其他游戏增值服务等均是腾讯游戏服务的一部分，腾讯在此许可您依本协议而获得其使用权。您购买、使用游戏虚拟道具及其他游戏增值服务等应遵循本协议、游戏具体规则的要求。

同时，游戏虚拟道具及其他游戏增值服务等可能受到一定有效期限的限制，即使您在规定的有效期内未使用，除不可抗力或可归责于腾讯的原因外，一旦有效期届满，将会自动失效。比如，相关游戏虚拟道具及其他游戏增值服务没有标明使用期限，或者标明的使用期限为"永久"或其他具有与"永久"相同或类似意思的内容的（如"无限期""无限制"等），则其使用期限为自您获得该游戏虚拟道具或其他游戏增值服务之日起至该游戏终止运营之日止。

您充分理解并同意：为更好地向用户提供腾讯游戏服务，腾讯有权对游戏相关内容（包括但不限于游戏虚拟道具的设计、性能及相关数值设置等）作出调整、更新或优化。

【畅游用户协议】

……

用户使用畅游网络游戏平台和畅游网络游戏的行为限制。

用户使用畅游网络游戏平台及畅游网络游戏，除应遵守法律、法规的规定外，并应遵守本用户协议，以及畅游发布的其他有关用户行为的相关规定，如用户有违约情形的，畅游有权依据本用户协议采取相应措施，包括但不限于暂停、终止用户账号或直接删除账号或其他中止或终止对用户提供部分或全部服务的行为，畅游不承担因此给用户带来的任何损失。

为了保证畅游服务器空间不被浪费，保证畅游所提供服务的质量，用户应当保证持续登录或使用畅游网络游戏。如果用户注册账号后，出现连续180天未登录或使用畅游网络游戏平台和或畅游网络游戏的情况，畅游有权在提前通知用户且用户仍不登录或使用畅游网络游戏平台和或畅游网络游戏的情况下对该用户账号采取处理措施。畅游的处置措施包括但不限于，清除该用户在畅游网络游戏平台及数据库中的全部记录（包括但不限于角色信息、等级物品、点卡、积分信息等）、冻结或删除该用户账号。用户账号被删除时，其账号所有资料及记录将被同时删除。对于连续180天未登录或使用畅游网络游戏平台和或畅游网络游戏而导致账号被冻结或删除的用户，畅游将不予任何赔偿或补偿。

如因用户违反本用户协议的规定导致其注册账号被删除的，用户无权要求畅游返还其账号中剩余点数对应的人民币价值。

用户须知：公平游戏是享受游戏的前提，正如每一个人都知道的，任何程序都存在 BUG，虽然我们尽力解决已知的 BUG，但是不能排除其他 BUG 存在的可能性。作为游戏玩家，应该能够在发现 BUG 时主动向 GM 汇报。严禁利用任何 BUG 进行非正常性的获利，这些获利包括但不限于获得额外的经验值、道具物品等。一经发现，GM 将有权对该玩家处以监禁处罚，甚至关闭账户。玩家应该不参与以真实货币或物品进行的虚拟货币或虚拟物品的交易行为，更不能对利用游戏漏洞产生的虚拟物品或虚拟货币进行交易及使用，我们将不对这一类交易中产生的任何问题进行支持或者保障，同时将对游戏造成的影响采取必要的保护措施，如删除物品等，这些行为要求还包括以真实货币购买游戏账户等。

【360 游戏服务及许可协议】

……

5.6 您所注册 360 游戏账号的所有权归 360 所有。注册申请通过后，您将拥有该账号的使用权。360 有权根据法律规定、监管部门的要求以及经营需要而收回您所使用的账号。

5.7 如您所设置的账号违反法律、法规或 360 关于账号名的管理规定或存在其他可能被他人非法使用等异常情形的，360 有权对该账号作出暂停使用、通知改正、停止服务，直至根据情况注销账号等处理，且不承担任何法律责任，并向主管机关报告，由此导致的不利后果，包括但不限于通信中断、资料和内容清空等不利后果由您自行承担。

5.8 未经 360 同意，您不得实施任何赠与、共用、借用、租用、购买、转让或出售账号，或其他商业利用等行为。如您违反此约定，360 有权对该账号作出暂停使用、通知您改正、停止服务，直至根据情况注销账号等处理，且不承担任何法律责任，由此导致的不利后果由您自行承担。

5.9 您应及时、准确的提交注册资料，并不断更新注册资料。您应当对所提供的资料的真实性、准确性、合法性和有效性承担全部责任。如果因注册信息不真实、冒用他人名义注册账号等引起的问题，由您自行承担责任，360 不承担责任。如因您的原因给 360 或任何第三方造成侵权或损害的，您应当承担赔偿责任。

5.10 您应当为您账号下的一切行为负责，因您行为而导致的您自身或其他任何第三方的任何损失或损害，360 不承担责任。您有义务妥善保存您的账号和密码，并请您不要向任何第三方透露账号或密码信息。如出现或怀疑账号和密码遭到他人使用,请尽快通知 360,以免您的利益受到损失。您完全理解并同意,任何因您自身过错(包括但不限于转让账号、与他人共用、自己泄露等)或您所用计算机或手机终端感染病毒或木马,导致账号密码泄露、遗失或其他损失后果均由您自行承担,360 不承担任何法律责任。

5.11 您如果发现任何非法使用您账号或账号出现安全漏洞的情况,您应立即通告 360。

5.12 如您注册账号后连续一年内不登录账号,为避免资源浪费,360 可选择不经您的同意收回该账号,因此带来的损失将由您自行承担。在删除您的账号前,360 将尽合理努力以双方约定或您同意的方式通知您。

6.9 360 为您提供本服务时,您可根据需要使用或购买游戏道具、游戏装备、游戏币等,360 在此许可您依本协议而获得其使用权。但请您注意:您购买、使用游戏道具、游戏装备、游戏币等应遵循本协议、游戏具体规则的要求;游戏道具、游戏装备、游戏币等一经购买或消耗,除非法律、规定或另有约定,360 将不会退还已支付的费用,同时,游戏道具、游戏装备、游戏币等可能会受到一定有效期限的限制,即您在规定的有效期内未使用,除不可抗力或可归责于 360 的原因外,一旦有效期届满,将会自动失效。同时,360 如需退款或同意退款的,有权决定是否、何时、以何种方式向您退款。在该种情况下,您应补偿支付时使用信用卡、手机等支付渠道产生的费用,360 游戏有权在返还您的资费中直接扣收。360 在服务提供过程中赠送的充值金额、虚拟货币、虚拟道具等,不予退款或变现。

6.10 为更好地向您提供 360 游戏服务,360 游戏中的任何内容或构成元素可能做出调整、优化、升级、替换、删除访问权(包括但不限于您购买或正在使用的角色、游戏装备及其他游戏道具的美术设计、性能及相关数值设置)等,您对此予以同意,并不会因此追究 360 的任何法律责任。

6.15 360 游戏可能因服务器故障、游戏软件 BUG、版本更新缺陷、第三方病毒攻击或其他任何因素导致游戏无法正常进入或您的游戏角色、游戏道具、游戏装备及游戏币等账号数据发生异常。360 将在该等情况下,积极予以维护或核查,在异常未得到解决或查明前,360 有权暂停游戏的运营或冻结您的游戏账号,对此,您予以理解,360 无须向您承担任何责任。

6.16 不同操作系统之间存在不互通的客观情况,该客观情况并非 360 造成,由此可能导致您在某一操作系统中的充值和游戏数据不能顺利转移到另一操作系统中。由于您在不同系统进行切换造成的充值损失和游戏数据丢失风险应由您自行承担,360 对此不承担任何责任。

6.18 您可以购买 360 所提供的各种虚拟物品,不限于金币、银两、道具、装备等,除 360 游戏指定的官方交易平台或方式外,360 不认可您通过未经授权的第三方、线下交易所、接受赠与或其他方式获得的游戏账号、游戏道具、游戏装备、游戏币等,您通过前述方式所获得的游戏虚拟物品将被认定为来源不符合游戏规则。如您因进行线下交易行为发生的任何问题、纠纷,包括但不限于被虚假交易信息诈骗金钱或者游戏虚拟物品的,均与 360 无关,您将自行负责,360 不负责赔偿或追回因受骗造成的损失。

6.19 由于地方网络问题、个人操作问题等非可归责于 360 的原因导致的角色被删或回档、虚拟物品或金钱的损失,360 游戏无须向您承担任何责任。

9.2 您可以随时通过 https://gm.game.360.cn/联系客服终止您的游戏权限或账户。如果您终止游戏权限或账户,您仍有义务支付与终止前发生的资源使用相关的所有未付费用(如有)。在您的账户或资源被终止后,我们可能会从该账户中删除所有的附加功能,您无权获得任何退款或补偿。

9.3 不管由于任何原因终止本服务,您应采取相应的措施自行处理游戏及游戏平台上的虚拟物品(但 360 游戏不支持账号、装备等的私下交易、不支持非法的虚拟货币反向兑换)。您不得因终止服务而要求 360 游戏承担除您已经购买但尚未使用的游戏虚拟货币外任何形式的赔偿或补偿责任,包括但不限于因不再能继续使用游戏账号、游戏内虚拟物品等而要求的赔偿。

【微软 Xbox 虚拟商品和数字商品】[1]
……

游戏货币或虚拟商品:Xbox 服务可能包括某种虚拟的游戏货币(如黄金、硬币或积分),如果您在居住地已达到了"成人"年龄,便可以使用实际货币从 Microsoft 或代表 Microsoft 购买此类货币。Xbox 服务还可能包括虚拟的数字物品或商品,可以使用实际货币或游戏货币从 Microsoft 或代表 Microsoft

---

[1] 微软服务协议,https://www.microsoft.com/zh-cn/servicesagreement/default.aspx,生效日期:2022 年 8 月 15 日。

购买获得。游戏币和虚拟商品绝对无法从微软或其他方兑换实际货币工具、商品或其他货币价值的物品。除仅在 Xbox 服务内使用游戏货币和虚拟商品的有限、个人、可撤销、不可转让且不可分许可的许可外,您对于出现在 Xbox 服务中或源自 Xbox 服务的任何此类游戏货币或虚拟商品,或与该服务使用有关的或存储在 Xbox 服务内的任何其他属性没有任何权利或所有权。Microsoft 可随时自行决定在适当时调整、控制、修改和/或消除与任何一个或多个 Xbox 游戏或应用相关的游戏货币和/或虚拟商品。

数字商品:Microsoft 可能会通过 Microsoft Groove、Microsoft 电影和电视、Microsoft Store、Xbox 服务和任何其他相关及未来的服务(如果在中国提供以及在中国提供时),允许您以数字形式获取、收听、观看、播放或阅读(视情况而定)音乐、图像、视频、文本、书籍、游戏或其他材料(如果可用)(以下简称数字商品)。数字商品只能用于个人和非商业娱乐用途。您同意不再分发、广播、公开执行或公开显示或转让数字商品的任何副本。数字商品可能由 Microsoft 或第三方所有。在所有情况下,您了解并承认,您拥有的与数字商品相关权利受这些条款、著作权法的使用规则的限制。您同意不会出于任何原因尝试修改通过任何服务获取的任何数字商品,包括以掩饰或更改数字商品的所有权或来源为目的。Microsoft 和/或数字商品的所有者可能会不时地从服务中删除数字商品,而不会发出任何通知。

Microsoft 礼品卡条款和条件:如果你违反此协议的条款,我们将对你采取视为合适的任何措施,包括暂停或终止对你的 Microsoft 账户或你账户中的任何余额的访问权限,或你购买/兑换礼品卡、购买产品的权利。在暂停期间,除了损失可能在暂停期间到期的任何促销性价值之外,您不会损失账户中的资金。对于因任何原因而在暂停期间到期的任何促销性价值,我们不会在您的 Microsoft 账户中记账。如果我们关闭您的 Microsoft 账户,我们将在法律要求的范围内退还给您任何剩余余额。但是,我们不会退还任何促销余额。如果你有尚未兑换的礼品卡,你将无法将此礼品卡兑换到 Microsoft 账户,我们也不会退还此礼品卡的费用。这些规则遵从 Microsoft 偶尔实施的某些额外条件。如果需要退款,我们将保留扣除您账户中的任何余额以弥补我们遭受的任何损失的权利。如果您自愿关闭 Microsoft 账户,除非我们出于善意怀疑您的 Microsoft 账户出现欺诈或滥用情况(在此情况下您可能不会获得退款),否则我们会按照 Microsoft 可能不时制定的某些条件,在法律要求的情况下向您退还您账户中剩余的任何余额，但不会退还任何促销余额。

四、NFT 平台用户协议

【NFTCN 平台服务协议】

……

● NFT 所有权

……

（二）交易分类

1. 用户通过 NFTCN 平台发布的作品类型有数字作品、数字许可作品、数字衍生品三种类型。

2. 数字作品：数字作品在交易完成后，用户即享有对该数字作品进行占有、使用、转让、处分的权利，但数字作品的知识产权仍由作品知识产权的权利人拥有。数字作品的知识产权并不因数字作品的交易行为而发生任何转移或共享。NFTCN 平台将会提供数字作品在线展示的服务，用户可以进行学习、研究、欣赏、收藏。同时用户可以转让、处分持有的数字作品。除上述使用目的，数字作品持有者不得将数字作品用于任何其他目的。除另行取得拥有数字作品知识产权的权利人书面同意外，数字作品持有者不得将数字作品用于任何商业用途。

3. 数字许可作品：数字许可作品在交易完成后，用户将获得该数字许可作品进行占有、使用、转让、处分的权利，同时取得著作权人全球范围内永久性的著作权使用许可授权，该许可为非排他性的、可转让的、不可转许可的权利。但数字许可作品的知识产权仍由作品知识产权的权利人拥有。数字许可作品的知识产权并不因数字许可作品的交易行为而发生任何转移。

4. 数字衍生品：数字衍生品包括经艺术家亲笔签名或限量发行的专供收藏和欣赏的版画，印有艺术家代表作品的文具、生活用品、服装、饰品以及与艺术元素相结合的具有收藏价值的虚拟或实物产品等。数字衍生品在交易完成后，用户即享有对该数字衍生品进行占有、使用、转让、处分的权利，但数字衍生品的知识产权仍由作品知识产权的权利人拥有。数字衍生品的知识产权并不因数字衍生品的交易行为而发生任何转移或共享。NFTCN 平台将会提供虚拟数字衍生品在线展示的服务，用户可以进行学习、研究、欣赏、收藏。同时用户还可以转让、处分持有的数字衍生品。除上述使用目的，数字衍生品持有者不得将数字衍生品用于任何其他目的。除另行取得拥有数字衍生品知识产权的权利人书面同意外,数字衍生品持有者不得将数字衍生品用于任何商业用途。

【灵稀数字藏品用户服务协议】

……

● 数字藏品服务说明

……

1. 数字藏品权属

(3)您知悉并同意,数字藏品的知识产权由发行方或原藏品权利人享有。除另行取得发行方或原藏品权利人的同意外,您不得将数字藏品用于任何商业用途。

(4)基于区块链的加密和不可篡改的特点,您成功购买、领取或获赠数字藏品后,您的购买、领取或获赠信息将记录在智臻链中,作为您持有该数字藏品的凭证。

(6)数字藏品购买、领取或获赠成功后,您有权基于非商业、非营利目的,通过小程序在具体业务场景界面使用对应数字藏品的展示、学习、研究、欣赏以及收藏等服务,不得用于任何其他目的;同时严格禁止您利用数字藏品进行炒作、场外交易或以任何非法方式使用,小程序保留随时根据法律法规及业务变更对服务进行调整的权利。

【蚂蚁链数字藏品平台用户服务协议】

……

● 账户所有权

……

2.4 您的账户仅限您本人使用。除法律法规或平台规则另有规定,您不得将您的账户以任何方式进行转让、出借或出售。

● NFT 转让

……

3.2.1 在平台规则或平台功能允许的情况下,您可以将所持有的数字藏品无偿转赠给平台的其他用户。您理解并同意,一旦发起转赠操作将无法撤销,且转赠成功后,与数字藏品相关的权利将同步且毫无保留地转移至受赠人。

● NFT 权属

……

4.1.3 基于区块链技术的特性,数字藏品具有加密和不可篡改的特点。一旦上链,数字藏品元数据中的创作者、创作时间和上链时间、购买者等信息,在链上无法篡改。您购买相关数字藏品后,您的购买者信息将记录在数字藏品的元数据中,作为您持有该数字藏品的权利凭证。

……

4.1.7 您理解并同意,数字藏品的版权由发行方或创作者拥有。除另行取得版权权利人书面同意外,您不得将数字藏品用于任何商业用途。除平台规则或平台功能允许外,您获得的数字藏品应仅用于自身收藏、学习、研究、欣赏和展示目的,不得用于任何其他目的。

【数字艺术电商平台服务协议】

……

● 账户转让

由于用户的账户关联用户个人信息和数字艺术品的所有权,仅当有法律明文规定、司法裁定或经唯艺数字审查同意,并符合数字艺术电商平台规则规定的用户账户转让流程的情况下,您可进行账户的转让。您的账户一经转让,该账户项下权利义务(特别是数字艺术品的归属)将一并转移。除此之外,您的账户不得以任何方式转让,否则数字艺术电商平台有权追究您的违约责任,且由此产生的一切责任均由您承担。

● NFT

您理解并同意,您购买的数字艺术品受制于首发方在详情页公示的活动规则和权利描述,且您理解,除非数字艺术品权利人事先书面同意,您不得将数字艺术品用于任何除转让外的商业目的。为避免歧义,受制于首发方在详情页公示的活动规则和权利描述,您购买的数字艺术品不能获得作品的全部知识产权,也可能存在不得转卖、不得赠与、不得合成等权利限制。

五、虚拟货币用户协议

【OKX Web3 生态系统服务条款】

虚拟货币交易平台欧易 OKX《OKX Web3 生态系统服务条款》在"关键

定义和解释规则"中指出：

……

1.1.5 "数字资产"是指可以（i）中心化或去中心化，（ii）封闭式或开源式，以及（iii）用作交换媒介和/或价值存储的任何基于计算机网络加密协议的数字资产（也称为"可兑换虚拟货币""虚拟资产""加密货币"或"数字商品"）。此外，数字资产以单位表示；能够在点对点的基础上有条件或限制，或无条件或限制的进行转移、存储和交易；并经 OKX 不时批准用于与交易所有关的用途。为避免异议，任何数字资产：(x) 在与另一个数字资产或任何侧链相关的区块链之上的任何附加层上转移；(y) 是另一种数字资产的衍生产品，具有补充或与另一种数字资产交互的增强特性或功能；将被视为与该等其他数字资产不同的数字资产，其与服务相关的使用将受到 OKX 的批准。数字资产还包括 NFT 和其他数字藏品。

在"使用要求"中指出：

……

3.1 与数字钱包的连接。您理解并同意，为使用和访问 OKX Web3 生态系统平台，您应连接 OKX Web3 钱包等数字资产钱包。您对进入系统后与您的数字资产钱包相关或相关联的全部活动和事件负责，并承担此钱包地址的任何全部行动和行为所直接或间接引起的一切责任。

3.2 公钥和私钥。为保护您的钱包以及使您的钱包能够存储数字资产，您应使用私钥。您还需要确保您私钥的安全。

在"风险披露"中指出：

……

4.1 数字资产交易涉及重大风险，使用我们的 Web3 生态系统服务也存在风险。在本条中，我们列出了以下某些风险的非详尽清单。该等风险以及现在或将来产生的额外风险可能是巨大的，且可能具有破坏性。因此，您在开始使用之前，应根据您的财务状况仔细考虑使用我们的任何服务是否适合您。您在开始使用我们的服务之前，还应就您特定的财务状况寻求专业建议。最后，因为本条款可能不时进行更新，请确保您查阅本条款的最新版本。

……

4.3.2 不是存款。DApp 服务提供商或聚合器持有的数字资产不是"存款"，并且也不是旨在作为适用法律下的任何其他受监管产品或服务所持有。

4.3.3 无法定或监管保护。与其他类型的资产（包括法定货币和证券）相比，任何数字资产交易可能不适用任何政府或监管机构设立的任何投资者赔偿基金项下的索赔权；此外，任何 DApp 服务提供商或聚合器持有的数字资产可能不是受保护的存款，也可能不受任何相关司法管辖区的任何存款保护机制的保护。因此，与法定货币、证券和其他资产类别和类型相比，数字资产的保护级别和类型可能有所降低。

……

4.9.1 数字钱包风险。您有责任提供必要的设备和软件以使用任何数字钱包，包括任何硬件和软件保护机制和协议。在没有所需设备或软件的情况下尝试访问我们的 Web3 生态系统和服务可能会导致永久性损失。对可能发生的任何该等损失，OKX 不承担任何责任。

【币安使用条款】

虚拟货币交易平台——币安（binance）《币安使用条款》在"定义"中指出：数字货币：指基于区块链技术和加密技术产生的，以去中心化形式发行、管理的，有一定价值的加密令牌、数字令牌或加密货币。数字资产：指数字货币、前者的衍生产品或其他种类的、有一定价值的电子化资产。

在"币安账户注册和要求"中指出：

币安一直致力于维护用户委托资金的安全，并对币安服务实施了行业标准保护。但是，个别用户的行为会产生风险。您同意将您的访问凭证（如用户名和密码）视为机密信息，不将此等信息透露给任何第三方。您亦同意独自负责采取必要的安全措施来保护您自己的币安账户和个人信息的安全。

您应独自负责保管您的币安账户和密码，同时对币安账户下的所有往来活动负责，币安对经授权或未经授权使用您的账户凭证造成的任何损失或后果概不承担任何责任，包括但不限于信息披露、信息发布、通过点击网站同意或提交各种规则和协议、在线续展协议等。

在"责任"指出：

1. 保证免责声明

在适用法律允许的最大范围内，币安服务、币安的材料以及由币安或代表币安提供的任何产品、服务或其他项目均是在"现状"和"可用"的基础上提供的，同时币安明确放弃，您亦放弃，所有任何种类的其他保证，无论是明示的还是默示的，包括但不限于对于适销性、特定用途适合性、所有权或不侵权的保证，或者因履行过程、交易过程或交易中使用而产生的保证。在不限制上述规定的情况下，币安对网站、币安服务或币安材料的准确性、完整性、可靠性、有效性、无错误或无病毒或其他有害成分不做任何声明或保证。币安不保证任何订单会被执行、接受、记录或保持未完成状态。除本使用条款规定的明确声明、协议或规则外，您在此确认并同意，您在使用和获取币安服务方面没有依赖任何其他书面或口头声明或协议。在不限制上述规定的情况下，您特此理解并同意币安对以下原因引起的或与之相关的任何损失或损害概不负责：（A）数字资产价格数据的不准确性、缺陷或遗漏；（B）此类数据传输中的任何错误或延迟；（C）此等数据的中断；（D）币安的定期或不定期维护，以及由此产生的服务中断、服务变化；（E）其他用户的行为、不作为或违反本使用条款的行为造成的任何损害；（F）其他第三方的不法行为或非币安授权行为造成的任何损害；以及（G）币安发布的免责声明、币安平台规则中提及的其他免责事项。如果被您居住的司法管辖区的适用法律所禁止，则本使用条款所载默示保证免责声明可能不适用。

2. 损害免责声明和责任限制

在适用法律允许的最大范围内，币安、其隶属机构以及各自的股东、成员、董事、高级职员、雇员、律师、代理人、代表、供应商或承包商在任何情况下均对因币安服务、币安服务的任何履行或不履行或由币安及其隶属机构提供或代表币安提供的其他产品、服务或其他项目引起的任何附带、间接、特殊、惩罚性、后果性或类似的损害或责任（包括但不限于数据、信息、收入、利润或其他业务或财务利益的损失）概不负责，无论是根据合同、法规、严格责任还是其他理论，即使币安已经被告知存在损害的可能性，除非最终司法裁定此等损害是因币安的重大过失、欺诈、故意不当行为或故意违法行为造成的。一些司法管辖区不允许排除或限制附带或后果性损害，因此上述限制可能不适用于您。尽管有上述规定，在任何情况下，币安、其隶属机构及其各自的股东、成员、董事、高级职员、雇员、律师、代理人、代表、供应商或承包商因币安或其关联方提供或代表币安或其关联方提供的服务、服务的任何履行或不履行，或任何其他产品、服务或其他项目而产生的责任，无论是根据合同、法规、严格责任还是其他理论，均不会超过在引起责任索赔的事件发生之前的十二个月内您根据本使用条款支付给币安的费用金额。

【火币平台用户协议】

虚拟货币交易平台——火币（Huobi）在《Huobi 平台用户协议》中约定：……

14. 责任和赔偿

您理解并同意，对于以下任意一项内容，我们不承担任何责任，而由您全权负责：（i）收入损失。（ii）交易利润损失。（iii）合同损失。（iv）业务中断。（v）与货币相关的损失。（vi）信息或数据丢失或损坏。（vii）丧失机会。（viii）数字资产的价格或价值损失。（ix）购买服务范围之外产品和服务所产生的费用。（x）软件、硬件、互联网连接出现任何故障以及由此产生的任何失真和延迟。（xi）由任何侵权（包括疏忽）和/或违反合同或任何其他原因引起的任何间接、特殊或附带损失或损害，不论我们是否可以合理预见该等损失或损害，也不论我们是否提前得知可能发生该等损失或损害。（xii）您在使用服务时可能感染的任何恶意程序，如病毒或木马。（xiii）链接到本网站的第三方网站的信息、产品或业务。（xiv）平台上任何信息或技术在其有效性、准确性、正确性、可靠性、质量、稳定性、完整性、及时性、适用性（包括特定用途）、无错误、无遗漏和一致性方面产生的损失。（xv）我们计算平台交易时出现的错误。（xvi）下列损害：（a）对您的商誉或声誉造成的损害；（b）当我们有合理理由认为您在平台上的交易和/或行为可能涉及任何非法活动或违反本协议时，对您造成的损害；（c）通过服务购买或获取数据、信息或数字货币而产生的任何费用或损失造成的损害；（d）因您对服务的误解而产生的；和/或（e）由与服务相关但不能归咎于我们的任何其他损失造成的损害。

14.1 责任范围

尽管本协议有任何规定，我们对您的责任不超过您从产生责任的事件发生前 3 个月开始到相关事件发生时为止的时间内发生的总成本。

我们不放弃本协议中未提及的任何权利，并在适用法律允许的最大范围内限制、免除或抵消我们的损害赔偿责任。

如果您与使用服务的一个或多个用户（我们除外）发生争议，您同意我们、我们的关联方、服务供应商及其各自的任何高级职员、董事、代理人、合资企业、员工和代表均不对该等争议引起的或以任何方式与该等争议相关的任何类型或性质的任何（直接或间接的实际和后果性）索赔、要求和损害负责。

14.2 赔偿

因您违反本协议和/或我们执行本协议或您违反任何法律、法规或条例或您侵犯任何第三方的权利而引起的或与之相关的任何索赔、要求和损害导致合理产生任何相关费用（包括律师费和任何监管机构征收的任何罚款、费用或罚金）的，您同意向我们、我们的关联方、服务供应商以及各自的高级职员、董事、代理人、员工和代表提供赔偿。

【Flexpool 使用协议】

Flexpool 不是一个打算用于长期存储加密货币硬币的加密货币钱包。所有加密货币挖掘平台都存在一定程度的被黑客攻击或攻击的风险，这可能导致一定数量（甚至全部）被挖掘的加密货币的损失。

您同意通过要求定期支付已确认的奖励来降低风险，并同意提供任何必要的合作。Flexpool 不对任何未支付的奖励负责。Flexpool 可以对三个月以上的未付奖励收取费用或利息。

Flexpool 为矿工们提供了自动交换功能，这使得他们可以使用直接挖掘的本地加密货币以外的其他加密货币获得支付。尽管 Flexpool 将尽力使用最好的转化率结算付款时，最终转化率仅由 Flexpool 决定。如果转换率被认为低于市场利率，Flexpool 没有义务补偿利率差异。Flexpool 为这项服务收取额外的服务费，Flexpool 并不保证本网站或平台将始终可用或不间断使用。Flexpool 可能会以任何理由暂停或撤回或限制本网站或平台的全部或任何部分的可用性。Flexpool 将尽力给用户合理的通知。

如果用户未能遵守本使用条款，Flexpool 可自行决定认为用户违反了本使用协议，并可在不通知用户的情况下采取以下全部或任何行动：（a）立即、暂时或永久撤销用户对本网站的使用权；（b）向用户发出警告；（c）对用户提起法律诉讼，要求用户赔偿因违约而造成的所有费用（包括但不限于合理的行政和法律费用）；（d）对用户采取进一步的法律行动；和（e）在必要时或依法向行政执法机关披露信息。

附录三

平台用户协议涉及账号管理的条款节选[1]

一、社交类平台（微信、QQ、微博、豆瓣、脉脉）

本书选取了微信等5家社交平台的6份服务协议《腾讯微信软件许可及服务协议》《QQ软件许可及服务协议》《QQ号码规则》《微博服务使用协议》《豆瓣使用协议》《脉脉服务协议》（2023年3月20日有效），其中有关账号注册条件、账号权属、用户交易账号、账号变更与注销的主要条款如下：

（一）账号注册条件

	条款内容
腾讯微信软件许可及服务协议	6.2 你在注册账号或使用本服务的过程中，需要提供一些必要的信息。例如：为向你提供账号注册服务或进行用户身份识别，需要你填写手机号码；附近的人功能需要你同意使用你所在的地理位置信息；手机通讯录匹配功能需要你授权访问手机通讯录等。若国家法律法规或政策有特殊规定的，你还需要提供真实的身份信息。若你提供的信息不完整，则无法使用本服务或在使用过程中受到限制。 7.1.1 你在使用本服务前需要注册一个微信账号。微信账号可通过手机号码进行注册，并绑定注册手机号码。或者你可以通过已有的微信账号辅助注册新微信账号。你可在注册成功后绑定QQ号码、邮箱账号。如你使用邮箱账号进行绑定，请你使用未与微信公众平台账号绑定的邮箱账号。在符合平台规则的前提下，你可以更换绑定的手机号码。腾讯有权约定通过已有的微信账号辅助注册新微信账号需满足的前提条件，用户利用同一身份不得注册超过合理数量的账号。 腾讯有权根据用户需求或产品需要对账号注册和绑定的方式进行变更。无论你通过本协议约定的何种方式注册微信账号，关于你使用账号的具体规则，请遵守《QQ号码规则》《微信个人账号使用规范》、相关账号使用协议以及腾讯为此发布的专项规则。

---

[1] 本部分内容由金燕佳、孙婧怡整理。

续表

	条款内容
QQ 软件许可及服务协议	7.2 您在注册账号或使用本服务的过程中，可能需要填写一些必要的信息。若国家法律法规（本协议中的"法律法规"指用户所属/所处地区、国家现行有效的法律、行政法规、司法解释、地方法规、地方规章、部门规章及其他规范性文件以及对于该等法律法规的不时修改和补充，以及相关政策规定等，下同。）有特殊规定的，您需要填写真实的身份信息（包括但不限于手机号等信息）。若您填写的信息不完整或不真实，则可能无法使用本服务或在使用过程中受到限制。
QQ 号码规则	3.1 您可以通过如下方式免费或有偿申请注册 QQ 号码，包括但不限于（具体方式以腾讯官方实际提供为准）： (1) 软件客户端；(2) 腾讯网站；(3) 手机短信；(4) 其他腾讯授权的方式。 8.1 您不得恶意注册、获取 QQ 号码。恶意注册、获取 QQ 号码的情形包括但不限于： (1) 通过腾讯提供的或者明确许可的软件或服务以外的任何软件或者服务注册、获取 QQ 号码；或者通过任何软件或服务以非人工、非手动方式注册 QQ 号码；或者频繁、批量注册、获取 QQ 号码。 (2) 为超出正常好友或用户交流沟通的目的而注册或使用 QQ 号码，包括但不限于为发送骚扰信息、垃圾信息、广告、诈骗信息或实现违法违规目的等注册、获取或使用 QQ 号码。 (3) 通过盗号方式获取 QQ 号码或从盗号者处获得 QQ 号码。 (4) 其他通过非腾讯明确许可的方式或目的注册、获取或使用 QQ 号码的行为。 若经过腾讯独立判断，认为您使用的 QQ 号码是恶意注册、获取的号码，腾讯有权对相应 QQ 号码采取限制、中止或终止使用等措施。
QQ 号码回收规则[1]	一、普通 QQ 号码回收规则 1. 注册后 3 天未登录，号码可能被回收； 2. 注册后 24 小时内登录，45 天未登录，号码可能被回收； 3. 3 个月未登录，号码可能被回收； 4. 若系统检测账号存在安全风险和违规操作，为保护账号安全，我司会先进行冻结，若冻结 30 天内未验证密保解冻，账号可能会被回收；

---

[1]《QQ 号码回收规则》，载 https://kf.qq.com/faq/120322fu63YV130422aMFZJ3.html，最后访问时间：2023 年 7 月 17 日。

续表

	条款内容
	5. 用户自助注销后15天内未登录会被回收。 二、QQ靓号回收规则 QQ靓号会员业务到期（关闭）超过15天未续费，该号码即会被系统回收。 注：2020年7月17日以前注册开通的QQ靓号会员到期（会员关闭）超过90天，该号码即会被系统回收。
新浪微博服务使用协议	4.1 用户可自行编辑注册信息中的账号名称、昵称、头像、简介等（以下简称账号信息），但应遵守相关法律法规，不得含有违法和不良信息。用户注册微博账号，制作、发布、传播信息内容的，应当使用真实身份信息及个人资料，不得以虚假或冒用的居民身份信息、企业相关信息进行注册；若用户的个人资料有任何变动，用户应及时更新。 未经相关权利人授权，用户不得以他人或其他组织机构名义注册微博账号，亦不得使用引人误解的信息注册微博账号，包括但不限于让人误认为该账号与其他个人或机构组织存在关联关系的名称、头像或简介等。 4.2 新闻媒体和政务机关开设微博账号的，除根据本协议约定使用微博服务外，还应遵守相关法律法规、组织规则及监管规定。
豆瓣使用协议	3.1 为了能使用本服务，按照中国法律的要求，你同意以下事项：依本服务注册提示填写你正确的注册邮箱、密码、名号、手机号码等信息，并确保今后更新的登录邮箱、名号、头像及手机号码等资料的真实性、有效性和合法性。若你提供任何违法、不道德或豆瓣认为不适合在豆瓣网上展示的资料；或者豆瓣有理由怀疑你的行为属于程序或恶意操作，豆瓣有权无须事先通知即可暂停或终止你使用账号，并拒绝你于现在和未来使用本服务之全部或任何部分。
脉脉服务协议	一、注册和使用 （一）用户资格 请确认，您在注册时已年满18周岁，且具备相应的民事行为能力签订本用户协议。16周岁至18周岁的未成年人如希望使用脉脉的服务，请由未成年人的监护人注册账号和填写相关信息。 此外，您还需确保您不是任何国家、国际组织或者地域实施的贸易限制、制裁或其他法律、规则限制的对象。 （二）账户注册 当您阅读并同意本协议，且按照提示完成全部注册程序后，您可获得脉脉账户。您的账号信息包括您使用的名称、头像、封面、简介、签名、认证信息等用于标识您账号的信息。 您应当秉持诚实信用、合法善意的原则，向脉脉提供合法、真实和准确的注册资料，相关资料如有变动，您应及时更新。

续表

条款内容
如果您是个人用户，在您注册、使用的账号信息中含有职业信息的，应当与个人真实职业信息相一致；如果您为企业或机构用户，您注册、使用的账号信息，应当与企业或机构名称、标识等相一致，与您的机构性质、经营范围和所属行业类型等相符合。如您为代表招聘者进行注册及使用服务的自然人，您需具备招聘者的有效授权并保证为职务行为（包括但不限于：发布招聘信息、与应聘者沟通、购买商品/服务或披露信息等）。 您注册、使用账号信息，不得有下列情形： (1) 违反《网络信息内容生态治理规定》第 6 条、第 7 条规定的违法信息和不良信息；(2) 假冒、仿冒、捏造政党、党政军机关、企事业单位、人民团体和社会组织的名称、标识等；(3) 假冒、仿冒、捏造国家（地区）、国际组织的名称、标识等；(4) 假冒、仿冒、捏造新闻网站、报刊社、广播电视机构、通讯社等新闻媒体的名称、标识等，或者擅自使用"新闻""报道"等具有新闻属性的名称、标识等；(5) 假冒、仿冒、恶意关联国家行政区域、机构所在地、标志性建筑物等重要空间的地理名称、标识等；(6) 以损害公共利益或者牟取不正当利益等为目的，故意夹带二维码、网址、邮箱、联系方式等，或者使用同音、谐音、相近的文字、数字、符号和字母等；(7) 含有名不副实、夸大其词等可能使公众受骗或者产生误解的内容；(8) 含有法律、行政法规和国家有关规定禁止的其他内容。 您了解并同意，您有义务保持您提供信息的真实性及有效性，如果您所提供信息不合法、不真实、不准确或未及时更新，将有可能给您带来不利后果或相关法律责任。脉脉依据本用户服务协议采取相应的处理措施。为了平台的安全运行，脉脉有权定期或不定期地对您账号信息包括您提供的企业或授权等相关信息的真实性、合法性进行审查。如在核查过程中发现您未提供真实身份信息，或者冒用组织机构、他人身份信息进行虚假注册的，脉脉有权暂停或终止您的账号使用权并停止提供服务（您已支付的费用将不予退还），并有权对违规信息及该用户、关联单位采取包括但不限于删除/屏蔽/修改违规信息、扣除资源、限制登录、永久封禁账户等平台管制措施。虚假注册、发布虚假信息给脉脉造成经济、名誉等任何损失的，脉脉将追究该用户的法律责任。

（二）账号权属

	条款内容
腾讯微信软件许可及服务协议	7.1.2 微信账号的所有权归腾讯公司所有，用户完成申请注册手续后，仅获得微信账号的使用权，且该使用权仅属于初始申请注册人。同时，初始申请注册人不得赠与、借用、租用、转让或售卖微信账号或者以其他方式许可非初始申请注册人使用微信账号。非初始申请注册人不得通过受赠、继承、承租、

续表

	条款内容
	受让或者其他任何方式使用微信账号。 7.1.5 你在使用本软件客户端某一特定服务或功能时，该服务或功能可能会要求你基于微信账号创建或注册新的账号（以下简称功能账号），你需依据具体要求进行操作。如无腾讯书面说明或者许可，前述账号的所有权亦归腾讯公司所有，用户完成创建或注册操作后，仅获得该账号的使用权，且该使用权同样仅属于初始申请注册人，初始申请注册人不得赠与、借用、租用、转让或售卖该账号或者以其他方式许可非初始申请注册人使用该账号，非初始申请注册人不得通过受赠、继承、承租、受让或者其他任何方式使用该账号。
QQ 号码规则	二、【QQ 号码的性质】QQ 号码是腾讯按照本规则授权注册用户用于登录、使用腾讯的软件或服务的数字标识，其所有权属于腾讯。
新浪微博服务使用协议和社区公约	5.3 微博运营方是微博平台及微博产品中所有信息内容的所有权及知识产权权利人。前述信息内容包括但不限于程序代码、界面设计、版面框架、数据资料、账号、文字、图片、图形、图表、音频、视频等，除按照法律法规规定应由相关权利人享有权利的内容外。 "微博社区公约"第五条：用户享有微博账号及昵称的使用权。该使用权不得以任何方式私自出借或转让。用户需妥善保管账号信息，通过账号发布的行为将被视为该用户的行为，用户需承担由此导致的损失及后果。
豆瓣使用协议	1.3 你应遵守本协议的各项条款，合法合理使用豆瓣提供的服务，否则，豆瓣有权依据本协议中断或终止为你提供服务。同时，豆瓣保留在任何时候收回你所使用的账号的权利。 4.1 完成本服务的注册程序并成功注册之后，你可使用你的注册邮箱/手机号码和密码，登录到你在豆瓣网的账号（以下简称账号）。注册完成之时，你便获得了账号的使用权。保护账号安全，是你的责任。 4.3 由于通过账号可获取到用户的个人信息，且账号的所有权归豆瓣所有，除法律明文规定外，未经豆瓣同意，用户不得将账号转让、出售或出借给他人使用。 4.4 若你连续 6 个月未登录豆瓣平台，且不存在未到期的有效业务，豆瓣有权限制你对账号的使用。由此造成的不利后果由你自行承担。
脉脉服务协议	2. 账户使用 由于您的账户关联您的个人信息，您的账户仅限您本人使用。您享有您账户的使用权。我们享有账户的所有权。在使用中，您不应以任何方式私自转让该使用权，也不应以任何形式盗用他人账户。账户的行为将被视为账户注册

续表

	条款内容
	用户的行为，用户应当对以其用户账户进行的所有活动和事件负法律责任。在使用中，您不应以任何方式私自转让账号使用权，也不应以任何形式盗用他人账户。

（三）用户交易账号

	条款内容
腾讯微信软件许可及服务协议	7.1.2 微信账号的所有权归腾讯公司所有，用户完成申请注册手续后，仅获得微信账号的使用权，且该使用权仅属于初始申请注册人。同时，初始申请注册人不得赠与、借用、租用、转让或售卖微信账号或者以其他方式许可非初始申请注册人使用微信账号。非初始申请注册人不得通过受赠、继承、承租、受让或者其他任何方式使用微信账号。 7.1.5 您在使用本软件客户端某一特定服务或功能时，该服务或功能可能会要求您基于微信账号创建或注册新的账号（以下简称功能账号），您需依据具体要求进行操作。如无腾讯书面说明或者许可，前述账号的所有权亦归腾讯公司所有，用户完成创建或注册操作后，仅获得该账号的使用权，且该使用权同样仅属于初始申请注册人，初始申请注册人不得赠与、借用、租用、转让或售卖该账号或者以其他方式许可非初始申请注册人使用该账号，非初始申请注册人不得通过受赠、继承、承租、受让或者其他任何方式使用该账号。
QQ号码规则	8.2 腾讯根据本规则对QQ号码的使用授权，仅限于初始申请注册人。未经腾讯许可，初始申请注册人不得赠与、借用、租用、转让或售卖QQ号码或者以其他方式许可其他主体使用QQ号码。非初始申请注册人不得通过受赠、继承、承租、受让或者其他任何方式使用QQ号码。
新浪微博服务使用协议	1.2.2 未经微博运营方同意，用户不得擅自买卖、转让、出租任何微博账号或微博昵称。 4.6 由于微博服务的存在前提是用户在申请开通微博服务的过程中所提供的账号，用户不应将其账号、密码转让或出借给他人使用。如用户发现其账号或微博服务遭他人非法使用，应立即通知微博运营方。因黑客行为或用户的保管疏忽等非微博运营方原因导致账号、密码及微博服务遭他人非法使用的，由用户自行承担相关责任。

续表

	条款内容
豆瓣使用协议	4.3 由于通过账号可获取到用户的个人信息，且账号的所有权归豆瓣所有，除法律明文规定外，未经豆瓣同意，用户不得将账号转让、出售或出借给他人使用。
脉脉服务协议	2. 账户使用 由于您的账户关联您的个人信息，您的账户仅限您本人使用。您享有您账户的使用权。我们享有账户的所有权。在使用中，您不应以任何方式私自转让该使用权，也不应以任何形式盗用他人账户。账户的行为将被视为账户注册用户的行为，用户应当对以其用户账户进行的所有活动和事件负法律责任。在使用中，您不应以任何方式私自转让账号使用权，也不应以任何形式盗用他人账户。

（四）账号变更与注销

	条款内容
腾讯微信软件许可及服务协议	7.1.6 用户注册或创建微信账号或功能账号后如果长期不登录该账号，腾讯有权回收该账号，以免造成资源浪费，由此带来的任何损失均由用户自行承担。
QQ软件许可及服务协议	三、【QQ号码】使用本软件您需要注册QQ号码，并应当遵守《QQ号码规则》。若您注册的QQ号码长期没有登录或使用，腾讯有权将QQ号码进行回收处理，您将无法再继续使用相应号码。
QQ号码规则	5.4 若您注册的QQ号码长期没有登录或使用，腾讯有权将QQ号码进行回收处理，您将无法再继续使用相应号码。
新浪微博服务使用协议	3.4 如用户在申请开通微博服务后在任何连续90日内未实际使用，则微博运营方有权在法律法规允许的范围内选择采取以下任何一种方式进行处理： 3.4.1 回收用户昵称； 3.4.2 回收用户账号； 3.4.3 停止为该用户提供微博服务。
豆瓣使用协议	7.5 您同意豆瓣基于其自行之考虑，因任何理由，包含但不限于缺乏使用，或豆瓣认为您已经违反本使用协议，终止你的账号或本服务之使用（或服务

续表

	条款内容
脉脉服务协议	之任何部分），并将您在本服务内任何内容加以移除并删除。您同意依本使用协议任何规定提供之服务，无须进行事先通知即可中断或终止。您承认并同意，豆瓣可立即关闭或注销您的账号及删除您账号中所有相关信息及文件，及/或禁止继续使用前述文件或本服务。此外，您同意若本服务之使用被中断或终止或您的账号及相关信息和文件被关闭或注销，豆瓣对您或任何第三人均不承担任何责任。
	2. 账户使用 如有证据证明或脉脉有理由相信您存在不当注册或不当使用脉脉账号的情形，我们可能对相关账号根据具体情况采取警示提醒、限期改正、限制账号功能、暂停使用、关闭账号、禁止重新注册等处置措施，如因您的不当注册或不当使用给脉脉及相关方造成损失的，您还应承担相应的赔偿责任。

二、流媒体平台（腾讯、爱奇艺、优酷、哔哩哔哩、西瓜）

笔者选取了腾讯视频等 5 家流媒体平台的 5 份服务条款《腾讯视频用户服务协议》《爱奇艺服务协议》《哔哩哔哩弹幕网用户使用协议》《优酷用户服务协议》《西瓜视频用户服务协议》（2023 年 3 月 20 日有效），其中有关账号注册条件、账号权属、用户交易账号、账号变更与注销的主要约定如下：

（一）账号注册条件

	条款内容
腾讯视频用户服务协议	3.1.1 注册 您可以通过手机号码注册腾讯视频账号，当您输入手机号码并输入获取的验证码后，需要绑定一个常用社交账号，微信账号或 QQ 账号，选择绑定的社交账号后，您可以实现腾讯视频平台的快捷登录。
爱奇艺服务协议	2.1 您可以创建一个爱奇艺账号来使用我们平台的某些功能和服务。您可以直接在我们平台注册，亦可通过爱奇艺平台所支持的第三方账号（如 QQ/微信/微博/百度等账号）授权登录方式登录。在成功注册爱奇艺账号后，您亦可通过授权登录等方式使用爱奇艺账号登录与爱奇艺合作公司的产品及/或服务，如电视端的奇异果 TV 等。但请您注意，您通过爱奇艺账号登录与爱奇艺合作公司的产品及/或服务的，应当同时遵守相关的账号使用规则。 2.2 为保证您能顺利使用我们的产品及/或服务，您知悉并同意，您在使用爱奇艺账号时（包括通过第三方账号授权登录）应遵守以下规则： 2.2.1 您在注册爱奇艺账号时（包括您通过第三方账号授权登录），应根据

续表

	条款内容
	页面提示向我们提供完整、真实、准确、最新的必要注册信息，不得使用他人邮箱、手机号码或以其他冒用他人身份的方式进行账号注册。在提交注册信息后，如果上述信息发生变化，您应及时更改。且您提交的名称、头像和简介等注册信息中不得出现违法和不良信息； 2.2.2 除通过第三方账号授权登录外，您仅可通过我们的官方渠道注册成为我们的注册用户。您不得通过包括但不限于购买、租用、借用、分享、利用或破坏我们的注册系统及/或其他未经我们许可的方式获得爱奇艺账号。
哔哩哔哩弹幕网用户使用协议	2.1 部分哔哩哔哩服务仅向注册用户提供，如果您使用哔哩哔哩提供的网络存储空间进行视听节目、文字、美术摄影等内容的上传及传播等，请先根据本协议及其他哔哩哔哩规则提示的规则、流程注册成为注册用户，并确保注册信息的真实性、正确性及完整性，如果上述注册信息发生变化，您应及时更改。 2.6 您同意并承诺不从事以下行为： 2.6.1 冒用他人信息为自己注册哔哩哔哩账号； 2.6.2 未经他人合法授权以他人名义注册哔哩哔哩账号； 2.6.3 使用同一身份认证信息注册多个哔哩哔哩账号（包括经哔哩哔哩审核认定多个哔哩哔哩账号的实际控制人为同一人的情形）； 2.6.4 窃取、盗用他人的哔哩哔哩账号、硬币、会员标识等； 2.6.5 使用侮辱、诽谤、色情、政治等违反法律、道德及公序良俗的词语注册哔哩哔哩账号； 2.6.6 以非法占有哔哩哔哩相关服务资源为目的，通过正当或非正当手段恶意利用网站漏洞； 2.6.7 侵犯他人合法权益的其他内容。 2.7 您理解并同意，哔哩哔哩有权对违反上述条款的用户作出禁止注册及/或封号的处理。
优酷用户服务协议	3.1 用户资格 您确认，在您开始使用/注册程序使用我方平台服务前，您应当具备中华人民共和国法律规定的与您行为相适应的民事行为能力。 若您不具备前述与您行为相适应的民事行为能力，则应获得监护人的知情同意，您及您的监护人应依照法律规定承担因此而导致的相应的责任。特别地，如果您是未成年人，请在您的监护人的同意和指导下访问和/或使用我方平台。 3.2 账户说明 3.2.1【账户获得】当您按照注册页面提示填写信息、阅读并同意本协议且完成全部注册程序后，您可获得我方平台账户（优酷账户）并成为我方平台用户。

续表

	条款内容
	3.2.2【账户使用】您有权使用您设置或确认的我方会员名、邮箱、手机号码（以下简称账户名称）及您设置的密码（账户名称及密码合称账户）登录我方平台。由于您的账户关联您的个人信息及我方平台商业信息，您的优酷账户仅限您本人使用。未经我方平台同意，您直接或间接授权第三方使用您优酷账户行为无效。如我方平台根据平台规则中约定的违约认定程序及标准来判断您优酷账户的使用可能危及您的账户安全及/或我方平台信息安全的，我方平台有权对用户行为及应适用的规则进行认定，并据此处理，暂停或停止提供相应的服务。
西瓜视频用户服务协议	3.1 "西瓜视频"软件及相关服务为您提供了注册通道，您有权选择合法且符合公司要求的字符组合作为自己的账号，并自行设置符合安全要求的密码。用户设置的账号、密码是用户用以登录并以注册用户身份使用"西瓜视频"软件及相关服务的凭证。 3.3 您理解并承诺，您所设置的账号不得违反国家法律法规及公司的相关规则，您的账号名称、头像和简介等注册信息及其他个人信息中不得出现违法和不良信息，未经他人许可不得用他人名义（包括但不限于冒用他人姓名、名称、字号、头像等足以让人引起混淆的方式）开设账号，不得恶意注册"西瓜视频"账号（包括但不限于频繁注册、批量注册账号等行为）。您在账号注册及使用过程中需遵守相关法律法规，不得实施任何侵害国家利益、损害其他第三方合法权益，有害社会道德风尚的行为。公司有权对你提交的注册信息进行审核。 3.7 在注册、使用和管理账号时，您应保证注册账号时填写的身份信息的真实性、准确性，请你在注册、管理账号时使用真实、准确、合法、有效的相关身份证明材料及必要信息（包括您的姓名及电子邮件地址、联系电话、联系地址等）。依照国家相关法律法规的规定，为使用"西瓜视频"软件及相关服务的部分功能，您需要填写真实的身份信息，请您按照相关法律规定完成实名认证，并注意及时更新上述相关信息。若你提交的材料或提供的信息不准确、不真实、不规范、不合法或者公司有理由怀疑为错误、不实或不合法的资料，则公司有权拒绝为您提供相关功能，您可能无法使用"西瓜视频"软件及相关服务或在使用过程中部分功能受到限制。 3.8 除自行注册"西瓜视频"账号外，用户也可授权使用其合法拥有的包括但不限于公司和/或其关联公司、控制公司其他软件用户账号，以及实名注册的第三方软件或平台用户账号注册并登录使用"西瓜视频"软件及相关服务，但第三方软件或平台对此有限制或禁止的除外。当用户以前述已有账号登录使用的，应保证相应账号已进行实名注册登记，并同样适用本协议中的相关条款。

(二) 账号权属

	条款内容
腾讯视频用户服务协议	3.1.2.2 您将您享有使用权的 QQ 账号或微信账号在腾讯视频上授权登录即完成申请注册登录手续，您的 QQ 账号或微信账号在使用腾讯视频平台及服务期间即为"腾讯视频账号"。腾讯视频账号的所有权归腾讯所有，您可以使用腾讯视频账号，且仅有您可以使用该账号。除法律另有规定或经我们书面同意外，您不得以任何形式处置账号的使用权（包括但不限于赠与、出借、转让、销售、抵押、继承、许可他人使用）。如果我们发现或者有合理理由认为使用者并非账号初始注册人，为保障账号安全，我们有权立即暂停或终止向该注册账号提供服务，并有权禁用该账号。
爱奇艺服务协议	2.2.3 您享有爱奇艺账号的有限使用权，您的爱奇艺账号仅可为个人出于非商业目的进行使用，不得以转让、出租、出借、售卖、分享或其他任何方式交由他人使用（但法律另有规定或双方另有明确约定的除外）。
哔哩哔哩弹幕网用户使用协议	2.3 您理解并同意，您仅享有账号及账号项下由哔哩哔哩提供的虚拟产品及服务的使用权，账号及该等虚拟产品及服务的所有权归哔哩哔哩所有（法律法规另有规定的除外）。
西瓜视频用户服务协议	3.4 您的账号仅限于您本人使用，未经公司书面同意，禁止以任何形式赠与、借用、出租、转让、售卖或以其他方式许可他人使用该账号。如果公司发现或者有合理理由认为使用者并非账号初始注册人，为保障账号安全，公司有权立即暂停或终止向该注册账号提供服务，或注销该账号。

(三) 用户交易账号

	条款内容
腾讯视频用户服务协议	3.1.2.2 您将您享有使用权的 QQ 账号或微信账号在腾讯视频上授权登录即完成申请注册登录手续，您的 QQ 账号或微信账号在使用腾讯视频平台及服务期间即为"腾讯视频账号"。腾讯视频账号的所有权归腾讯所有，您可以使用腾讯视频账号，且仅有您可以使用该账号。除法律另有规定或经我们书面同意外，您不得以任何形式处置账号的使用权（包括但不限于赠与、出借、转让、销售、抵押、继承、许可他人使用）。如果我们发现或者有合理理由认为使用者并非账号初始注册人，为保障账号安全，我们有权立即暂停或终止向该注册账号提供服务，并有权禁用该账号。

续表

	条款内容
爱奇艺服务协议	2.2.3 您享有爱奇艺账号的有限使用权，您的爱奇艺账号仅可为个人出于非商业目的进行使用，不得以转让、出租、出借、售卖、分享或其他任何方式交由他人使用（但法律另有规定或双方另有明确约定的除外）。
爱奇艺VIP会员服务协议	2.2 除双方另有约定外，爱奇艺授予您对爱奇艺 VIP 会员服务一项个人的、非独家的、非商业用途的、可撤销的、有期限的使用许可，即您仅可出于个人、非商业的目的使用 VIP 会员服务。 2.3 您理解并同意，您不得将享有账号以任何方式提供给他人使用，包括但不限于不得以转让、出租、借用、分享、出售等方式提供给他人作包括但不限于直播、录制、观看、上传、参加活动等使用。否则，因此产生的法律后果及责任均由您自行承担。同时因上述行为导致账号遗失、泄露、被篡改、被盗等损失的，或因多终端登录、异地登录等情况触发爱奇艺安全风控导致账号异常、账号被封的损失的，亦应当由您自行承担，且爱奇艺有权根据您的违约情况决定是否中止或终止为您提供服务。
哔哩哔哩弹幕网用户使用协议	未经哔哩哔哩书面同意，您不得以任何形式处置账号的使用权（包括但不限于赠与、出借、转让、销售、抵押、继承、许可他人使用）。如果哔哩哔哩发现或者有合理理由认为使用者并非账号初始注册人，哔哩哔哩有权在不通知您的情况下，暂停或终止向该注册账号提供服务，并注销该账号。
优酷用户服务协议	3.2.3【账户转让】由于用户账户关联用户信息，仅当有法律明文规定、司法裁定或经我方同意，并符合我方平台规则规定的用户账户转让流程的情况下，您才可进行账户的转让。您的账户一经转让，该账户项下权利义务一并转移。除此之外，您的账户不得以任何方式转让，否则由此产生的一切责任均由您承担。 为使您更好地使用我方平台的各项服务，我方建议您按照我方平台要求及相关法律规定完成实名认证。
西瓜视频用户服务协议	3.4 您的账号仅限于您本人使用，未经公司书面同意，禁止以任何形式赠与、借用、出租、转让、售卖或以其他方式许可他人使用该账号。如果公司发现或者有合理理由认为使用者并非账号初始注册人，为保障账号安全，公司有权立即暂停或终止向该注册账号提供服务，或注销该账号。

(四)账号变更与注销

	条款内容
腾讯视频用户服务协议	3.3【注销】我们为您提供腾讯视频账号注销功能,您可以查阅《腾讯视频账号注销协议》,通过我们平台提供的在线注销方式、联系我们的客服或通过其他我们提供的方式注销您的账号。
爱奇艺服务协议	2.4 若您有以下行为,我们有权暂时中止或永久终止您对账号的使用或收回您的爱奇艺账号,中断或终止向您继续提供我们的产品及/或服务,且无须承担任何责任: 2.4.1 根据您的主动申请; 2.4.2 您违反本协议的内容的; 2.4.3 根据我们必须遵守的法律法规、监管政策; 2.4.4 我们有理由认为您的使用行为对我们及/或他人的合法权益造成(或可能造成)侵害的; 2.4.5 您的账号连续180天未进行使用的。 2.5 账号注销 我们为您提供爱奇艺账号注销功能,您可以通过我们平台提供的在线注销方式、联系我们的客服或通过其他我们提供的方式注销您的账号。
哔哩哔哩弹幕网用户使用协议	2.3 您理解并同意,您仅享有账号及账号项下由哔哩哔哩提供的虚拟产品及服务的使用权,账号及该等虚拟产品及服务的所有权归哔哩哔哩所有(法律法规另有规定的除外)。未经哔哩哔哩书面同意,您不得以任何形式处置账号的使用权(包括但不限于赠与、出借、转让、销售、抵押、继承、许可他人使用)。如果哔哩哔哩发现或者有合理理由认为使用者并非账号初始注册人,哔哩哔哩有权在不通知您的情况下,暂停或终止向该注册账号提供服务,并注销该账号。 2.9 您理解并同意,哔哩哔哩有权在法律允许的最大范围内视情况决定收回账号使用权,无须另行通知用户亦无须征得用户同意。 9. 注销 9.1 用户有权向哔哩哔哩提出账号注销申请,您可以通过联系哔哩哔哩客服注销您的账号(法律法规、本协议或其他哔哩哔哩规则另有规定的除外)。 9.2 特别提醒:注销哔哩哔哩账号后,您将无法再以此账号登录和使用哔哩哔哩的所有产品与服务以及产品及服务中与第三方合作的服务内容,哔哩哔哩也将同时终止在该账号下为您提供我们各项产品与服务,这同时也不可避免地会给您的售后维权带来不便。且哔哩哔哩账号一旦注销完成,将无法恢复。请您在注销前慎重考虑。 9.3 如您确定需要注销哔哩哔哩的账号,您已充分知晓并确认,账号注销后该UID仍然存在,但您将不再拥有账号相关的权益,包括但不限于: 9.3.1 账号注销后,您将无法再以该账号登录、使用哔哩哔哩旗下的全部产

续表

	条款内容
	品和服务; 9.3.2 账号注销后,您曾通过该账号登录、使用哔哩哔哩旗下的全部产品和服务的所有内容、信息、数据、记录将会被删除或匿名化处理,您也无法再搜索、访问、获取、使用和找回,包括但不限于:账号信息(头像、昵称、签名等)、绑定信息; 9.3.3 账号注销后,该账号的交易记录将被清空且无法恢复; 9.3.4 账号注销后,哔哩哔哩有权不再为用户提供任何与账号有关的服务; 9.3.5 您同意通过账号注销的方式放弃该账号在哔哩哔哩旗下的产品与服务使用期间已产生但未消耗完毕的权益及未来的预期利益。哔哩哔哩将对该账号下的全部权益做清除处理,包括但不限于:您尚未到期的大会员权益、您尚未使用的各类优惠券、您游戏角色下的虚拟货币和道具、您在哔哩哔哩各产品和/或服务中的各类身份权益、您在哔哩哔哩各产品和/或服务中已经购买的未到期的在线服务内容、其他已经产生但未消耗完毕的权益或未来预期的利益。 9.4 在您向我们申请注销哔哩哔哩账号之前,为了保护您的账号安全和财产权益,您需先行检查与确保您申请注销的账号已经同时满足以下条件,包括但不限于: 9.4.1 账号系用户通过官方渠道注册,符合本协议及相关规定的账号;且为您本人的会员账号; 9.4.2 按照客服要求的注销流程进行注销操作; 9.4.3 账号处于安全状态,包括:未处于申请找密码、修改手机号的状态中;无未处理完毕的(被)投诉、举报;其他不安全/异常状态; 9.4.4 账号内无未处理完毕的交易; 9.4.5 账号内无您发起的但尚未完成的抽奖活动; 9.4.6 账号与哔哩哔哩全部业务都不存在合约关系或尚在合约期的(如签约主播等); 9.4.7 如账号曾开通了"连续包月/包季/包年"服务的,您已经自行取消该服务; 9.4.8 其他应满足的条件。 9.5 如您已充分阅读并理解 9.2 和 9.3 条的内容,并确认已经满足 9.4 条的全部条件,可以向客服提出账号注销申请。客服将对您的账号安全状态以及您的相关产品与服务的使用情况等进行审核,综合判断您的账号是否符合条件。 9.6 哔哩哔哩账号一旦注销,您与我们曾签署过的相关用户协议、其他权利义务性文件等相应终止(但已约定继续生效的或法律另有规定的除外)。同时,您知悉并同意:即使您的账号被注销,也并不减轻或免除您在协议期间内应根据相关法律法规、相关协议、规则等(可能)需要承担的相关责任。

续表

	条款内容
优酷用户服务协议	3.2.5【不活跃账户回收】如您的账户长期未登录或符合如下条件，我方有权予以注销清理，并删除个人信息，您的账户将不能再登录任一我方平台，相应服务同时终止。我方在对此类账户进行清理前，将以包括但不限于网站公告、站内消息、客户端推送信息等方式通知您。我方也将提供用户对账户自行注销的功能和服务：（1）未绑定通过实名认证的账号；（2）连续6个月未用于登录任一我方平台；（3）不存在未到期的有效业务。 3.3.6【账户注销】您可以通过我方平台提供的在线注销方式、联系我们的客服注销您的账号，更多关于优酷账号注销规则，请参阅《优酷账号注销协议》。
优酷账号注销协议	优酷账号注销将导致优酷《用户服务协议》及相关规则约定的双方的权利义务终止（依本协议其他条款另行约定不得终止的或依其性质不能终止的除外），同时还可能对于该账号产生如下结果，且均由您自行承担： A. 该账号的全部个人资料和历史信息都将无法找回。 B. 该账号的联系人将无法通过该账号联系您。 C. 该账号如有未使用完毕的会员权益都将同时作废，相应费用将不予退回。 D. 任何您之前累计的会员等级、权益等将作废且无法恢复。 E. 任何兑换代码（购物券、礼品券、积分或优惠券等）都将作废。 F. 任何绑定的银行卡或支付提现服务将不能适用该账号内的支付或提现服务。 G. 您通过优酷账号使用、授权登录或绑定该账号后使用的任何第三方的其他服务，您将无法通过该账号再登录、使用或继续使用前述第三方服务，所有记录将无法找回。
西瓜视频用户服务协议	3.2 账号注销 在需要终止使用"西瓜视频"账号服务时，符合以下条件的，您可以申请注销你的"西瓜视频"账号： （1）您仅能申请注销您本人的账号，并依照"西瓜视频"的流程进行注销； （2）您仍应对您在注销账号前且使用"西瓜视频"服务期间的行为承担相应责任； （3）注销成功后，账号记录、功能等将无法恢复或提供。 如您需要注销您的"西瓜视频"账号，请打开西瓜视频App，在【我的】—【设置】—【账号与安全】中的账号注销处，或打开西瓜视频横屏版，在【≡】—【设置】—【隐私】中的账号注销处，按提示进行注销。 3.4 您的账号仅限于您本人使用，未经公司书面同意，禁止以任何形式赠与、借用、出租、转让、售卖或以其他方式许可他人使用该账号。如果公司发现或者有合理理由认为使用者并非账号初始注册人，为保障账号安全，公司有

续表

	条款内容
	权立即暂停或终止向该注册账号提供服务，或注销该账号。 3.11 当您完成"西瓜视频"的账号注册、登录并进行合理和必要的身份验证后，您可随时浏览、修改自己提交的个人身份信息。您理解并同意，出于安全性和身份识别（如账号或密码找回申诉服务等）的考虑，您可能无法修改注册时提供的初始注册信息及其他验证信息。您也可以申请注销账号，公司会在完成个人身份、安全状态、设备信息、侵权投诉等方面的合理和必要的验证后协助您注销账号，并依照您的要求删除有关您账号的一切信息，法律法规另有规定的除外。 3.12 您理解并同意，为了充分使用账号资源，如您在注册后未及时进行初次登录使用或连续超过两个月未登录账号使用等情形，公司有权收回您的账号。如您的账号被收回，您可能无法通过您此前持有的账号登录并使用"西瓜视频"软件及相关服务，您该账号下保存的任何个性化设置和使用记录将无法恢复。在收回您的账号之前，公司将以适当的方式向您作出提示，如您在收到相关提示后一定期限内仍未登录、使用账号，公司将进行账号收回。如您的账号被收回，您可以通过注册新的账号登录、使用"西瓜视频"软件及相关服务。您注册新账号并登录、使用的行为仍受到本协议相关条款的约束。

三、电子商务平台（淘宝、拼多多、京东、抖店、大众点评）

笔者选取了淘宝网等 5 家电子商务平台的 5 份服务条款《淘宝平台服务协议》《拼多多用户服务协议》《京东用户注册协议》《抖店用户协议》（2023 年 3 月 20 日有效），其中有关账号注册条件、账号权属、用户交易账号、账号变更与注销的主要约定如下：

（一）账号注册条件

	条款内容
淘宝平台服务协议	3.1 用户资格 您确认，在您开始注册程序使用淘宝平台服务前，您应当具备中华人民共和国法律规定的与您行为相适应的民事行为能力。若您不具备前述与您行为相适应的民事行为能力，则您及您的监护人应依照法律规定承担因此而导致的一切后果。 此外，您还需确保您不是任何国家、地区或国际组织实施的贸易限制、经济制裁或其他法律法规限制的对象，也未直接或间接为前述对象提供资金、商品或服务，否则您应当停止使用淘宝平台服务，同时，您理解违反前述要求

续表

	条款内容
	可能会造成您无法正常注册及使用淘宝平台服务。 3.2 账户说明 【账户获得】当您按照注册页面提示填写信息、阅读并同意本协议且完成全部注册程序后，您可获得淘宝平台账户并成为淘宝平台用户。 淘宝平台只允许每位用户使用一个淘宝平台账户。如有证据证明或淘宝根据淘宝平台规则判断您存在不当注册或不当使用多个淘宝平台账户的情形，淘宝平台可采取冻结或关闭账户、取消订单、拒绝提供服务等措施，如给淘宝平台及相关方造成损失的，您还应承担赔偿责任。 …… 3.3.1 真实合法 【信息真实】在使用淘宝平台服务时，您应当按淘宝平台页面的提示准确完整地提供您的信息（包括您的姓名及电子邮件地址、联系电话、联系地址等），以便淘宝或其他用户与您联系。您了解并同意，您有义务保持您提供信息的真实性及有效性。 【会员名的合法性】您设置的淘宝会员名不得违反国家法律法规及淘宝平台相关规则关于会员名的管理规定，否则淘宝可回收您的淘宝会员名。淘宝会员名的回收不影响您以邮箱、手机号码登录淘宝平台并使用淘宝平台服务。
拼多多用户服务协议	3.1 行为能力。在您注册拼多多用户账户或使用第三方账号登录综合平台，成为拼多多用户之前，您应当确认并承诺，您具备中华人民共和国法律规定的与您行为相适应的民事行为能力。若您不具备前述与您行为相适应的民事行为能力，则您及您的监护人应依照法律规定及本协议约定承担因此而导致的一切后果。 3.2 登录方式。您可以通过注册拼多多用户账户或使用第三方账号（如微信账号、QQ 账号等）登录并使用拼多多综合服务平台。 3.3 账户注册。当您按照注册页面提示填写注册信息注册拼多多用户账户时，您应当提供真实、有效的信息；同时，您应当保证上述信息的持续有效性，一旦信息发生变化，您应当及时进行更新；否则您应当承担因信息提供不真实、联系方式无效导致的相关不利后果及全部损失，且拼多多保留终止向您提供服务的权利。
京东用户注册协议	一、服务条款的确认及接受 1. 京东网站（指 jd.com 及其移动客户端软件、应用程序，以下称本网站）各项电子服务的所有权和运作权归属于"京东"所有，本网站提供的服务将完全按照其发布的服务条款和操作规则严格执行。您确认所有服务条款并完成注册程序时，本协议在您与本网站之间成立并发生法律效力，同时您成为本网站正式用户。

续表

	条款内容
	二、服务须知 …… 2. 基于本网站所提供的网络服务的重要性，您确认并同意： （1）提供的注册资料真实、准确、完整、合法有效，注册资料如有变动的，应及时更新； （2）如果您提供的注册资料不合法、不真实、不准确、不详尽的，您需承担因此而引起的相应责任及后果，并且京东保留终止您使用本网站各项服务的权利。 五、用户个人信息保护及授权 …… 2. 您知悉并确认，您在注册账号或使用本网站的过程中，需要提供真实的身份信息，京东将根据国家法律法规相关要求，进行基于移动电话号码的真实身份信息认证。若您提供的信息不真实、不完整，则无法使用本网站或在使用过程中受到限制，同时，由此产生的不利后果，由您自行承担。
抖店用户协议	2.1 您的登录账号可以是您本人的手机号、邮箱账号或平台增加的其他可登录账号。您应维持密码及账号的安全，不得将账号转让、出借、出租或售卖。如您未保管好自己的账号和密码而对您、本公司或第三方造成伤害，您将负全部责任。您同意若发生任何非法使用账户或安全漏洞的情况，有义务立即告知本公司。 2.2 如您使用第三方平台账号登录平台，您同意授权平台可向巨量千川平台（域名：qianchuan.jinritemai.com）、精选联盟平台等平台获取您第三方平台账号关联的该等平台账号中的主体身份信息及提交的全部资料，进行身份核验。如您的第三方平台账号已经在巨量千川平台注册账号并以个体户或企业身份完成身份验证的情况下，您通过第三方平台中的 H5 页面注册小店平台账号时仅可使用该巨量千川平台账号已验证的主体的身份信息及资质完成平台账号的身份验证，并开设店铺。 如您的第三方平台账号在第三方平台开通了商品分享功能，并在精选联盟平台进行了收款账户身份信息验证的情况下，您仅可使用精选联盟平台收款账户已验证的主体的身份信息及资质完成平台账号的身份验证，并开设店铺。

(二) 账号权属

	条款内容
淘宝平台服务协议	【账户使用】您有权使用您设置或确认的淘宝会员名、邮箱、手机号码（以下简称账户名称）及您设置的密码（账户名称及密码合称账户）登录淘宝平台。 您有权使用您的淘宝平台账户登录阿里平台，但您的淘宝平台账户于2013年3月18日前注册或者您注册淘宝平台账户时所使用的邮箱或手机号码已在阿里平台注册或使用过的除外。 由于您的淘宝平台账户关联您的个人信息及淘宝平台商业信息，您的淘宝平台账户仅限您本人使用。未经淘宝平台同意，您直接或间接授权第三方使用您淘宝平台账户或获取您账户项下信息的行为无效。如淘宝根据淘宝平台规则中约定的违约认定程序及标准判断您淘宝平台账户的使用可能危及您的账户安全及/或淘宝平台信息安全的，淘宝平台可拒绝提供相应服务或终止本协议。

(三) 用户交易账号

	条款内容
淘宝平台服务协议	【账户使用】由于您的淘宝平台账户关联您的个人信息及淘宝平台商业信息，您的淘宝平台账户仅限您本人使用。未经淘宝平台同意，您直接或间接授权第三方使用您淘宝平台账户或获取您账户项下信息的行为无效。 【账户转让】由于用户账户关联用户信用信息，仅当有法律明文规定、司法裁定或经淘宝同意，并符合淘宝平台规则规定的用户账户转让流程的情况下，您可进行账户的转让。您的账户一经转让，该账户项下权利义务一并转移。除此之外，您的账户不得以任何方式转让，否则淘宝平台有权追究您的违约责任，且由此产生的责任及后果均由您自行承担。
拼多多用户服务协议	您的账户由您自行设置并保管，拼多多任何时候均不会主动要求您提供您的账户密码。因您保管账号、密码不当而造成的所有后果，将由您自行承担。凡经您的账号和密码成功登录使用拼多多综合服务平台，即视为您的使用行为；您应当对您的账户进行的所有活动及后果负法律责任。您不得以任何形式擅自转让或授权他人使用您的账户，因您主动泄露、出借账户信息或因您遭受他人攻击、诈骗等行为导致的损失及后果，拼多多并不承担责任，您可以通过司法、行政等救济途径向侵权行为人追偿。

续表

	条款内容
京东用户服务协议	由于您的京东平台账户关联您的个人信息及京东平台商业信息，您的京东平台账户仅限您本人使用，您应对您账户下的所有行为结果负责，不得以任何方式转让，否则京东平台有权追究您的违约责任，且由此产生的责任及后果均由您自行承担。您直接或间接授权第三方使用您京东平台账户或获取您账户项下信息的行为后果亦由您自行承担。如京东根据京东平台规则中约定的违约认定程序及标准判断您京东平台账户的使用可能危及您的账户安全及/或京东平台信息安全的，京东平台可拒绝提供相应服务或终止本协议。
抖店用户协议	您的登录账号可以是您本人的手机号、邮箱账号或平台增加的其他可登录账号。您应维持密码及账号的安全，不得将账号转让、出借、出租或售卖。如您未保管好自己的账号和密码而对您、本公司或第三方造成伤害，您将负全部责任。您同意若发生任何非法使用账户或安全漏洞的情况，有义务立即告知本公司。
大众点评用户服务条款	您理解并同意，您的大众点评账号的所有权及有关权益均归大众点评所有，您仅享有该账号的使用权且仅限于您本人使用。为保证账号安全，未经大众点评的书面同意，您不应将大众点评账号以赠与、转让、出售、出借或其他方式许可他人使用，否则您应当承担由此而产生的全部责任，大众点评保留拒绝提供相应服务、冻结或收回注册账号或终止本服务协议的权利，并可要求您对大众点评所承受的损失予以赔偿。

（四）账号变更与注销

	条款内容
淘宝平台服务协议	【不活跃账户回收】如您的账户同时符合以下条件，则淘宝可回收您的账户，您的账户将不能再登录任一阿里平台，相应服务同时终止：（一）未绑定通过实名认证的支付宝账户；（二）连续6个月未用于登录任一阿里平台；（三）不存在未到期的有效业务。 9.1 终止的情形 在满足淘宝平台公示的账户注销条件（您可通过"淘宝App—我的淘宝—设置—账号与安全—注销账号"查看具体账户注销条件）时您通过网站自助服务注销您的账户的；（二）变更事项生效前您停止使用并明示不愿接受变更事项的；（三）您明示不愿继续使用淘宝平台服务，且符合淘宝平台终止条件的。

续表

	条款内容
拼多多用户服务协议	11.1 账户的注销。您可以按照综合平台告知的方式申请注销账户，终止本协议。您知晓并理解以下情况：1）注销账户后，您将放弃账户信息以及该账户在综合平台的资产、虚拟权益等，且拼多多无法为您恢复前述服务。这可能对您主张售后服务带来不便。2）您注销账户后，您的个人信息在综合平台前台将不可检索、访问。您知晓并理解，相关交易记录须在法律规定的期限内予以保存。
京东用户注册协议	八、违约责任 1. 如果京东发现或收到他人举报投诉您违反本协议约定或存在任何恶意行为的，京东有权不经通知随时对相关内容进行删除、屏蔽，并视行为情节对违规账号处以包括但不限于警告、限制或禁止使用部分或全部功能、账号封禁、注销等处罚，并公告处理结果。 【不活跃账户回收】您理解并同意，为充分使用账号资源，如您在注册后未及时进行初次登录使用或连续12个月未登录任一京东平台，且不存在未到期的有效业务的，京东有权收回您的账号，您可能无法通过您此前持有的账号登录京东平台，您该账号下任何个性化设置（如头像/昵称）即将无法恢复。在收回您的账号之前，京东将以适当方式作出提示，如您在收到相关提示后在一定期限内仍未登录、使用账号，京东将收回账号。
抖店用户协议	5.1 如果本公司发现或收到他人举报、投诉您违反本协议约定或存在任何恶意行为的，本公司有权不经通知随时对相关内容进行删除、屏蔽，并视行为情节对违规账号处以包括但不限于警告、限制或禁止使用部分或全部功能、账号封禁、注销等处罚，并公告处理结果。
大众点评用户服务条款	您违反大众点评用户服务条款、《美团用户服务协议》或大众点评不时发布的任何服务规则，则大众点评有权在法律允许的范围内采取一切必要的措施，包括但不限于删除用户发布的内容、取消用户在大众点评获得的星级、荣誉以及虚拟财富，暂停或终止您通过美团账号使用。 六、服务终止 1. 您同意大众点评有权随时修改或中断其向您提供的任何免费服务而无须事先通知您。您与大众点评进行的有偿交易，您同意大众点评有权在事先通知的情况下予以修改、中断，并按照公平、诚实信用、等价有偿的原则处理后续事宜。 2. 如您的账号同时符合以下条件，则大众点评有权利终止您通过美团账号使用大众点评。这将导致您的账号不能再登录大众点评，相应服务亦同时终止：（一）连续六个月未登录；（二）不存在未到期的有效业务；（三）终止您的账号和服务的行为不违反相关法律法规的强制性规定。

四、网络存储平台（360云盘、阿里云、百度、腾讯微云、夸克网盘）

笔者选取了百度网盘等5家网络存储平台的用户协议，其中有关账号注册条件、账号权属、用户交易账号、账号变更与注销的主要约定如下：

【360云盘用户协议】

5.1.1 云盘账号性质上是用户接受我们提供服务的凭证，云盘账号仅限于用户本人使用，禁止赠与、借用、租用、转让或售卖。如果360安全云盘发现使用者并非账号初始注册人，有权不经通知收回账号而无须向账号使用人承担法律责任，由此带来的包括但不限于通信中断、资料和虚拟财产清空等损失由用户自行承担。用户通过创设密码保护您的账号，并对密码的保密性负责。

5.9.2 服务到期后没有购买或续费的，服务自然终止。为避免服务器资源浪费，付费用户在服务到期后，如未续费将暂停服务，如果超过90天未续费，我们保留在未经通知的情况下终止该用户的360安全云盘服务，并删除该用户在服务器上保存的数据的权利。在行使该权利前，会尽可能的通知您以减少行使该权利对您的影响。

【阿里云盘用户协议】

4.4 您了解并同意，阿里云盘账号所有权归属于阿里云盘公司，注册完成后，您仅获得账号使用权。同一账号仅允许在限定数量的设备上使用阿里云盘。阿里云盘账号使用权仅归属于初始申请注册人，不得以任何方式转让或被提供给他人使用，否则，阿里云盘公司有权立即不经通知就可注销、冻结或收回该账号，由此带来的数据、信息等被清空、丢失等的损失，您应自行承担。

4.5 除非有法律规定或司法裁定，且征得阿里云公司的同意，否则，您的账户、密码不得以任何方式转让、赠与或继承（与账户相关的财产权益除外）。

4.6 相关使用、存储等期限到期或已经不符合相关规则的，阿里云盘公司有权删除用户保存的超期、扩容或不符合相关规则的文件、内容等。若由于用户在此之前没有主动转移相关文件而导致文件被删除所造成的损失，与阿里云盘公司无关，全部责任由用户自行承担。

【百度网盘用户协议】

2.2 百度网盘账号的所有权归度友公司所有，用户完成申请注册手续后，仅获得百度网盘账号的使用权，且该使用权仅属于初始申请注册人。同时，初始申请注册人不得赠与、借用、租用、转让或售卖百度网盘账号或者以其他方式许可非初始申请注册人使用百度网盘账号。非初始申请注册人不得通过受赠、继承、承租、受让或者其他任何方式使用百度网盘账号。

【腾讯微云用户协议】

2.6 用户同意将按照腾讯公布的关于存储等各服务的使用期限、文件限制、大小限制等相关规则使用相关服务。相关使用、存储等期限到期或已经不符合相关规则的，腾讯有权删除用户保存的超期、超容或不符合相关规则的文件、内容等。若由于用户在此之前没有主动转移相关文件而文件被删除造成的损失，与腾讯无关，全部责任由用户自行承担。

3.3 账号的所有权归腾讯公司所有，您完成申请注册登录手续后，可以使用相应账号，且仅有您可以使用相应账号，同时，您不得赠与、借用、租用、转让或售卖用户账号或者以其他方式许可非您本人使用服务账号，非您本人不得通过受赠、继承、承租、受让或者其他任何方式使用您的服务账号。

3.4 用户注册服务账号后如果长期不使用，腾讯有权回收该账号，以免造成资源浪费，由此带来的包括但不限于用户通信中断、用户资料丢失等损失由用户自行承担。

【夸克网盘用户协议】

2.1 夸克网盘的所有权归夸克公司，您完成夸克网盘的开通后，获得夸克网盘的使用权。您不得滥用夸克网盘的服务，夸克网盘服务从属于夸克账号，仅限您个人作为夸克账号的实际使用人进行使用，夸克账号或夸克网盘服务不得有偿或无偿提供给任何第三方使用。如果夸克发现使用者并非夸克账号初始注册人，夸克有权在未经通知的情况下回收夸克网盘的使用权而无须向您或其他任何第三方承担法律责任，由此带来的包括但不限于资料清空等的损失由您自行承担。

五、直播与短视频平台

【抖音用户服务协议】

3.4 您在"抖音"中的注册账号仅限于您本人使用，未经公司书面同意，禁止以任何形式赠与、借用、出租、转让、售卖或以其他方式许可他人使用该账号。如果公司发现或者有合理理由认为使用者并非账号初始注册人，为保障账号安全，公司有权立即暂停或终止向该注册账号提供服务，并有权永久禁用该账号。

【斗鱼用户注册协议】

3.2 如您的账户连续 365 天未登录，则自第 365 天当天的 24 时起，斗鱼有权予以进行注销、回收、替换或采取删除、修改您账户在斗鱼平台数据库中的任何记录（包括但不限于注册信息、虚拟礼物信息、直播房间号等）等清理措施，您的账户将不能再登录任一斗鱼平台，相应服务同时终止。

3.3.3 您的账户只限您本人使用，不得出借、赠与、出租、未按规定程序转让、售卖或分享他人使用。

4.2 服务规范

斗鱼平台账户的所有权归斗鱼所有，您完成申请注册手续后，获得斗鱼平台账户的使用权，该使用权仅属于初始申请注册人。

【快手用户服务协议】

2.2 快手账号的所有权归北京快手科技有限公司所有，用户完成申请注册手续后，即可获得快手账号的使用权，且该使用权仅属于初始申请注册人。同时，由于您的账号行为（包括但不限于在线签署各类协议、发布信息、购买商品及服务及披露信息等）均代表您本人行为，您应妥善保管您的账号信息及密码并对您账号行为的结果负责，未经快手书面同意，您不得以任何形式出借、赠与、出租、转让、售卖或以其他方式许可他人使用快手账号。

【虎牙用户服务协议】

2.2 虎牙账号的性质是用户使用虎牙服务的凭证，虎牙账号的所有权属于虎牙，用户仅有账号的使用权。用户不得有偿或无偿转让虎牙账号，以免产生纠纷。

2.6 虎牙账号使用权仅属于申请注册并完成实名认证的用户，禁止账号的赠与、借用、租用、转让或售卖。具体的实名认证方式，可能包括基于移动电话号码、基于身份证明文件等一种或多种方式的结合，具体将按照您使用的特定服务内容、国家法律法规的特定要求有所差异。

【哔哩哔哩直播服务协议】

6.3 主播知悉并理解，直播账号的所有权属于哔哩哔哩，主播仅享有该直播账号的使用权。

6.6 主播用户理解并承诺，直播账号仅能由主播用户本人使用，未经哔哩哔哩书面同意，不得进行以下哔哩哔哩禁止的行为：将该直播账号赠与、转让、出借、出租、售卖给第三方；将该直播账号作为抵押财产进行抵押担保给第三方；将该直播账号转交第三方并列入直播用户的信托财产；其他将该直播账号的占有、使用权、所有权转让的行为。

五、在线音乐平台用户协议

【网易云音乐的服务条款】

（1）网易云音乐服务条款。

3.2 如网易公司发现或者有合理理由认为账号使用者并非该账号初始注册人，为保障账号安全，网易公司有权立即暂停或终止为该账号提供服务，并有权封禁或注销、回收该账号，由此带来的包括但不限于通讯中断、资料和虚拟财产清空等损失由该账号使用人、注册人自行承担。

3.5 在法律法规允许的范围内，用户同意网易云音乐账号所有权，以及与注册、使用网易云音乐账号相关的服务数据和记录，包括但不限于所有注册、登录、消费记录和相关的使用统计数据，归网易公司所有。

（2）网易音乐人服务条款。

3.3 在法律法规允许的范围内，您同意账号所有权归本平台所有。您的账号仅限于您本人使用，禁止赠与、借用、租用、转让或售卖。如果平台发现使用者并非账号初始注册人或您未按照本条款约定使用账号的，有权不经通知收回账号（包括音乐人账号权限及普通用户账号权限）而无须向账号使用人承担法律责任，由此带来的包括但不限于通讯中断、资料和账号资产清空等损失由您自行承担。

【酷狗用户服务协议】

3.4 用户不得赠与、借用、租用、转让、售卖账号，或者以其他方式许可、共享他人使用账号。若酷狗发现或者有合理理由认为使用者并非账号初始注册人，为保障账号安全，酷狗有权采取包括但不限于立即暂停或终止向该账号提供服务、封禁、注销或回收等措施，酷狗保留向其追究违约责任和其他法律责任的权利。

5.2.4 未经酷狗允许，用户付费后获得的权益仅限于在该账号下不同终端设备中使用，用户不得将该权益转让给第三人，否则酷狗有权立即暂停或终止向该账号提供服务，并有权永久禁用该账号。

【腾讯音乐绿钻用户服务条款】

1.2 本协议项下的绿钻服务是腾讯公司在其"QQ音乐服务"中设立的网络增值服务，具体服务以腾讯公司提供的为准（以下称绿钻服务或本服务）。

1.3 绿钻服务的所有权和运营权均归腾讯公司所有，腾讯公司在法律规定的范围内对绿钻服务制度和活动及其规则拥有解释权。

3.2 用户通过网络填写并提交注册表，表中所填写的内容与个人资料必须真实有效，否则腾讯公司有权拒绝其申请或撤销其绿钻资格，并不予任何赔偿或退还绿钻费。用户的个人资料发生变化，应及时修改注册的个人资料，否则由此造成的绿钻服务不能全面有效享有的责任由用户自己承担，腾讯公司有权因此取消其绿钻资格，并不予任何赔偿或退还绿钻费。

3.3 开通绿钻成功后可享受绿钻多项专属特权和服务，有效日期以服务开通的时间算起。具体日期您可以登录绿钻个人中心页面查询。

3.4 绿钻具体特权以腾讯公司实际提供的为准，腾讯公司可根据业务发展变化及时调整绿钻特权内容，您应及时关注和了解绿钻特权内容及政策的变化，并理解和同意腾讯公司的调整。

3.5 腾讯公司对绿钻特权进行调整之前您可能已享有或正在享有一定的绿钻服务内容或权益，您理解和接受腾讯公司对绿钻特权进行调整可能会对您已享有或正在享有的权益造成影响，并同意按照调整后的特权内容进行使用，而不要求腾讯公司承担任何责任。

3.6 绿钻资格期满前天，腾讯公司可能会对您提示绿钻续费；无论腾讯公司是否提示，绿钻需续费以延续绿钻资格。绿钻期满未按时续费，则腾讯公司将停止提供绿钻服务。

3.7 成为绿钻用户后，绿钻用户有权利不接受腾讯公司的服务，可申请取消绿钻服务，但不获得绿钻费的退还。

8.3 如果腾讯发现或收到他人举报您发布的信息违反本条约定，腾讯有权进行独立判断并采取技术手段予以删除、屏蔽或断开链接。同时，腾讯有权视用户的行为性质，采取包括但不限于暂停或终止服务，限制、冻结或终止QQ号码、微信号使用，追究法律责任等措施。

11.1 腾讯公司可能会对绿钻服务及其内容进行变更，也可能会限制、中断、中止或终止服务或其内容。您完全理解并接受，腾讯有权根据版权方或权利人或其他第三方的要求或投诉，对绿钻服务或绿钻服务涉及的歌曲等内容采取以包括但不限于临时或永久下架、停止播放或收听、停止下载或缓存、停止或限制提供绿钻服务等措施，而无须事先通知您或取得您的同意，且腾讯公司对此不承担任何责任。

11.2 如发生下列任何一种情形，腾讯有权取消您的绿钻资格。腾讯公司可随时根据实际情况中不经通知而中断或终止向您提供的一项或多项或全部服务：

（1）根据法律规定您应提交真实信息，而您提供的个人资料不真实，或与注册时信息不一致又未能提供合理证明；

（2）您违反相关法律法规或本协议、本绿钻服务章程的约定；

（3）按照法律规定或主管部门的要求；

（4）出于安全的原因或其他必要的情形；

（5）如您通过非腾讯公司指定的或违反相关法律、行政法规、国家政策和本协议的不正当手段加入绿钻，腾讯公司有权立即终止绿钻服务和取消您的绿钻资格，腾讯公司无须给予任何补偿、赔偿，无须退还绿钻费，且腾讯公司有权终止您对相关 QQ 号码、微信号使用。

六、其他平台

【小红书用户服务协议】

2.3 小红书注册账号的所有权及有关权益均归本公司所有，您完成注册手续后仅享有该账号的使用权。您的账号仅限于您本人使用，未经本公司书面同意，禁止以任何形式赠与、借用、出租、转让、售卖或以其他方式许可他人使用该账号。如果本公司发现或者有合理理由认为使用者并非账号初始注册人，公司有权在未通知您的情况下，暂停或终止向该注册账号提供服务，并有权永久禁用该账号或注销该账号，而无须向注册该账号的用户承担法律责任。

2.4 账号注销及回收

您可以依照小红书平台的流程申请注销您的小红书账号，但您仍应对您在注销账号前或使用小红书平台服务期间的行为承担相应责任。注销成功后，除非法律法规另有规定，小红书公司不会为您提供账号记录、内容、虚拟财产等恢复或提供服务，请您谨慎操作。

您理解并同意，为了充分使用账号资源，如您在注册后未及时进行初次登录使用或连续超过六个月未登录账号并使用，且不存在未到期或未履行完毕的持续性小红书平台服务的，小红书公司有权收回您的账号。如您的账号被收回，您无法通过您此前持有的账号登录并使用小红书平台，您账号下保存的个性化设置和使用记录也将无法恢复。

2.5 账号违规处置

若您在注册或使用小红书账号时，存在任何违反法律法规或不符合本协议约定的行为，小红书公司有权不予注册；已经注册的，小红书公司有权视情况要求用户限期改正，或单方采取短期封禁、永久封禁、注销账号等措施。

2.7 您理解并同意，为了充分使用账号资源，如您在注册后未及时进行初次登录使用或连续超过三个月未登录账号并使用等情形，本公司有权收回您的注册账号。

【知乎机构号入驻服务协议】

4.1 机构号的所有权归北京智者天下科技有限公司所有，使用权仅属于初始申请入驻主体。账号使用权禁止赠与、借用、租用、转让或售卖。

5.3 如果您停止使用机构号或相关服务被终止或取消，知乎可以从服务器上永久地删除您的数据。在服务停止、终止或取消后，知乎没有义务向您返还任何数据。

【人人网用户协议】

3.2 账户说明

当您按照注册页面提示填写信息、阅读并同意本协议且完成全部注册程序后，您可获得人人平台账户并成为人人平台用户。

您有权使用您设置或确认的人人用户名（以下简称账户名称）及您设置的密码（账户名称及密码合称账户）登录人人平台。

由于您的人人账户关联您的个人信息及人人平台商业信息，您的人人账户仅限您本人使用。未经人人平台同意，您直接或间接授权第三方使用您人人账户或获取您账户项下信息的行为所导致的一切责任后果由您自行承担，人人平台对此不承担任何责任。但如若人人平台判断您人人账户的使用可能危及您的账户安全及/或人人平台信息安全的，人人平台可拒绝提供相应服务或终止本协议。

由于用户账户关联用户信用信息，仅当有法律明文规定、司法裁定或经人人同意，并符合人人平台规则规定的用户账户转让流程的情况下，您可进行账户的转让。您的账户一经转让，该账户项下权利义务一并转移。除此之外，您的账户不得以任何方式转让，否则由此产生的一切责任均由您承担。

如您的账户信息超过必要的保存期限，人人有权予以进行注销、回收、替换或采取删除您账户在人人平台数据库中的任何记录（包括但不限于注册信息、游戏虚拟金币信息等）等清理措施，您的账户将不能再登录人人平台及其他人人平台所含产品，相应服务同时终止。人人在对此类账户进行清理前，将以包括但不限于弹窗、网站公告、站内信、客户端推送信息等方式通知您。

……

人人平台账户的所有权归人人所有，您完成申请注册手续后，即获得人人平台账户的使用权，该使用权仅属于初始申请注册人。您有义务妥善保管在注册并使用人人平台时获得的账户及密码，并为此组账户及密码登入系统后所开始的一连串行为或活动负责。鉴于网络服务的特殊性，人人平台不审核是否为您本人使用该组账户及密码，仅审核账户及密码是否与数据库中保存的一致，只要任何人输入的账户及密码与数据库中保存的一致，即可凭借该组账户及密码登录人人平台。若使用者并非账户初始申请注册人，人人平台有权在未经通知的情况下冻结、回收该账户且无须向该账户使用人承担任何法律责任，由此导致的包括但不限于您通信中断、用户资料清空等损失由您自行承担。若账户的归属出现争议的，人人平台在收到相关方的投诉后，有权暂时冻结该争议账户；争议各方在合理举证期限内提供证据证明账户归属，人人平台依据各方提供的证据判断归属后，解冻争议账户。

【喜马拉雅用户服务协议】

四、账户的取得、使用及注销

喜马拉雅公司为您提供账号注册途径，并享有注册账号的所有权，您可以通过注册账号使用并接受服务。您的账号及关联权益仅限您个人使用，未经喜马拉雅公司书面同意，您不得以任何形式赠与、转让、出借、售卖或是以类似方式许可他人使用您的账号及关联权益。您可以在注册并登录后，根据平台的规定订阅付费服务，包括但不限于付费专辑、VIP会员和其他可通过付费购买的服务等。您通过付费购买成为喜马拉雅相关会员（包括但不限于喜马拉雅VIP会员、喜马拉雅儿童VIP会员等），并享受喜马拉雅为您提供的会员权益。

五、用户的基本权利

用户有权在注册后获得其平台账号的使用权；

用户有权在注册、登录，并完成相应的身份验证后，通过其个人的平台账号下载音频作品、图片、专辑等；

用户有权在线收听音频作品、按照喜马拉雅的运行规则在"喜马拉雅"移动客户端内下载收听音频作品等；但请您理解，由于版权许可的地域限制，当您离开中国境内（为本协议之目的，不包含中国香港、中国澳门和中国台湾地区）使用本平台服务时，您可能无法访问由其他用户上传的音频作品内容，但已获得版权许可的部分作品除外。

用户有权在注册并登录后，根据平台的规定，分享声音、专辑、主播并取得喜马拉雅公司给予的奖励，如积分等；参与平台的线上或线下活动并取得喜马拉雅公司给予的奖励等；参与平台的商业性项目，通过平台提供的增值化服务取得经济收益。

【微软用户协议】

i. 创建账户。您可以通过在线注册创建 Microsoft 账户。注册 Microsoft 账户时，您同意不使用任何虚假、不准确的或误导性信息。在某些情况下，第三方（诸如 Internet 服务提供商）可能会为您分配一个 Microsoft 账户。如果您是从第三方处收到您的 Microsoft 账户，则第三方可能对您的 Microsoft 账户有额外的权限，如能够访问或删除您的 Microsoft 账户。由于 Microsoft 对这些附加条款不承担任何责任，请查看第三方提供给您的所有附加条款。如果您代表一个实体（如您的企业或雇主）创建 Microsoft 账户，则您声明您具有约束该实体遵守这些条款的法定权利。您不得将 Microsoft 账户凭据转让给其他用户或实体。为保护您的账户，请对您的账户详细信息和密码进行保密。您应对您的 Microsoft 账户下发生的所有活动负责。

ii. 账户使用。您必须使用 Microsoft 账户以确保其处于活动状态。这意味着您在两年内至少要登录一次，以保证 Microsoft 账户及其相关服务保持活动状态，除非 Microsoft 账户活动政策或服务的付费部分的要约中规定了更长的期限。如果您在该时间范围内没有登录，则我们会假定您的 Microsoft 账户失效并将为您关闭该账户。请参阅第 4. a. iv. 2 节了解已关闭 Microsoft 账户的后续结果。您必须在一年内至少分别登录一次您的 Outlook.com 收件箱和

OneDrive，否则，我们将为您关闭您的 Outlook.com 收件箱和 OneDrive。如果我们有合理理由认为您的 Microsoft 账户有遭到第三方欺诈性冒用（例如，账户被入侵所致）的风险，则 Microsoft 可能会暂停您的账户，直到您可以重新取回所有权。基于对入侵性质的判断，我们可能需要禁止您访问部分或所有内容。

iii. 儿童和账户。创建 Microsoft 账户或使用服务，即表示您接受并同意受本协议条款的约束以及声明自己达到您居住地的"成人"或"承担法定责任"的年龄，或者您的家长或法定监护人代表您同意接受本协议条款的约束。如果您不知道自己是否达到您居住地的"成人"年龄或"承担法定责任"的年龄，或者不理解此部分，请向您的家长或法定监护人寻求帮助。如果您是未成年人的家长或法定监护人，则表示您和该未成年人均接受本协议条款并同意受这些条款的约束，并对所有使用 Microsoft 账户或服务的活动（包括购买）负责（无论是该未成年人账户现已可供使用，还是之后将被创建）。

iv. 关闭您的账户。

1. 您可以出于任何原因随时取消特定的服务或关闭您的 Microsoft 账户。当您要求我们关闭您的 Microsoft 账户时，您可以选择将该账户置于暂停状态三十（30）天或六十（60）天以防您改变想法。在三十（30）天或六十（60）天后，您的 Microsoft 账户将被关闭。请参阅下面的第 4.a.iv.2 节，了解您的 Microsoft 账户关闭后的情形。在暂停期限内重新登录，将会重新激活您的 Microsoft 账户。

2. 如果您的 Microsoft 账户已被关闭（无论被您关闭还是被我们关闭），将会出现以下情形。首先，您使用 Microsoft 账户访问服务的权利将立即终止。其次，我们将会删除与您的 Microsoft 账户关联的数据或您的内容，或者切断数据或您的内容与您和 Microsoft 账户间的关联关系（除非法律要求我们进行保留，或者将其返还或转让给您或您指定的第三方）。您应该定期进行备份，因为 Microsoft 无法检索已关闭账户的内容或数据。最后，您可能无法再访问您已购买的产品。

您要求我们关闭您的 Microsoft 账户时，您可以选择将该账户置于暂停状态三十（30）天或六十（60）天以防您改变想法。

Skype 号码/Skype To Go。如果 Skype 为您提供了 Skype 号码或 Skype To Go 号码，您同意您对该号码没有所有权，或者您无权永久保留该号码。

附录四
与用户账号管理与处置相关的法律规定节选[1]

表1 我国法律规定的一般用户账号管理措施

法律	管理措施
《网络安全法》 （2016）	第三章 网络运行安全 第一节 一般规定 **第24条** 要求用户提供真实身份信息。用户不提供真实身份信息的，不得为其提供相关服务。
《民法典》 （2020）	第七编 侵权责任 第三章 责任主体的特殊规定 **第1195条** 接到通知后，及时将该通知转送相关网络用户。 **第1196条** 接到声明后，将该声明转送发出通知的权利人，并告知其可以向有关部门投诉或者向人民法院提起诉讼。

表2 我国现行行政法规规定的一般用户账号管理措施

法规	管理措施
《互联网信息服务管理办法》 （2011）	**第14条** 记录提供的信息内容及其发布时间、互联网地址或者域名；记录上网用户的上网时间、用户账号、互联网地址或者域名、主叫电话号码等信息；记录备份应当保存60日，并在国家有关机关依法查询时，予以提供。

---

[1] 本部分内容由黄泽裔整理。

表 3 我国现行部门规章规定的一般用户账号管理措施

部门规章	管理措施
《互联网用户账号名称管理规定》（2015）	第 4 条　对互联网用户提交的账号名称、头像和简介等注册信息进行审核，对含有违法和不良信息的，不予注册。 第 5 条　按照"后台实名、前台自愿"的原则，要求互联网信息服务使用者通过真实身份信息认证后注册账号。
《网络信息内容生态治理规定》（2020）	第三章　网络信息内容服务平台 第 15 条　建立用户账号信用管理制度，根据用户账号的信用情况提供相应服务。
《互联网用户账号信息管理规定》（2022）	第二章　账号信息注册和使用 第 9 条　对申请注册相关账号信息的用户进行基于移动电话号码、身份证件号码或者统一社会信用代码等方式的真实身份信息认证；用户不提供真实身份信息，或者冒用组织机构、他人身份信息进行虚假注册的，不得为其提供相关服务。 第 10 条　对互联网用户在注册时提交的和使用中拟变更的账号信息进行核验，发现违反本规定第 7 条、第 8 条规定的，不予注册或者变更账号信息。 对账号信息中含有"中国""中华""中央""全国""国家"等内容，或者含有党旗、党徽、国旗、国歌、国徽等党和国家象征和标志的，依照法律、行政法规和国家有关规定从严核验。 采取必要措施，防止被依法依约关闭的账号重新注册；对注册与其关联度高的账号信息，对相关信息从严核验。 第 11 条　要求其提供服务资质、职业资格、专业背景等相关材料，予以核验并在账号信息中加注专门标识。 第 12 条　在互联网用户账号信息页面展示合理范围内的互联网用户账号的互联网协议（IP）地址归属地信息。 第 13 条　在互联网用户公众账号信息页面，展示公众账号的运营主体、注册运营地址、内容生产类别、统一社会信用代码、有效联系方式、互联网协议（IP）地址归属地等信息。 第三章　账号信息管理 第 14 条　建立健全并严格落实真实身份信息认证、账号信息核验、信息内容安全、生态治理、应急处置、个人信息保护等管理制度。 第 15 条　建立账号信息动态核验制度，适时核验存量账号信息。 第 18 条　建立健全互联网用户账号信用管理体系。

表4 我国现行法律规定的一般用户账号处置措施

法律	处置措施
《网络安全法》 （2016）	第四章　网络信息安全 **第48条**　停止提供服务。 第五章　监测预警与应急处置 **第58条**　在特定区域对网络通信采取限制等临时措施。
《民法典》 （2020）	**第1195条**　删除、屏蔽、断开链接等必要措施。

表5 我国现行部门规章规定的一般用户账号处置措施

部门规章	处置措施
《互联网用户 账号名称 管理规定》 （2015）	**第7条**　通知限期改正、暂停使用、注销登记等。 **第8条**　注销其账号。
《网络信息内容 生态治理规定》 （2020）	第三章　网络信息内容服务平台 **第15条**　根据用户账号的信用情况提供相应服务。 第七章　法律责任 **第34条**　警示整改、限制功能、暂停更新、关闭账号等。
《互联网用户 账号信息管理 规定》（2022）	第二章　账号信息注册和使用 **第10条**　防止被依法依约关闭的账号重新注册的必要措施。 第三章　账号信息管理 **第15条**　暂停提供服务并通知用户限期改正、终止提供服务。 **第17条**　警示提醒、限期改正、限制账号功能、暂停使用、关闭账号、禁止重新注册等。

附录五
我国互联网平台对于数字遗产的处理方式[1]

一、社交媒体类平台对于数字遗产的处理方式

（一）豆瓣平台逝者个人信息处理规则

2018年，豆瓣平台因已故用户主页无法访问饱受质疑，随后豆瓣官方澄清其并未清除已故用户，并在恢复此类账号页面后，逐步完善逝者账号的保护机制。

豆瓣在《豆瓣个人信息保护政策》第八部分"我们如何保护逝者个人信息"中提到："如果你是已去世豆瓣用户的近亲属，为了自身的合法、正当利益，可以通过本政策公示的联系方式与我们联系，对逝者的相关个人信息行使法律规定的查阅、复制、更正、删除等权利；逝者生前另有安排的除外。为充分保护逝者的个人信息权益，你行使上述权利时需要向我们提供逝者的有效身份证明信息、死亡证明信息，你的有效身份证件信息、与逝者的亲属关系证明信息。这些信息属于敏感信息，同时也是你行使本条所述权利需要的必要信息。"

此外，豆瓣也推出逝者账户悼念机制，为逝者账号设置悼念状态和相应图标，并对逝者账号进行锁定，除非逝者用户的亲属或委托联系人没有明确申请注销，逝者生前在豆瓣平台上的内容创作将始终由豆瓣平台保留。

（二）新浪微博"逝者账号"规则

2020年9月新浪微博正式发布《关于保护"逝者账号"的公告》：为了完善平台服务，保障用户权益，保护逝者隐私，防止逝者账号被盗，站方将对逝者账号设置保护状态。设置为保护状态的账号不能登录、不能发布内容、不能删除内容、不能更改状态。

如何确认逝者账号，对于用户反馈的疑似逝者账号，站方将要求该反馈

---

[1] 本部分内容由陶一铭整理。

用户提供个人身份证明、与逝者之间关系证明、逝者死亡证明等证明材料，相关材料一经审核确认，站方将对该账号设置保护状态。

如果逝者账号在设置保护状态前被盗，站方会进行核实，确认被盗后可还原个人信息（头像、昵称），删除被盗之后发布的微博内容，并设置保护状态。

广大用户发现逝者账号以后可通过客户端逝者账号反馈的路径，进入页面微博客服中心，填写相关信息反馈，站方将核实并进行保护处理。

"逝者账号"涉及用户个人权益，站方对此非常关注。以上规定是站方社区暂行规定，未来国家法律法规对网络账号和与财产有关的法律法规出台后，以国家法律法规为准。

二、电子商务类平台对于数字遗产的处理方式

（一）淘宝平台商户继承过户规则

淘宝网店不支持私下任意转让店铺，仅在协议离婚、判决离婚和法定继承三种情境下可办理店铺过户。淘宝网店继承规则如下：

若过户给第一顺位继承人（父母、子女、夫妻），需提供其他第一顺位继承人的关系证明和放弃继承公证书（若其他第一顺位继承人也过世了，需要提供关系证明+死亡证明）。

若过户给第二顺位继承人（兄弟姐妹、祖父母、外祖父母），需提供全部第一顺位继承人的放弃继承公证书和关系证明（若其他第一顺位继承人也过世了，需要提供关系证明+死亡证明），以及其他第二顺位继承人的关系证明和放弃继承公证书（若其他第二顺位继承人也过世了，需要提供关系证明+关系证明）。

若非第一、第二顺位继承人申请继承淘宝店铺的，需提供死亡证明+过世者与所有第一、第二顺位继承人的关系证明以及所有第一、第二顺位继承人的放弃继承且同意店铺经营权归属给特定主体的声明公证书。

（二）用户支付宝账号及其财产权益的继承规则

根据《支付宝服务协议》账号注册、使用及注销规则，支付宝规定用户标识和账户仅限于用户本人使用，无法转让、借用、赠与、继承，但支付宝账户内的相关财产权益可被依法继承。但除该原则性规定外，尚未查询到相关平台公示的支付宝账号财产权益的具体继承规则。

(三)《京东用户服务协议》对不活跃账户的规定

《京东用户服务协议》有一条是"不活跃账户回收",用户理解并同意,为充分使用账号资源,如用户在注册后未及时进行初次登录使用或连续 12 个月未登录任一京东平台,且不存在未到期的有效业务的,京东有权收回用户的账号,用户可能无法通过其此前持有的账号登录京东平台,用户该账号下任何个性化设置(如头像/昵称)即将无法恢复。在收回用户的账号之前,京东将以适当方式作出提示,如用户在收到相关提示后一定期限内仍未登录、使用账号,京东将收回账号。

三、通信工具对于逝者账号的处理规则

(一) 微信关于账户继承的相关规定

根据《腾讯微信软件许可及服务协议》,对于微信账号及相关功能账号,其所有权归属于腾讯公司,初始申请注册人仅享有使用权,且该等使用权不可为非初始申请注册人通过继承方式承继使用:

微信账号的所有权归腾讯公司所有,用户完成申请注册手续后,仅获得微信账号的使用权,且该使用权仅属于初始申请注册人。同时,初始申请注册人不得赠与、借用、租用、转让或售卖微信账号或者以其他方式许可非初始申请注册人使用微信账号。非初始申请注册人不得通过受赠、继承、承租、受让或者其他任何方式使用微信账号。

用户在使用本软件客户端某一特定服务或功能时,该服务或功能可能会要求用户基于微信账号创建或注册新的账号,用户需依据具体要求进行操作。如无腾讯书面说明或者许可,前述账号的所有权亦归腾讯公司所有,用户完成创建或注册操作后,仅获得该账号的使用权,且该使用权同样仅属于初始申请注册人,初始申请注册人不得赠与、借用、租用、转让或售卖该账号或者以其他方式许可非初始申请注册人使用该账号,非初始申请注册人不得通过受赠、继承、承租、受让或者其他任何方式使用该账号。

(二) QQ 号码规则关于账户继承的相关规定

QQ 号码规则中相关的规定与微信规定一致。腾讯根据本规则对 QQ 号码的使用授权,仅限于初始申请注册人。未经腾讯许可,初始申请注册人不得赠与、借用、租用、转让或售卖 QQ 号码或者以其他方式许可其他主体使用 QQ 号码。非初始申请注册人不得通过受赠、继承、承租、受让或者其他任何

方式使用 QQ 号码。

值得一提的是，国家知识产权局在 2021 年 7 月公布了腾讯公司"数字资产凭证继承转移中的信息处理方法和相关装置"专利，该专利可用于对用户数字资产凭证采取统一维护，当用户个人安全内核节点中增加数字资产凭证时，对应的继承人的个人安全内核节点将获得相关标识、数字资产凭证公钥进行的签名，用户的遗嘱中同时也包含司法机构节点公钥签名。通过此种技术手段，在用户死亡后，可将数字资产凭证安全、自动地转移至用户的继承人。

四、游戏平台对于逝者账号的处理规则

（一）暴雪游戏账号的继承规则

在《暴雪战网最终用户许可协议》及相关协议中，并未明文规定玩家可以继承账号。但在一则 2017 年的相关新闻中，媒体曾报道如果暴雪战网玩家去世，账号可以被继承，但需要提供死亡证明、死者身份证件、遗嘱等材料，且仅有与逝者有血缘关系或者具有继父母继子女关系的人可以继承。该等新闻报道疑似源自一名暴雪公司的客服在 2017 年 5 月的用户问答中的回复，根据该回复内容，逝者账号的继承并不要求获得逝者本人明确同意。但目前并未检索到具体的回复网页，客服回复也不等同于官方声明。

根据《暴雪战网最终用户许可协议》中有关账户所有权的规定，除授权方的游戏外，暴雪公司是暴雪制作和开发的游戏、账号、自定义游戏及其所有的功能和组成部分的或相关的权利、资格和利益的所有人或被许可方。

（二）网易游戏账号的继承规则

网易游戏《最终用户使用许可协议》中约定："授予用户可撤销的、可变更的、非专有的、不可转让和不可再授权的、仅限于个人使用用途的使用网易游戏 App 软件产品及相关各项服务的权利。"根据该用户协议，网易游戏账号不得转让，但在实践中，网易游戏账号并非绝对不可继承。例如，在左某"梦幻西游"游戏账号继承公证案例中，左某继承了女儿游戏账号的使用权。该公证案例为网易游戏账号继承提供了个案成功经验，在未来，网易官方存在修改现有用户协议，开通账号继承申请通道的可能性。

五、长短视频平台对于逝者账号的处理规则

（一）哔哩哔哩平台对逝世者账号的处理规则

根据哔哩哔哩平台（B 站）官网公示的相关规则，当某账号使用者逝世后，B 站可根据实名认证账号使用者的生前设置或逝世者亲友在向 B 站提供必要证明文件后进行的相关申请，将相关账号转变为纪念账号。B 站纪念账号将具备如下特征：

仅实名认证的自然人账号可被申请为纪念账号。

个人主页显示哔哩哔哩平台官方的悼念信息。

账号无法登录，账号内原有内容在无不可抗力的情况下继续保留。

纪念账号原则上不会撤销。

逝者的法定财产继承人可继承纪念账号在哔哩哔哩平台的收益。

此外，根据《哔哩哔哩弹幕网用户使用协议》规定，初始注册用户仅具备 B 站账号及账号内"硬币"的使用权，相关使用权不可被继承：

用户理解并同意，用户仅享有账号及账号项下由哔哩哔哩提供的虚拟产品及服务的使用权，账号及该等虚拟产品及服务的所有权归哔哩哔哩所有（法律法规另有规定的除外）。未经哔哩哔哩书面同意，您不得以任何形式处置账号的使用权（包括但不限于赠与、出借、转让、销售、抵押、继承、许可他人使用）。如果哔哩哔哩发现或者有合理理由认为使用者并非账号初始注册人，哔哩哔哩有权在不通知您的情况下，暂停或终止向该注册账号提供服务，并注销该账号。

硬币系统是哔哩哔哩向用户提供的免费服务，硬币的使用、消耗、兑换、抽奖等行为均不提供发票或其他票据证明。用户理解并同意，用户仅享有硬币的使用权，硬币的所有权归哔哩哔哩所有，未经哔哩哔哩书面同意，禁止以任何形式处置硬币的使用权（包括但不限于赠与、出借、转让、销售、抵押、继承、许可他人使用）。任何用户都应通过正规渠道获得硬币服务，一切通过非官方公布渠道取得的硬币及其衍生服务均不对哔哩哔哩发生法律效力，哔哩哔哩有权单方面收回相关硬币并终止相应服务，严重者哔哩哔哩有权对其用户采取封号处理。

（二）快手上线悼念账号功能

快手于 2021 年清明节发表声明表示，将陆续上线悼念账号一期、二期功

能，包括但不限于逝者用户的生卒年份显示、蜡烛标记、设置账号委托人等。

(三) 抖音对逝者账号的处理规则

2021年8月，抖音上线"逝者纪念账号"功能，在抖音官方核实用户去世信息，经申请，并核实申请人个人身份证明、与逝者之间的关系证明等文件后，将为逝者账号设置为保护状态，账号将不能变更手机号、密码、实名信息，避免账号被盗、被违规利用的风险，逝者的作品内容理论上也会得到永久保留，供大家查看、纪念。同时，抖音并不会向申请人提供任何逝者用户的登录信息。

后 记

数字经济时代，网络空间中的虚拟财产呈现出越来越多的样态，网络虚拟财产的重要性更加凸显。在网络游戏、直播与短视频、网络店铺、自媒体、公众号、虚拟主播等各类平台中，用户账号以及账号内的虚拟权益成为一种有经济价值的客体。伴随着元宇宙概念的出现，网络虚拟空间似乎成为与现实社会相平行的另一个充满着权利义务关系的空间。这几年来，生成式人工智能的发展，使得数字化成果的生成变得更加容易，人工智能生成内容、数据衍生品、非同质化代币等的出现和流通，不仅丰富了网络虚拟财产的外延，也产生了很多需要在法律上厘清的问题。

尽管《民法典》中提及了网络虚拟财产的保护，但目前尚未形成具体的保护规则。本书的研究回应了当下的法律热点问题，围绕网络虚拟财产的界定、性质、权属、流转、处分与虚拟账号处置问题展开论述。本书将网络账号作为一种特殊类型的网络虚拟财产，分析了其权属、交易、继承以及因网络平台对用户账号的封禁引发的侵权和违约问题。

全书内容从法理、司法、行业等层面展开分析。通过对涉网络虚拟财产民事、刑事案件的实证分析、国内外网络虚拟财产发展及司法实践比较研究来探索网络虚拟财产相关权利变动规则以及网络平台对于用户账号的处置与管理规则。通过收集互联网行业细分领域具有代表性的网络平台的用户协议，对其中涉及网络虚拟财产处理的条款进行归纳分析，总结出业界对于网络虚拟财产的普遍性管理方式。研究过程从宏观到微观、从抽象到具体，结合了基于规范的制度研究与基于实证的司法运作研究。因此，本书既介绍了司法案例与产业实践，也兼顾了比较法研究，对我国网络虚拟财产的保护问题后续立法与司法解释的制定具有参考价值。

后　记

　　为了能够了解学术前沿观点，在书稿写作期间，于2022年7月召开了"虚拟财产的法律保护"研讨会，邀请学术界、司法界和实务界的专家进行研讨和座谈，会议由时建中校长和许身健教授进行致辞。曲三强、孙国瑞、刘智慧三位教授先后主持了研讨环节。费安玲、马长山、姚佳三位教授进行了主旨发言，许可、孙山、张佳华、祝远石、杨德嘉、朱阁、陈晨、李颖、刁云芸、李伟民、孙磊等专家分别围绕"虚拟财产的保护模式与法律规制""虚拟财产的交易规则与平台治理"进行了主题发言。各位专家的智慧火花为本书的写作提供了很多有益的思路，在此对各位的参与和支持表示衷心的感谢。

　　在就网络虚拟财产法律问题的前期资料收集和后续研究过程中，金燕佳、陶一铭、苏日娜、林作丽、黄泽裔、孙婧怡、李梦雪、郭沛林参与其中，分别对我国的网络虚拟财产司法案例、域外网络虚拟财产典型案例进行了系统化的梳理，对国内外代表性的互联网平台的用户协议进行了全面的收集，对我国相关的法律法规进行了全面的整理，对特定议题进行了相关调研。在此也就上述人员的参与表示诚挚的谢意。大家的付出为本书在写作之前积累了丰富的研究资料，鉴于这些资料弥足珍贵，具有价值，因而作为附录收录于本书中。

　　本书于2023年完稿，在写作期间，书中关于司法判决和平台用户协议的内容不断地校准和更新。因此书稿完成后，为确保信息准确又经历了多次校对。新技术与新业态的不断出现，使得对新兴法律问题的研究总在与时间赛跑。虽然我国《民法典》将数据与网络虚拟财产并列，但时下对网络虚拟财产的研究热度似乎小于数据产权。本书的出版，希望能够为各位同仁开展进一步研究提供素材。书中的观点仅是就当下问题的不成熟的思考，内容如有纰漏，恳请读者谅解，也敬请各位批评指正。